佐藤雅晴 尾行

存在の不在／不在の存在

sato masaharu trace

absence of presence/presence of absence

他者の後をつけること、
自分を他者と置き換えること、
互いの人生、情熱、意志を交換すること、
他者の場所と立場に身を置くこと、
それは人間が人間にとってついに一個の目的となりうる、
おそらく唯一の道ではないか

—ジャン・ボードリヤール

Following the other,
one replaces him,
exchanges lives, passions, wills,
transforms oneself in the other's stead.
It is perhaps the only way
man can finally fulfill himself.

—Jean Baudrillard

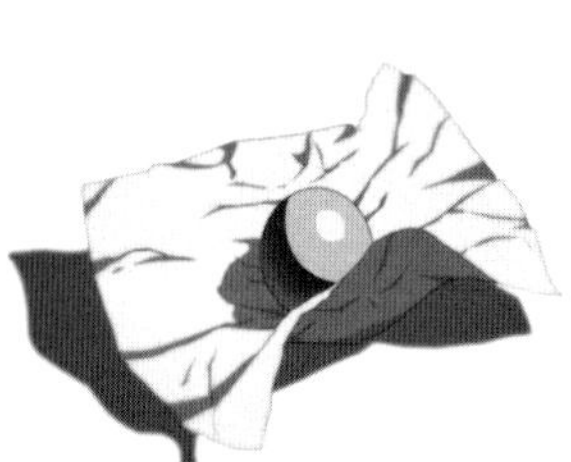

目次 | Contents

佐藤雅晴作品に内在する思想的背景の解明

宇都宮壽
大分県立美術館　学芸企画課長

1. 佐藤雅晴作品が映すもの—「四法印《しほういん》」

佐藤雅晴（1973–2019）は、日常の風景をビデオカメラやカメラで撮影した後、パソコンソフトのペンツールを用いて慎重にトレースする「ロトスコープ」技法でアニメーションや平面作品を制作した。佐藤の作品は、実像と虚像が入り交じるような画面を特徴とし、見る者に、現前に映る事物の存在感とともに、その逆にあたる不確かさや儚《はかな》さなどを感じさせる「存在の不在／不在の存在」とでもいうような独特の世界観を持つものである。

作品はロトスコープという現代的な手法で制作されるものではあるが、そこに映されているのは、2500年前に釈迦が残した仏教教理の基礎となる「四法印」、つまり「諸行無常《しょぎょうむじょう》」「諸法無我《しょほうむが》」「一切皆苦《いっさいかいく》」「涅槃寂静《ねはんじゃくじょう》」なのではないだろうか。

なぜなら、私たちが佐藤の作品と対峙したときに感じる「実像と虚像が入り交じるような印象や事物の存在の不確かさ、儚さ」には、「諸行無常」（この世のあらゆる事物は、種々の直接的・間接的原因や条件によってつくり出されたもので、絶えず変化し続け、決して永遠のものではないこと）や「諸法無我」（この世に存在するあらゆる事物は、因縁によって生じるものであって、不変の実体である我は存在しないこと）を感じさせる。そして、それとともに感じる「生の輝き」には、この世の理《ことわり》である「諸行無常」「諸法無我」「一切皆苦」（この世のあらゆる存在や現象、経験は「自分の思い通りにならない」＝「苦」であるという意）を理解して受け入れ、煩悩という炎を吹き消し、心が安定した悟りの境地を表す「涅槃寂静」を映すものと考えられるからである。

本稿では、佐藤の代表作をたどりつつ、アニメーションの分野で派生したロトスコープという手法を使いながらも、芸術作品として成立させ、さらには釈迦が説いたこの世の理を映すと考えうる佐藤雅晴作品の独自性を明らかにするとともに、美術界に残した足跡と、作品を通じて社会に与えた影響を検証してみたい。

2. 佐藤雅晴の略歴

佐藤は1973年大分県臼杵市に生まれ、日本とドイツを拠点に活躍した作家である。幼い頃から絵を描くのが得意だった佐藤は、中学生になると美術科と音楽科を擁する大分県立芸術短期大学付属緑丘高等学校（現在の大分県立芸術緑丘高等学校）に進学すべく、アカデミックな絵の訓練に励んだ。進学した緑丘高等学校では、授業の7割が美術にあてられるカリキュラムであったため、油彩画、日本画、彫刻、デザインの一通りを3年間かけて学んだ。

その後、東京藝術大学絵画科に進学、同大大学院修士課程を修める。高校在学中は受験に向け、鉛筆や木炭、油絵など、朝から晩まで毎日絵を描いてきたため、大学入学後は絵画制作にそれ以上の意味を見出せず、一切描くことがなかった。大学在籍中は、コンセプチュアルアートやインスタレーションに傾倒していた。同大学院修士課程終了後は、さらなる制作の活路を求めて1999年に渡独した。以後10年にも及ぶドイツでの生活のなかでたどり着いたのが、独自の手法によるアニメーションの制作であった。

佐藤のアニメーションは、実写映像を忠実にトレースすることによってつくられる。身近な人々や身の周りの風景をビデオカメラで撮影し、パソコンソフトのペンツールを用いて、一筆ひと筆描いていく。油彩画を1枚完成させる以上の膨大な時間と労力を費やし、カメラの目がとらえた日常をただただトレースし、何百ものコマをつくって仕上げたアニメーション作品ができあがる。

2009年には「第12回岡本太郎現代芸術賞」で特別賞を受賞。2010年に帰国し、茨城県を拠点に活動を展開。近年では、個展「ハラドキュメンツ10　佐藤雅晴—東京尾行」（原美術館、2016年）のほか、オーストラリア・シドニーでも個展「TOKYO TRACE 2」（Firstdraft Gallery、2017年）を開催。「THE ドラえもん展 TOKYO 2017」（森アーツセンターギャラリー、2017年、ほか巡回）や「六本木クロッシング2019展：つないでみる」（森美術館、2019年）などといったグループ展にも数多く出品。国内外で精力的に作品を発表して高い評価を受けるなか、2019年3月、45歳の若さで惜しまれながら亡くなった。

3. 佐藤雅晴の作品分析

(1)《東京尾行》

作品を見ていくうえで、まずは《東京尾行》（2015–2016）[pp. 40–45]を取り上げたい。これは佐藤の代表作の一つであるだけでなく、佐藤雅晴作品が映す「四法印」の世界観を最も鮮明に映じているからである。

《東京尾行》は、実像とアニメーションを合わせて制作された作品である。クロード・ドビュッシーの「月の光」を奏でるピアノが1台置かれた空間に、12台のモニターに90もの場面の映像が流される。例えば、次のようなものである。都内のマンションが立ち並ぶ通りの実写に、杖をつきながら歩道を歩く白髪の男性の姿がアニメーション化され、男性が画面右側から歩を進めたのち、画面の中央から少し左にある街路樹の陰に隠れ、姿を消してしまうもの。老舗居酒屋の「つく志」やファミリーマートが並ぶ通りに面したカフェのオープンテラスの椅子に腰掛ける、グレーのTシャツを着た若い実写の女性が、アニメーション化されたコーン入りのソフトクリームを、大きく口を開け食べる様子を映したもの。人気のない公園の実写映像に、アニメーション化された誰も乗っていないブランコがずっと揺れているもの。東京の風景の実写映像に、佐藤の知人がアニメーション化されているものなどである。

白髪の男性は実在するのか、それとも街路樹の陰に隠れて姿を消したかりそめの存在なのか。健康的な若い女性が味わっているのは本当に冷たくておいしいソフトクリームなのか、それとも夏の日差しのなかで、ソフトクリームを味わった記憶なのだろうか。公園で揺れるブランコは、ついさっきまで誰かが乗っていたのだろうか、それとも何かの力によって動かされているのだろうか。作品を見る者は画面の中に、不安や孤独、人の温もり、ノスタルジー、儚さ、不穏な気配など、様々なものを想起させられ、思いを巡らされる。

この作品は、ドイツから帰国後の2010年に発見され治療を受けた癌《がん》の再発が確認され、その治療で入院した時期を挟んで制作されたものである。映像の一つに、薄緑色のカーテンの前にあるテーブルの上に、青緑のガラスの花瓶とそこに生けられた紅《べに》緋《ひ》と薄桃色の2輪のガーベラがアニメーション化されたものがあるが、この花は入院する佐藤を日々看病するパートナーが生けたものである。病を患い、自身の生と死に常に思いを向けざるをえなかった佐藤にとって、日常の何気ない風景の中に映された人々の姿や動植物、街の様子に、いずれは消えゆく自分自身と万物の常ならざる定めを感じながらも、しかしそうであるからこそ、目の前に映るその姿に愛おしいほどの眼差しを注いだのである。

佐藤のその思いは個人的なものではあるが、同時に私たち誰もが感じていることでもある。だから、作品を見る者は、この世のあらゆる事物や現象の常ならざるものを感じながらも、それだけでは終わらずに、そのなかに煌《きら》めく輝きが映し出されていることを見出し、心打たれるのだろう。

虚実の狭間を行き来するような90もの場面の映像と奏者不在のピアノが奏でるこの空間には、佐藤の生への愛おしいまでの思いがしなやかに、だがしっかりと映されている。

(2)《TRAUM》

佐藤は1999年に渡独する。2000年から2002年までの2年間、ドイツの国立デュッセルドルフ・クンストアカデミーにガスト・シューラー(研究生)として在籍し、作品制作に取り組んだ。渡独後2年でビザが切れてしまうが、まだ何もつかんでいない状態で日本に帰国するのはもったいないと思い、それまで世話になっていた日本食レストランに就職する。当初は、飲食業をしながら空いた時間に制作をすれば問題ないと簡単に考えていたが、朝から厨房でランチの仕込み、混雑するランチタイムをこなした後は夜営業の支度をして、店が閉店するまで次の日の仕込みとオーダーをこなす。疲れ切った体を癒やすために、ビールを飲んで帰宅するのは夜中の2時頃。そして、また同じ工程を毎日繰り返す。そんな日々を2年以上も過ごしていくうちに、作家として活動したいという欲求も薄れていく。しかし、佐藤のなかで何かをつくりたいという思いが消えてしまうことはなかった[1]。

2000年前後から、パソコンなどの電子機器は一般消費者にも手に入れやすい価格になってきていた。それとともに、アニメーション制作会社やプロのアニメーターではない一般ユーザーのなかにも、パソコンを使って自主アニメーションをつくる動きが出始めていた。

2003年頃、佐藤もパソコンを購入し、インターネットなどで様々な情報を見ていくなかで、その動向やパソコンソフトのペンツールを使って絵を描く方法を知る。

大学在籍中は、絵を描くことに意味を見出せなかった佐藤であったが、その頃にはそのような意識はなくなっていた。それどころか、パソコンのペンツールを使って絵を描いてみたところ、とても新鮮に感じたのである。

デュッセルドルフの街並みなどの日頃から目にするものも、佐藤にとっては非常に新鮮に感じていたため、それらを映像や写真に収めトレースすることを始める。パソコンで制作するものが、絵ではなくアニメーションだったのは、好きな絵を描けることに加えて、以前から映像に関心を持っていたからであり、その両方が一遍にできると考えたからである。

このロトスコープという手法を使おうと考えたのには、次のような理由もあった。

そもそもロトスコープは、未熟なアニメーターでもリアリティのある動画制作を可能にするものとして、1910年代にフライシャー兄弟の兄マックスが発明し、『ポパイ』の制作などに活用。その後はディズニーのアニメーションにも利用されるなど、アニメーション制作の分野で普及したものである。つまりロトスコープの手法は、一つの作品を完成させるのに膨大な作業を要するアニメーション制作において、横展開、言い換えれば分業化を図る目的で開発されたものであった。

佐藤は、その「分業化」を自身の1日の生活のなかに取り入れようと考えたのである。つまり、朝から晩にかけては日本食レストランで仕事をし、仕事が終わった後にロトスコープの作業を一定量行う。そして、翌日はまた仕事に出かけ、帰ってからロトスコープの作業をする。

佐藤にとってロトスコープの行為は、ある意味「芸術作品の創作」というよりも「作業」として、あまり重苦しく考えずに行えるものだったのである。とらえようによっては、創作意欲が途絶えそうになっていた佐藤に、再び創作の灯を取り戻させるためのリハビリテーションだったのかもしれない[2]。

そうして試行錯誤を重ねるなか、2004年から2007年にかけて制作した映像作品が、ドイツ語で「夢」という意味の《TRAUM》[pp. 50–51]である。

この作品は、佐藤が実際に見た夢からインスピレーションを受けてつくられたものである。一人の青年がデュッセルドルフの街を走るトラムに乗って、ライン川沿いにそびえ立つ高さ234mのラインタワーと思われる建物に向かう。高速のエレベーターで展望台まで登り、扉が開くとまばゆいほどの日差しとともに眼前にデュッセルドルフの街並みが開ける。デュッセルドルフの街並みを一望しながら、青年は上着の右ポケットからビデオカメラを取り出し、眼下の様子を収め始める。ビデオカメラには、高層ビルや片側3車線の道路を行き交う何台もの車、公園の上を飛び交うカモメ、通りを駆ける白い犬、工場から流れる煙、ライン川の川原を歩く羊の群れ、ライン川を行く観光船や貨物船など、街の様子が写されている。

青年が撮影をしていると、突然オレンジ色の大きな目をした蝿が現れ、展望台のガラスに向かって何度もぶつかってくる。何度目かの衝突で分厚いガラスにひびが入り、ガラスが粉々に砕けてしまう。ガラスのあったほうに青年が手を伸ばしていくと画面が切り替わり、乳母車の中で両手を頬のあたりに上げ、穏やかな顔つきで眠る男児、そしてその右の胸元にはオレンジ色の大きな目をした蝿が前脚を擦り合わせながら止まっている映像が現れる。画面は次第にズームアウトしていき、ライン川にかかる橋の上を母親が乳母車を押していくシーンでエンディングを迎える。

《TRAUM》について、佐藤は以下のように語っている。

> 夢というものは私たちが普段の日常生活のなかで生じた無意識の反映だと思います。夢の具現化をするために、その影響の元である日常を具体的に描きながら、そこに夢の断片をスライドさせることで、より強く夢の世界を成立させようと試みています。一言で言ってしまえば白昼夢の映像化のようなものです。『TRAUM』はそんな夢と日常を行き来するアニメーションです。[3]

佐藤がこの作品に取り組んだのは、生計を立てていきつつも、創作活動を主としない飲食業の生活から何とか脱却したいという思いがあったからだ。そのため、この作品は佐藤が商業アニメーションの世界に進むことを念頭に置きながら制作された。作品が起承転結で構成されているのも、商業アニメーションの世界ではそういった要素が必要であろうとの考えからであった[4]。

実際に一時帰国した際には、この作品を日本のアニメーションを手がける会社などに持ち込んで見てもらっている。だが、持ち込んだ先の反応は芳しくなかった。佐藤は商業アニメーション向けにと思い制作したが、彼らには大衆受けするものとはまったく思えなかったようである。しかし、知り合いの紹介により日本ホームズ住宅展示場（東京・六本木）を会場に開催された「第4回 団DANS　The House—現代アートの住み心地—」（2008年）に、《TRAUM》と新作の平面作品《OCTOPUS》[p. 60]、《SUPPLEMENT》[p. 60]、《LOOK》（すべて2008）[p. 58]の3点を出品する機会を得る。その展示では、商業アニメーションの関係者とは違い、美術関係者から関心を持って迎えられた。

佐藤が当初意図していたものとは異なる展開ではあったが、《TRAUM》の取り組みがその後の創作活動に大きな転機をもたらすことになったのである。

のちに、佐藤は、インターネットサイトのインタビューに以下のように答えている。

> いわゆる商業アニメーションには、メッセージやコンセプト、テーマがあり、それに対していろいろな要素を加味して、見る人がそこにたどり着くように作られています。ですが、アート作品は、アーティスト個人から色々な人に向けて発信するものなので、商業アニメーションのように一つの方向性に縛られるように制作してしまうと広がりがなく、非常に狭いものになってしまうと思っています。そのため、作品の中では、色々な解釈が出来るように、理屈では判断できないような感じを意識して編集しています。その方が、見る人も面白いし、感じてくれるのではないかと思っています。[5]

(3)《Call》《Coffee》《Hair》

2008年の「第4回 団DANS　The House—現代アートの住み心地—」の翌年につくられたのが、《Call》[p. 55]、《Coffee》[p. 53]、《Hair》(すべて2009)[pp. 62–63]などの平面作品である。これらの作品は、佐藤が日々の暮らしのなかで目にした風景を写真や映像に収め、それをもとにロトスコープ技法によってつくられたものである。いずれの作品も画面には人の姿は見られず、対象物とその空間だけが描かれている。

《Call》—ホテルの関係者用の通路だろうか、複数の人が使用すると思われる場所の茶色い壁に、大人の胸元ほどの高さで取り付けられたプッシュ式のクリーム色の固定電話。その固定電話から受話器が外れ、床すれすれのところで宙づりになっている。少し前に、誰かが受話器を握り通話をしていたのか。それとも何らかの事情で、受話器も戻さずに慌ててその場を立ち去ったのだろうか。話者不在の受話器の向こう側には、返事を待つ誰かがつながっているのか。それともそこにも人はいないのか。電話器の周囲の壁の薄明るさは、姿を消した話者の人形《ひとがた》のようにも感じさせる。

《Coffee》—すりガラス越しに朝日が差し込む室内。テーブルの上には陶器の白いカップが横倒しになり、ソーサーとテーブルにミルク入りのコーヒーがあふれている。眩いほどの陽光にあふれた戸外とは対照的にほの暗い室内。画面からはそれ以外のものは何も見当たらない。部屋の主は、こぼれたコーヒーも片付けぬまま、どこかに行ってしまったのだろうか。

《Hair》—明け方の人気のない歩道のオレンジ色のポールの脇に、優に人一人分はあろうかと思われる腰ほどの長さの波打つような褐色の髪が、大きめの白いレジ袋から地面にはみ出し、歩道幅の半分を塞ぐようにして転がっている。誰かが使っていたウイッグなのか、それとも切られた誰かの髪なのか。いずれにしてもあまり尋常な落とし物とは思えない。この髪は誰のものなのか。なぜここに放置されてしまったのか。持ち主の身に何かが起こってしまったのだろうか。

受話器が外れた電話、こぼれたコーヒー、捨てられた髪。どれもそれだけと言ってしまえば、それだけのこと。しかし見る者の様々な想像力をかき立てる。佐藤の作品には、そのように見る者に自然と物語を紡がせてしまうような不思議な力が内包されている。

子供の頃からホラー映画が好きだったという佐藤。目に見えない存在や動くはずのないものに生きていることを実感してしまうなど、そういったものに関心を示したという。単純にハッピーエンドやコメディ、恋愛ものは飽きてしまって見られなかったと[6]。自分で想像を膨らませることができる映画や本などを好んだ佐藤の嗜好《しこう》が、これらの作品につながっているのではないだろうか。

3作とも、不可解な情景に不穏な気配や日常に潜む不気味さのようなものを感じさせる。人の姿が描かれていないそれぞれの画面が物語るものは、その場所にたしかに人がいた事実であり、しかしそこにいたはずの人も、その場から立ち去りいずれは消えてなくなる、常ならざるものであることを暗示している。

(4)《アバター11》

《アバター11》(2009)[pp. 72–74]は、実写映像とアニメーションが組み合わされた《東京尾行》とは違い、11種類の実写映像をもとに、全面アニメーション化されたオールオーバーのアニメーションで構成された作品である。それぞれの画面には一人の若い男性か女性が首と顔だけを現し、初めは向こう側を向いているが、ゆっくりと正面に振り向き、そしてまたゆっくりと向こう側に顔を向ける。この動きが繰り返し流されるものである。作品が展示される際には、壁面に11台の同じサイズの正方形のモニターが並び、11の画面がそれぞれのタイミングでこの動きを繰り返す。11種類の映像は、以下のものである。

1. 床に寝転がり、壁から頭だけをのぞかせる茶褐色の髪をした男性
2. れんがブロックの上から顔を出す緑がかった髪の男性
3. オレンジ色のポピーや白いデイジーがぎっしりと咲く花畑の中から顔をのぞかせる、ブルーグリーンの瞳をした金髪の女性
4. 石畳にたまった雨水に映る黒いステンレスフレームの眼鏡をかけた黒髪の男性
5. 草の上に寝転がり、大きな櫟《くぬぎ》の幹から顔を出す緑がかった黒髪の男性
6. 浴槽の中から頭を出す茶褐色の髪の女性
7. 車の運転席から後部座席を振り返る金色の短髪の男性
8. 雨に濡れた窓ガラス越しに顔を見せる茶色い瞳の女性
9. ノートパソコンの画面の中で振り返るスキンヘッドの男性
10. 天井の蛍光灯が明滅する駐車場に寝転がり、柱から顔を出す茶緑の髪の男性
11. 公衆電話ボックスのガラス窓から顔を見せる栗色の長い髪の女性

《TRAUM》の発表以降、佐藤は商業アニメーションのような起承転結を持つものや、ある一つの方向性をイメージさせるものではなく、作品を見る者が、そこから様々な解釈を加えることや想像を広げていけるような、ある意味、余白を持たせることを念頭に置き、制作に取り組んでいた。この作品が、佐藤の友人が振り向くだけという単純な動作のものになっているのも、そのためである。また、友人を実写映像に収め、パソコンのペンツールを使いフラット化させていくことによって、実際の存在から架空のものに姿を変えさせるとともに、自身が持つイメージや観念などをできるだけ排除し、よりそぎ落とされたものにしていこうとした[7]。

くわえて、この作品の制作にあたりもう一つ、佐藤が試みたことがあった。それは映像作品をループ構造にしたことである。一つの画面の中にストーリーがありそうでない、始まりと終わりがあるようでない、そういった繰り返し見ていられる作品を制作した。作品をループ構造にしたのも、以下の《バインド・ドライブ》に関するウェブサイトのインタビューで佐藤が語っているように、作品を見る者の想像力をかき立てるための仕掛けであった。

> この作品は、映像作品ですが、絵画のように存在することを想定しています。絵画は、展覧会の展示室などで、鑑賞者を待ってくれています。でも、映画の場合は、開演時間に合わせて観客が席に座り、幕が開き、映像が始まります。いわば、観客が凄く受身な状況で作品鑑賞が始まることになります。映画や映像作品で起承転結のあるものは、鑑賞時間や環境に制約が発生します。でも絵画は、空間においてあれば、いつでも鑑賞可能で、そのタイミングは観客任せなので、対象として自立している存在だと思います。だからこそ、絵画はこれだけ長い歴史を生き抜いてきているのではないでしょうか。そういった意味で、映像というものを絵画のように提示する方法として、ループを選んでいます。ループで成立する映像を作ることを前提に、いろいろなテーマを絡めながら創作しています。[8]

その意味では、私も佐藤のもくろみにまんまと乗せられたと言ってもよいだろうが、この作品から次のようなことを感じるのである。

展示空間に並ぶ11の首だけの映像は、一瞬だが時代劇などで目にする生首を連想させはしないだろうか。同じように人物を描いているけれども、立ち姿や椅子に腰掛けた姿を描いた肖像画とはまったく異なるものを感じる。首から上しか見せていないため、普段は自然と目にすることができる首から下の姿を想像することしかできず、そのもどかしさや違和感から、目に映る顔に自然と意識が強く向けられる。正面を向いた目は、作品を見る者の目をしっかりととらえ、そしてまた振り返り離れていく。被写体である人物はどれも実在する人物であるが、アニメーション化されてループし続けるその姿は、正面を向いた顔が「存在」を、振り返って行く姿が「不在」を、つまりは万物の常ならざる定め、「諸行無常」であり「諸法無我」であることを伝える「アバター」=「化身」のように思えてくるのである。

(5)《Calling》

《Calling》(2009–2010/2014)[pp. 108–111]は2009年に制作されたドイツ編と2014年に制作され

た日本編の、2種類の実写映像をもとにしたオールオーバーのアニメーション作品。いずれの作品も、人がいない空間に電話機の着信音だけが鳴り響くというものである。

もともと佐藤は、人が不在の場所で電話が鳴るという情景を作品に取り入れたいという思いを持っていた。そして、ドイツでの日々の暮らしのなかで気になった場所などを映像に収め、トレースし、アニメーション化したのがドイツ編である。

ドイツ編では、次のような12種類の映像が繰り返し流される。人の雑踏やアナウンスが鳴り渡る駅構内の通路の上で、白いスマートフォンが着信音を鳴らしているもの。暖かな湯気が立ちのぼる二つの白いコーヒーカップや、ライ麦パンとブレッドナイフを載せたカッティングボードなどが置かれた木のテーブルの上で、黒い電話の子機が着信音を鳴らしているもの。蜂の羽音やヒバリのさえずりが聞こえる穏やかな日の差す草むらで、ノキアの携帯電話が童謡「森のくまさん」の着信音を鳴らしているもの。向こう側に白い3基の風力発電機が見える、片側1車線の道路脇に設置された非常用電話が、着信音を鳴らしているものなどである。

いっぽうの日本編は、2014年に開催された「Duality of Existence—Post Fukushima」(Friedman Benda)に佐藤が招聘《しょうへい》された際に、主催者からドイツ編の《Calling》のような作品を出してほしいという要請を受けてつくられたものである。作品の舞台は佐藤が住んでいた取手周辺を中心としたものではあるが、川原に捨てられた廃バスを題材にしたものやカラオケボックスの無人の部屋のモニターに「君が代」が流れるものなど、展覧会のテーマである「ポスト福島」をイメージさせるようなものも取り入れ制作されている。

日本編ではほかにも、ヒバリのさえずりや警告音が鳴る明け方に、踏切横のガラス張りの公衆電話ボックス内でグレーの電話が着信音を鳴らしているもの、昼間の住宅地を走る電車の長椅子の上で、女性用のショルダーバッグからこぼれ出た赤いiPadからSkypeの着信音が流れているものなど、全部で12種類の映像が繰り返し流される。

持ち主不在で鳴り続ける携帯電話や主不在の部屋に鳴り続ける固定電話は、人の移ろいゆくさまやいずれは消えゆく人間の定めを暗示させているようにも、または持ち主不在の携帯電話や主不在の固定電話、公衆電話に鳴り続ける着信音は、物体としては消えてしまった誰かが、この世につながるためのアクセスとして架電しているようにも感じられる。

「Calling」には、「神が宣言(call)したこと」という語源から「神の思し召し」「使命」「天職」という意味もある。佐藤もこの作品の制作にあたって、このことも意識していたという[9]。無人の空間に鳴り響く電話の着信音をただ映した映像ではあるが、見る者に様々なことへ思いを巡らせる不思議な力がこの作品にも内在されている。

(6)《バインド・ドライブ》

《バインド・ドライブ》(2010–2011)[pp. 90–93]は、実写映像をもとに制作されたオールオーバーのアニメーション作品。日独交流150周年に際し、若手アーティストとその支援者によるグループ「団・DANS」とドイツ大使館、東京ドイツ文化センターの共同プロジェクトとして開催された「第8回 団DANS Hierher Dorthin—ここから、あちらから—」(ドイツ文化センター、2011年)で発表されたものである。

佐藤の作品のなかでは唯一、BGMに演歌が使われたもので、長山洋子と影山時則が歌う夫婦演歌「絆」が流れるなか、雨が降る取手市の情景を舞台に天使と悪魔の姿をした男女が織りなすメロドラマを描いたものである。

画面には、高速道路と一般道が並行する風景や捨てられたテレビが積み重ねられている空き地、生い茂る雑草の中に捨てられてさびた車がある情景など、いずれも雨の降る人気のない取手の情景が流れる。その後、左右に田んぼが広がる道に止まった白いセダンの、前方座席に座る天使と悪魔の姿をした男女が現れる。

佐藤はこの作品の制作にあたり、「善」と「悪」や「光」と「影」など、私たちの日常生活や社会のなかにある相反する物事の存在を題材にしようと考えていた。

そしてモチーフとして取り上げたのが「天使」と「悪魔」であった。天使の腹部に目を移すと、天使は妊娠しており、天使と悪魔が結ばれるという本来あってはならない禁断の恋模様が描かれている。

また、BGMの演歌は、J-POPやテクノミュージック、現代音楽を合わせると、格好良く映像に似合い過ぎてしまうため、映像と音楽の関係に相反するものをつくり出せないと感じたことによるものであった。この歌を選んだのは、タイトルが「絆」であり「つながり」という意味だけでなく、「束縛」ともとらえることができる矛盾をはらんだ言葉であることにも着目したからである[10]。

佐藤がこの作品の制作に取りかかったのは、東日本大震災が起こるよりも前のことであるが、制作を進めていたところで被災する。さらに、作品を発表することになった「第8回 団DANS　Hierher Dorthin―ここから、あちらから―」のテーマのひとつが「震災」であったことから、前述の相反するものという構想に加えて、東日本大震災やそれに伴って発生した福島原発事故が顕在化させた課題も取り込みながら、制作を進めていくこととなった。

佐藤は、この作品の制作の経緯《いきさつ》について、ウェブサイトのインタビューで以下のように語っている。

> はい。制作は始まっていました。その制作中に、震災前になりますが、癌になってしまいました。すぐに手術をしたのですが、こんな大病をわずらったのは初めてだったので、人はいつか死ぬんだというのをリアルに感じました。その後、退院して、すぐに震災がありました。震災では、多くの人々の命が、自然の力によって亡くなっていくのを見ていました。自分個人の死を意識し、全体としての死というものを目の当たりにして、そういうものも作品の中で表現を出来ないかと考えました。ですが、ただ悲しいだけの表現では、なんだかやりきれない気持ちになってしまうので、日本の田舎に悪魔と天使がいるというすこし滑稽なエッセンスを取り込みました。本当に悪魔のようにしたかったら、特殊メイクなどして強調できますが、作品では、翼と角でのみ表現していて、コスプレしているというか、重い印象にならない感じで描いています。キッチュな感じのほうが、逆に救いがあるんじゃないかなと思って。[11]

作品のすべての場面には雨が降っているが、これは次の二つの理由からである。一つには、画面に動きを加え、静止画ではなく、アニメーションであることをわかるようにするためである。もう一つは、出品する展覧会のテーマの一つである「震災」に、次のことを関連させようとしたためである。原発事故の後、周辺の住民が雨に放射能が含まれることを懸念して、雨の日に戸外に出ることへ不安を覚えるようになったが、そのように、雨のとらえ方が震災を機に変わってしまったことを一つの象徴として取り入れたのである[12]。

佐藤は前述のウェブサイトのインタビューで以下のようにも語っている。

> 風景の中には、震災前と震災後が混ざっていて、震災で壊れてしまったものなどを取り入れています。但し、直接的に被害を伝えるような報道的な写真は絶対に入れたくないと思いました。アート作品は、10年後、100年後、200年後の人々に伝えていかなければならない媒体だと思っています。ただこういうことがあったということを直接的に伝えるのではなく、震災によってある一人のアーティストが、感じていることを、報道とは異なる媒体で表現していることで、作品に接した人に伝えられることが、もっと広がるだろうと思いました。

この作品を制作した時期から、佐藤の関心や課題感は日常の何気ない情景のなかに感じる人の温もりや希望、不可思議さや狂気などから、より本質的な人間の生や様々な社会問題にも向かっていった。《バインド・ドライブ》は、その大きな転換点とも呼べる重要な作品なのである。

(7)《9 holes》

《9 holes》(2012–2013) [pp. 96–101] は、実写映像をもとにしたオールオーバーのアニメーション作品であり、以下の9種類の映像で構成されている。

1. ちゃぶ台に並んで座り、湯のみを手にテレビを見る老夫婦
2. 庭の芝生に腰掛け、哺乳瓶からミルクを飲む少年
3. トイレットペーパーフォルダーから、トイレットペーパーを巻き取る男性の両の手
4. 1本のひもを上にいる男と180度ひっくり返って下にいる同じ男が、交互に引っ張り合うもの
5. 洗面台の鏡の前で、薄オレンジ色のタンクトップを着た髪の長い若い女性が、左手にドライヤーを持ち、髪に温風をあてるもの
6. 大人一人がかがんでやっと通れるくらいの正方形の入口の、ガラスの扉が開いたシェルターの中に、湯気を立てるカップうどんや半分開いた折りたたみ式の携帯電話が着信音を鳴らし、転がっているもの
7. 5階建ての古びたマンションの1階にある薄緑色のエレベーターの扉が開いたところに、宙に

浮かんだ白い風船が入っていき、最上階にカゴが登った後、また1階に下りてきて、開いた扉から赤いハート型の風船が出ていく様子が繰り返されるもの

8. 川原の土手のようなところにつくられた石の階段と、その両脇に敷き詰められたブロックの上に雨が降り注ぎ、やがて雨が上がった後に乾いていく様子を映したもの
9. スーパー戦隊シリーズのヒーローのような格好をした人が、アスファルトの上に仰向けに寝転がり、首を縦に振りながら「はーい、はい、はい、はい、はい、はい、」と言った後、首を横に振りながら「いいえ、いいえ、いいえ、いいえ、いいえ」と言い、これを繰り返すもの

このように、この作品はそれまでの《Call》《Coffee》《Hair》《アバター11》《Calling》などとは趣を異にし、ユーモラスに思える場面なども含んでいる。

佐藤の友人の話によると、この作品の制作にあたって佐藤は、人や哺乳動物の体にある9つの穴、つまりは口、両目、両耳、両鼻孔、尿道口、肛門の総称である「九竅《きゅうきゅう》」に関心を持っていたとのことである。

東洋医学において「九竅」は、五臓六腑《ごぞうろっぷ》の経絡と密接につながり、老廃物や毒素を排出する働きをするものとされている。例えば、目から出る涙、風邪を引いたときの鼻水やたん、あくび、げっぷ、おなら、嘔吐《おうと》、下痢なども、異物や老廃物を排出する働きをする。

それぞれの映像は、以下のようなものを意図したのだろうか。

1. 老夫婦が、テレビや相手の横顔を時折じっと見つめる「両目」
2. ミルクを飲む「口」
3. 「肛門」
4. 「九竅」と「五臓六腑」のつながりを表す比喩
5. ドライヤーのコンセントを差し込むコンセント口のかたちが「両鼻孔」のようでもあり、ドライヤーから吹き出す温風は「両鼻孔」から出る鼻息の例え
6. カップうどんの出汁の香りをかぐ「両鼻孔」、あるいは「九竅」からつながる「五臓六腑」の中
7. 白い風船を吸い込む「口」と、赤いハート型の風船を出す「肛門」
8. 尿を排せつする「尿道口」
9. 20世紀を代表するドイツの芸術家ヨーゼフ・ボイス(1921–1986)が1968年に行ったパフォーマンス「Ja Ja Ja Ja Ja, Nein Nein Nein Nein Nein」(はい、はい、はい、はい、はい、いいえ、いいえ、いいえ、いいえ、いいえ)へのオマージュ

2013年4月から2014年3月に、佐藤を含めて7人の作家を紹介した「αMプロジェクト2013　楽園創造(パラダイス)─芸術と日常の新地平─」(ギャラリーαM)のトークイベントの中で、佐藤は、9番目の映像がボイスの「Ja Ja Ja Ja Ja, Nein Nein Nein Nein Nein」へのオマージュとして制作されたものであると語っている[13]。

ボイスのこのパフォーマンスは1時間にも及び、「Ja Ja Ja Ja Ja, Nein Nein Nein Nein Nein」という言葉が、砕けた雰囲気のなかで繰り返し続けられる。では、このパフォーマンスの、そして佐藤の意図はなんだったのだろうか?

新約聖書のマタイ伝5章37節に次の一文がある。「あなたがたの言葉は、ただ、『然り、然り』、『否、否』であるべきだ。それ以上に出ることは、悪から来るのである」。つまり、「正しいことには正しいと言う。間違っていることには間違っていると言う。いつも、真実を語りなさい。どんなときでも言葉に偽りがあってはならない」という意である。佐藤がボイスの作品からこのようなことをくみ取ったのだとすると、9番目の映像には「九竅」と「五臓六腑」の相互のつながりや血液の循環、食欲や睡眠欲求など、人体が元来備えている働きに素直に従って過ごすべきであるという意を込めているようにも思われる。

この作品は、佐藤が2010年に癌を患った経験から、自身の身体や生命に否が応でも意識を向けざるをえなくなり、それまで以上に人間の生命や身体へ関心が向けられ、つくられたのであろう。

(8)《ダテマキ》

《ダテマキ》(2013) [pp. 102–105] は、実写映像をもとにつくられた7種類のオールオーバーのアニメーションで構成される作品であり、福島県いわき市にある老舗蒲鉾《かまぼこ》製造会社の、オートメーション化された機械が伊達巻《だてまき》を製造する様子を取材し、つくられたものである。

佐藤は2010年に帰国した後、茨城県取手市に居を構えるが、その直後から様々な出来事に見舞われる。まず、2010年に癌が発見され、手術を受けることになる。幸いにも腫瘍は無事摘出され、転移も見られず、快方に向かった。翌年の2011年3月11日、

東日本大震災で被災。その翌々年の2013年には、佐藤と同じくアーティストであるパートナーがくも膜下出血で倒れて入院し、手術を受ける。発症時にそばにいた佐藤がすぐに対応したこともあり、無事回復する。

未曾有の被害をもたらした東日本大震災と福島原発事故の発生直後より、被災地の状況を心配し、気にかけてきた佐藤であったが、自身の制作や汚染の状況が懸念され、なかなか現地に向かうことはできなかった。しかし、自身やパートナーの病、そしてパートナーが快方に向かっていったことに背中を押してもらったように感じ、福島行きを決める[14]。

佐藤はインターネットなどで知った福島県いわき市のある老舗蒲鉾製造会社を取材する。この蒲鉾製造会社は、東日本大震災で発生した大津波の被害を受け、工場、社屋、従業員を失い、生産できない日々が続き、取引先も激減した。それでも全従業員が一丸となって再建に取り組み、震災から1年半後の2012年9月に本社工場を新築し、本格的に操業を再開したのだった。

福島県いわき市は、かつて「板蒲鉾」の生産量日本一になったことがあるほどの一大蒲鉾生産地であった。「常磐もの」といわれる上質な水産物を生かして多くの水産関係企業が立地していた。なかでも、佐藤が取材した老舗蒲鉾製造会社のある薄磯地区は「蒲鉾通り」と呼ばれるほど、蒲鉾屋が立ち並ぶ地域だった。「悲しんでばかりでは仕方がない！私たちの蒲鉾を待っている人に届けたい」「地場産業の灯を途絶えさせてはならない」という思いで再建に取り組んだという話を知った佐藤は、その会社を一目見てみたいと思い、その地を訪れた。

佐藤が訪れたときは、ちょうど伊達巻の製造が行われていたが、ただ機械が何かを生み出しているだけではないものを感じ、この様子を題材に作品を制作したいと考えた[15]。そうして、つくられたのが《ダテマキ》である。

この作品は、穏やかでゆっくりとした少し寂しげなピアノの音源が流される空間に、7つの映像機器を使って以下のアニメーションが上映される。

1. 鍋状の器の中に入れられた卵などの素材を、先端に3本の棒状のものが付いた機械がかき混ぜる様子
2. 銀色の四角く広いトレーの中に、ホースのような管からよく混ぜられた液状の素材が流される様子
3. ベルトコンベアの上を流れてくる黒く四角いトレーに、上部にある黒い管を伝って一定量の液状の素材が入れられる様子
4. ベルトコンベアの上を流れる黒いトレーに入った素材の表面を、トレーの内面と同じ幅の白いシリコンでできたようなヘラが、平らにならす様子
5. ベルトコンベアの上を一つずつ流れてくる黒いトレーが、直角に交差する次のベルトコンベアの上へ押し出される様子
6. 黒いトレーが横に三つ並んでベルトコンベアの上をゆっくり流れ、焼きの工程に入っていく様子
7. 焼きの工程を経た横に三つ並んだ黒いトレーが、細い8本のベルトコンベアの上を流れていき、最終地点でアーム状のもので下からすくい上げられ、180度回転して伊達巻だけが次の黒いベルトコンベアの上に落とされる様子

「αMプロジェクト2013　楽園創造（パラダイス）―芸術と日常の新地平―」で《ダテマキ》が展示され、この展覧会のステートメントとして佐藤は以下の文章を記している。

> 歴史上最初の映画とされるリュミエール兄弟による「工場の出口」は、従業員たちがある工場の出入り口から、わらわらと出てくる様子をただ撮影した、あるなんの変哲もない日常の光景が記録されたものだけれども、よく見ると、工場から出てくる人々の中にはカメラに向かって微笑む人がいる。観る側と観られる側の交差する世界。つまり、そこにはフィクショナルなドキュメンタリーが展開されている。
> 今回、αMで発表された「ダテマキ」は、アニメーションという虚構の世界に〈記録する〉ことを意識的に取り入れた。
> そして、フィクションとドキュメンタリーを回転させると、ナニかがひょこっと顔を出しはじめた。[16]

また、佐藤のギャラリーαMでの展示を知らせるプレスリリースには、以下のテキストが記された画像が掲載されている。

> ① パソコンで、この文章を入力する。
> ② フォトショップを使って、この文章をトレースする。
> ③ プリンターで、この文章を出力する。

④ 出力されたこの文章をコンビニに持って行く。
⑤ コンビニのコピー機で、この文章を複製する。
⑥ 複製したこの文章を自宅にファックスする。
⑦ 自宅に届いたこの文章をデジカメで撮影する。
⑧ 撮影したこの文章をαMにメールで送る。
⑨ このプレスリリースに、この文章を掲載する。[17]

前者の佐藤の文章をもとに改めて作品を見てみると、《ダテマキ》というアニメーション作品(=フィクション)には、地震によって発生した大津波により壊滅的な被害を受けた蒲鉾製造工場が、全社員一丸となって取り組んだ結果、みごとに復活し平穏な日常を取り戻したこと(=ドキュメンタリー)を象徴するものとして記録したと言うこともできるだろうか。その「フィクション」であるアニメーション作品を「ドキュメンタリー」と置き直して見てみると、静かなピアノの音色が流れるなか、ただ繰り返し動き続ける機械の様子は、何事もない平穏な日々が送り続けられる様子のようにも、はたまたSF小説に出てくる、政府などによる徹底的な管理下に置かれた市民が、人間としての尊厳や人間性までも否定されてしまう「ディストピア」や、科学技術の行き過ぎた利用や過信から、人間や自然に被害を与えてしまうことなどを想起させはしないだろうか。

後者のプレスリリースに掲載されたものは、佐藤が行っている制作行為である「トレース」、つまりもとのものを取り込んで、それをなぞる作業を通して別の何かに変換していく行い、このことをプレスリリースを見る人に擬似的に追体験させることを意図しているように思われる。のちに佐藤は、「清流の国ぎふ芸術祭 Art Award IN THE CUBE 2017」(岐阜県美術館、2017年)の展示の際の資料の中に以下のように綴っている。

> ぼくにとってトレースとは、対象を「自分の中に取り込む」行為です。
> それは自分の暮らす土地や目の前の光景への理解を深め、関係を結ぶ行為とも言えます。
> それらの作品は制作過程においてデジタル機器を活用していますが、実際には膨大な作画の枚数をこなすためには、自らの身体「手」をつかい生み出すことが必要不可欠です。[18]

その後、《東京尾行》と《福島尾行》(2018)[pp. 154–160]の「尾行」シリーズが制作されるが、《ダテマキ》はこの「尾行=トレース」という行為の意味、さらには、《バインド・ドライブ》で取り組んだ様々な社会問題に踏み込んでいくこととなる作品でもあった。

(9)《福島尾行》

《福島尾行》は、佐藤が2018年に福島の被災地を取材し、その際に写した実写映像をもとに制作された実像とアニメーションが組み合わせられた作品である。佐藤は2010年の癌の発覚から約7年間治療を続けてきたが、2016年の年末に医師から、手術をしてもこれ以上はよくならないことを聞かされる。そして、自身の身体の限界を感じるいっぽうで、何かを創造して表現したいという思いをより一層強く持つようになる。ちょうどその頃、東日本大震災と福島原発事故で不通となっていたJR常磐線富岡駅(福島県富岡町)~竜田駅(同楢葉町)間が、2017年10月に約6年7ヶ月ぶりに運転を再開したことを報じる新聞記事を目にする。その記事には、再開式で富岡町長やJR東日本社長が今後の復興に向けての期待を述べる様子や、町民の喜びの声とともに、富岡駅のすぐ横に大量に積まれた除染に伴う土壌や廃棄物を詰め込んだ黒いフレコンバッグの様子が映されていた。このショッキングな情景を目にした佐藤は、福島の現状を自身の目で見て感じ、記録に残さねばと強く思ったのである。これが《福島尾行》を制作するきっかけであった[19]。

佐藤は2017年から半年のあいだに、福島を数回訪れ取材を行った。当時、原発事故から6年が経過していたが、除染作業は毎日行われ、1日に2,000台もの「ペースカー」と呼ばれる10トントラックがフレコンバッグを大量に積んで、大熊町と双葉町にある「中間貯蔵施設」を往復する状況にあった。双葉町や大熊町、浪江町、富岡町、南相馬市などでは、まだまだ帰還困難区域が広がっており、住民の帰還率も低く、事故前の穏やかな日常とは一変した状況が続いていた。

《福島尾行》は、ドビュッシーの「月の光」を無音で奏でる自動演奏ピアノが置かれた空間に、次のような30の場面が繰り返し投影される。例えば、大津波の力でねじ曲げられたガードレール。海岸線に防波堤を築く工事をしている様子。海辺にうずたかく積み上げられたがれきの山の上に小さなカワセミが止まり、その背後にゆったりと波打つ太平洋の海原の上を、カモメが飛び交う様子。JR常磐線の線路脇にうずたかく積み上げられた黒いフレコンバッグと、そこを通過する白い特急列車。砂浜に打ち捨てられたように転がる黒いフレコンバッグ。抜けるような青空の下、塩害で葉がすべてなくなってしまった木々。家財道具が散らばったまま住人不在となった一軒家。無人の校庭に取り残された30個ほどのサッカーボールが入った錆びた鉄カゴ。みごとな花を咲かせる大きな桜の木のそばに、ピンク色の屋根とかわいらしいうさぎのキャラクターが描かれたデッキ、緑色の柱脚、黄色いらせん状のスロープの付いた滑り台がある無人の公園などである。

《福島尾行》は《東京尾行》と同じく「尾行」という言葉が付いたタイトルの作品であり、双方ともに実像と虚像が交錯する画面に、虚実の狭間を行き来するような不思議な思いを抱かせるものである。しかし《東京尾行》には、多くのシーンに人の姿があることや人々の営みを感じさせる情景が映されていることもあり、全体的に生活感を感じるが、《福島尾行》にはそれが感じられない。

　それは、《福島尾行》の画面には、工事現場の作業員や帰還困難区域につくられた柵の近くに立つ警備員の姿以外、人の姿はほとんど見られないからということはあるが、それだけによるものではない。大地震と原発事故という未曾有の災害によって、そこにいたはずの人々、つまりはこの災害がなければ続けられていたはずの人々の暮らしが奪われてしまったという悲惨な事実が、人物不在の画面を通して映し出されているからではないだろうか。

　画面に映されているのは、自然の脅威や原発事故によって姿を変えさせられてしまった福島の姿である。建物を倒壊させ、家屋を押し流し、人々の命を一瞬にして奪った大地震と大津波、人々の日々の暮らしを奪い、一変させてしまった原発事故、そのことを佐藤はこの作品の制作を通して記録しようとした。そして、それぞれの画面の中に人はいないけれども、そこにも本来であれば、人々の姿や暮らしがあったことを思い起こさせ、私たちにそのことを伝えようとした。ここでも《バインド・ドライブ》や《ダテマキ》と同じように、直接的に被害を伝える報道的なやり方ではなく、アート作品として、作品に接した人の心のなかで思いが広がっていくようなものをつくり出そうとしたのである[20]。

《福島尾行》の30の場面のなかに、一つだけ人の姿が映っているものがある。夕日に映える大きな吊り橋の上を、親子と思われる三人が楽しそうに話しながら歩いていく場面だ。佐藤がこの作品のなかにこの場面を取り入れたのは、この親子の姿に福島の人々の希望を重ねようとしたからではないだろうか。

《福島尾行》は未完の作品と言われている。それは、佐藤がこの作品を最低でも1年以上かけて、可能であればライフワークのようなかたちで、じっくりと撮影して描きたかったのだが、病気の進行により体力的に遠出することが難しくなったことや、片目がかすみ出し、トレース作業が困難になったこと、そして、2018年9月に医師から余命3ヶ月の宣告を受け、自身に残された時間を知らされたため、それまで取材した映像をもとに、何とか生きているあいだに編集を完了させようと取り組んだからである。

　最後に、佐藤自身のこの作品へのメッセージを記して、この作品の分析を締めくくりたい。

> 福島という場所にカメラと三脚を持ち込み、とにかくありふれた対象を何も考えず撮影しました。それと同時に途方もない問題をぼくたちは抱えているんだとハッキリ理解できる場所も撮影しました。そして、撮影と作業を重ねていくうちに癌との戦いが軽くなってくるのがわかりました。福島への撮影旅行が毎月の楽しみになった頃、余命宣告され作業中止になりました。今回出品する「福島尾行」の尾行は半年も中断したままです。
> でも、福島で続く問題は終わってはいないし、ぼくもまだ生きています。
> 富岡町の桜並木でいまでも点灯している黄色信号は、
> 「まだだよ～」と言ってる気がします。[21]

(10)「死神先生」

「死神先生」[pp. 164–175]は、2019年につくられた9点のアクリル画と、1点のオブジェクトで構成されたシリーズ作品である。これらの作品は、KFN NAKAHASHI(東京・新宿)で2019年2月15日から3月16日に開催された個展「死神先生」に出展された。以下の文章は、その個展への佐藤のステートメントである。

> 2018年9月、もう8年近く闘っている癌の担当医師に余命3ヶ月と宣告され、不動産屋からは住んでいる家を老朽化を理由に、2019年3月までに出ていくことを要求されました。
> 今回新たに発表する平面作品は、ぼくがこれ

> まで発表してきた映像作品の制作方法とあまり変化はなく、モチーフを写真撮影し、パソコンで形をトレースし、木製パネルにアクリル絵具でそのイメージを再現しています。デジタル作業と違って、絵具を画面に塗る生理的な感覚はとても気持ちがいいものです。制作途中の絵を壁にかけて鑑賞するという幸せも初めての体験でした。
>
> 45歳にしてこんな新鮮な思いで、絵を描くことができたのは癌のおかげかもしれません。
>
> 余命宣告をした担当医は、これまでぼくを診てくれた医師とは大きくかけ離れたタイプで、診療の時はぼくの顔を見ないままパソコンに向かって話すような先生でした。
>
> 結局、7ヶ月の抗癌剤治療のうち、回転椅子を回してこちらの方を向いて目を見て話したのは、抗癌治療が全く効果がないので、緩和ケアに移動してもらうと言われた時でした。
>
> 人界を超えたその顔を眺めながら、ぼくは初めから人間として接してもらえていなかったのだと気付きました。
>
> そして、その直後に死神先生というあだ名を思いつき、心がすごく楽になりました。
>
> 死神先生からの余命宣告は罠です。彼が言ったタイムリミットを信じて、ただ死に向かって時を過ごすのは自殺行為です。
>
> 3ヶ月という時間をどう過ごすかは、ぼくの自由です。
>
> 誰の目も気にせずに、家と共に消えていく存在を、絵にしたいと思います。[22]

余命宣告を受けながらも《福島尾行》というアート作品を通して、人類が抱える課題を明示させることを成し遂げた佐藤ではあったが、病状の進行により、その後、映像制作を続けることは難しくなっていた。しかし、佐藤は手を止めることなく、その状態でも可能な方法を考え、アクリル絵具による平面作品の制作に取り組んだ。

活動範囲が限られざるをえない佐藤が、制作の対象に選んだのは、家の中にある段ボール箱や玄関のチャイムなど、日々の生活のなかで目にする、ある意味他愛のないものばかりであった。佐藤は、それらのものに愛おしむような眼差しを向け、丁寧に一筆ひと筆、描いていった。

帰国した2010年から9年ものあいだは、佐藤にとって常に病との闘いだった。佐藤は、自身の病、そして死と向き合わざるをえない状態にありながらも、決して逃げることもひるむことなく、自身の宿命《さだめ》を受け入れ創作を続けた。そして45年の生涯を通して取り組んだ創作活動の最後に、佐藤が再び巡り会ったのが、子供の頃から親しみ、大学受験に向けては朝から晩まで握った絵筆だった。

それまで取り組んできたアニメーション制作は、一つの作品が完成するまでに半年から1年ほどの膨大な時間を費やすものである。制作中のデータはパソコンの中にあるため、作品が完成するまで佐藤自身も全貌を確認することはできない。また、佐藤のアニメーション制作は、実写映像に対してパソコン上のペンツールを使い、平面化させ、アニメーションにしていくものであり、実像を虚像に変換させていく作業であると言い換えることもできる。それに比べて絵具と絵筆で描く絵は、随分と素朴な作業である。またそれだけではなく、常に全体像を見ることができ、筆を加えるたびに完成に向かう様子を見て取ることができるのである。

およそ20年間、パソコンに向かって膨大な時間を費やし、この世の理や社会的な課題など、様々なものを描くことに取り組んできた佐藤にとって、純粋に目の前にあるものを絵筆で描くことは、至高の喜びだったのではないだろうか。

45年の生涯を芸術に捧げ、創作活動を続けた佐藤。アニメーションの分野で派生したロトスコープという手法を活用した芸術作品を成立させ、そこにこの世の理をも映し出すという独自の芸術世界を築き上げた。そしてそこにとどまることなく、人類が抱える課題にも取り組み、アートの力で伝えていこうとしたのである。

2019年3月9日、個展「死神先生」が開催されるなか、佐藤は家族に見守られながら静かに旅立っていった。

4. 佐藤雅晴作品の独自性—「尾行」

佐藤自身、ウェブサイトのインタビューで「平面作品とアニメーション作品の両方をバランスよく取り組みたい」[23]と語っているが、画業の中心となる2000年から2019年までのおよそ20年のあいだに、約30点の映像作品と約70点の平面作品を制作している。点数としては、平面作品が映像作品の倍以上になるが、「ハラドキュメンツ10　佐藤雅晴—東京尾行」や「THE ドラえもん展 TOKYO 2017」「六本木クロッシング2019展:つないでみる」など、近年の展覧会においては主に映像作品が紹介されてきたことから、一般的には映像作家としての印象のほうが強いのではないだろうか。

ここでは佐藤の創作活動を特徴づける「映像作家」としての側面をもう一段掘り下げて、考察してみたい。まず、一口に「映像作家」または「映像をメディアとして創作するアーティスト」といっても、その制作スタイルはかなり多岐にわたる。佐藤の制作の特徴を理解していくためにも、ここで何人かの代表的なアーティストについて見てみよう。

まずは、世界で初めてテレビ・モニターを用いた作品を発表し、「ビデオ・アートの父」と呼ばれる韓国出身のナムジュン・パイク（1932–2006）。彼は、大規模なテレビインスタレーションや衛星放送を使ったリアルタイムの双方向通信プロジェクトなど、それまで一方的に大衆に与えられるメディアであったテレビを人間の表現の手段へと逆転させ、先駆的な作品を次々と発表した。

続いて、南アフリカ共和国出身のウィリアム・ケントリッジ（1955–）。彼は、木炭とパステルで描いたドローイングを部分的に描き直しながら変化させていく「動くドローイング」とも呼べるアニメーションを制作し、独特の物語性や世界観を持つ作品を発表している。

次に、スイス出身のピピロッティ・リスト（1962–）。彼女は身体や女性、自然、エコロジーなどをテーマに、心地よい音楽と鮮やかな映像により、五感を刺激する映像インスタレーションを展開している。

日本人のアーティストにも目を向けてみよう。

まずは、名画や歴史上の人物に自らが扮《ふん》するセルフポートレイト作品で知られる森村泰昌（1951–）。彼も平面の作品だけではなく、《なにものかへのレクイエム（独裁者を笑え）》（2007、シュウゴアーツ）のように、森村がヒトラーに扮して当時の状況や史実などに独自の解釈を加えて演じたものを、映像作品として発表したものなどがある。

次に、石田尚志（1972–）。彼は抽象的な線を少しずつ描いてはコマ単位で撮影する「ドローイング・アニメーション」という手法を用いて、映像作品やインスタレーション作品、ライブ・ペインティングを発表。また、同手法で制作した映像を使い、展示空間の中に増殖する線や移動する点といった動きを生み出させ、空間の質を様々に変容させるインスタレーションを発表している。

最後に、さわひらき（1977–）。彼は多数の模型の飛行機が部屋を飛び交うものや、やかんやトイレットペーパーといった様々な生活用品に足が生え、部屋の中を歩き始めるものなど、日常の風景の中に非日常が入り交じる独特の世界観を持つ映像作品や、映像と立体や平面作品を使い、展示空間自体を一つの作品として構築していくようなものも発表している。

この6名を見ただけでも、表現スタイルはそれぞれユニークなものである。

佐藤のロトスコープを使った制作スタイルは、この6名と比べるとまったく異なっていることがわかる。彼らの作品が空間を演出するインスタレーション的なものや、物語性を有する映像作品などであるのに比べ、佐藤の作品は絵画的と呼べるものではないだろうか。実際、佐藤の作品は、時間軸のある映像作品でありながら、どの場面から見始めても違和感を覚えることなく見ることができるうえ、いつまでも見ていたくなるような、気に入った絵画作品を見ているときに感じるのと同じような感覚を覚える。

では、ロトスコープ自体はどのように活用されてきたのだろうか。また、佐藤と同じように、ファインアートの分野でロトスコープを活用している作家はいないのだろうか。次には、ロトスコープの起こりやその後の活用事例を見てみたい。

ロトスコープの手法は、本稿の「3. 佐藤雅晴の作品分析 (2)《TRAUM》」で見てきたように、20世紀初期に分業化を目的として開発され、その後アニメーション制作の分野で普及していったものである。

近年では、映画『スキャナー・ダークリー』（キアヌ・リーヴス主演、リチャード・リンクレイター監督、2006年）や『アンダン～時を超える者～』（アメリカのアニメーション・テレビドラマシリーズ、2019年）でも利用されるほか、日本でもアーティストのシシヤマザキ（1989–）が、水彩画風の手描きロトスコープ・アニメーションという独自の表現手法を確立し、シャネルやプラダ、資生堂のプロモーションイメージを手がけるなど、エンターテインメントやプロモーションの分野で活用されている。しかし、ファインアートの分野で世界的に高い評価を得ている事例は、佐藤以外では目にすることがない。

なぜファインアートの分野において、佐藤のようにロトスコープを使った作品制作で高い評価を得ている事例が見当たらないのだろうか。それは、次のようなことに起因すると考えられる。

アニメーション制作の技術は日進月歩の発展を見せている。近年では、人間や動物などの動きをIT技術の活用により精巧に再現するものや、機能が豊富で扱いやすい手法などが生み出されている。例えば、人体の関節などにセンサーを取り付けることで動きを記録し、その動きをデジタルデータ化して取り込み、CG映像として活用することができる「モーションキャプチャー」や、より手軽に扱うことができるうえに着彩や便利なパーツなどの多彩な機能を備えた「Clip Studio Paint」や「Harmony」といった「ペンタブレット・アプリケーション」である。パソコンやタブレット端末だけでなく、スマートフォン1台あれば、誰でも気軽にアニメーションが描けるのである。

そのような状況にあるため、ファインアートの分野で創作をする者のなかに、アニメーションの活用を考える者がいたとしても、取り込んだ映像をコマ送りしながら慎重にトレースして制作するという、膨大な作業量を伴うロトスコープの手法をあえて選ぼうとする者は、そう多くないのではないだろうか。

以上のことから、佐藤の制作スタイルがファインアートにおける映像作品としては、きわめてユニークであると認めてもよいのではないだろうか。高校、大学、そしてドイツと美術を専門とする教育機関で学び、取り組んできた佐藤であるから、アート作品を創作する手法は熟知していたはずである。創作にあたっては、絵画や彫刻、映像(実写をそのまま使うようなアニメーションではない手法によるもの)、インスタレーションなども選択できたわけである。アニメーションの技術を活用するとしても、先程触れたようなロトスコープよりも機能が豊富で扱いやすい手法を使うこともできただろう。では、なぜ佐藤はロトスコープを活用した制作スタイルを取り続けてきたのだろうか。それは、次のような理由によるものと考えられる。

佐藤が作品のタイトルに「尾行」と名付けたように、「トレース」する行為は佐藤にとって、目の前の情景や人物などを自身のなかに取り込み、追体験する行為であった。その行為を通すことにより、初めて佐藤自身の「思い」が、あたかも佐藤の「分身」とでもいうように画面に像を結ぶのである。ほかのアニメーション技法のほうが、より効率よく絵を描くことはできるかもしれないが、佐藤にとってはこの「トレース」=「尾行」という行為を行わないことには、自身が望むものに到達することはできないと考えたのだろう。

5. 佐藤雅晴が描いたもの―「生への愛しみ」

最後に、佐藤雅晴作品に映されたものについて改めて考察をしてみたい。本稿の「1. 佐藤雅晴作品が映すもの―『四法印』」において作品に映されたものは仏教教理の基礎となる「四法印」、つまり「諸行無常」「諸法無我」「一切皆苦」「涅槃寂静」ではないかとの仮説を唱えた。

ここまで見てきたように、佐藤の作品には画面の中に虚実が入り交じるような不思議な感覚を覚えさせる特徴がある。とくに、《Call》や《Coffee》《Hair》《Calling》には、見る者に人の気配や移ろいゆくさまを感じさせるものがある。また《東京尾行》や《福島尾行》には、実写のなかにアニメーションが入り交じるさまに、虚実が交錯するような思いを抱かせる。

これは、誰しもがこの世のあらゆる事物や現象には確たるものはなく、ほかとの関係のなかで存在するものであり、また移ろいゆくものであることを程度の差こそあれ感じているため、その気配が画面に映されていることを認めたときに、自然と共鳴するからではないだろうか。

しかし、その印象はそこで終わるのではなく、生の煌めきのようなものも感じさせる。これは佐藤の思いが作品に、強く、そして鮮明に投影されたことによるものではないだろうか。

そのことを確認するために、同様の事例をいくつか見ておきたい。

例えば、アフリカの部族の仮面や木彫物などの造形物は、パブロ・ピカソ(1881–1973)やアンリ・マティス(1869–1954)などの20世紀を代表する作家たちを魅了した。これは、彼らの造形物は現代人には想像できないほどに、激しく破壊と再生が繰り返される部族民の生と死を司るものであり、そのため、美としての強度と純度が備えられているからである。

また、アール・ブリュットの作品のなかにも、人間が持つ狂気と理性の激しいせめぎあいや、ありのままの自分に向き合おうとする真摯で切実なる思いが、強く伝わってくるものが多くある。このように、つくり手の思いが造形物や作品に、ある意味乗り移るようにして込められることで、それらを見る者の心を打つことがある。

佐藤は、この世に存在するあらゆるものは移ろいゆき、思い通りにもならないものであるという理を認めながらも、だからこそ今あるこの時間や今を生きるものたちに愛おしいほどの眼差しを向け、自らの身体を使いながら、膨大な時間を費やして自身のなかに取り込む、つまり「トレース」＝「尾行」することによって、自身の「思い」、そして自身の「分身」を画面の中に像として結ばせたのである。

さらに佐藤の創作の卓越性は、これだけにとどまるものではなかった。それは、人類が抱える様々な課題に対しても目を向け、アートの力を通じて人々に発信していったことにある。そのことは、東日本大震災やそれに伴って発生した福島原発事故によって顕在化された課題について取り組んだ《バインド・ドライブ》や《ダテマキ》《Calling（日本編）》《福島尾行》に見ることができる。

佐藤は《Calling（日本編）》の制作にあたり、展覧会のテーマである「ポスト福島」をイメージさせるものとして、川原に捨てられた廃バスを題材にしたものに加え、カラオケボックスの無人の部屋のモニターに「君が代」が流れる様子を選んでいる。これは「ポスト福島」という展覧会のテーマに対して、福島原発事故のことを念頭に置くだけではなく、度重なる紛争や戦争、広島と長崎の原爆、チェルノブイリ原発事故など、科学技術の進歩が生活の利便性を生み出すいっぽうで、行き過ぎた利用や過信などによって人類にとてつもない不幸を生み与えることにも、大きな課題感を持って取り組んだ結果である。

佐藤のそういった取り組みは、すでに「震災」をテーマとした「第8回 団DANS　Hierher Dorthin―ここから、あちらから―」や「ポスト福島」をテーマとした「Duality of Existence―Post Fukushima」において、作品の発表というかたちで紹介されてきた。東日本大震災と福島原発事故から10年を迎える本年、佐藤の関係者の話によると、オーストラリアで「ポスト福島」をテーマとした展覧会の計画が動いており、佐藤の作品の出品依頼が入っているとのことである。

科学技術や社会インフラの進化、環境問題、新型ウイルスなどの衛生や健康課題など、多くの課題を抱える現代社会において、佐藤がとらえた視点、つまりはこの世の理である「諸行無常」「諸法無我」「一切皆苦」を理解して受け入れ、煩悩という炎を吹き消し、心が安定した悟りの境地を表す「涅槃寂静」を得んとすることは、ますます重要になってくるように思われる。これからも佐藤の足跡をさらにたどっていくとともに、現代、そして未来の社会に活《い》かす佐藤作品の意義を探っていきたい。

註

1　坪内雅美「佐藤雅晴メールインタビュー1『ハラドキュメンツ10 佐藤雅晴―東京尾行』［原美術館］」『ART iT』アートイット、2016年3月9日
https://www.art-it.asia/u/HaraMuseum/jui9zjqigl3ga0mxol2f

2　「gallery αM　楽園創造 vol.5 佐藤雅晴×中井康之トーク」『gallery αM』2013年11月2日
https://www.youtube.com/watch?v=w7y_rcqzGrY

3　増田啓晃「第12回 アニメーション作家・佐藤雅晴」『OPENERS』スマートメディア、2015年5月20日
https://openers.jp/fashion/4505

4　『gallery αM』前掲サイト

5　「［Works］バインド・ドライブ　佐藤雅晴」『DEPARTURE』CG-ARTS、2011年8月17日
https://dep-art-ure.jp/?p=919

6　同上

7　『gallery αM』前掲サイト

8　『DEPARTURE』前掲サイト

9　『gallery αM』前掲サイト

10　『DEPARTURE』前掲サイト

11　同上

12　同上

13　『gallery αM』前掲サイト

14　同上

15　同上

16　「αMプロジェクト2013　楽園創造（パラダイス）―芸術と日常の新地平― vol.5 佐藤雅晴」パンフレットより、武蔵野美術大学、2013年

17　「αMプロジェクト2013　楽園創造（パラダイス）―芸術と日常の新地平― vol.5 佐藤雅晴」プレスリリースより、武蔵野美術大学、2013年

18　「清流の国ぎふ芸術祭 Art Award IN THE CUBE 2017」資料より

19　「ACT Vol.1『霞はじめてたなびく』　佐藤雅晴インタビュー」『Tokyo Arts and Space』2019年3月25日
https://www.youtube.com/watch?v=RdfQtq82pb8

20　『DEPARTURE』前掲サイト

21　佐藤雅晴のFacebookより、2019年2月21日

22　「佐藤雅晴によるステートメント」『KEN NAKAHASHI』
https://kennakahashi.net/ja/exhibitions/dr-reaper

23　『DEPARTURE』前掲サイト

An Exploration of the Philosophical Underpinnings of SATO Masaharu's Work

UTSUNOMIYA Hisashi
Chief of Curatorial Division,
Oita Prefectural Art Museum

1. The Unifying Theme of Sato's Work: The Four Dharma Seals (*Shihoin*)

Masaharu Sato (1973–2019) created animations and two-dimensional works with the rotoscope technique, photographing and filming everyday landscapes and then using computer software and a pentool to carefully trace over them and produce digital paintings. Sato's work is characterized by images in which the real and the fictional intermingle, and conveys to the viewer both the solid presence of things before our eyes and, paradoxically, their uncertainty and fragility, expressing a unique view of the world one might describe with the phrase "absence of presence/presence of absence."

While the works were made with a contemporary process—the rotoscope—what they reflect is very much the message of the Four Dharma Seals (known in Japanese as *Shihoin*), the basis of Buddhist doctrine as taught by Siddhartha Gautama 2,500 years ago, various translations of which include "all things must pass," "all is formlessness," "all life is suffering," and "Nirvana is serenity."

In Sato's works, which convey the intermingling of truth and fiction and the indeterminate and transitory nature of things, we see that "all things must pass" (all things and phenomena in this world arise from a variety of causes and conditions, all are constantly changing and nothing can ever be eternal), and "all is formlessness" (all things and phenomena in this world are the result of cause and effect, and the self as an immutable entity does not exist). At the same time we see life in all its radiant splendor, reflecting the way in which acceptance of these laws of the universe —"all things must pass," "all is formlessness," "all life is suffering" (things, phenomena, and experiences are never what we want them to be, resulting in a permanent state of dissatisfaction, i.e. "suffering") —leads to quelling of the flame of worldly desires and the heart and mind's attainment of a state of enlightenment: "Nirvana is serenity."

This essay traces the arc of Sato's most significant work, exploring his use of the rotoscope technique derived from commercial animation to create works of fine art that reflect the natural laws of the world espoused by Siddhartha, and clarifying his singular achievement, his impact on the art world, and his works' influence on society.

2. A Brief Biography of Masaharu Sato

Born in 1973 in Usuki City, Oita, Sato was an artist based in Japan and Germany. He excelled at drawing and painting from an early age, and as a junior high school student he enthusiastically pursued academic art studies in hopes of entering Oita Prefectural College of Arts Midorigaoka High School (present-day Oita Prefectural Midorigaoka High School of Arts), known for its art and music departments. He enrolled at this high school, where 70% of the curriculum was devoted to the arts, and studied the basics of oil painting, Japanese-style painting, sculpture, and design during his three years there.

He went on to Tokyo National University of the Arts, majoring in oil painting, and completed the master's program at that university. As a high school student he worked with pencil, charcoal, oil paint and so forth from morning to night each day in preparation for his entrance exams, but once enrolled in university he saw no point in continuing to make pictures and stopped entirely, focusing on conceptual art and installation during his student years. After earning his master's degree, he moved to Germany in 1999 in search of new artistic paths to explore. During his decade in Germany, he arrived at his own highly original approach to animation.

Sato's animations were created by faithfully tracing over live-action footage. He used a video camera to film people and scenery around him, and a computer software and a pentool to draw over them painstakingly stroke by stroke. Simply tracing everyday life as captured by the camera lens, he produced animated works consisting of hundreds of frames, spending vastly more time and effort than it took to complete an oil painting.

In 2009, Sato won a special prize at the 12th Taro Okamoto Awards for Contemporary Art. He returned to Japan in 2010, and was based in Ibaraki Prefecture. In recent years he held the solo exhibitions *Hara Documents 10: Masaharu Sato—Tokyo Trace* (Hara Museum of Contemporary Art, 2016) and *TOKYO*

TRACE 2 (Firstdraft Gallery, 2017, Sydney, Australia), and took part in the group shows *The Doraemon Exhibition Tokyo 2017* (Mori Arts Center Gallery, 2017, also traveling to other venues) and *Roppongi Crossing 2019: Connexions* (Mori Art Museum, 2019). In the midst of a thriving career, in which he exhibited frequently in Japan and overseas and earned great acclaim, he died at the tragically young age of 45 in March 2019.

3. Analysis of Sato's Works

(1) *Tokyo Trace*

In examining Sato's work, I would like to focus first on *Tokyo Trace* (2015–2016) [pp. 40–45], not only because it is one of Sato's best-known works, but also because it most vividly embodies the worldview, encapsulated by the "Four Dharma Seals," that pervades his entire output.

Tokyo Trace was produced by combining live-action footage and animation. Ninety different scenes are played back on twelve monitors in a space also containing a single player piano, which plays Claude Debussy's *Clair de Lune*. On one screen, a white-haired man walks down the sidewalk with a cane against the live-action backdrop of a street lined with apartment buildings in Tokyo. The man starts walking from the right side of the screen and disappears when he enters the shadow of a street-side tree just to the left of the screen's center. On another screen a young, live-action woman in a gray T-shirt sits on a chair on the open terrace of a café, facing a streets on which stands the historic izakaya Tsukushi and a FamilyMart, and opens her mouth to eat an animated soft-serve ice cream cone. In a live-action video of a park devoid of people, an animated swing moves back and forth with nobody on it, while in another an animated image of a friend of Sato's is set against a live-action video of the Tokyo cityscape.

Is the white-haired old man real, or is he only a transitory presence that vanishes into the tree's shadow? Is the young woman, brimming with life and youth, really enjoying cold and tasty ice cream, or only a memory of the taste of ice cream in the summer sunshine? Is the swing moving back and forth in the park because someone was swinging on it a little while ago, or is it propelled by some force? The images on the screens evoke a variety of feelings and sensations in the viewer: anxiety, loneliness, human warmth, nostalgia, transience, foreboding.

Tokyo Trace was made during an interim period after a relapse of the cancer with which he had been diagnosed in 2010 after returning to Japan from Germany, and before he was hospitalized for treatment. On one of the screens is an animated blue-green glass vase with two daisies, scarlet and pale pink, on a table in front of the light green curtain, which in reality were placed there by Sato's partner who cared for him every day when he was hospitalized. As Sato, faced with an intractable illness and forced to be constantly mindful of his own life and death, looked around at the ordinary cityscape and the people, animals and plants inhabiting it, he was keenly aware of his own fate and that of all things, but this very awareness must have made the things he gazed upon appear truly precious.

Sato's thoughts and feelings were personal, but at the same time they are ones we all experience. The viewer of this work recognizes the reality that all the world's things and phenomena are transitory, but is touched by the sparkling inner light reflected in these things, which do not simply vanish but undergo constant, kaleidoscopic change.

Sato's consciousness of the preciousness of life is gracefully but sturdily reflected in this space, occupied by videos containing 90 different scenes, which seem to vacillate constantly between truth and fiction, and a player piano producing music on its own.

(2) *TRAUM*

Sato moved to Germany in 1999. He spent two years from 2000 to 2002 as a *Gastschüler* (guest student) at Kunstakademie Düsseldorf, where he pursued his art. His visa expired after two years, but he did not want to go back to Japan without accomplishing what he set out to do there, and got a job at a Japanese restaurant where he had been a regular customer. At first he thought he would be able to make art in his spare time while working in the food services industry, but he found himself preparing lunch in the kitchen in the morning, getting ready for the evening after the crowded lunch time, and then preparing and making orders for the next day until the place closed. All worn out, he drank beer and unwound before finally going home around 2:00 AM. The next day he woke up and did it all over again, and during more than two years of this, his ambition to be a working artist dwindled. However, Sato never lost the desire to create.[1]

Around the year 2000, electronics such as personal computers became affordable enough for the general consumer. Meanwhile, there was an indie animation scene in which general users who were not professional animators or affiliated with animation production companies began using computers to produce animation on their own. Around 2003 Sato purchased a computer and began obtaining information from the Internet about this movement, and about how to paint digitally using computer software and a pentool.

While at art university Sato saw no meaning in drawing or painting, but by this time that mentality had changed. Indeed, when he tried painting with the computer's pentool, he found it quite fresh and exciting.

Things he saw on a daily basis, such as the Düsseldorf cityscape, were also so fresh and exciting to Sato that he began filming and photographing them and tracing over them on the computer. His reason for creating animation on a computer rather than painting was that he had long been interested in video as well as painting, and this medium enabled him to engage in both at once.

Drawing or painting on top of live-action footage is a technique known as rotoscoping, and Sato had several other reasons for selecting it. Rotoscoping was invented by Max Fleischer, the older of the Fleischer brothers, in the 1910s to enable even inexperienced animators to produce realistic videos, and was used to produce cartoons such as *Popeye*. Its use in the animation field became widespread, including in Disney animations. In other words, the rotoscope method was developed for the purpose of scaling up the extremely labor-intensive process of animation through division of labor.

Sato wanted to incorporate that principle of "division of labor" into his daily life. In other words, a certain amount of rotoscoping was something he could do even after working in a Japanese restaurant from morning till night, without exhausting himself to the extent that he could not wake up and do it all again the next day.

For Sato, the practice of rotoscoping was, in a sense, not so much "creation of works of art" as it was a "task" that could be completed without plunging too deeply into thought. It could perhaps be seen as a therapeutic activity for Sato, one that reignited the flame of creative ambition he was on the verge of losing.[2]

After considerable trial and error in this medium, he produced the animation *TRAUM* (2004–2007) [p. 50–51], the title of which means "dream" in German.

The work was inspired by dreams he actually had during these years. In one scene, young man rides a tram through Düsseldorf toward what appears to be the 234-meter-high Rhine Tower on the banks of the river. He takes a high-speed elevator to the observatory, and when the doors open, the Düsseldorf cityscape lies below him awash in dazzling sunshine. Gazing at this panoramic view of Düsseldorf, the young man pulls a video camera out of his jacket's right pocket and begins to film the scenery below. The video camera takes in skyscrapers, cars on six-lane highways, seagulls flying over parks, a white dog running along the street, smoke billowing from factories, a flock of sheep along the riverside, tourist cruise boats and freighters going up and down the Rhine.

As the young man is filming, a fly with large orange eyes suddenly appears and smashes against the glass of the observatory over and over. After several collisions, the thick glass cracks and shatters. When the young man reaches toward where the glass had been, the scene shifts, and we see an infant boy in a baby carriage, sleeping with his hands raised around his cheeks and a gentle expression on his face. A fly with large orange eyes lands on the right side of his chest, rubbing its front legs together. The camera gradually zooms out, ending with a scene of a mother pushing a baby carriage across a bridge over the Rhine.

Sato described *TRAUM* as follows.

> Dreams reflect the unconscious processes unfolding beneath the surface of our daily lives. I endeavored to render dreams visible, and confer more power on the world of dreams, by realistically depicting the daily life that provides the source material for dreams and sliding dream fragments into them. In short, it is like making daydreams visible. *TRAUM* is an animation that shuttles back and forth between these dreams and everyday life.[3]

When Sato produced this work, he was still employed in the food service sector but was seeking a way of making a living outside that fundamentally non-creative industry. Commercial animation was in his sights as a potential way forward. The traditional four-part structure of the work (introduction, development, turning point, conclusion) reflects his recognition that such elements are necessary in the world of commercial animation.[4]

In fact, when Sato was back in Japan temporarily he brought this work to an animation production company and had them watch it, but the reaction was not a positive one. He had made it with commercial animation in mind, but apparently they did not think it had any potential whatsoever for popularity with the public. However, through an acquaintance, he gained the opportunity to exhibit *TRAUM* and three new two-dimensional works, *OCTOPUS* [p. 60], *SUPPLEMENT* [p. 60], and *LOOK* (all 2008) [p. 58], with the artist group DanDans at their show *The 4th DANDANS—The House* (2008) at the Nihon Homes Housing exhibit (Roppongi, Tokyo). Unlike the commercial animation industry insiders, people involved in the fine arts responded to his work with interest.

Things had taken a different turn from what Sato originally intended, but his efforts to find an audience for *TRAUM* became a major turning point in his subsequent creative activities. Later, Sato said the following in an online interview:

> A piece of commercial animation is based around a message, concept, or theme, to which various elements are added to draw the viewer in. However, a work of art is created by an individual artist who presents it to the world, and if it is confined to narrow, linear plot development like commercial animation, I believe it will not expand creatively and will end up as something extremely narrow. For this reason, I consciously edit my work so it can be interpreted in various ways and logical conclusions cannot necessarily be drawn. I believe this is more interesting and emotionally resonant for the viewer.[5]

(3) *Call, Coffee, Hair*

The year after *The 4th DANDANS—The House* (2008), Sato produced two-dimensional works including *Call* [p. 55], *Coffee* [p. 53], and *Hair* (all 2009) [pp. 62–63]. These were created with the rotoscope technique based on photographs and videos Sato shot in the course of everyday life. No human figure can be seen in any of them, only objects and their surrounding environments.

Call: A cream-colored push-button landline phone is mounted on a brown wall at the height of a grown person's chest in a place, perhaps a staff-only corridor of a hotel, where it is evidently used by multiple people. The phone is off the hook and dangling down near the floor. Was someone talking on it just a little while ago? Did someone rush out in such a hurry that they did not bother returning the receiver to the cradle? Is there still someone waiting on the other end of line? Or is there no one on either end? The dimness of the wall the phone is mounted on evokes the shadow of the vanished caller.

Coffee: The morning sun shines into a room through frosted glass. On a table, a white porcelain cup lies on its side, and coffee and milk are spilled across a saucer and the table. While the outdoors is awash in dazzling sunshine, the interior of the room is dim and nothing but the table with its knocked-over coffee cup is visible. Did the resident rush off somewhere without bothering to clean up the spilled coffee?

Hair: On an empty sidewalk at dawn, what appears to be a head of wavy brown waist-length hair emerging from a large white plastic shopping bag lies on the ground next to an orange pole, blocking about half the sidewalk. Is it a wig someone was wearing, or someone's hair that was cut? Either way, it does not look like something one would just happen to drop. Whose hair is it? Why has it been abandoned here? Did something happen to its owner?

A phone off the hook, spilled coffee, a discarded head of hair. Those things and nothing more—but they stir the viewer's imagination in various ways. Sato's work has a bizarre power that makes the viewer want to fill in the blanks with a story of their own.

Sato had been a horror movie fan since childhood, intrigued by invisible presences and realizations that seemingly inanimate objects are actually alive. He said he found simple feel-good films, comedies, and love stories too boring to watch.[6] Sato's taste for movies and books that spark voyages of the imagination seems to connect to these works.

In all three images, a mysterious scene seems like an ominous portent of something eerie lurking beneath the surface of everyday life. Each speaks of a human being that was here but has vanished, hinting at the ephemerality of human existence.

(4) *Avatar 11*

Avatar 11 (2009) [pp. 72–74] is based on 11 live-action videos shot in 2009, each of which has been fully converted into animation, unlike *Tokyo Trace* which combines live-action footage and animation. On each screen a young man or woman is seen only from the neck up, facing away at first, then slowly turning to face the camera head on, then slowly turning away again. This sequence of movements is repeated. When the work was exhibited, 11 square monitors of the same size were arrayed on the wall, each image moving at its own pace. The 11 videos depicted the following:

1. A dark-haired man lying on the floor, only his head emerging from behind a wall
2. A man with green-tinted hair, his head rising from behind a brick wall
3. A woman with blue-green eyes and blonde hair, her head poking up out of a field filled with orange poppies and white daisies
4. A black-haired man wearing steel-framed glasses, his head reflected in a puddle on a stone-flagged street
5. A black-haired man lying on the grass, his head emerging from behind a large oak tree
6. A woman with brown hair, her head visible above the rim of a bathtub
7. A man with close-cropped blonde hair, looking back from the driver's seat of a vehicle
8. A woman with brown eyes, her face peering through a rain-spattered window
9. A man with a hairless head looking out from the screen of a laptop
10. A man with dark brown hair lying on the floor of a parking garage, lit by blinking fluorescent lights, his head emerging from behind a column
11. A woman with long chestnut hair gazing out from the window of a public telephone booth

After exhibiting *TRAUM*, Sato turned to production of works that deliberately left a margin of uncertainty —scope for viewers to interpret them in a wide variety of ways and let their imaginations take flight—as opposed to the conventional story arcs and clearly understandable imagery of commercial animation. Thus in *Avatar 11* he presented only images of friends performing a simple act of rotation. By filming these friends in live-action video and then flattening them using the computer and pentool, he transformed them from actual presences to fictitious images, stripping them free of his own imaginings and concepts.[7]

Another notable aspect of this work is Sato's use of a looping video format, creating a work with no beginning and no end in which each screen seems to contain a story but there is no identifiable narrative. The looping structure of the work was also a mechanism to stir the imagination of the viewer, as Sato remarked about another work, *BIND DRIVE*, in an online interview:

> This is a video work, but it's intended to function more like a painting. Paintings hang on the walls of galleries or other venues, available for viewers to see them at any time, whereas with films the audience take their seats at the starting time, the curtains open, and the film begins. At this point, the audience is in extremely passive position. When films or video art pieces have a conventional story arc, there are limitations in terms of viewing time and environment, while paintings can be viewed any time someone comes to the venue, and the timing is up to the viewer. That gives them an independent presence and objects and I believe that is why painting has endured over so many centuries. I had that in mind when I chose to present moving images in looped form, to make them more like paintings. I am continuing to work with various themes as I create videos intended to be screened in looped form.[8]

In that sense, this writer was among those who responded to Sato's work exactly as he intended, but this particular work had the following sort of effect.

Viewed at an art venue, the assembled images of 11 people's heads can be momentarily reminiscent of severed heads seen in period dramas and the like. While the people are not portrayed in a particularly unconventional manner, because of the format they make a very different impression than portraits of people standing or seated in chairs. As they are only shown from the neck up, the viewer can only imagine what they would normally be able to see of the rest of the body, and the resulting frustration and discomfort naturally directs the senses strongly to the visible face. When the head is facing forward, it firmly locks eyes with the viewer, then turns and looks away again. All the subjects are actual people, but having been transformed into looped, animated images, they manifest as "avatars" (incarnations), present when facing forward and absent when facing away, informing us that "all things must pass" and "all is formlessness."

(5) *Calling*

Calling (2009–2010/2014) [pp. 108–111] consists of

two works, a German version produced in 2009 and a Japanese version produced in 2014, each of which is a full-screen animation (i.e. the live-action footage is entirely covered with animation) based on a live-action video, and each featuring a series of telephones ringing in places devoid of people.

Sato had for some time had the idea of incorporating scenes of telephones ringing in deserted locations into his work, and in the course of daily life in Germany filmed places that caught his interest, traced them, and animated them to produce the German version.

The German version consists of 12 looped moving images such as the following: a white smartphone lies on the ground in a train station passageway, ringing amid a hubbub of footsteps and broadcast announcements. A black cordless telephone receiver rings on a wooden table alongside two white coffee cups, with warm steam rising from them, and a cutting board with rye bread and a bread knife on it. A Nokia mobile phone with the children's song "The Other Day I Met a Bear" as its ringtone nestles in the grass in tranquil daylight, its ringing mingled with the sounds of bees buzzing and larks twittering. An emergency telephone rings on the side of a two-lane highway, with three white wind turbines visible in the distance on the other side of the road.

Sato created the Japanese version after the organizer of the exhibition *Duality of Existence—Post Fukushima* (Friedman Benda, 2014), in which Sato was to participate, asked him to show a localized work resembling the German version of *Calling*. Most of the settings are in Toride, where Sato lived, but there are scenes in line with the theme of the exhibition, "Post Fukushima," including an abandoned bus by a riverbank and an unoccupied karaoke room where the Japanese national anthem *Kimigayo* plays on the screen.

The Japanese version also consists of 12 looping images, including a gray telephone ringing in a public phone booth next to a railroad crossing at dawn with larks chirping and a warning bell sounding nearby, and a red iPad with the Skype ringtone playing emerging from a woman's purse on the seat of a train passing through a residential area in the daytime.

Mobile phones ringing in various locations without their owners and landline phones in rooms absent of people speak to the transitory nature of human beings, and the natural laws dictating that all of us eventually disappear, and all of the telephones including the public phones also seem to hint that they are means of communicating with someone who has departed and is no longer a physical presence in this world.

The word "calling" has an etymological root meaning "summons or invitation" (including from the gods), and today has other meanings including "the will of God," "mission," and "vocation," which Sato said he had in mind when creating this work.[9] These are only images of phones ringing in unpeopled rooms, but the work has a strangely enchanting quality and sparks a variety of thoughts and feelings in the viewer.

(6) *BIND DRIVE*

BIND DRIVE (2010–2011) [pp. 90–93] is also a full-screen animated work based on live-action footage. It was shown at *The 8th DANDANS—Hierher Dorthin* (Goethe-Institut Japan, 2011) the eighth group exhibition of the young artists' group DanDans, held at the official German cultural institute to celebrate 150 years of diplomatic ties between Germany and Japan.

Unique among Sato's works in that it features a backing track of enka—the male-female duet "Kizuna" (sung byYoko Nagayama and Tokinori Kageyama)—it is a melodrama featuring a man and a woman in the form of a devil and an angel respectively, set in a depopulated Toride in the rain.

Scenes such as a highway running parallel to an ordinary road, a vacant lot with a pile of discarded televisions, and a rusty abandoned car amid weeds appear on the screen. Then the devil-man and the angel-woman appear, sitting in the front seats of a white sedan stopped at the side of a road with rice paddies to the left and right.

In creating this work, Sato sought to address the presence of conflicting opposites, such as good and evil or light and shadow, in our daily lives and society. As subjects, the angel and devil embody these contradictions. Looking down at the angel's stomach, it is evident that she is pregnant, and we make the connection that this is a story of forbidden love.

Enka, a genre popular with older Japanese, was used as background music because contemporary music such as J-Pop or techno would make the image too stylishly aligned with mainstream taste, whereas Sato wanted the image and the sound to contradict one another. He selected this particular song for its title, which means "bonds," an ambiguous word suggesting not only human connection but also imprisonment or restraint.[10]

Sato began this work before the Great East Japan Earthquake, but it was damaged by the earthquake while in progress. The earthquake was also one of the themes of *The 8th DANDANS—Hierher Dorthin*, where the work was to be shown, and thus as he proceeded with the work he incorporated issues surrounding the Great East Japan Earthquake and the Fukushima nuclear disaster that resulted from it, in addition to the above-described theme of conflicting opposites. Of the work's development, Sato said the following in an online interview:

> I had already started it before the earthquake, and while it was in progress I was diagnosed with cancer. I had surgery right away, but it was the first time I had suffered from such a serious illness, so it really brought it home to me that we are all going to die someday. Then I got out of the hospital, and just afterward the earthquake struck and we saw the forces of nature wiping away an enormous number of lives. I had become aware of my own coming death, I had witnessed death as a universal phenomenon, and I wondered if I could deal with these themes in my work. But making art that is simply sad is somehow unbearable to me, so I gave it a somewhat comical twist by placing a devil and an angel in the Japanese countryside. If I really wanted the devil to look like a devil, I could go all out and apply something like special-effects makeup, but I decided to show his identity with only bat-wings and horns, and to render it with a light touch, like cosplay. I felt a kitschy feel would somehow create a sense of hope.[11]

In this work it is raining in every scene, for two reasons: one is that it generates motion in the frame, so it is always clear that it is an animation and not a still image. The other is that he sought to make the work relate to the earthquake, one of the themes of the exhibition where it would be shown. After the Fukushima nuclear disaster, residents of the surrounding area worried about going outdoors on rainy days due to concerns that the rain would contain radioactive substances, and Sato symbolically incorporated people's changed attitude toward rain in the aftermath of the earthquake.[12]

In the above-mentioned online interview, Sato also said:

> This piece contains a mixture of pre-earthquake and post-earthquake scenery, and incorporates some things that were destroyed by the earthquake. However, I definitely did not want to include anything like news photos that directly depict the damage. I believe works of art must speak to people 10, 100, or 200 years from now, and I thought it would be possible to communicate more to viewers if I expressed, in a form that differs from the news or mass media, how the disaster affected me, a single artist, rather than directly showing people "this is what happened."

From this time onward Sato's concerns and perceptions of issues took a turn, from the warmth and hope, mystery and madness people experience amid perfectly ordinary surroundings, to more essential issues relating human life and various social problems. BIND DRIVE is an important work that can be seen as a significant turning point.

(7) *9 holes*

9 holes (2012–2013) [pp. 96–101] is another full-screen animation based on live-action footage and consists of the following nine videos.

1. An elderly couple sits side by side at a low table, with cups of hot tea, bathed in the glow of a TV.
2. A boy sits on the grass, drinking milk from a baby bottle.
3. A man's two hands unroll toilet paper from a toilet paper holder.
4. A man pulls upward on a rope, and an upside-down man like a mirror image below him tugging on the other end of the rope.
5. A young woman wearing a light orange tank top stands in front of a mirror above a sink, holding a hair dryer in her left hand and blow-drying her long hair.
6. A steaming cup of instant udon noodles and a ringing, half-open clamshell cell phone sit on a table in what appears to be an emergency shelter, with a square entrance with a glass door so small a single adult can barely pass through.
7. Pale green elevator doors on the first floor of an old five-story apartment building open, a white balloon floats into the elevator, and after the elevator ascends to the top floor, it comes down to the first floor again. A red heart-shaped balloon floats out of the open door. The scene repeats.

8. Rain falls on a flight of stone steps, on what is perhaps a riverbank, and on the stone flags to either side of it, then the rain stops and the steps gradually dry.
9. A person in the costume of a "power ranger"-type character from TV lies spread-eagled on the asphalt, nodding their head up and down and saying "Yes, yes, yes, yes, yes, yes," then shaking it from side to side and saying "No, no, no, no, no." The scene repeats.

As the above description indicates, the flavor of this work differs from that of predecessors such as *Call*, *Coffee*, *Hair*, *Avatar 11* or *Calling*, and contains scenes with a clearly humorous quality. According to a friend of Sato's, in creating this work he took an interest in the nine holes in the bodies of human beings and other mammals, namely the mouth, two eyes, two ears, two nostrils, urethral opening, and anus.

In traditional East Asian medicine the nine holes are closely linked to the meridians of the internal organs, and function to eliminate waste products and toxins. For example, tears from the eyes, a runny nose and phlegm when one catches a cold, yawning, belching, flatulence, vomiting, diarrhea and so forth all function to discharge foreign substances and waste products from the body.

Each of the videos seems to imply one or more orifices, perhaps as follows:

1. The "eyes" of the elderly couple, each of whom watches TV and occasionally turns to gaze at the other
2. The "mouth" drinking milk
3. The "anus"
4. A metaphor for the link between the "nine orifices" of the mammalian body and the "internal organs," as in traditional East Asian medicine
5. The shape of the outlet into which the hair dryer is plugged resembles the "nostrils," and the warm air blown from the dryer resembles the breath coming out of the "nostrils"
6. The "nostrils" that would be used to sniff the scent of the instant udon noodle broth, or the "internal organs" to which the "orifices" are connected
7. The white balloon entering the "mouth," and the red heart-shaped balloon leaving the "anus"
8. The "urethra" through which urine flows
9. An homage to the 1968 performance *Ja Ja Ja Ja Ja, Nein Nein Nein Nein Nein* (Yes Yes Yes Yes Yes, No No No No No) by the highly influential 20th-century German artist Joseph Beuys (1921–1986)

In a talk event for the exhibition series *aM Project 2013: The Earthly Paradise Vol. 5 Sato Masaharu* (gallery aM, 2013), which presented the work of seven artists including Sato from April 2013 to March 2014, Sato stated that video no. 9 was produced as a tribute to Joseph Beuys's *Ja Ja Ja Ja Ja, Nein Nein Nein Nein Nein.*[13]

This performance by Beuys lasted for an hour, during which the words "Ja Ja Ja Ja Ja, Nein Nein Nein Nein Nein" were repeated amid a humdrum environment. So, what was the intent of this performance, and of Sato in referencing it?

The New Testament of the Bible contains the following passage in Matthew 5:37: "But let your communication be, Yea, yea; Nay, nay: for whatsoever is more than these cometh of evil." In other words, "Call what is right, right. Call what is wrong, wrong. Always tell the truth. Falsehoods should not be spoken at any time." Assuming that Sato derived this message from Beuys's work, video no. 9 seems to imply that we should live in faithful obedience to the natural functions of the human body, such as the interconnections of orifices and organs, blood circulation, appetite and need for sleep.

This work clearly seems to reflect Sato's experience of being diagnosed with cancer in 2010 and subsequently having no choice but to pay closer attention to his own body and his own life, and such concerns are reflected here more than in previous works.

(8) *Datemaki*

Datemaki (2013) [pp. 102–105] consists of seven full-screen animations based on live-action footage shot in 2013, which shows the automated process of manufacturing the sweet rolled omelet of the title at a long-established fish cake factory in the city of Iwaki, Fukushima.

In 2010 Sato took up residence in the city of Toride, Ibaraki, but immediately afterward he faced a series of tribulations. First he was diagnosed with cancer in 2010 and underwent surgery. Fortunately a tumor was successfully removed, no metastasis was detected, and his condition improved. On March 11 of the following year, he fell victim to the Great East Japan Earthquake. In 2013 his partner, also an artist, collapsed with a subarachnoid hemorrhage. Sato was by her side at the time and reacted immediately, and after having surgery she fully recovered.

Immediately after the Great East Japan Earthquake, tsunami and Fukushima nuclear disaster, which brought unprecedented devastation to the region, Sato was worried about the state of the disaster-stricken area and wanted to see it for himself, but was unable due to his work and concerns over radiation. However, his and his partner's illness and her recovery made him feel it was time to visit Fukushima, and he made up his mind to go there.[14]

Sato visited the long-established fish cake manufacturer in Iwaki, which he had learned about online. The company was damaged by the massive tsunami, lost factories, office buildings and employees, was unable to manufacture its products for an extended period, and saw its number of customers plummet. Nonetheless, all the employees worked together to rebuild it, and a year and a half after the earthquake, a new main plant was constructed in September 2012 and full-fledged operations resumed.

Iwaki was once one of the largest producers of flat fish cakes in Japan. Many fisheries-related companies were located there, taking advantage of the top-quality marine products nicknamed "Joban-mono" after the old name for the region. In particular, the Usuiso district, where the factory Sato documented was located, was so full of fish cake businesses that it was known as "Fish Cake Avenue." Sato learned that they pursued reconstruction with the determination that "just mourning won't do any good! We want to deliver our fish cake to those who are waiting for it," and "we must not let the local industry die out." This made him want to see the place with his own eyes.

When Sato visited, datemaki was just in the midst of being manufactured. He felt that more was going on here than just machines producing something, and wanted to create a work based on the scenes he saw.[15] The result was *Datemaki*, which consists of seven video playback devices screening the following animations in a venue where a slow, gentle and somewhat melancholy piano soundtrack plays.

1. A machine with three prongs emerging stirs eggs and other ingredients in a vat.
2. The well-mixed liquid pours from a hose into a wide, square silver-colored tray.
3. Fixed quantities of liquid are squirted from black tubes overhead into black square trays that run along a conveyor belt.
4. Spatula-like white silicone implements the same width as the interior of the tray flatten the surface of the material in the black trays on the conveyor belt.
5. Black trays moving along the conveyor belt are pushed one by one onto another conveyor belt that intersects with it at a right angle.
6. Rows of black trays, three abreast, slowly moving along the conveyor belt and begin the baking process.
7. Sets of three side-by-side black trays that have undergone the baking process run along eight narrow conveyor belts, and at the end they are scooped up from below by a robotic arm, rotated 180 degrees, and the finished datemaki is dropped onto the next black conveyor belt.

Datemaki was shown at *αM Project 2013: The Earthly Paradise Vol. 5 Sato Masaharu*, and Sato contributed the following text to the exhibition statement.

> The Lumière brothers' film *Workers Leaving the Lumière Factory*, considered the first film in history, documents an everyday scene in which employees are simply filmed as they emerge from the factory exit. However, if you look closely, some of the people coming out of the factory smile at the camera. We are not simply observing this world, rather the viewer and the viewed intersect. In other words, it is a kind of fictionalized documentary.
> In *Datemaki*, presented here at αM, I consciously incorporated "documentation" into the fictional world of animation. And after I flipped fiction and documentation, something new popped out at the end of the process.[16]

Also, the press release for Sato's exhibition at gallery αM contains an image with the following instructions:

(1) Enter this text into a computer.
(2) Trace this text using Photoshop.
(3) Print this text out with a printer.
(4) Take the printed-out text to a convenience store.
(5) Copy this text with a photocopier at the convenience store.
(6) Fax the copied text to your home.
(7) Take a picture of the text transmitted to your home with a digital camera.
(8) E-mail the photographed text to αM.

(9) The text will be included in this press release.[17]

View the work again in light of the first of Sato's two texts above, and it seems that as an animation (fiction), in *Datemaki* the fish cake factory devastated by the massive tsunami caused by the earthquake, and marvelously resurrected through the united efforts of all its employees, has been captured on film (documented) as a symbol of the return of a peaceful daily life. But if we view the "fictional" animation as a "documentary," the images, accompanied by quiet piano music, of machines performing their repetitive movements may be reminiscent of the return of peaceful times when one day follows another without event, but may also evoke science-fiction dystopias in which citizens thoroughly under the control of governmental or other forces are stripped of their dignity and humanity, or of excessive and arrogant use of science and technology that damages humanity and nature.

The latter text in the press release seems intended to enable the viewer of the press to experience, in a simulated and vicarious manner, the act of "tracing" intrinsic to Sato's work, by taking an original material and converting it through duplication into something else. Sato later stated the following in materials for the exhibition *Gifu Land of Clear Waters Art Festival, Art Award IN THE CUBE 2017* (The Museum of Fine Arts, Gifu, 2017).

> For me, tracing is the act of absorbing a subject into myself.
> You could call it an act that deepens understanding of the place where you live and the scenes before you, and forming a relationship with them. These works are produced using digital devices, but in fact it is vital to use one's one own body, one's own hands, to create the enormous volume of drawings that go into them.[18]

It was after this that he produced the *Trace* series (*Tokyo Trace* and *Fukushima Trace* [pp. 154–160]) , but *Datemaki* was a turning point in that it delved deeply into the meaning of the act of "tracing" and the various social issues raised by *BIND DRIVE*.

(9) *Fukushima Trace*

Fukushima Trace combines live-action footage and animations based on that footage, shot by Sato in 2018 when he visited the disaster-stricken region of Fukushima. Sato had been in treatment for about seven years since his initial cancer diagnosis in 2010, but in late 2016 his doctor told him that further surgery would do no good. Faced with the limitations of his own body, his drive to create and express became even stronger. Right around this time, he saw a newspaper article reporting that the JR Joban Line between Tomioka Station (in the town of Tomioka, Fukushima) and Tatsuta Station (now in the town of Naraha) had resumed operation after approximately six years and seven months. The article described how the mayor of Tomioka and the president of JR East Japan expressed their hopes for the area's revival at a reopening ceremony, and the townspeople were delighted that the train was back in service, while also containing a photo showing a huge number of black flexible container bags, full of stripped-away radioactive soil and rubble, piled right next to Tomioka Station. Having seen this shocking sight, Sato felt strongly that he needed to witness, experience, and document the current state of Fukushima Prefecture in person, and the result was *Fukushima Trace*.[19]

Sato visited and documented Fukushima several times over the course of six months starting in 2017. At the time six years had passed since the nuclear disaster, but daily decontamination work was still ongoing, and each day as many as 2,000 ten-ton trucks loaded with countless flexible container bags of radioactive soil trundled back and forth to "interim storage facilities" in the towns of Okuma and Futaba. In Futaba, Okuma, the towns of Namie and Tomioka, and the city of Minamisoma, there were still many areas to which people could not easily return, and few residents did. The peaceful and uneventful days before the disaster remained a distant dream.

Fukushima Trace consists of 30 scenes projected on a loop in a space also containing a player piano, which plays Debussy's *Clair de Lune* without sound. Scenes include a guardrail twisted by the force of the massive tsunami, a seawall being erected on the coastline, and a small kingfisher perched on a pile of rubble on the beach while seagulls fly over the gently undulating Pacific Ocean in the background. Black container bags are piled high on the side of the JR Joban Line tracks, and a white limited express train speeds past them. Black bags lie tossed around as if abandoned on a sandy beach. Under a clear blue sky stand bare trees, which have lost all their leaves due to salt damage. A house stands unoccupied, with household items scattered around. A rusty iron basket containing about 30 soccer balls is left behind in a deserted schoolyard. In a deserted park is a large cherry tree in stunning full bloom, a deck next to it with a pink roof and a cute rabbit character adorning it, a green pedestal, and a yellow spiral slide.

Like *Tokyo Trace*, *Fukushima Trace* has the word "trace" in its title, and both feature images where reality and fiction intersect, producing the strange sensation of going back and forth between the real and the imagined. However, *Tokyo Trace* contains many scenes including people or evoking human activity, so there is an overall sense of vitality, but this sense is absent from *Fukushima Trace*.

In *Fukushima Trace* we see hardly any people other than workers at construction sites and the guards standing near the fence around the no-go zone, but that is not the only reason for the sense of loss. In the emptiness we see tragic reality of the people that should have been there, the lives that would still be continuing had they not been cut short by the unprecedented catastrophic earthquake and the nuclear disaster.

What we see on the screens is Fukushima transformed by the ferocity of nature and the tragedy of the nuclear disaster. In producing this work, Sato sought to document the reality of the massive earthquake and tsunami that reduced buildings to rubble, washed away houses, and killed people instantly, and of the nuclear disaster that robbed people of their everyday lives and changed the region completely. While each of the screens is totally or nearly totally absent of people, he reminds us that there were once people and lives there. As in *BIND DRIVE* and *Datemaki*, he endeavored to create a work of art that expands within the heart and mind's eye of the viewer, rather than rendering the devastation directly in the manner of news-media images.[20]

Among the 30 scenes in *Fukushima Trace*, there is only one in which people figure prominently. Three people, evidently parents and a child, walk and talk happily on a large suspension bridge that glows in the setting sun. Perhaps Sato incorporated this scene into the work so as to embody the hopes of the people of Fukushima in the family group.

Fukushima Trace is believed to be unfinished, as Sato wanted to take at least a year to shoot and trace this work, and if possible to make it a long-term project lasting years, but in addition to his worsening illness making it physically challenging to travel far from home, his vision in one eye grew blurry and the work of tracing became difficult. In September 2018, he was told by a doctor that he could expect to live for another three months. Under these circumstances, he used the footage he had shot thus far and managed to complete the editing during his lifetime, producing the work as it now exists.

Let us conclude the analysis of this work with a message about it from Sato himself:

> I brought a camera and a tripod to Fukushima and filmed ordinary scenes without thinking deeply about anything. At the same time, I was filming a place where I could clearly see there were tremendous problems. But as I continued to shoot and to work, I found that the battle with cancer became easier. Just when my trips to Fukushima had become something I looked forward to every month, I was told how long I had to live and had to suspend the work.
> *Fukushima Trace* as it is exhibited here has been on hiatus for half a year, but the problems that continue to afflict Fukushima are not resolved, and I am still alive. The yellow traffic light that still illuminates the row of cherry trees in Tomioka seems to be saying, "Not yet…"[21]

(10) *Dr. Reaper*

Dr. Reaper (2018) [pp. 164–175] is a series consisting of nine acrylic paintings and one object, which were shown in the solo exhibition *Dr. Reaper* from February 15 to March 16, 2019 at KEN NAKAHASHI (Shinjuku, Tokyo). The following text is Sato's statement for the show.

> In September 2018, after having fought cancer for 8 years, I was told by my doctor that I have only three months left, and my real estate agent requested us to leave the house where I live by March 2019 due to its deterioration.
> The method for the nine new paintings do not differ so much with my video works. I photograph the motifs, trace the shape on my computer, reillustrate them on wooden panels with acrylic paint.
> Unlike the digital work, the physical sense of painting on the panel was very pleasant. It was also my first experience of joy appreciating and confronting the painting on the wall in progress.

> It may be thanks to cancer that I was able to draw a picture with such fresh thoughts at the age of 45. The doctor who declared my life expectancy was a type of person far different from the doctors who had examined me before, he always stared at the Computer screen without ever looking at my face.
>
> After all, among the 7 months of anticancer drug treatments, the only time he looked into my eyes was when he rotated his chair to face me and say, that anticancer treatment will not be effective anymore, so I should move on to the palliative care.
>
> While watching his inhumane face well beyond the human world, I noticed that I had not been treated as a human being from the beginning.
>
> Immediately after that, I came up with a nickname for him called Dr. Reaper, and my heart became really easy.
>
> Life expectancy is a trap. Believing in the time limit and waiting for death is a suicidal act.
>
> How I spend the three months is up to me.
>
> I wish to paint the existences vanishing along with the house, without having to mind anyone's eyes.[22]

Having been told how little time he had left, Sato was nonetheless able to work on *Fukushima Trace*, a piece that powerfully illuminates challenges facing humankind, but as his medical condition worsened, it was difficult to continue producing video. However, Sato did not cease his activities but thought of a method he could employ even in that state, and used acrylic paint to produce this group of two-dimensional works.

Forced to restrict the scope of his activities due to the progress of his illness, Sato chose to render ostensibly humdrum objects he saw in his immediate surroundings—a cardboard box, a doorbell—with great care and tenderness.

The nine years after Sato returned to Japan in 2010 were a recurring battle with cancer. Despite being faced with his own illness and impending death, he never fled from the truth, accepted his own destiny and continued to create art. In the final works of his 45 years he returned to painting, reunited, as if with an old friend, with the brushes and paints he had used since childhood and worked with from morning to night while preparing to enter university.

Animation, his primary medium in recent years, was incredibly time-consuming, requiring about six months to a year to complete a single work. As a work in progress existed as data in a computer, Sato himself could not view it in its entirety until it was completed. Also, his procedure involved using a pentool to convert live-action video into two-dimensional animation—the grueling task of converting images of the real world into fiction. By comparison, creating a picture with paint and paintbrush was a relatively simple task. In addition, the whole picture could be seen the entire time, and every time a brushstroke was added, the work visibly moved toward completion.

For Sato, who had spent an enormous amount of the past 20 or so years in front of a computer, grappling with issues related to the natural laws of our world and the state of society, it must have been supremely joyful to simply hold a brush and paint what he saw.

Sato devoted his 45 years to art, never ceasing to create. Using the rotoscope technique derived from the field of animation, he developed a genuinely unique style and worldview that reflects the natural laws of the universe. And he did not stop there, but went on to grapple with issues facing humanity and speak about them with the power of art.

On March 9, 2019, while *Dr. Reaper* was on view, Sato quietly departed this world, surrounded by his family.

4. The Originality of Sato's Works: "Tracing"

Sato stated in an online interview that he endeavors to "strike a good balance between two-dimensional works and animation,"[23] but over the course of his art career, i.e. the 20 years from 2000 to 2019, he produced roughly 30 video works and roughly 70 two-dimensional works. In terms of number of works the latter are more than double the former, but he is generally thought of as a video artist because he primarily presented video works in recent exhibitions such as *Hara Documents 10: Masaharu Sato—Tokyo Trace*, *The Doraemon Exhibition Tokyo 2017*, and *Roppongi Crossing 2019: Connexions*.

Here, let us take a closer look at the video art aspect that greatly defines Sato's creative output. A simple description like "video artist" or "artist who works in moving-image media" encompasses an enormous variety of styles, and by itself does not tell us much. To grasp the specific features of Sato's oeuvre, let us examine some of the leading artists in this field.

Nam June Paik (1932–2006), born in Korea (present-day South Korea), exhibited the world's first artwork incorporating a TV screen and is known as "the father of video art." He turned the role of television, previously a medium for unilaterally broadcasting content to the masses, on its head so it became a means of human expression, and created a large number of trailblazing works including large-scale television installations and real-time two-way communication projects using satellite broadcasting.

The South Africa-born William Kentridge (b.1955) creates animations that can be described as "drawings in motion," making drawings in charcoal and pastel, partially erasing and redrawing them and filming them as he goes, and presents works with a highly distinctive narrative character and worldview.

Pipilotti Rist (b.1962), from Switzerland, is a video artist dealing with themes such as the body, women, nature, and ecology, who produces immersive video installations that stimulate multiple senses with pleasant music and vivid imagery.

To list some Japanese artists working in this medium: Yasumasa Morimura (b.1951) is well known for self-portrait photographs in which he transforms himself into figures from famous paintings or historical personalities. In addition to these static works, he has also shown video pieces such as *A Requiem: Laugh at the Dictator* (2007, ShugoArts), in which Morimura plays the role of Hitler delivering his own interpretations of situations and historical facts.

Takashi Ishida (b.1972) presents video works, installations, and live paintings using a technique called "drawing animation" in which he draws abstract lines little by little and shoots them frame by frame. He also creates installations that use the same technique to create movement, in the form of proliferating lines and moving points in the venue, transforming the quality of the space in diverse ways.

Hiraki Sawa (b.1977) has shown video works with a unique worldview in which the extraordinary is interwoven with mundane scenery—a large number of model airplanes fly around a room, or legs grow on various everyday items such as kettles and rolls of toilet paper and begin walking around the room—as well as installations that turn the entire venue into a single work consisting of video, three-dimensional and two-dimensional works.

Even limiting ourselves to these six artists, we see that they all differ radically from one another. It is also clear that Sato's rotoscoping technique sets his work completely apart from that of any one of the six. When compared to installation-style works that utilize entire spaces and video works with strongly narrative content, Sato's work can be described as pictorial. To be sure, his video works have a temporal axis, but a viewer can start watching them at any point without feeling that they are coming in partway through, and the sensation is like that of looking at a favorite painting one never tires of seeing.

So, generally speaking, how has rotoscoping been used thus far? Are there any artists in the fine art field who use rotoscoping in a similar manner to Sato? Let us touch on the emergence of rotoscoping and examples of its subsequent use.

As discussed in "3. Analysis of Sato's Work—(2) *TRAUM*" earlier in this essay, the rotoscope method was developed in the early 20th century for the purpose of division of labor, and subsequently came into widespread use in the animation industry.

In recent years, it has been used in the movie *A Scanner Darkly* (starring Keanu Reeves, directed by Richard Linklater, 2006) and the American animated TV drama series *Undone* (2019), while in Japan the artist ShiShi Yamazaki (b.1989) developed a unique approach to hand-painted rotoscope animation in the style of watercolor painting, which has been deployed in the fields of entertainment and advertising, including in campaigns for Chanel, Prada, and Shiseido. However, one can find no examples besides Sato of rotoscoping practitioners that have been highly internationally acclaimed in the field of fine art. Why should this be? The answer is likely as follows:

Technologies used to produce animation are constantly evolving. In recent years technologies have been used to precisely reproduce the movements of humans and animals, and richly multi-functional, user-friendly tools are now available. Examples include motion capture, which makes it possible to record movements by attaching sensors to the joints of the body, convert the movements into digital data, and use them in computer-graphic video imaging, and pen tablet applications such as Clip Studio Paint and Harmony, which are easy to use and offer diverse features such as extensive color palettes and convenient, customizable tools. Even without a computer or tablet, anyone can easily create animation with a single smartphone.

Under these circumstances, even if creators in

the fine arts consider working with animation, not many would intentionally choose the time-consuming technique of rotoscoping, which entails the daunting labor of carefully tracing live-action video frame by frame. For the above reasons, it is safe to say that Sato's working method is truly unique in the world of video as fine art.

Sato studied extensively at educational institutions specializing in art, in high school, university, and study abroad in Germany, and he was surely well versed in all manner of art materials and techniques. He had a range of options to choose from: painting, sculpture, video (using non-animation techniques like unmodified live-action footage), installation. Even if he focused on animation, he could have used a more feature-rich, user-friendly approach than the rotoscoping technique described earlier. So, why did Sato adhere to this practice? One can cite the following reasons.

Among his best-known works are those with the word Trace in their titles (in the original Japanese titles the word's meaning is close to "follow" or "pursue"), indicating the importance of the practice of capturing and re-experiencing scenes and people he witnessed. It was only through this practice that Sato's own thoughts and feelings appeared as images on the screen, like an "avatar" or incarnation of the artist himself.

Other animation techniques may be more efficient and less time-consuming, but Sato must have felt that without the act of tracing, he would not be able to achieve the results he wanted.

5. Sato's Theme: "Love for Life"

In closing, let us consider again the themes that emerge from Masaharu Sato's work. The section of this essay entitled "The Unifying Theme of Sato's Work: The Four Dharma Seals (*Shihoin*)" posited that they can be expressed with the Four Dharma Seals that are the basis of Buddhist teachings, namely "all things must pass," "all is formlessness," "all life is suffering," and "Nirvana is serenity."

As we have seen, Sato's work is characterized by the mysterious sensation of truth and fiction intermingling in his images. In particular, the works *Call*, *Coffee*, *Hair*, and *Calling* contain portents of people's presences, and hint at changes people undergo, despite the absence of human figures. In *Tokyo Trace* and *Fukushima Trace*, the introduction of animation into a live-action film creates a sense of truth and fiction intersecting.

Everyone can sense, to a greater or lesser degree, that no thing or phenomenon in the world exists as an immutable certainty but only in terms of its relation to others, and that everything is subject to change. When this sense is manifested in Sato's images, it naturally resonates with the viewer.

However, that is not all that can be said about the impression his works make on the viewer—they also convey a kind of raw, effervescent luminosity, perhaps because Sato's ideas and feelings were so strongly and clearly projected onto the work. To place this in context, let us look at some similar cases.

Some of the most famous artists of the 20th century, such as Pablo Picasso (1881–1973) and Henri Matisse (1869–1954), were strongly drawn to African tribal masks and wood carvings. This was due to the strength and purity of these works of art which played such authoritative roles in the lives and deaths of people in tribal societies, with their fearsome cycles of destruction and regeneration that transcend the imagination of modern people.

Meanwhile, many works of Art Brut powerfully channel humanity's innate conflict between insanity and rationality, as well as the artists' sincere and heartfelt desire to face their true and honest selves. In works like these, there is a kind of transference of the creator's ideas and feelings into the created object or work of art, which thereby has a powerful emotional impact on the viewer.

Sato recognized the laws of the world, that all things in this world are constantly changing and events do not unfold as we wish, but this very awareness must have made the things he gazed upon appear truly precious, and by devoting his own body to the enormously time-consuming task of incorporating these things into himself by "tracing" them, he was able to present his own thoughts and feelings and his own "avatars" as images on the screen.

Sato's extraordinary creative achievement did not stop there. He also grappled with various issues facing humankind and communicated important messages about them through the power of art. This can be seen in *BIND DRIVE*, *Datemaki*, *Calling (Japanese version)* and *Fukushima Trace*, all of which dealt with issues brought to the forefront by the Great East Japan Earthquake and the resulting Fukushima nuclear disaster.

In producing *Calling (Japanese version)*, Sato selected images related to the exhibition theme of "Post Fukushima," including an abandoned bus by a riverbank, as well as an unoccupied karaoke room where *Kimigayo* plays on the screen. These images and the huge and complex issues they raise connect the "Post Fukushima" theme not only to the Fukushima nuclear disaster, but also to the fact that while advances in science and technology make our lives more convenient, they have also created tremendous misery for humankind through excess and arrogance, as seen in other historical tragedies such as an endless series of wars and conflicts, the atomic bombings of Hiroshima and Nagasaki, and the Chernobyl disaster.

Sato's works dealing with these issues have already been exhibited at *The 8th DANDANS—Hierher Dorthin* and *Duality of Existence—Post Fukushima*. This year, 10 years after the Great East Japan Earthquake and Fukushima nuclear disaster, according to a source with ties to Sato, plans for an exhibition on the theme of "Post Fukushima" are underway in Australia, and there is a request for his work to be included.

In today's society, which faces massive challenges related to the development of science and technology and social infrastructure, environmental issues, and health and sanitation issues such as the emergence of new viruses, it seems more important than ever to understand and accept Sato's insight that "all things must pass," "all is formlessness," and "all life is suffering"; to quell the flames of worldly desires; and to attain mental and emotional stability and enlightenment as exemplified by "Nirvana is serenity."

Moving forward, further efforts should be made to trace Sato's legacy and explore the significance of his works for the society of today and of the future.

Notes

1 Masami Tsubouchi, "E-mail Interview with Masaharu Sato 1: Hara Documents 10: Masaharu Sato—Tokyo Trace [Hara Museum of Contemporary Art]," *ART iT*, March 9, 2016:
https://www.art-it.asia/u/HaraMuseum/jui9zjqigl3ga0mxol2f

2 gallery αM The Earthly Paradice vol. 5: Masaharu Sato × Yasuyuki Nakai, *gallery αM*, November 2, 2013:
https://www.youtube.com/watch?v=w7y_rcqzGrY

3 Hiroaki Masuda, "12th Animation Artist Masaharu Sato," *OPENERS*, Smartmedia, May 20, 2015:
https://openers.jp/fashion/4505

4 *gallery αM* website, op. cit.

5 [Works] *BIND DRIVE*: Masaharu Sato, *DEPARTURE*, CG-ARTS, August 17, 2011.
https://dep-art-ure.jp/?p=919

6 Ibid.

7 *gallery αM* website, op. cit.

8 *DEPARTURE* website, op. cit.

9 *gallery αM* website, op. cit.

10 *DEPARTURE* website, op. cit.

11 Ibid.

12 Ibid.

13 *gallery αM* website, op. cit.

14 Ibid.

15 Ibid.

16 *αM Project 2013: The Earthly Paradise Vol. 5 Sato Masaharu* pamphlet, Musashino Art University, 2013.

17 *αM Project 2013: The Earthly Paradise Vol. 5 Sato Masaharu* press release, Musashino Art University, 2013.

18 From materials for *Gifu Land of Clear Waters Art Festival, Art Award IN THE CUBE 2017*.

19 Masaharu Sato interview, "ACT Vol.1: First Lingering Mist of Spring," *Tokyo Arts and Space*, March 25, 2019:
https://www.youtube.com/watch?v=RdfQtq82pb8

20 *DEPARTURE* website, op. cit.

21 Facebook post by Masaharu Sato, February 21, 2019.

22 "Artist statement by Masaharu Sato," KEN NAKAHASHI:
https://kennakahashi.net/en/exhibitions/dr-reaper

23 *DEPARTURE* website, op. cit.

凡例

- 作品情報は、タイトル、制作年、素材･技法、サイズ（縦×横×奥行 cm／映像作品の場合は尺）の順に記載した。また、必要な場合には作品クレジットを含めた。
- 上記以外の作品情報（音楽、所蔵など）は、巻末の作品リストに掲載した。
- 章解説のテキストは宇都宮壽（大分県立美術館）が執筆した。

Notes

- Information for each plate is provided in the following order: title of work, year of production, material and medium, and dimensions (H × W × D in cm, or duration of video work). When necessary, credits have also been provided.
- Comprehensive information for each work (music, collection, etc.) is provided in the "List of Works."
- Chapter texts were written by Hisashi Utsunomiya (Curator, Oita Prefectural Art Museum).

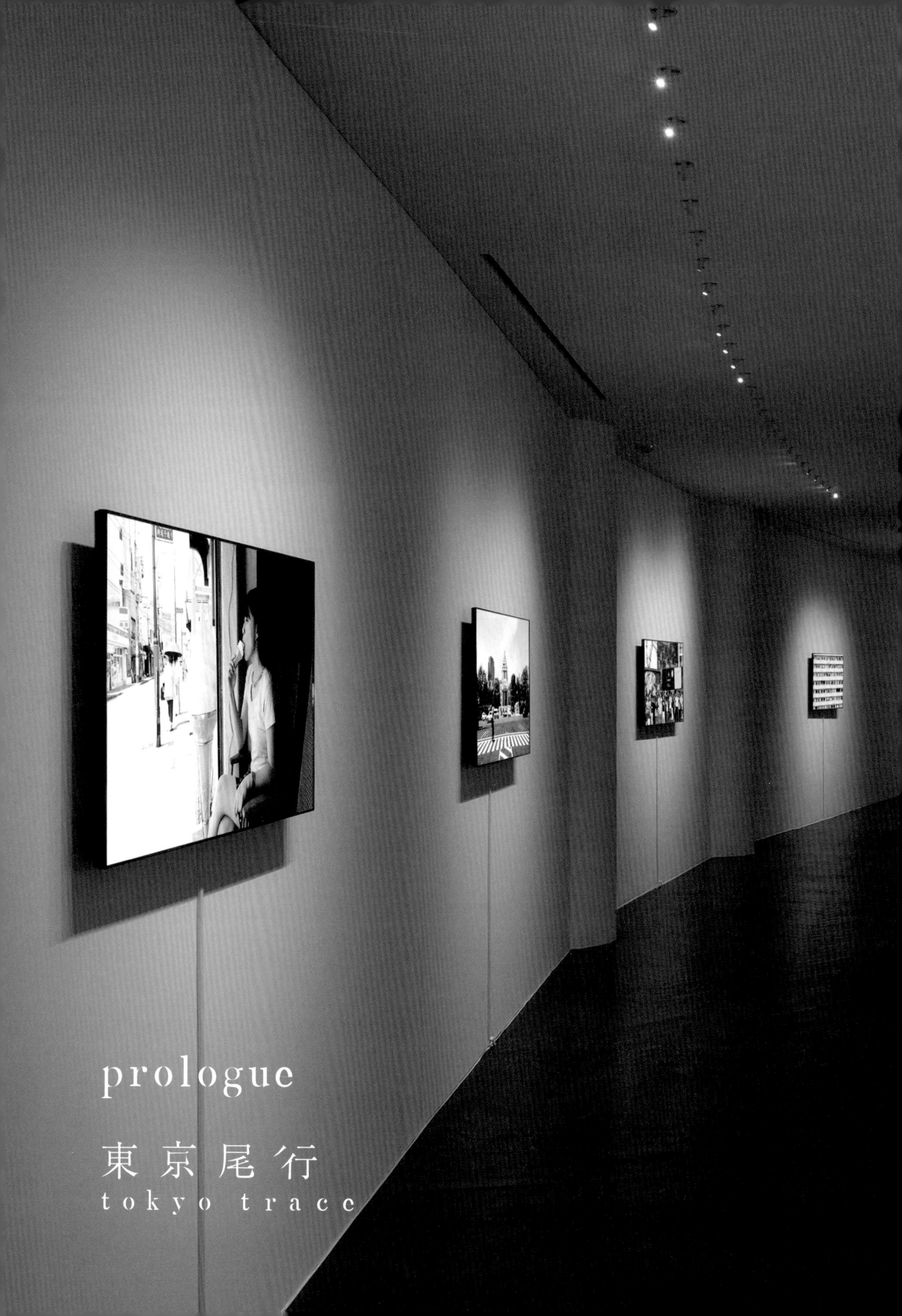

prologue

東京尾行
tokyo trace

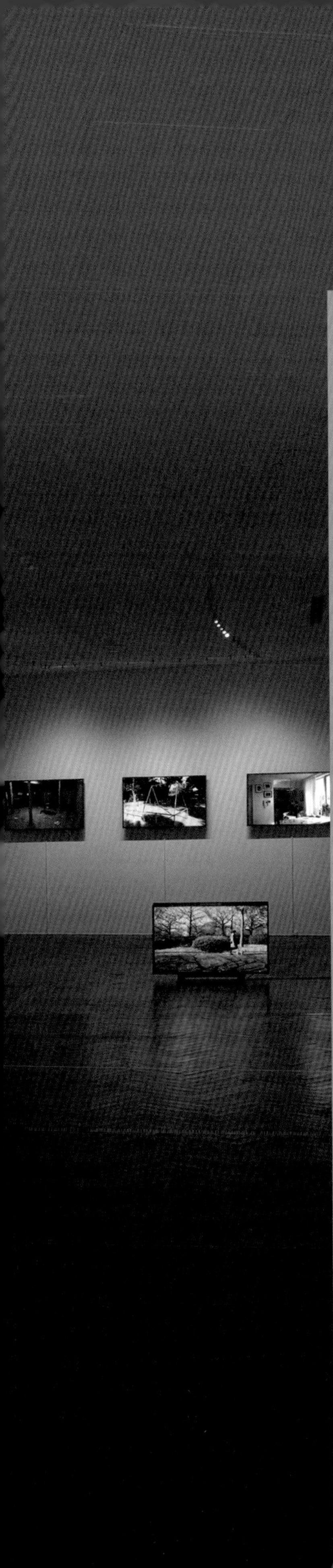

佐藤雅晴の創作の全貌をまとめた本書のプロローグとして、佐藤の代表作である《東京尾行》(2015–2016)を紹介したい。それは、「存在の不在/不在の存在」とでもいうような佐藤の作品世界を最も鮮明に映すものだからである。

この作品は、実像とアニメーションを合わせて制作されたものである。ドビュッシーの「月の光」が1台の自動演奏ピアノによって奏でられるなか、12台のモニターに90もの場面の映像が流される。実写の映像が実像であり、アニメーションが虚像であるようにも見えるが、またその逆に、アニメーションが実像であり、実写の映像が虚像であるようにも感じられ、見る者に虚実の狭間を行き来させるような不思議な思いを抱かせる。

この作品は、ドイツから帰国した2010年に発見された癌《がん》の再発が確認され、その治療で入院した時期を挟んで制作されたものである。病を患い、自身の生と死に常に思いを向けざるをえなかった佐藤にとって、日常の何気ない風景の中に映された人々の姿や動植物、街の様子に、いずれは消えゆく自分自身と万物の常ならざる定めを感じながらも、しかし、そうであるからこそ、目の前に映るその姿に愛おしいほどの眼差しを注いだのであろう。

As a prologue to this book, which presents a comprehensive picture of the work of Masaharu Sato, I would like to discuss one of Sato's best-known works, *Tokyo Trace* (2015–2016). It is perhaps the most vivid reflection of Sato's creative world, which can be aptly described with the phrase "absence of presence/presence of absence."

This work was created by combining live-action footage and animation. Ninety different scenes are played back on twelve monitors in a space also containing a single player piano, which plays Debussy's *Clair de Lune*. The live-action videos appear real while the animations appear fictional, while paradoxically the reverse also seems to be true. This gives the viewer the strange sensation of traveling back and forth between the fictional and the real.

Tokyo Trace was made during an interim period after a relapse of the cancer with which he had been diagnosed in 2010 after returning to Japan from Germany, and before he was hospitalized for treatment. As Sato, faced with an intractable illness and forced to be constantly mindful of his own life and death, looked around at the ordinary cityscape and the people, animals and plants inhabiting it, he was keenly aware of his own transitory fate and that of all things, but this very awareness must have made the things he gazed upon appear truly precious.

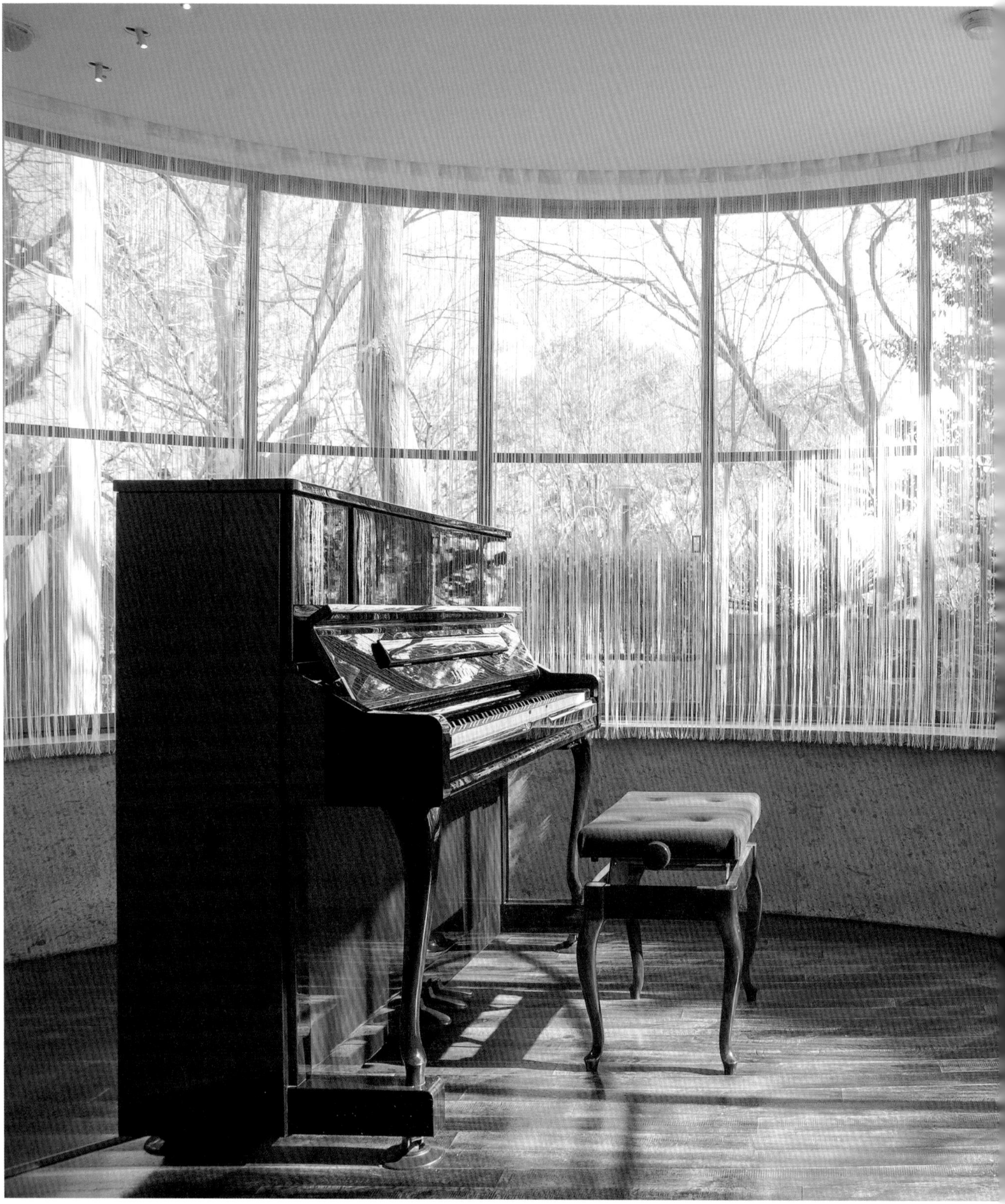

東京尾行
Tokyo Trace
2015–2016
アニメーション、12チャンネル・ビデオ（HD、カラー）、自動演奏ピアノ
Animation, 12 channel video (HD, color), player piano
ループ｜Loop

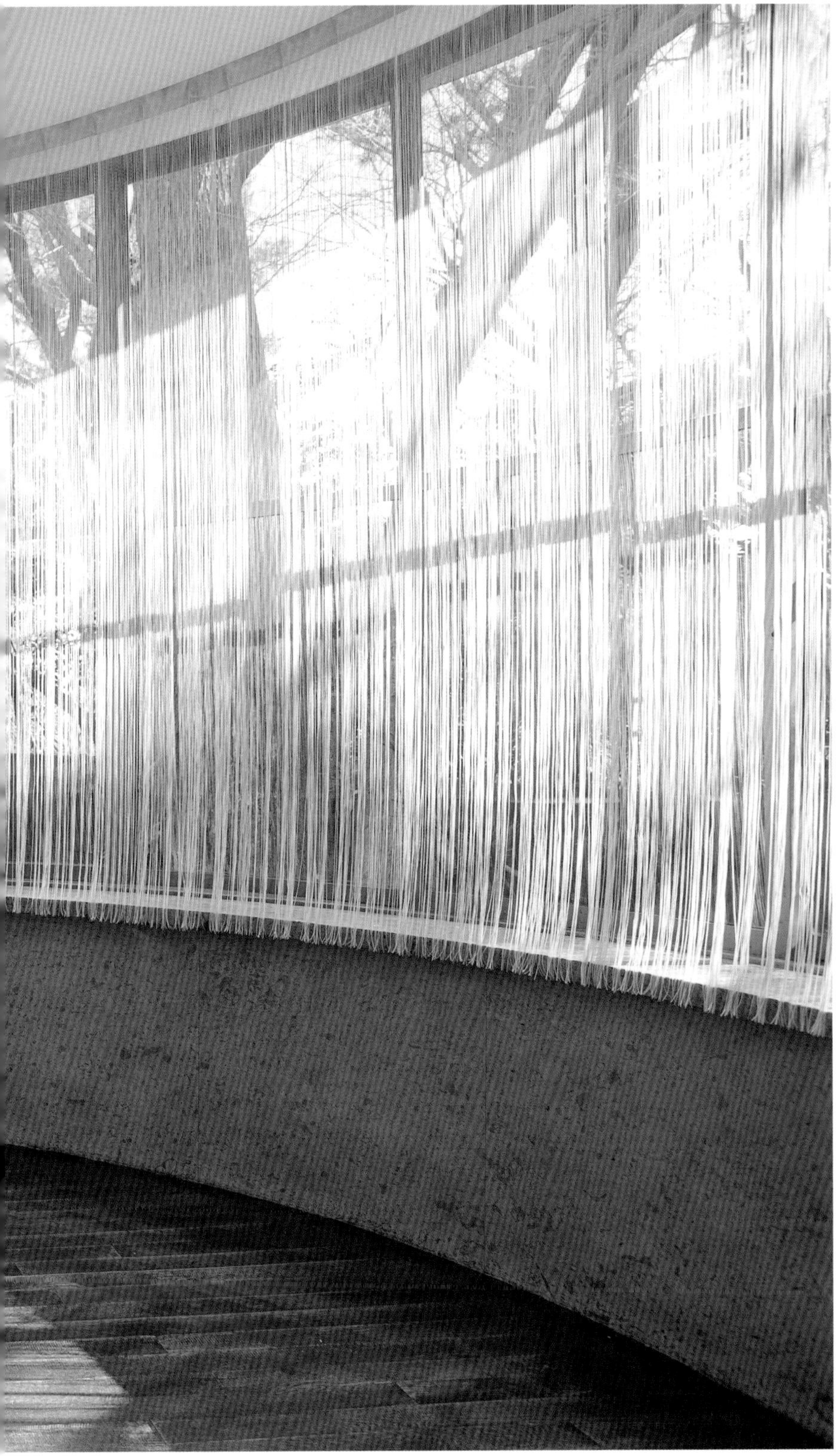

pp. 38–41

《東京尾行》展示風景：「ハラドキュメンツ10　佐藤雅晴—東京尾行」原美術館、2016年
撮影：大島成己

Tokyo Trace, installation views of *Hara Documents 10: Masaharu Sato—Tokyo Trace* at Hara Museum of Contemporary Art, 2016
Photo: OSHIMA Naruki

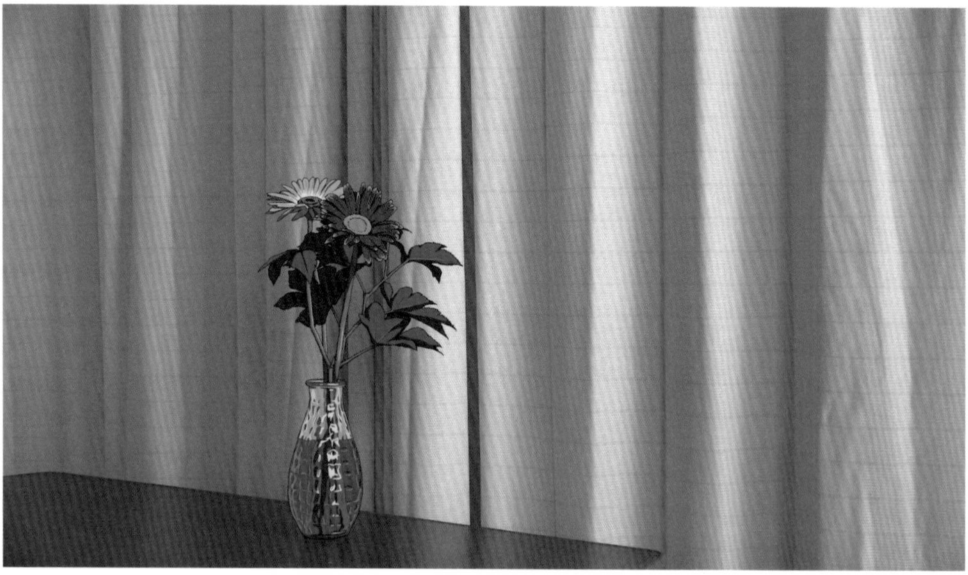

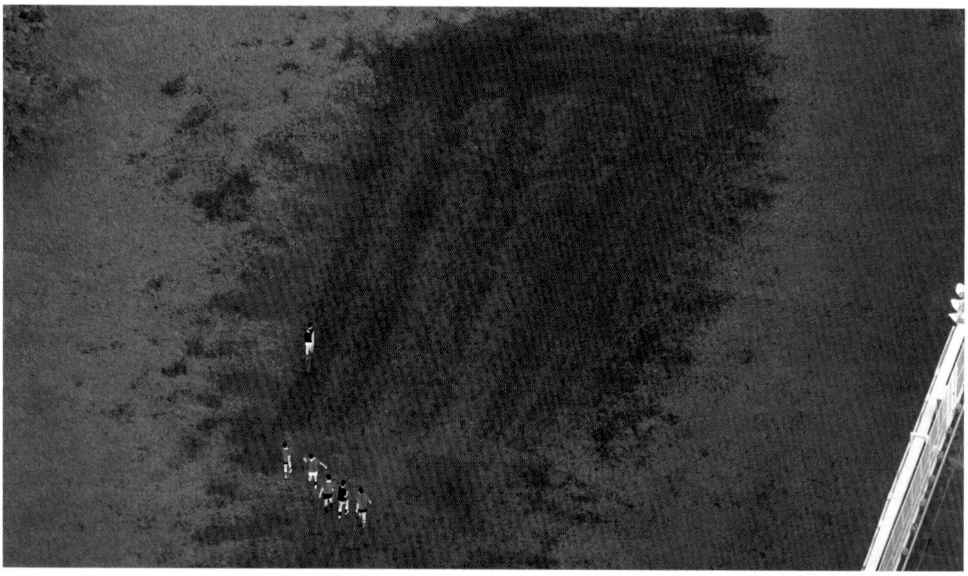

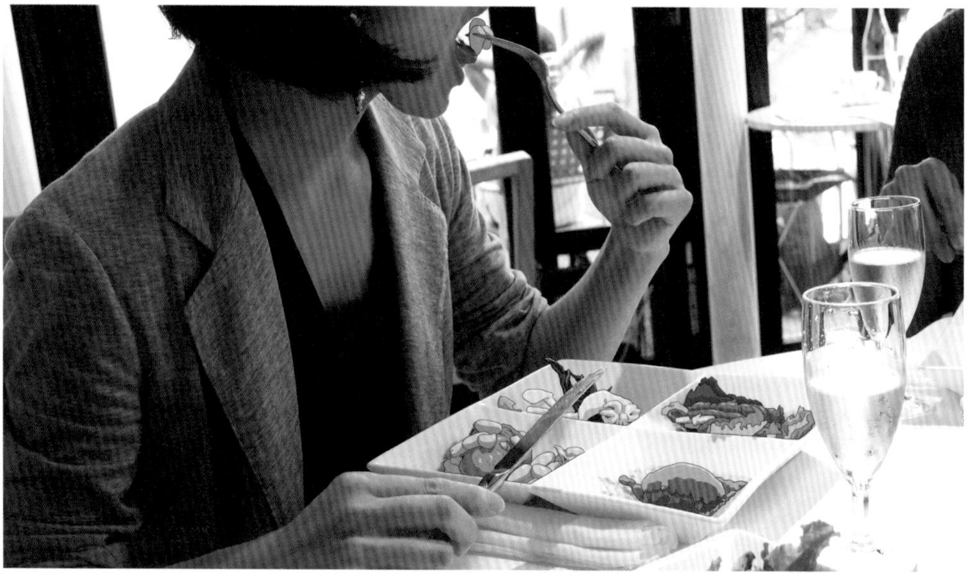

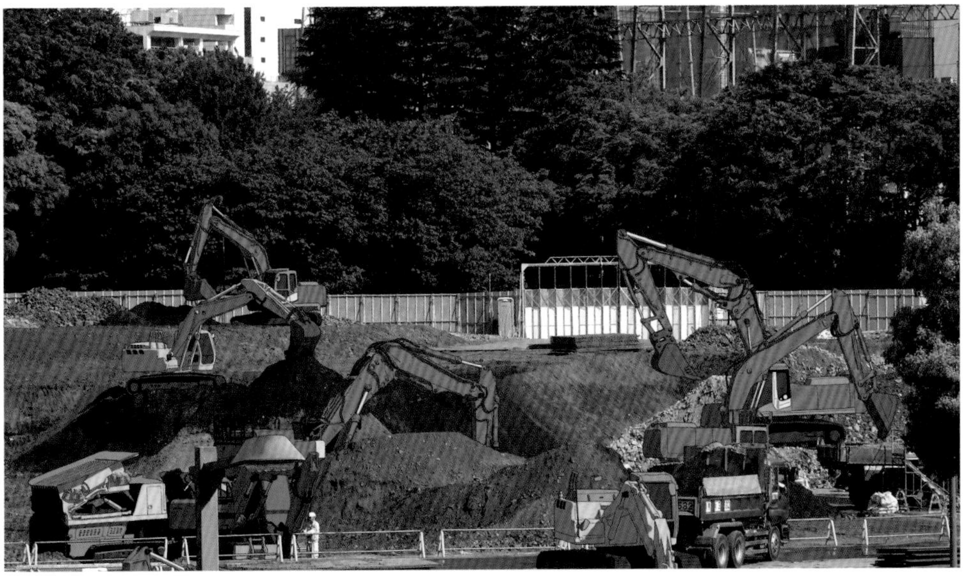

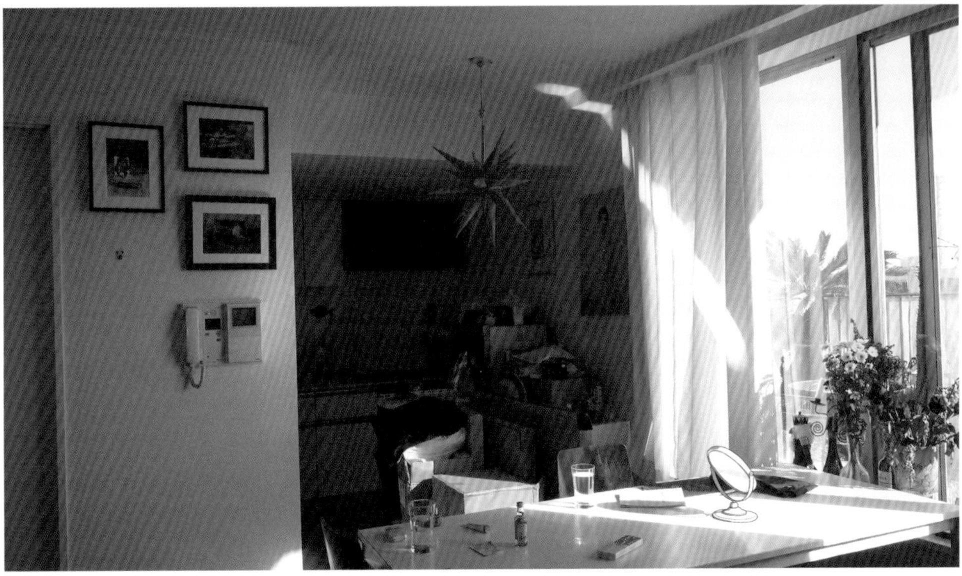

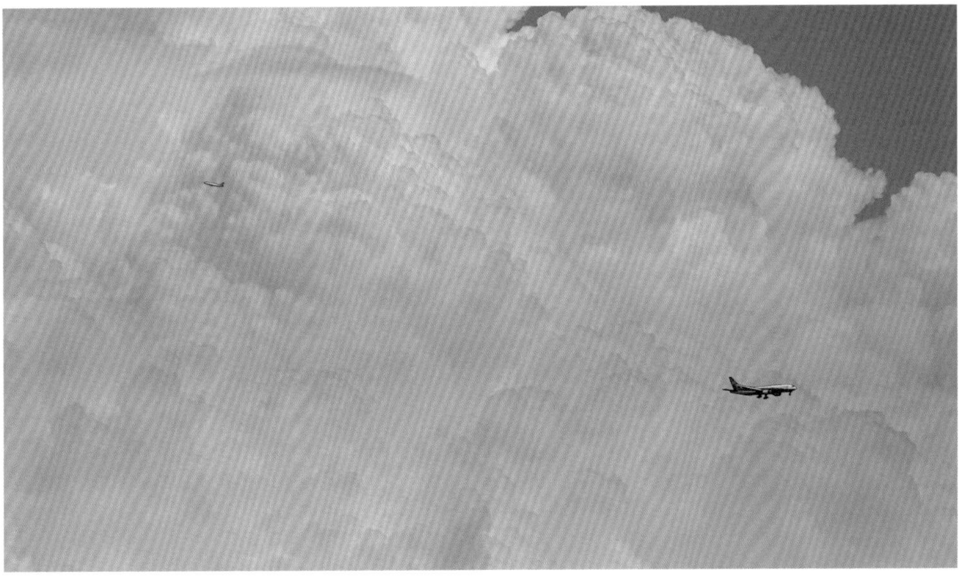

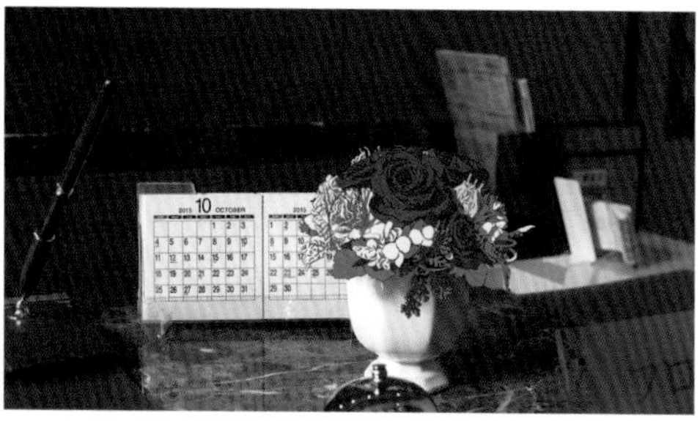
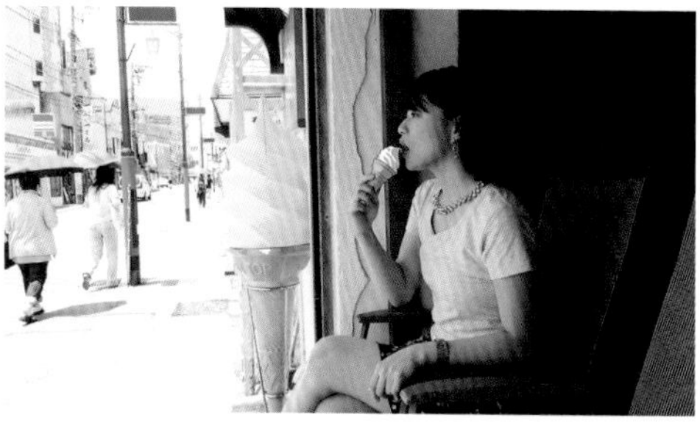
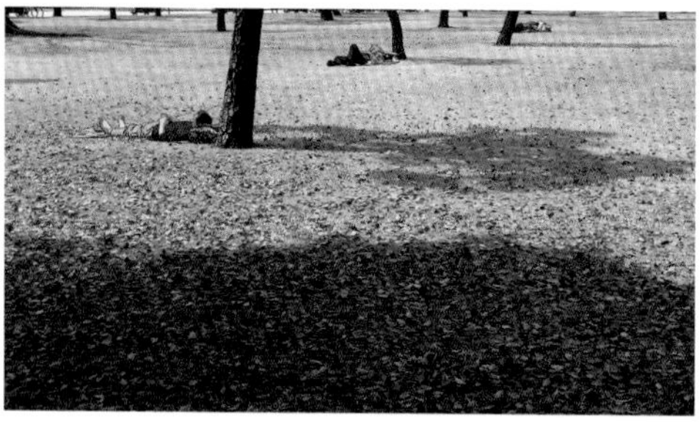
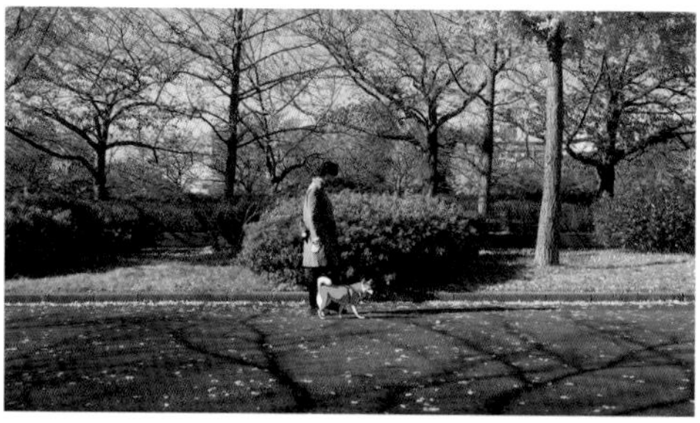
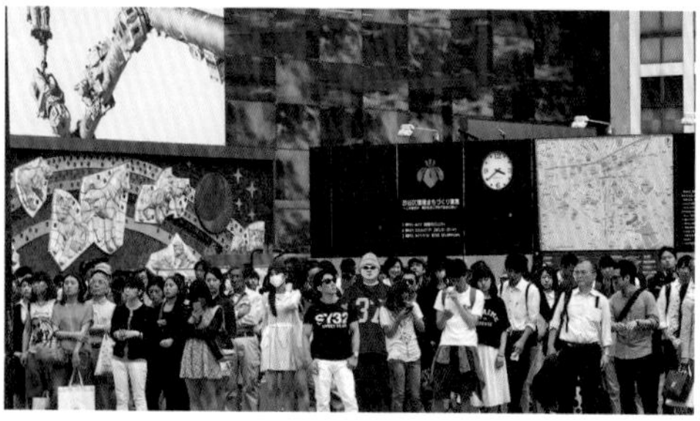
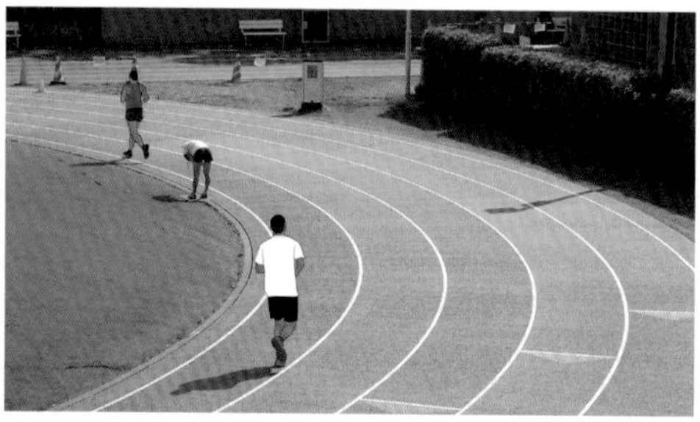
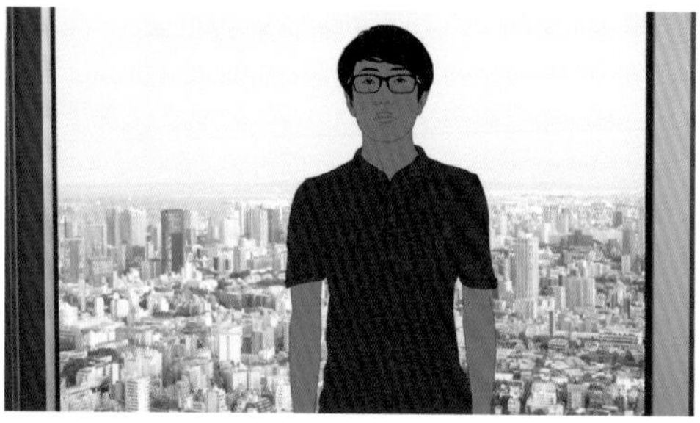
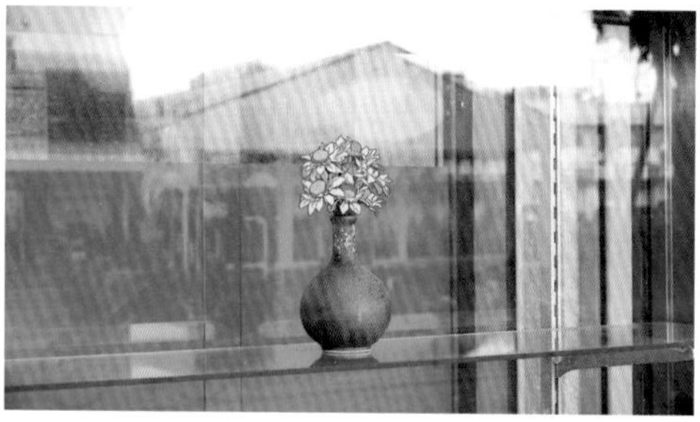
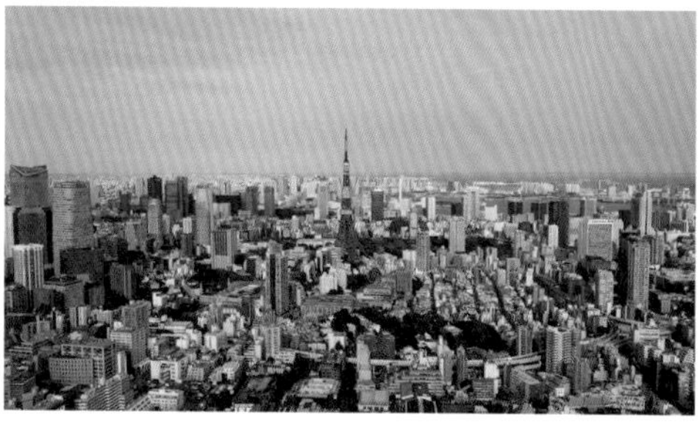
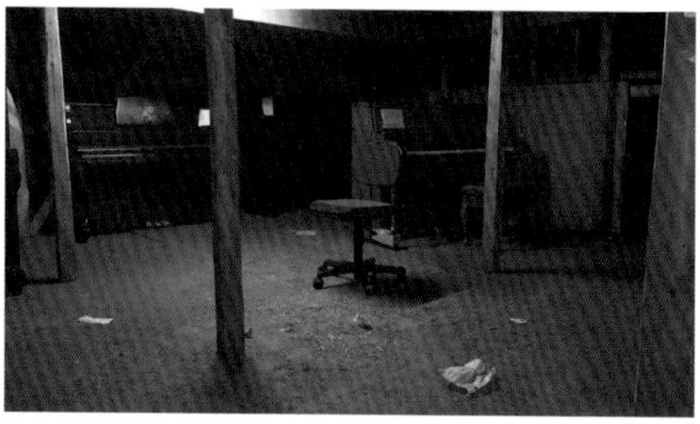

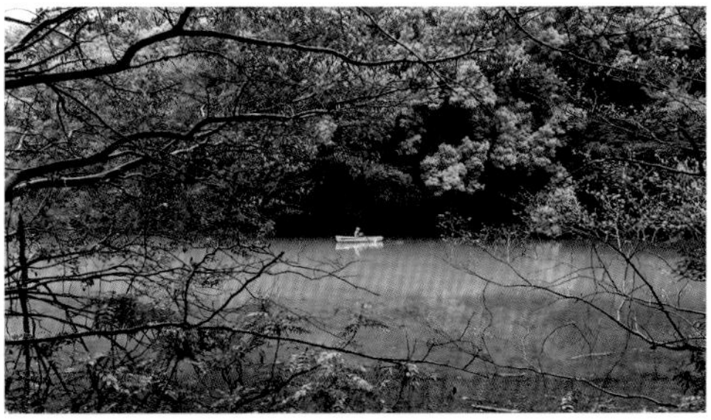

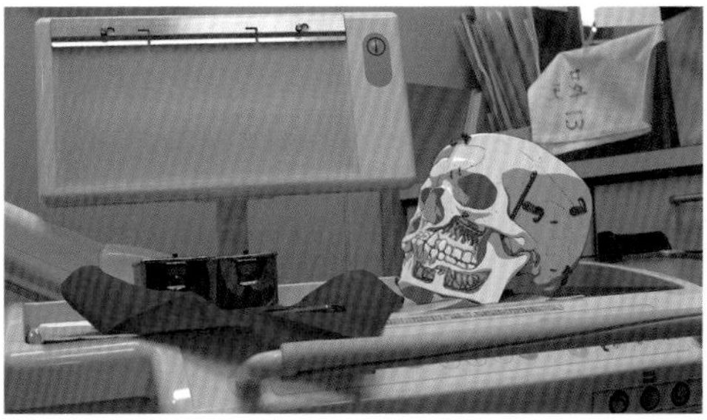

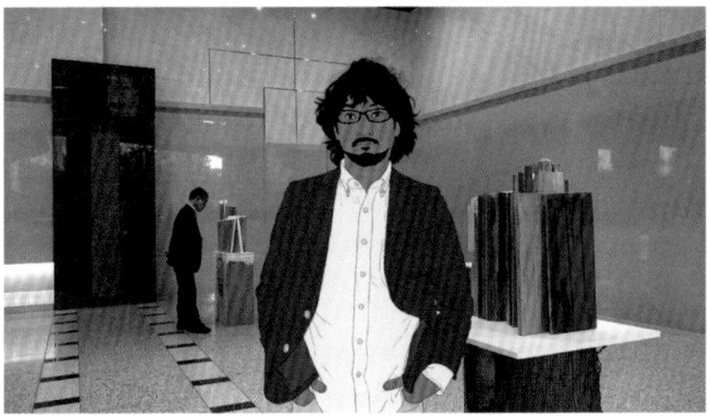

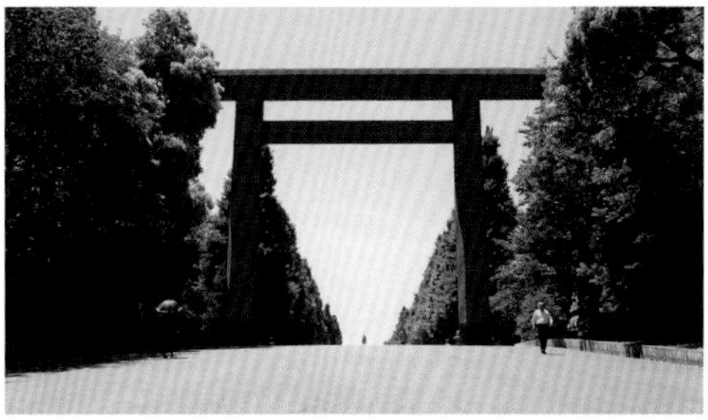

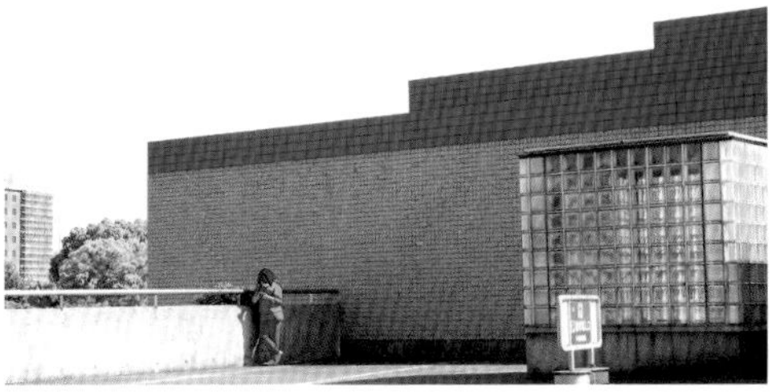

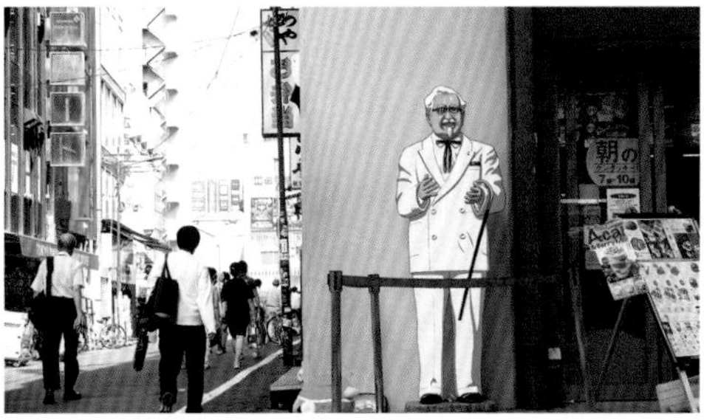
朝の
Acai

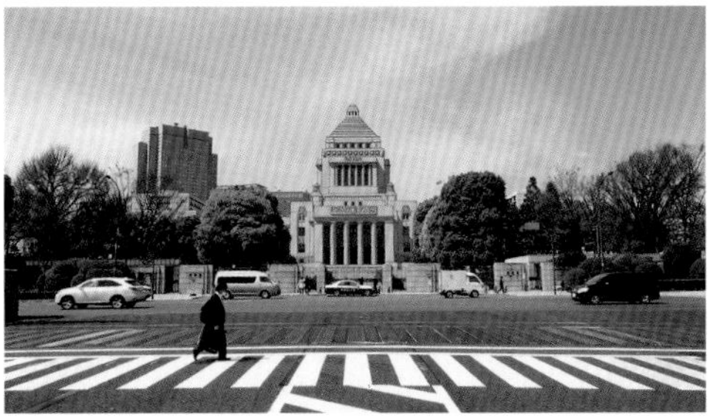

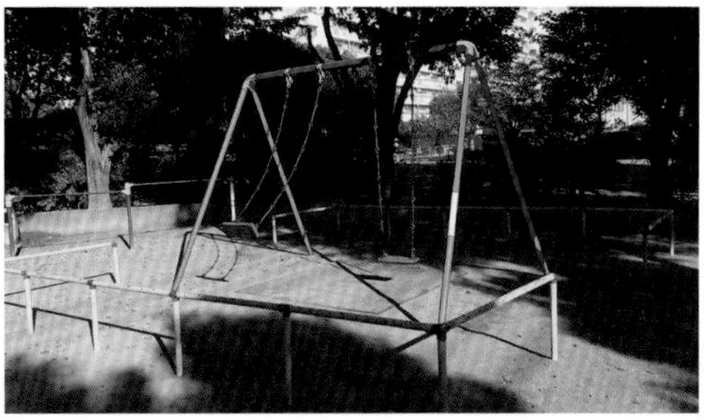

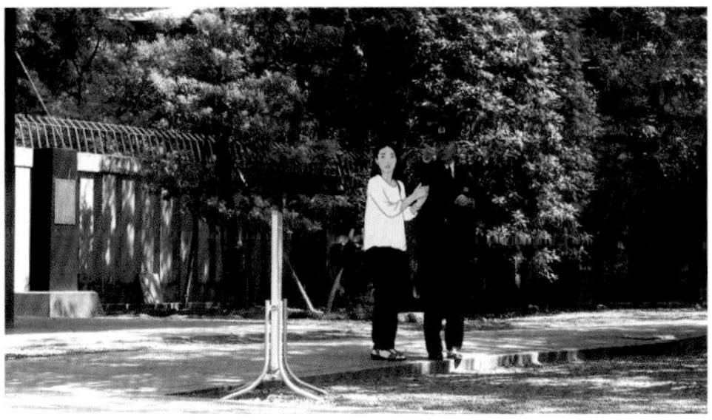

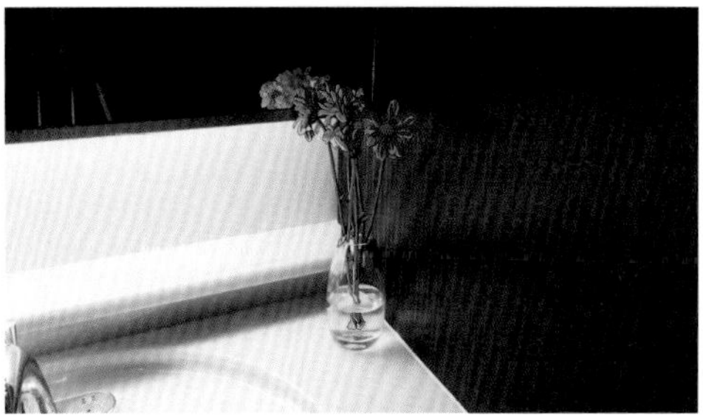

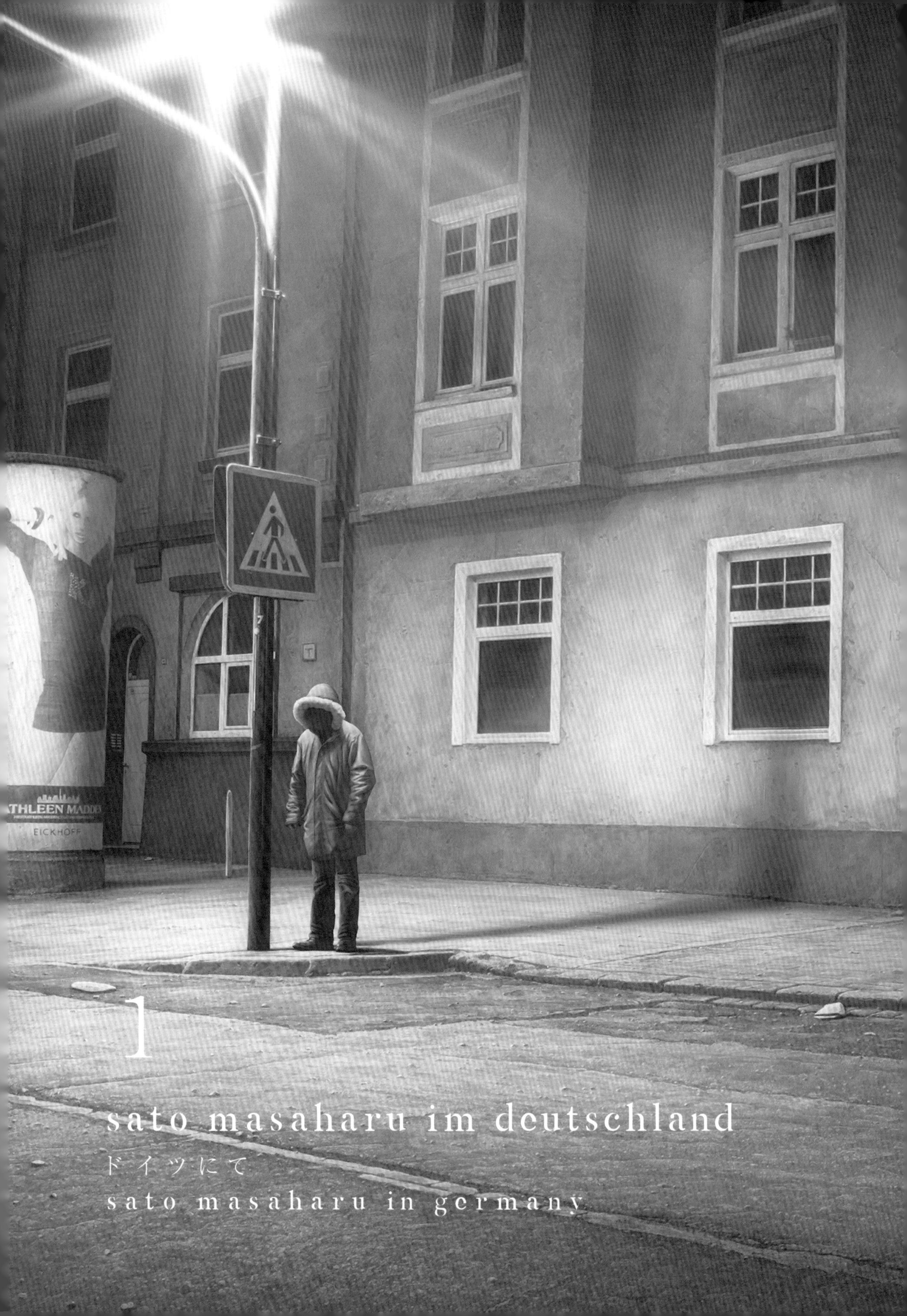

1

sato masaharu im deutschland

ドイツにて

sato masaharu in germany

佐藤は1999年に渡独してから10年あまり、デュッセルドルフを拠点に活動する。渡独後2年間は、国立デュッセルドルフ・クンストアカデミーにガスト・シューラー（研究生）として在籍し、創作に取り組む。その後、日本食レストランに就職。仕事に追われる日々を過ごすことになるが、2003年頃にパソコンソフトのペンツールを使って絵を描く方法を知り、試行錯誤を重ねるなか、2004年から2007年にかけて、自身が見た夢をインスピレーション源にしたアニメーション作品《TRAUM》（2004–2007）を制作する。そして、この作品の発表を機に「存在の不在／不在の存在」とでもいうような、その後の佐藤の作品世界の礎となる映像や平面作品を制作していく。

本章では、11人の若い男女が一人ずつモニターの中で、ゆっくりと振り向き顔を見せ、またゆっくりと向こう側に顔を向ける様子が繰り返し流れる映像作品《アバター11》（2009）のほか、歩道に打ち捨てられた髪を描いた《Hair》（2009）といった、街で見かけた風景などを題材に制作された平面作品を取り上げる。

これらの作品には、仕事に追われ、創作の灯火が消えてしまいそうになる「暗黒の時代」とでも呼べる日々を乗り越え、創作の翼を再び広げ、羽ばたき始めた佐藤の姿が映されているようである。

Sato moved to Germany in 1999 and was based in Düsseldorf for more than 10 years. His first two years in Germany were spent as a *Gastschüler* (guest student) at Kunstakademie Düsseldorf, where he pursued his art, and then he began working at a Japanese restaurant. While work occupied much of his time, around 2003 he learned a method of digital painting using computer software and a pentool, and after considerable trial and error he produced the animation *TRAUM* (2004–2007) inspired by dreams he had during these years. After gaining the opportunity to exhibit this piece, he went to work on the videos and two-dimensional works that formed the foundation of his subsequent oeuvre, which has a recurring theme one might call “absence of presence/presence of absence.”

This section features the animated video *Avatar 11* (2009), in which 11 young men and women slowly turn around and face the monitor one by one, then slowly turn their faces away again, as well as two-dimensional works focusing on things he came across in the city, such as *Hair* (2009), in which locks of hair emerge from a plastic bag discarded on the street. These works show Sato spreading his creative wings and taking flight again after overcoming a personal “dark age” of being overwhelmed by work and almost having the flame of his artistic inspiration extinguished.

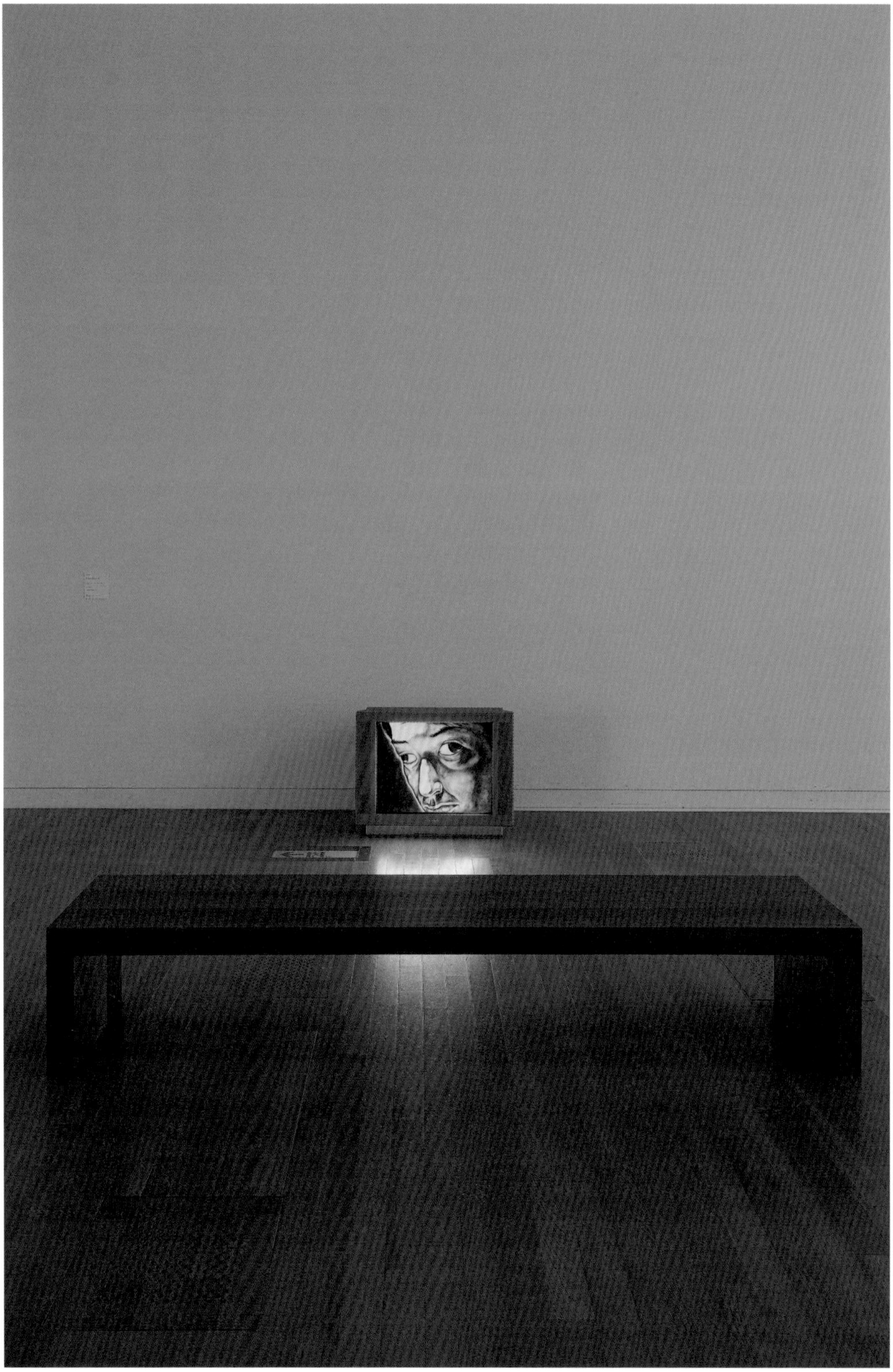

《I touch Dream #1》展示風景：「DOMANI・明日展2020　傷ついた風景の向こうに」国立新美術館、2020年
撮影：大島成己

I touch Dream #1, installation view of *DOMANI: The Art of Tomorrow Exhibition 2020—Landscapes in Our Age: Scarred and Reborn* at The National Art Center, Tokyo, 2020
Photo: OSHIMA Naruki

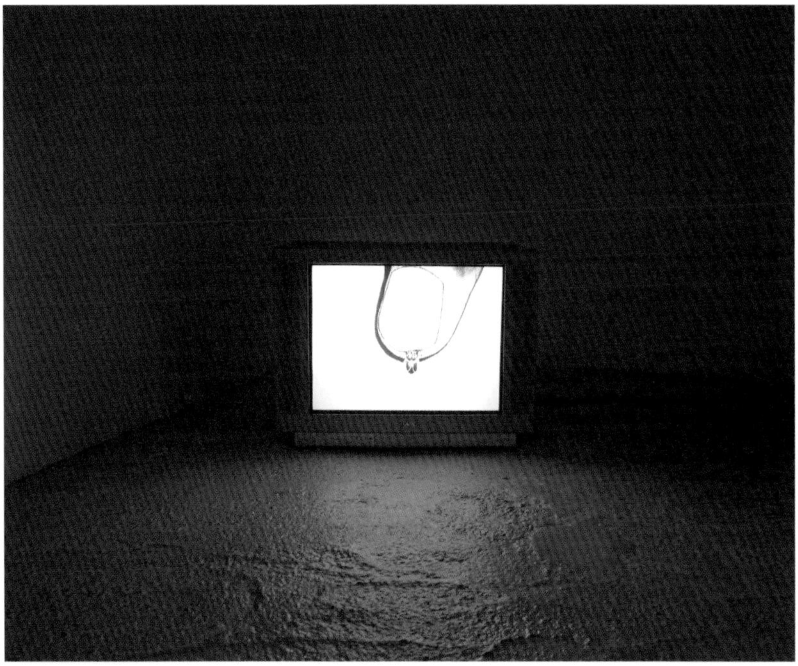

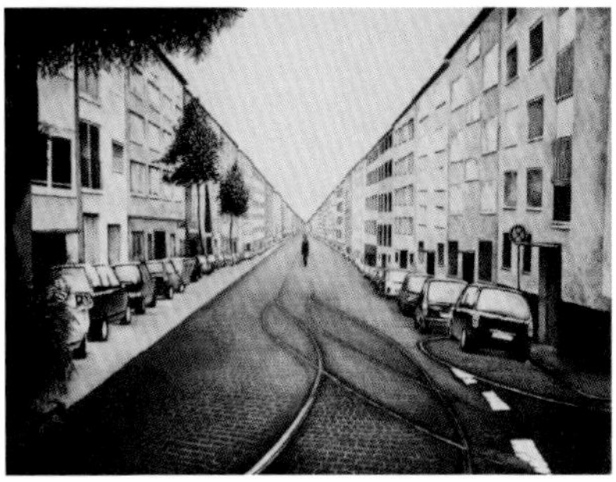

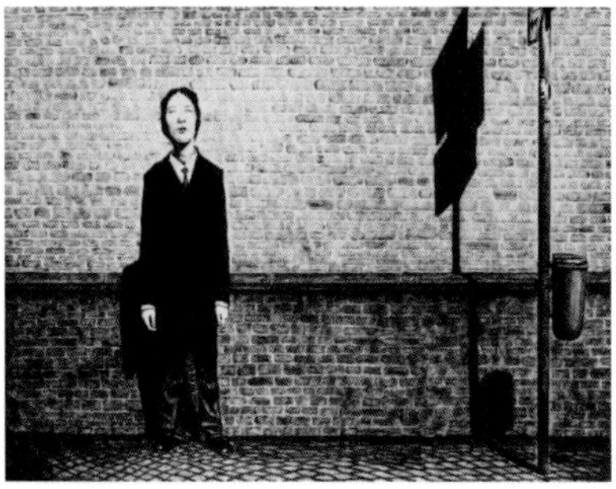

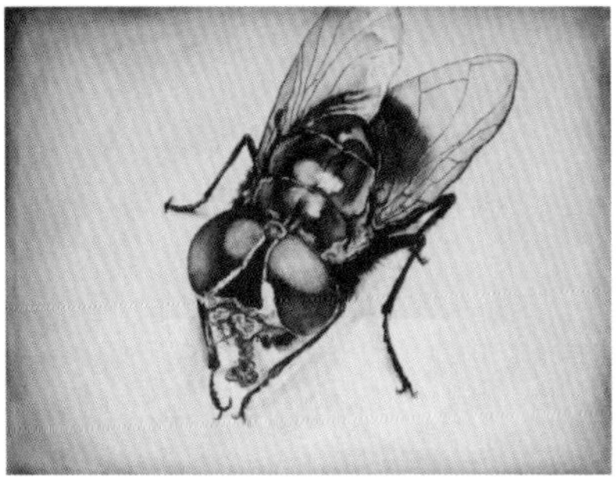

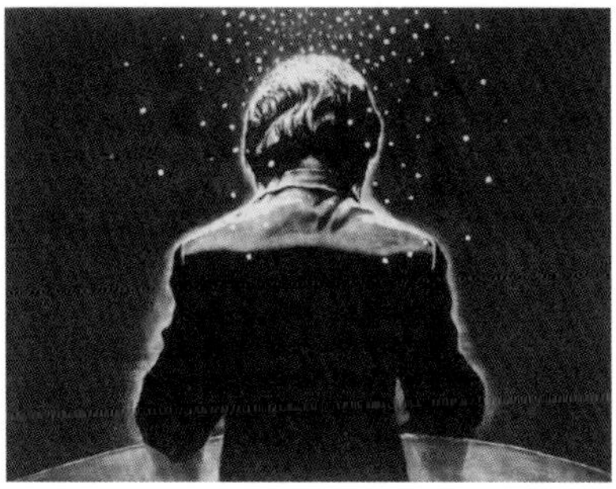

I touch Dream #1

1999

アニメーション、シングルチャンネル・ビデオ（SD、白黒、サイレント）
Animation, single channel video (SD, B&W, silent)

3分34秒 | 3 min. 34 sec.

《I touch Dream #1》展示風景：「I touch Dream」KEN NAKAHASHI、2019年
撮影：KEN NAKANISHI

I touch Dream #1, installation view of *I touch Dream* at KEN NAKAHASHI, 2019
Photo: KEN NAKANISHI

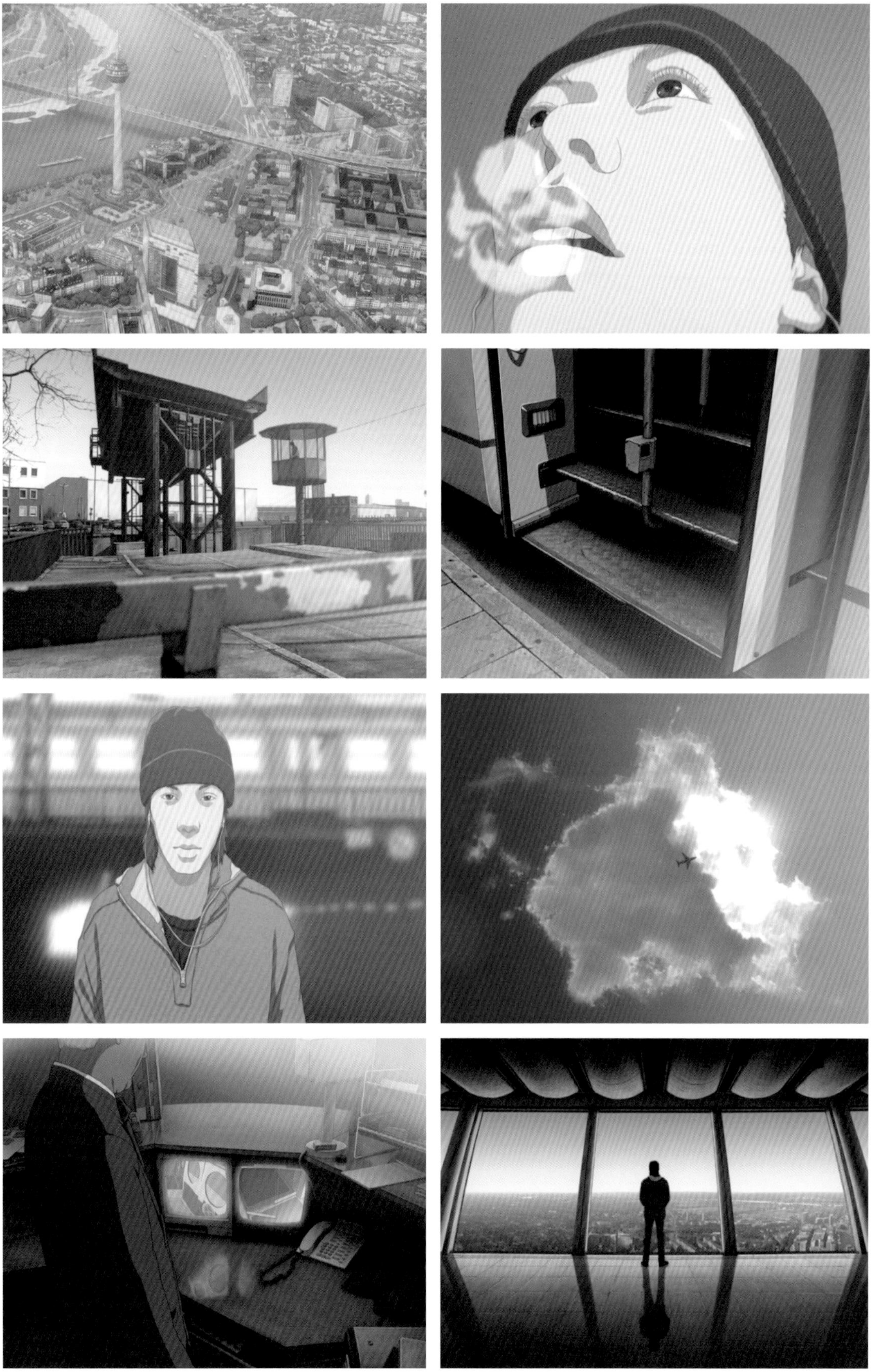

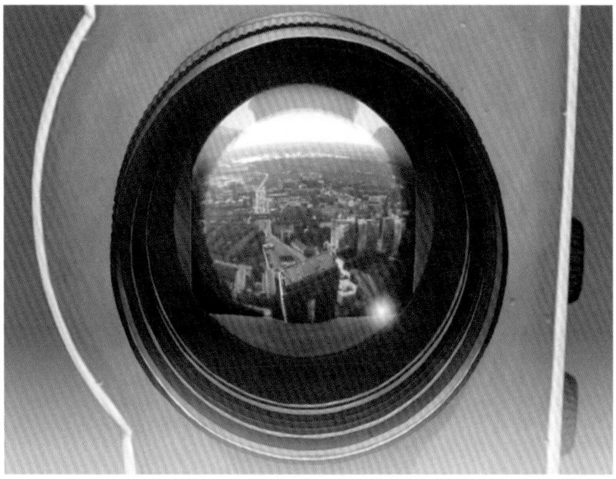

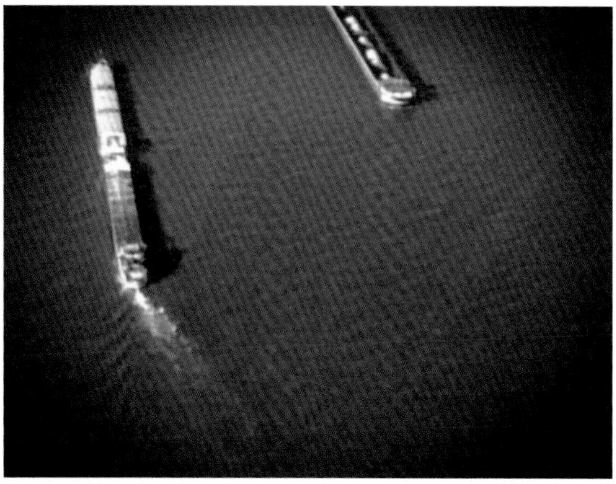

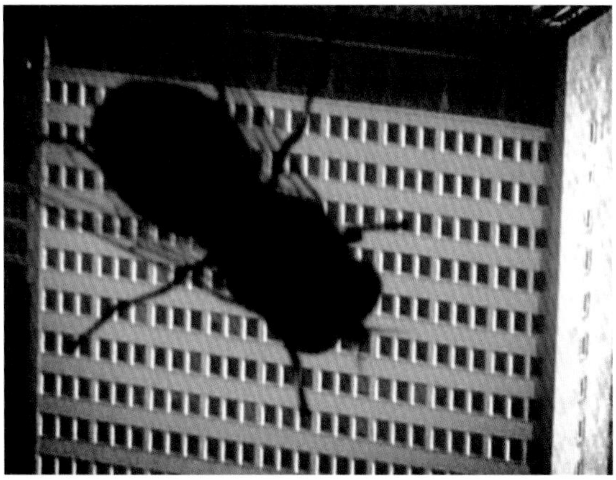

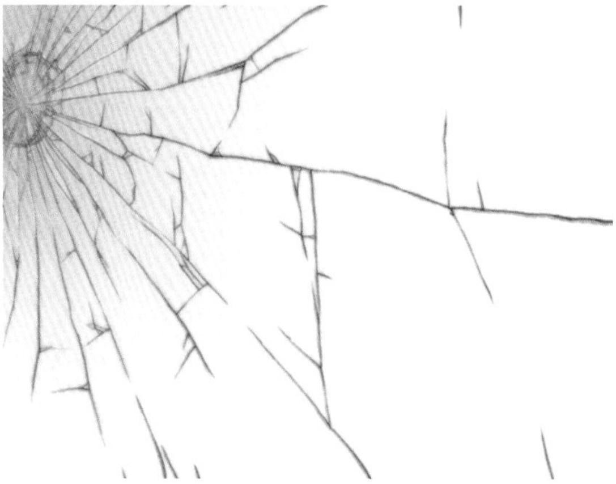

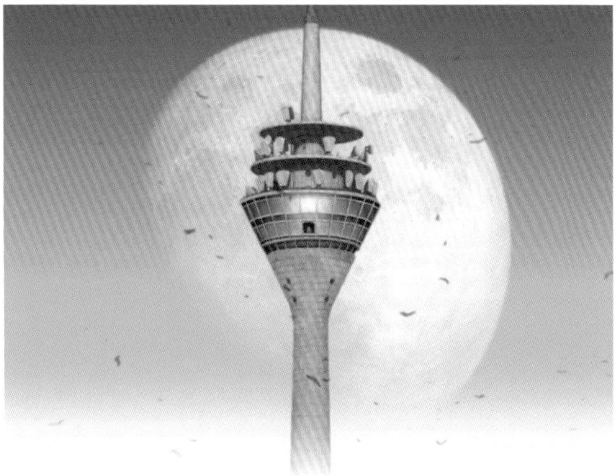

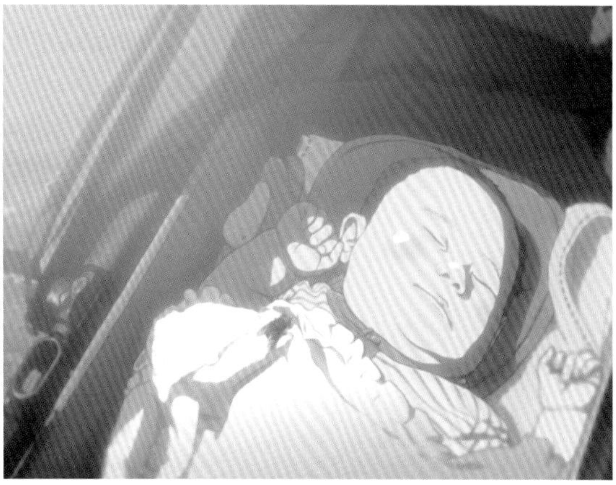

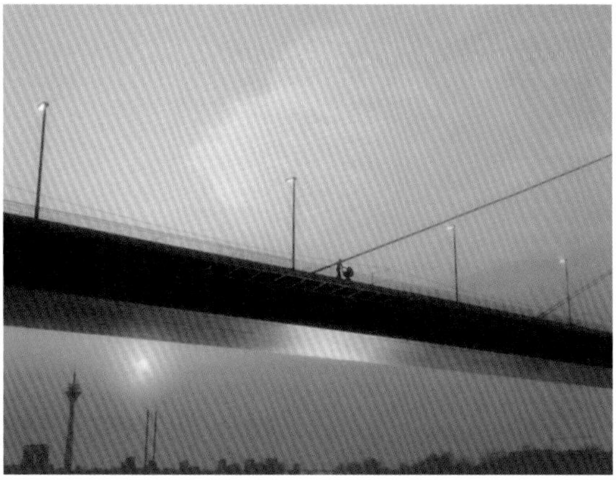

TRAUM

2004–2007

アニメーション、
スーパー8ミリフィルム（ビデオに変換）、
シングルチャンネル・ビデオ
（SD、カラー、サウンド）
Animation,
super 8mm film (transferred to video),
single channel video (SD, color, sound)

10分7秒 | 10 min. 7 sec.

Coffee

2009

フォトデジタルペインティング、アクリルマウント

Photo digital painting, plexiglas

45 × 30 cm

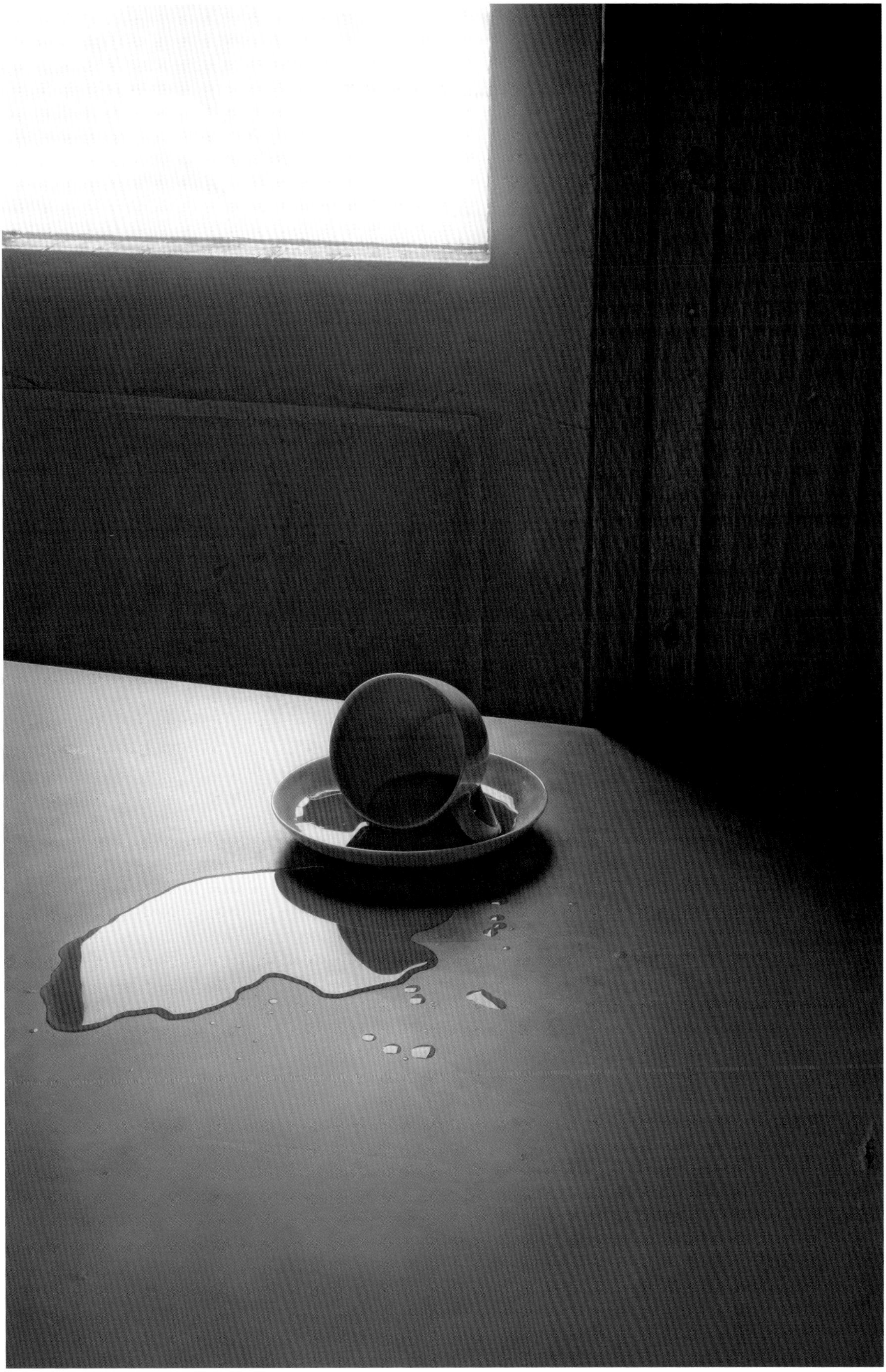

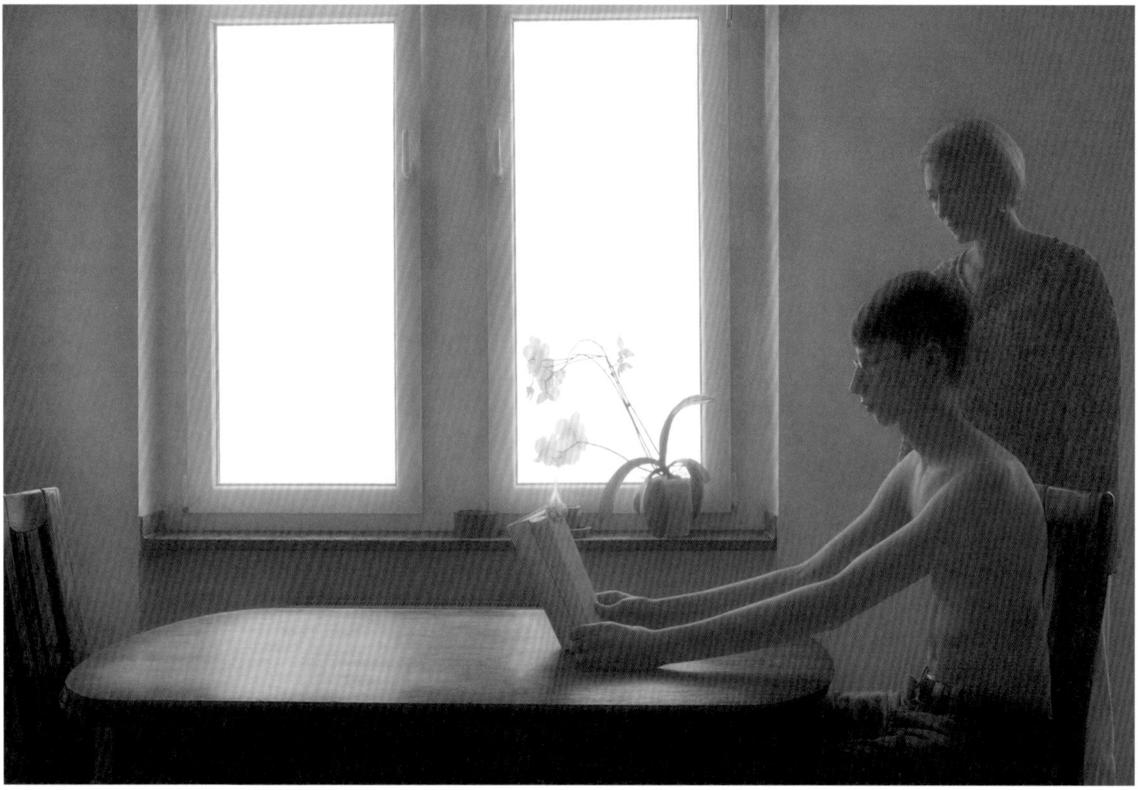

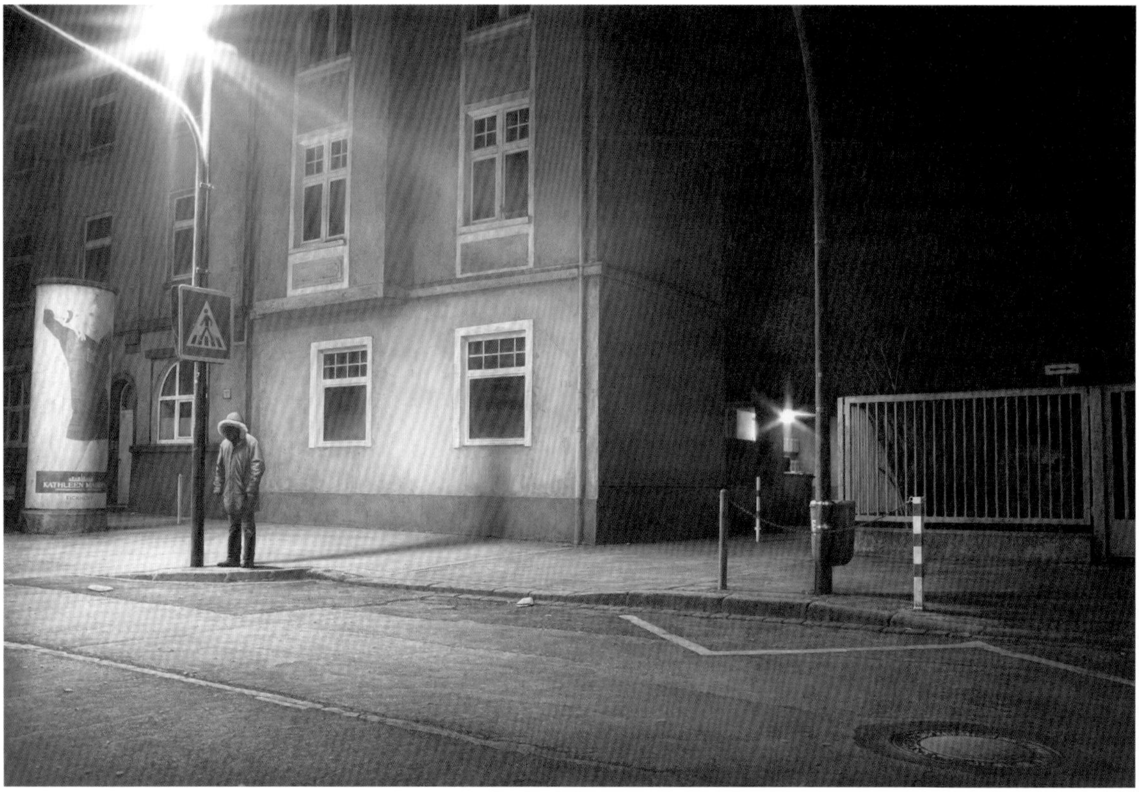
KATHLEEN

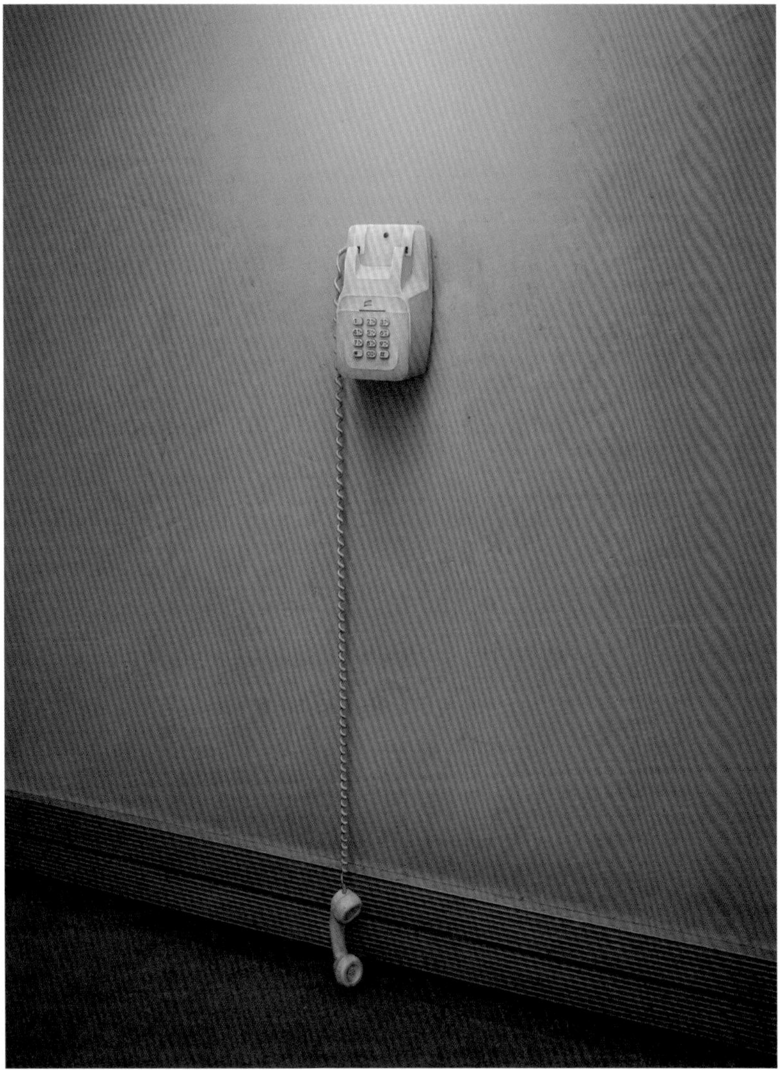

p. 54

Reading
2010
フォトデジタルペインティング、アルミマウント
Photo digital painting, aluminum
100 × 150 cm

Clearman
2009
フォトデジタルペインティング、アクリルマウント
Photo digital painting, plexiglas
67 × 100 cm

Call
2009
フォトデジタルペインティング、アクリルマウント
Photo digital painting, plexiglas
60 × 45 cm

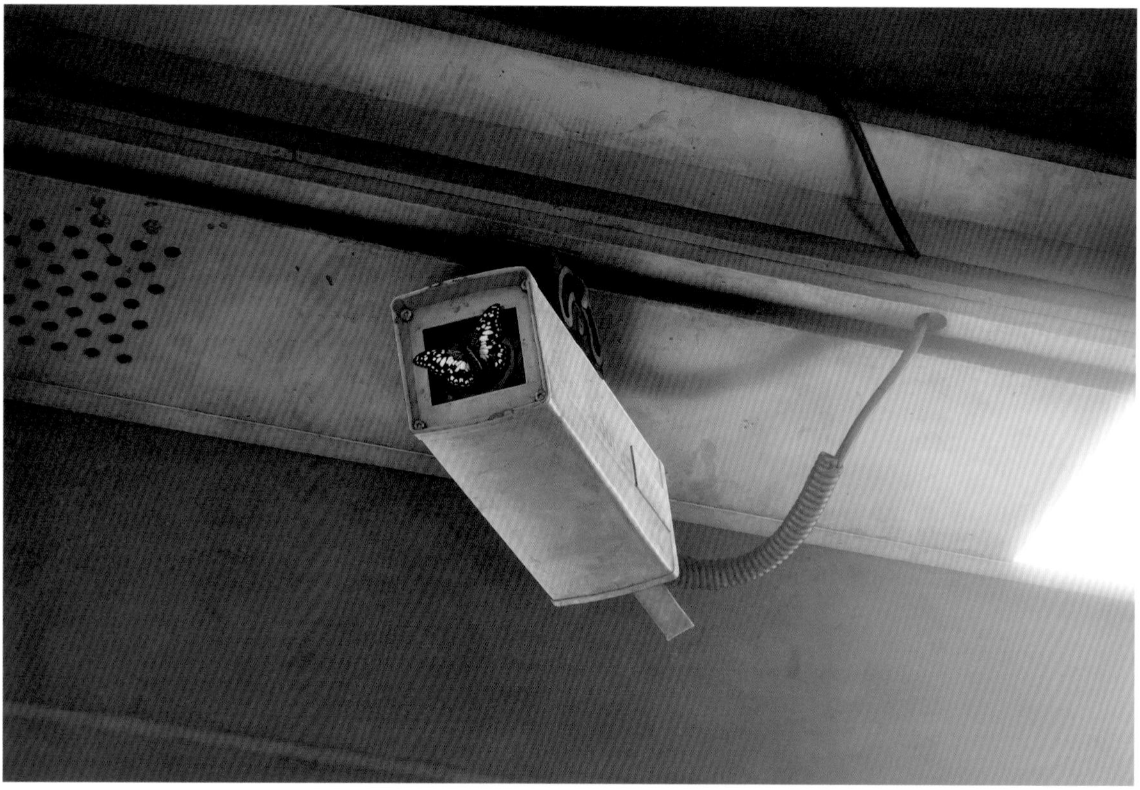

Watch

2009

フォトデジタルペインティング、アクリルマウント

Photo digital painting, plexiglas

30 × 45 cm

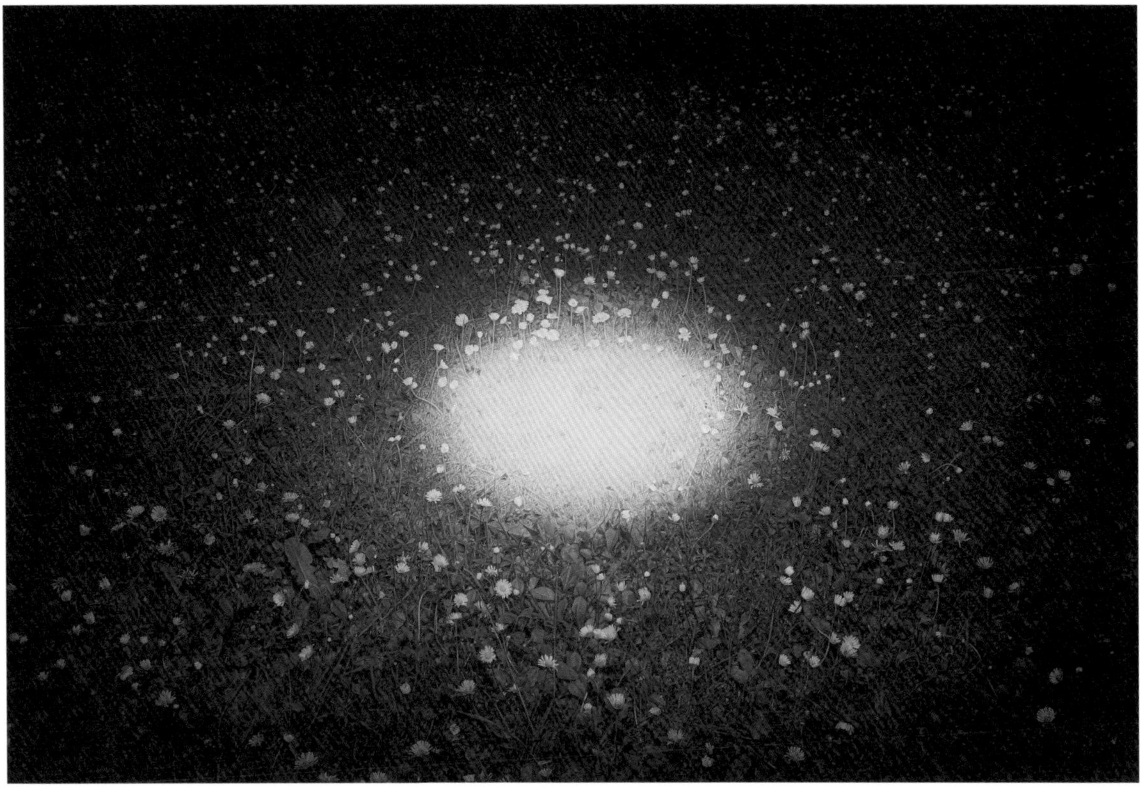

Daylight
2009
フォトデジタルペインティング、アルミマウント
Photo digital painting, aluminum
80 × 120 cm

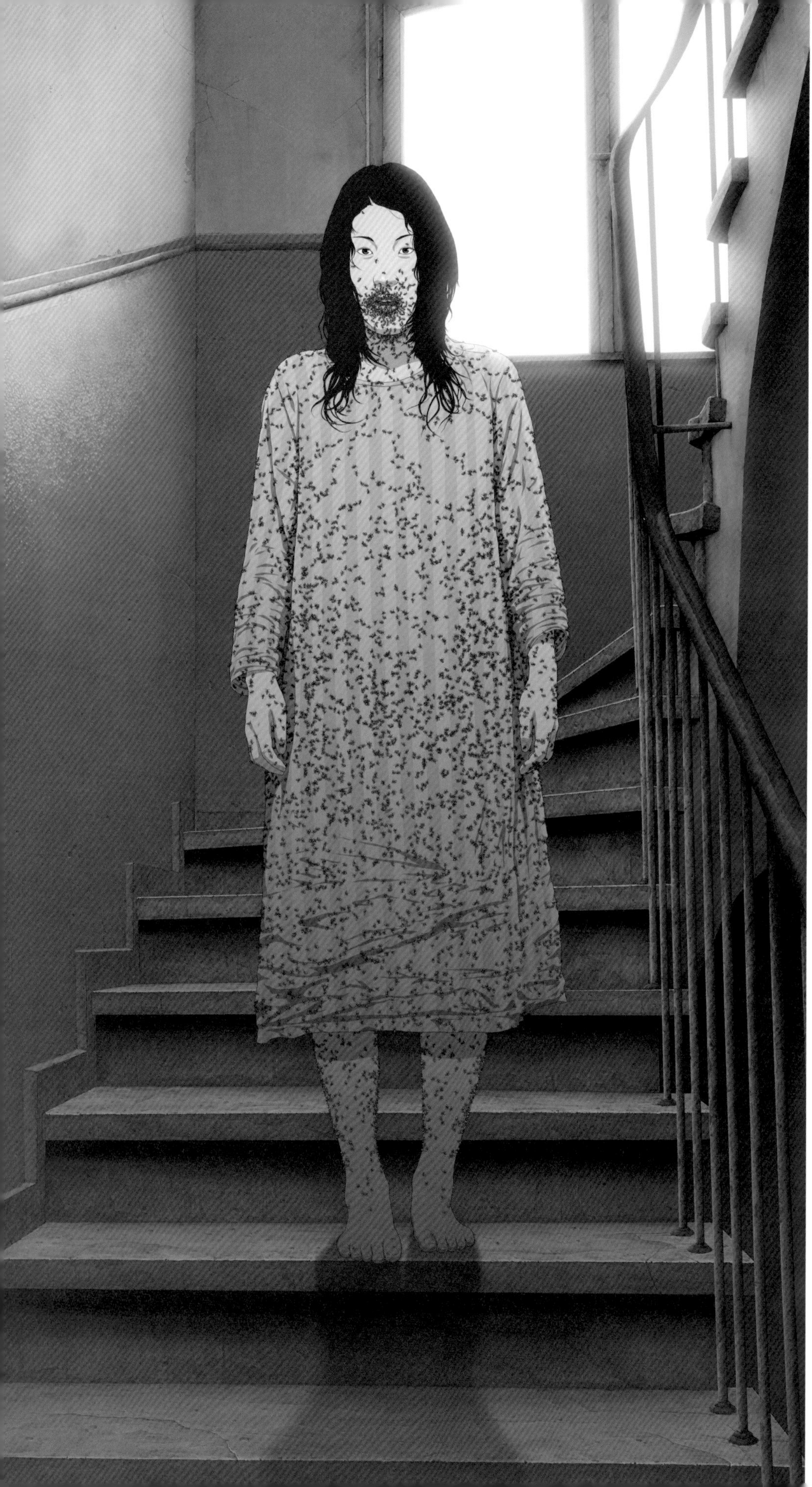

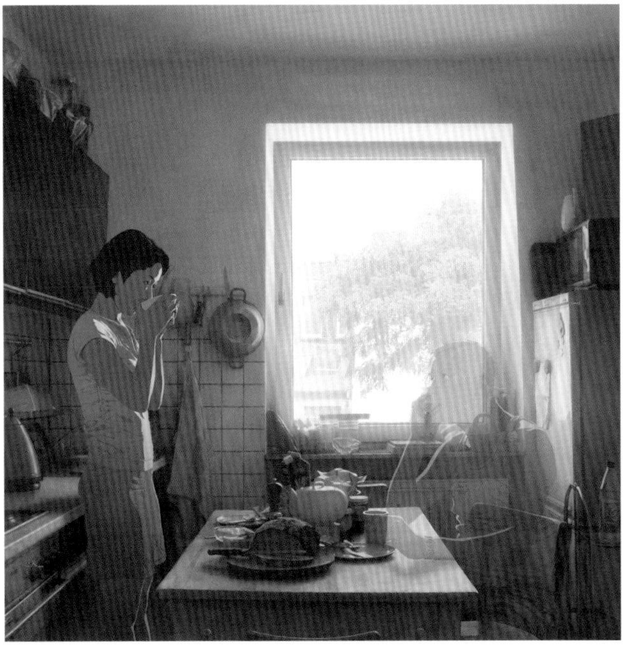

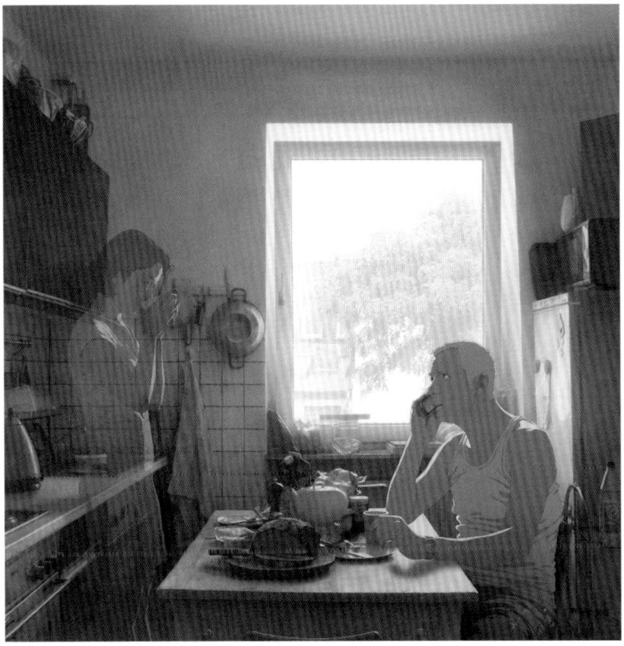

p. 58

LOOK（部分｜detail）
2008
フォトデジタルペインティング、アクリルマウント
Photo digital painting, plexiglas
160 × 90 cm

KITCHEN
2008
フォトデジタルペインティング、レンチキュラーシート
Photo digital painting, lenticular sheet
120 × 120 cm

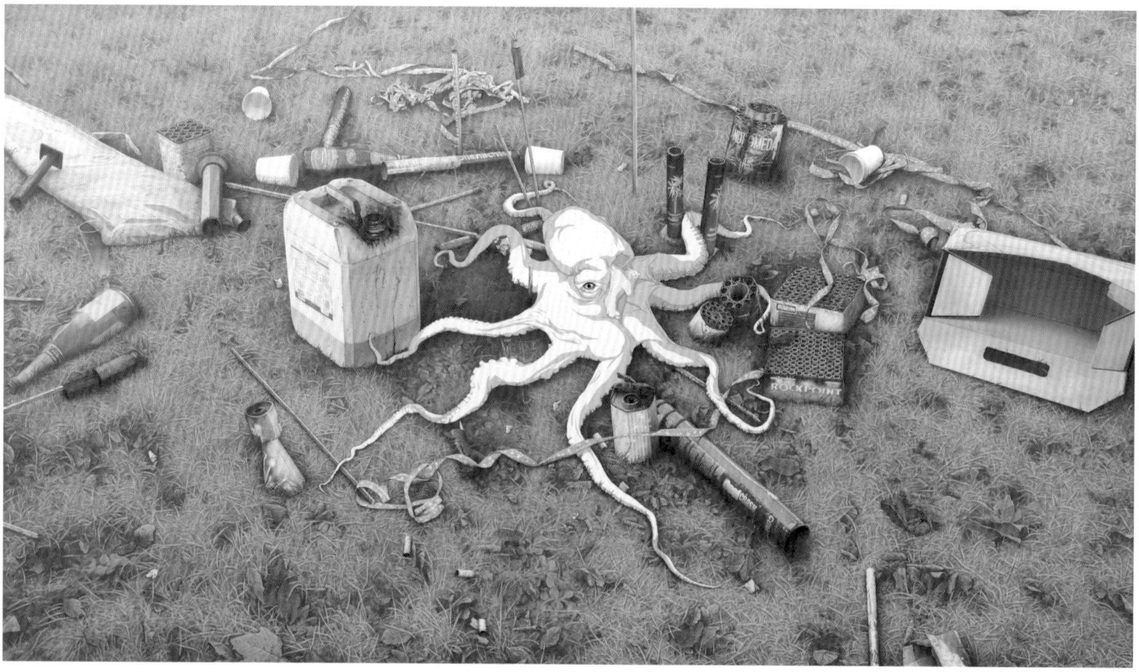

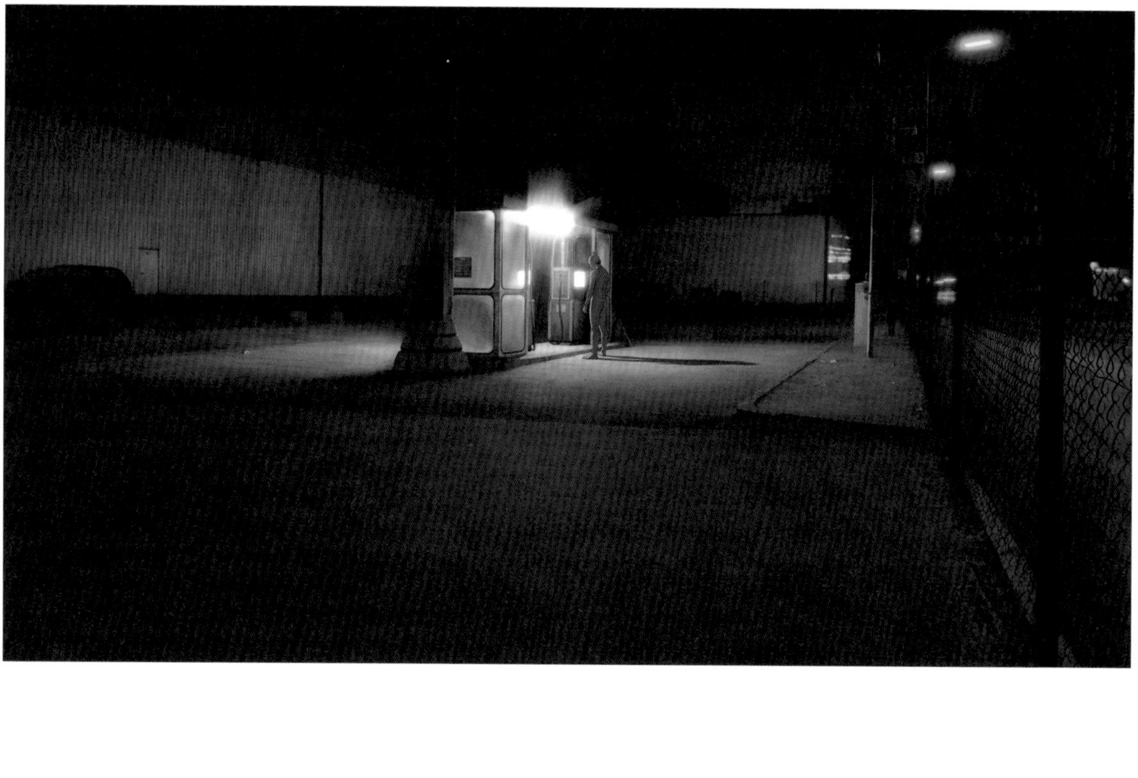

OCTOPUS

2008

フォトデジタルペインティング、アクリルマウント

Photo digital painting, plexiglas

67.5 × 120 cm

SUPPLEMENT

2008

フォトデジタルペインティング、アクリルマウント

Photo digital painting, plexiglas

67.5 × 120 cm

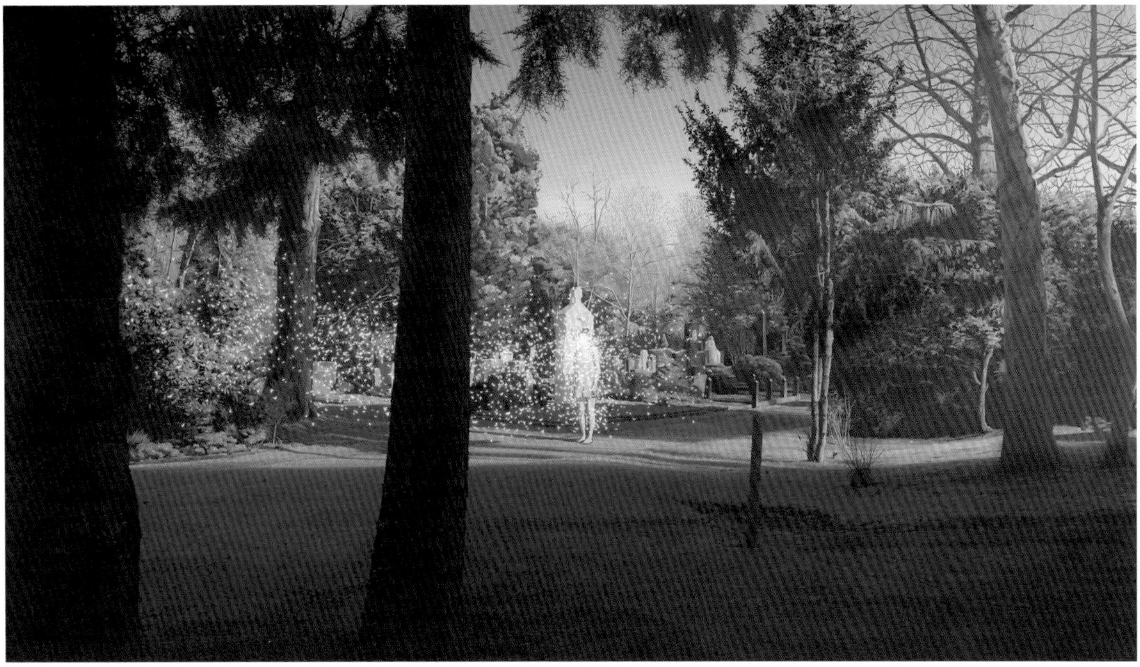

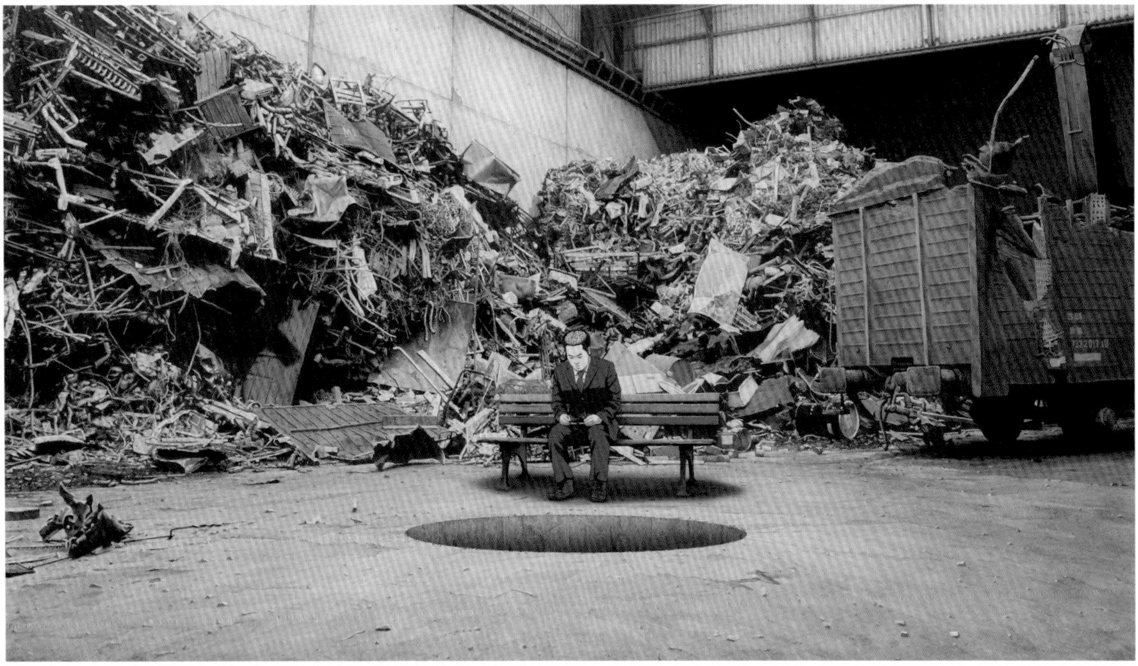

BUTTERFLY ROAD

2008

フォトデジタルペインティング、アクリルマウント

Photo digital painting, plexiglas

67.5 × 120 cm

LAST PIT

2008

フォトデジタルペインティング、アクリルマウント

Photo digital painting, plexiglas

67.5 × 120 cm

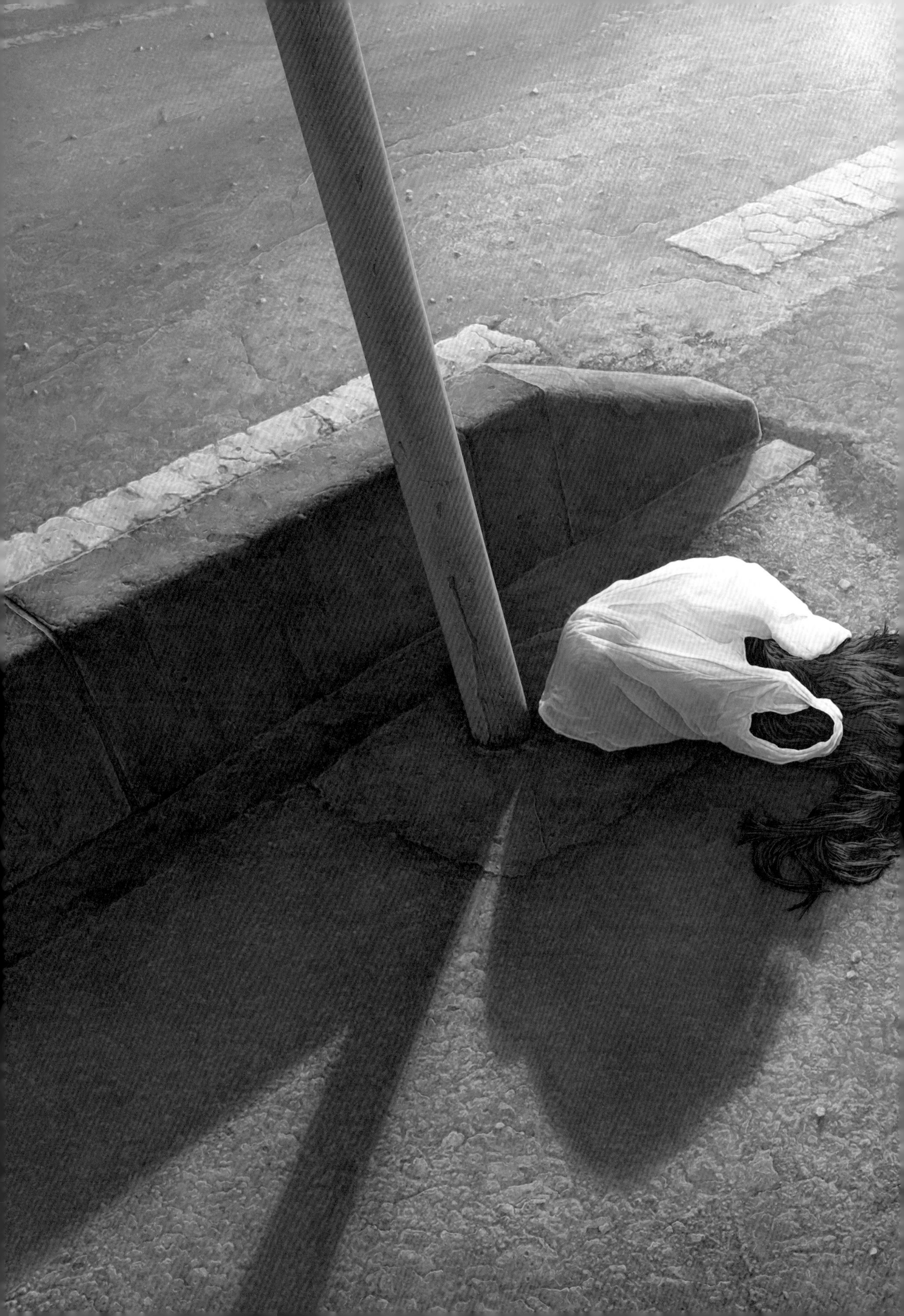

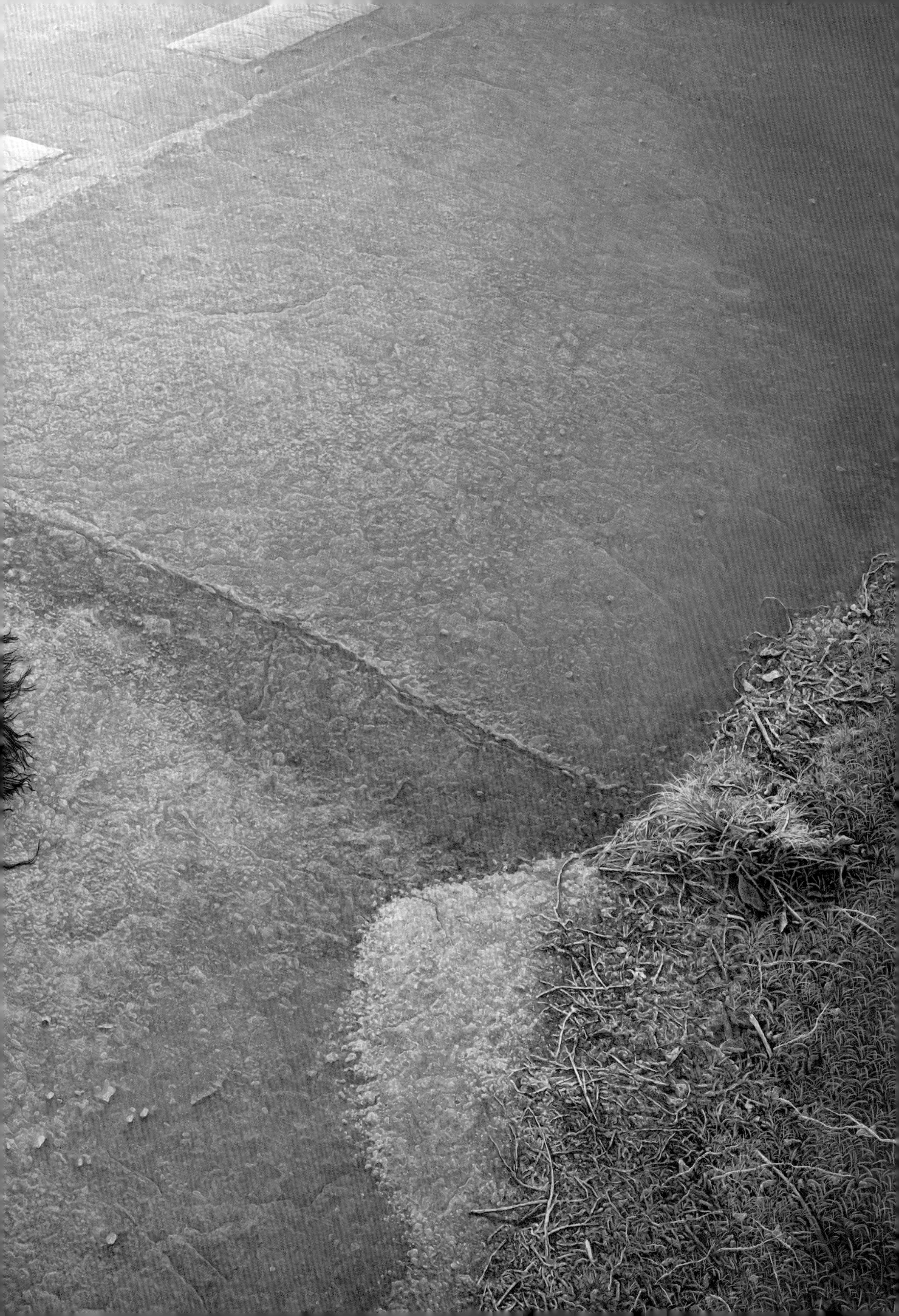

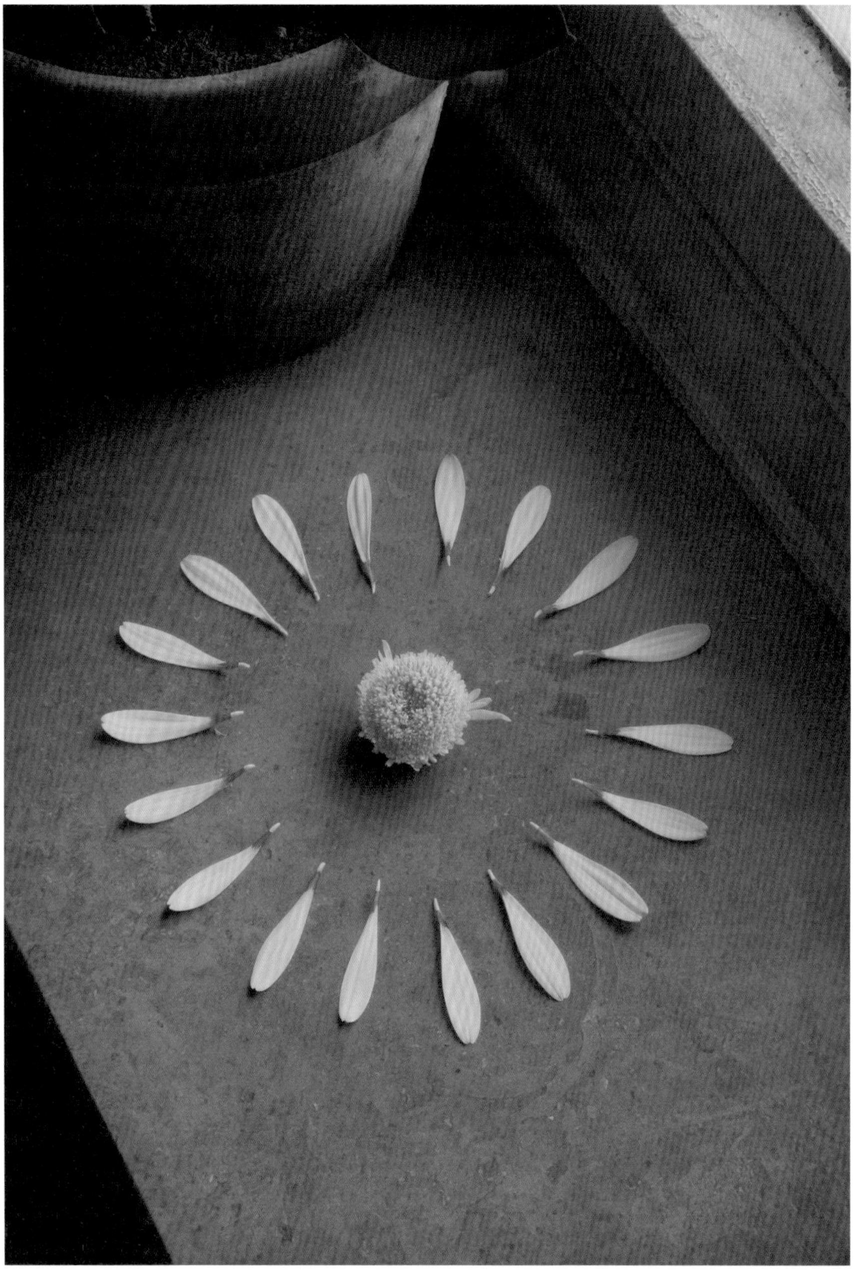

pp. 62–63

Hair（部分｜detail）

2009

フォトデジタルペインティング、アクリルマウント

Photo digital painting, plexiglas

42 × 60 cm

Flower

2010

フォトデジタルペインティング、アルミマウント

Photo digital painting, aluminum

100 × 70 cm

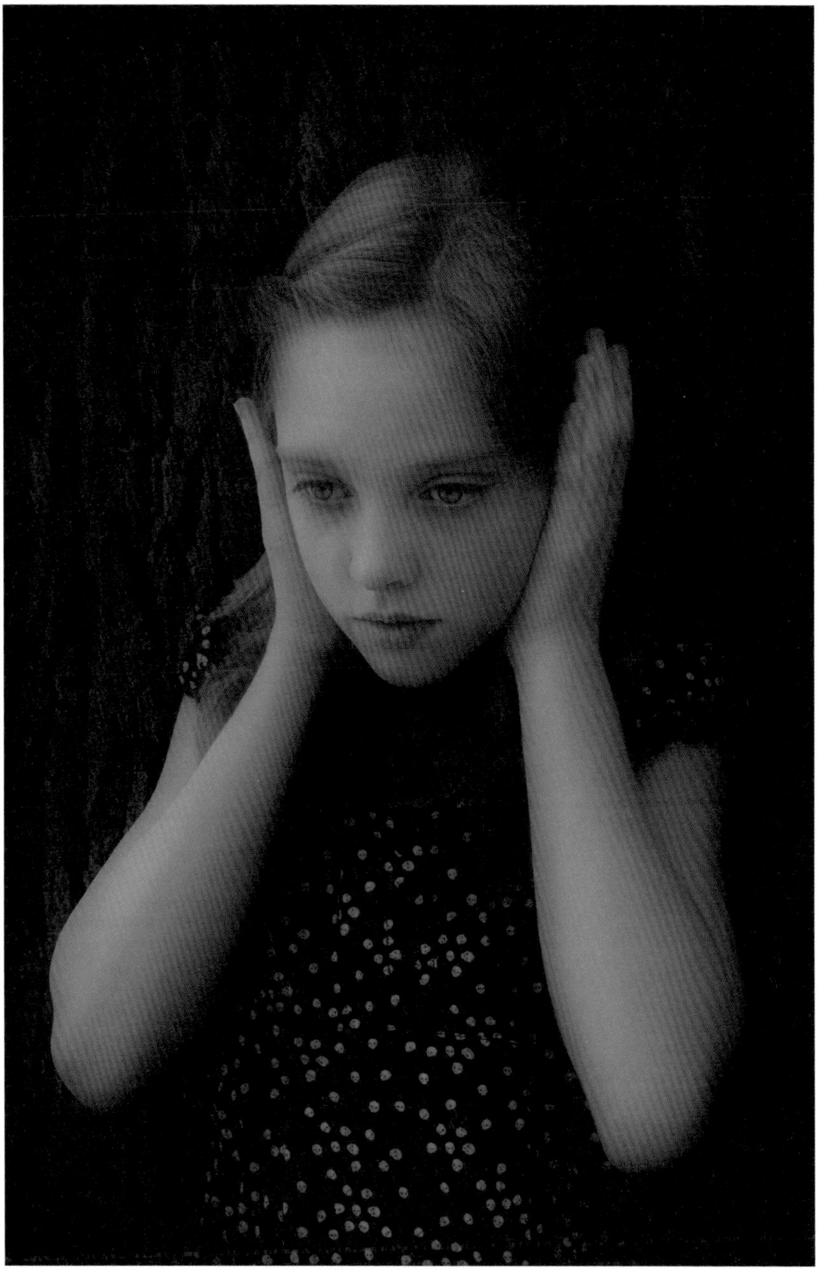

Silent

2010

フォトデジタルペインティング、アルミマウント

Photo digital painting, aluminum

120 × 80 cm

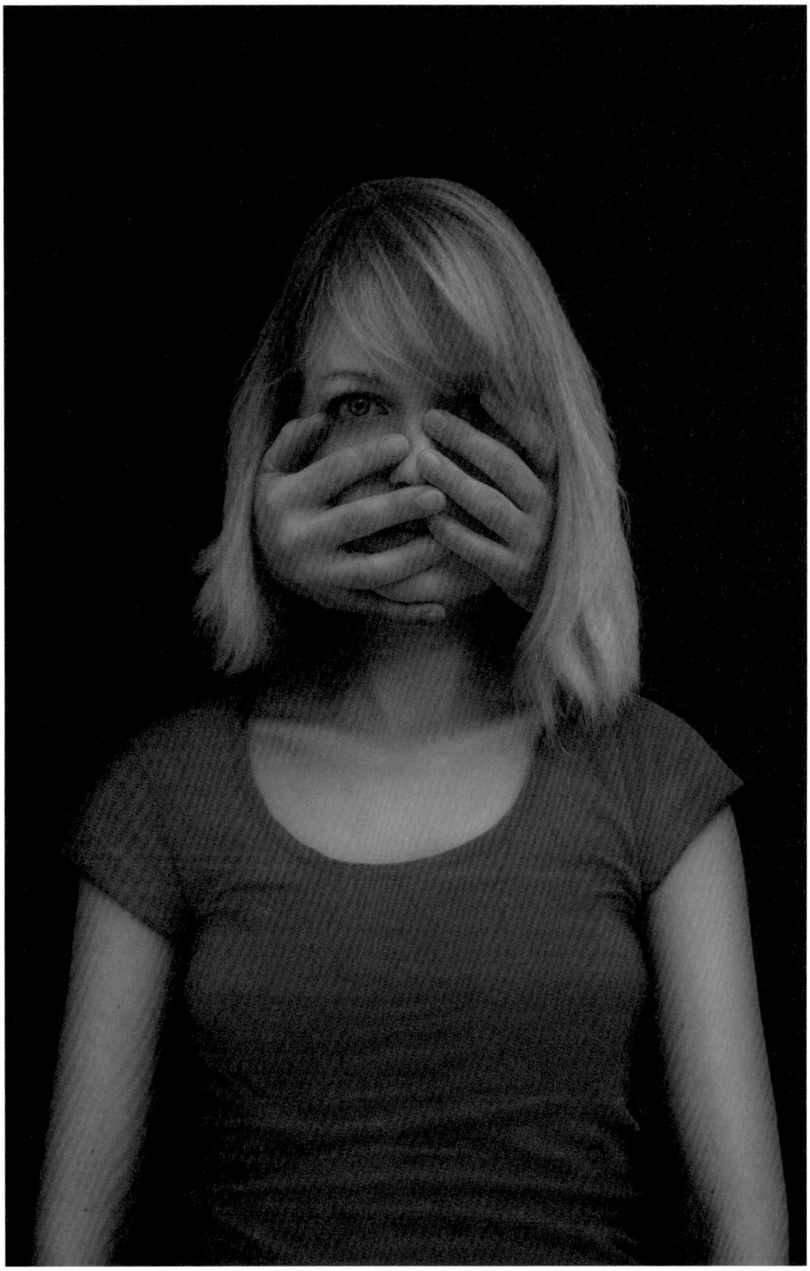

Hands

2009

フォトデジタルペインティング、アクリルマウント

Photo digital painting, plexiglas

70 × 46.2 cm

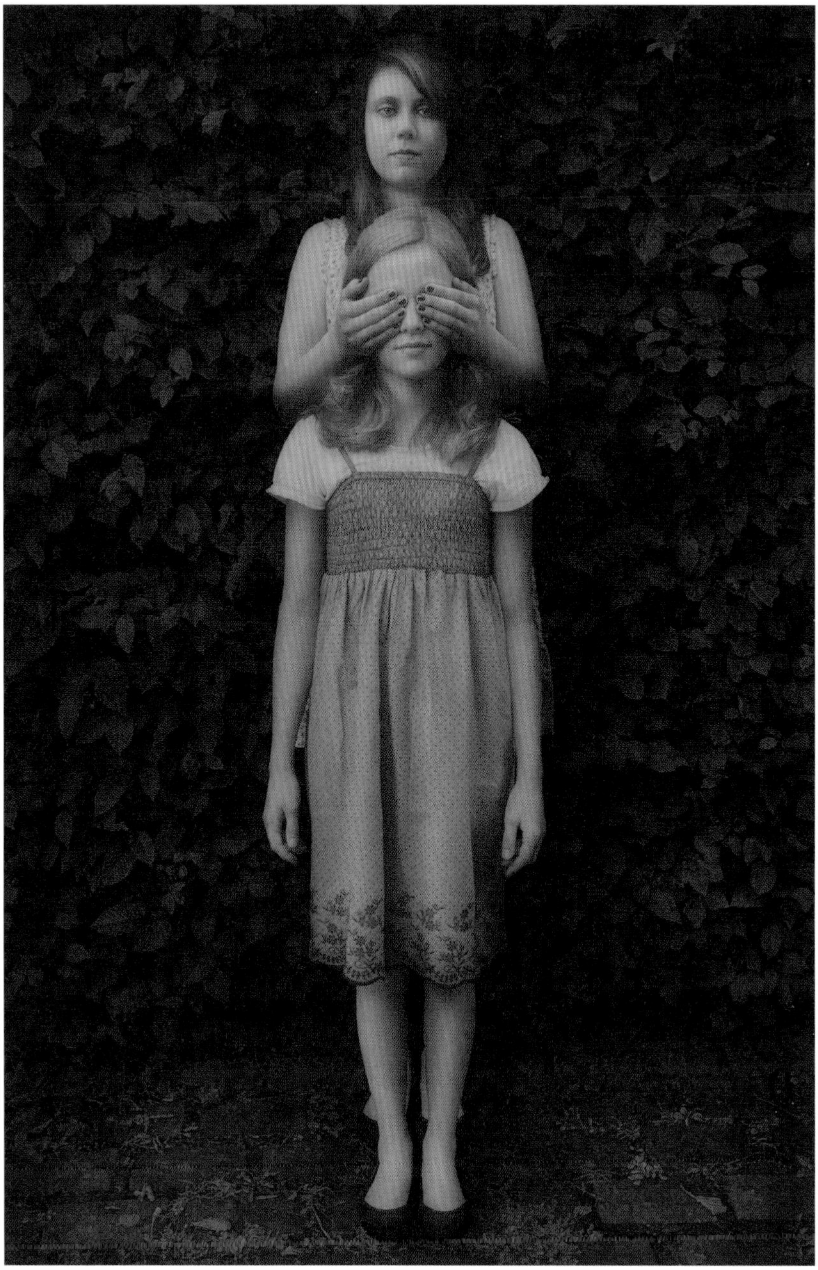

Lui & Jojo
2009
フォトデジタルペインティング、アルミマウント
Photo digital painting, aluminum
180 × 120 cm

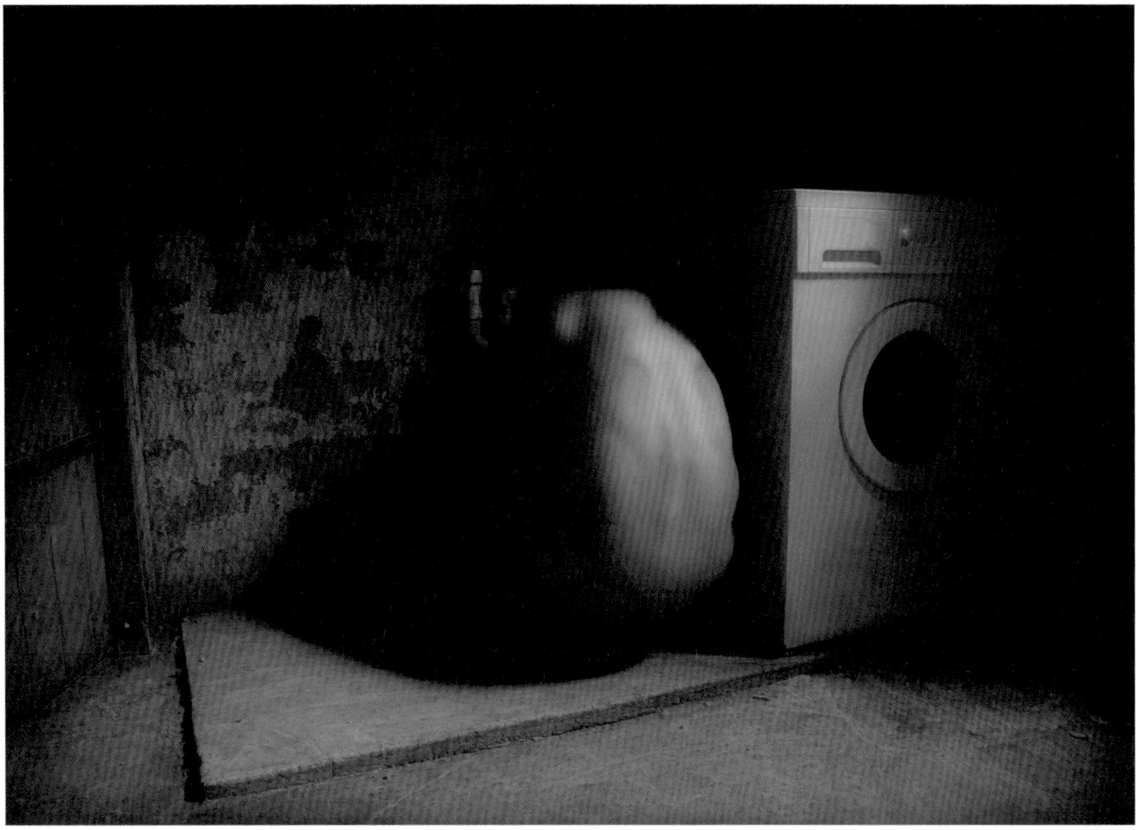

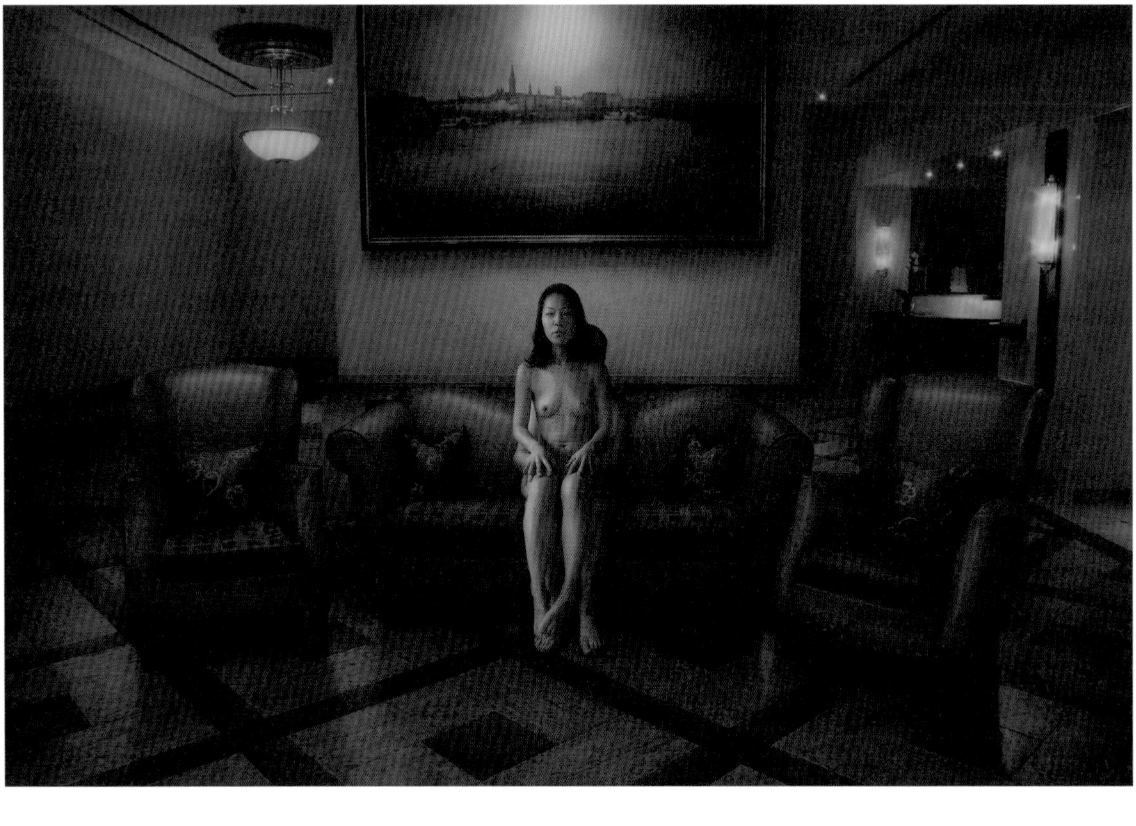

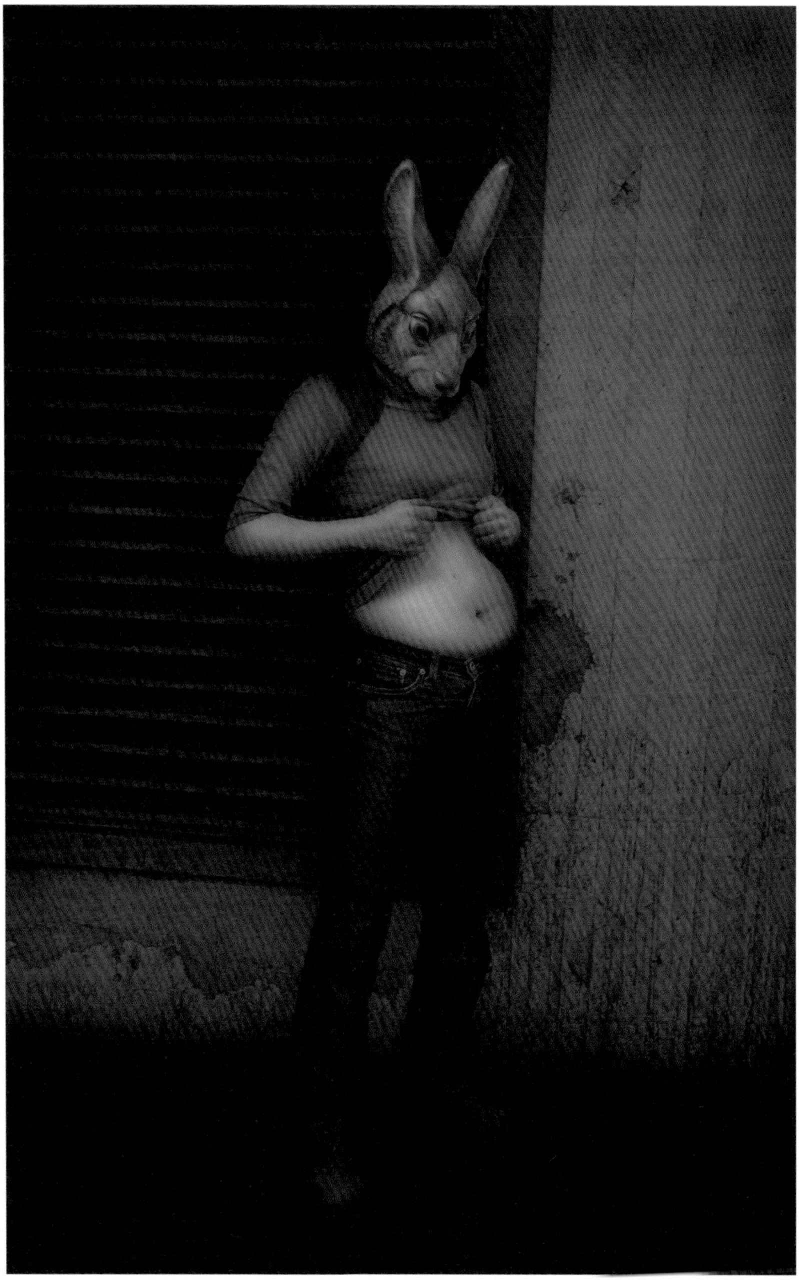

p. 68

Washer

2009

フォトデジタルペインティング、アクリルマウント

Photo digital painting, plexiglas

63 × 90 cm

Lounge

2009

フォトデジタルペインティング、アクリルマウント

Photo digital painting, plexiglas

120 × 180 cm

Rabbit

2009

フォトデジタルペインティング、アクリルマウント

Photo digital painting, plexiglas

70 × 45.5 cm

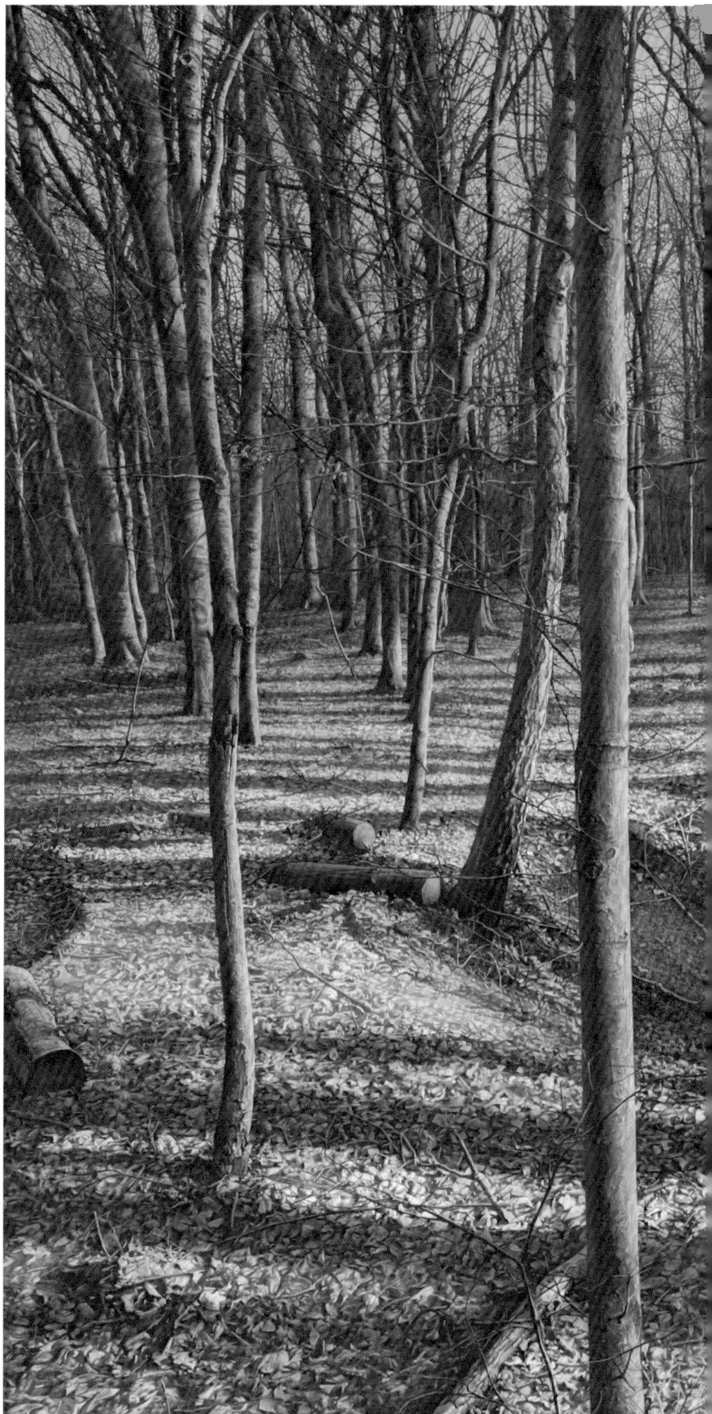

Little big

2009

フォトデジタルペインティング、アクリルマウント

Photo digital painting, plexiglas

120 × 180 cm

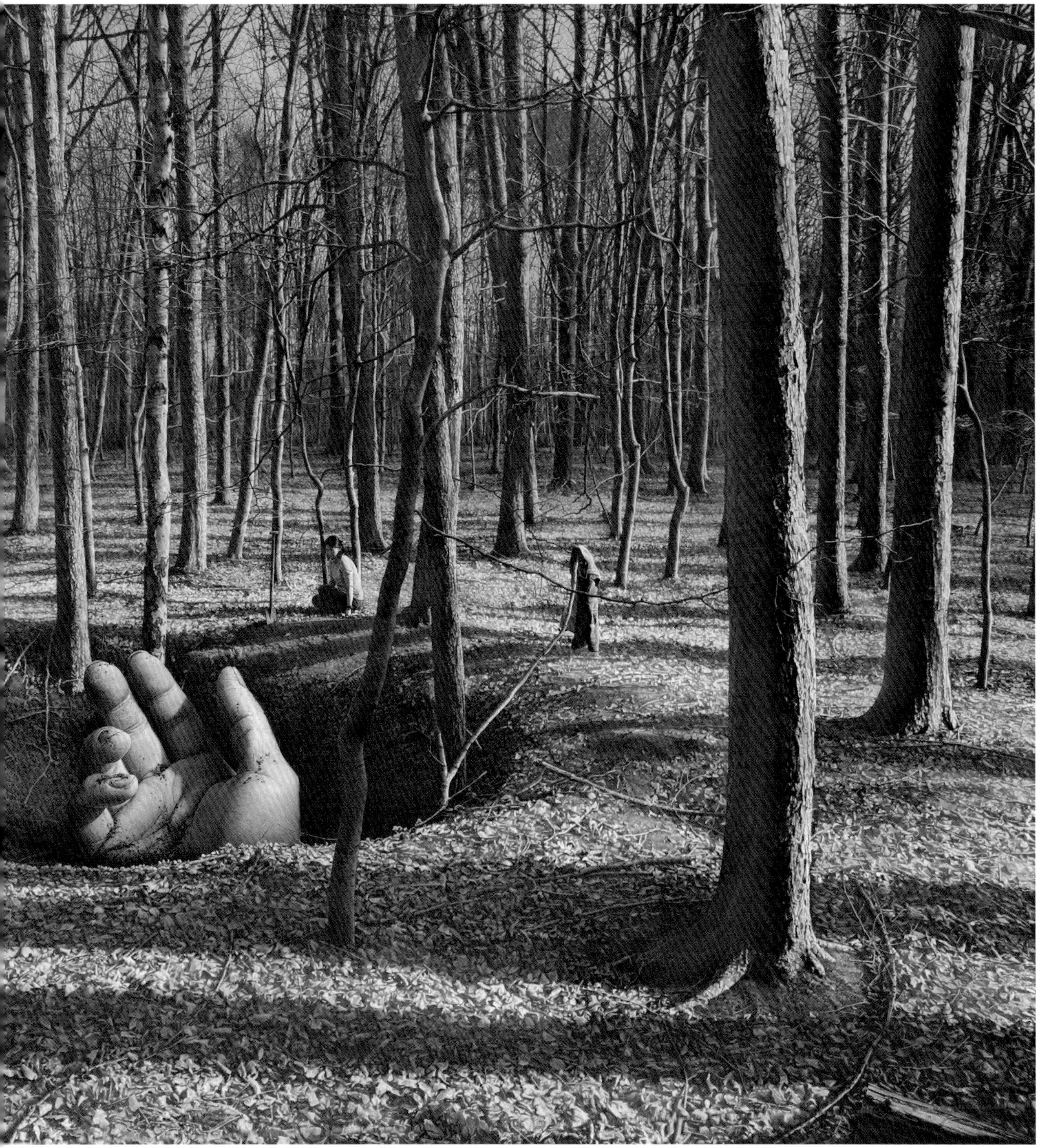

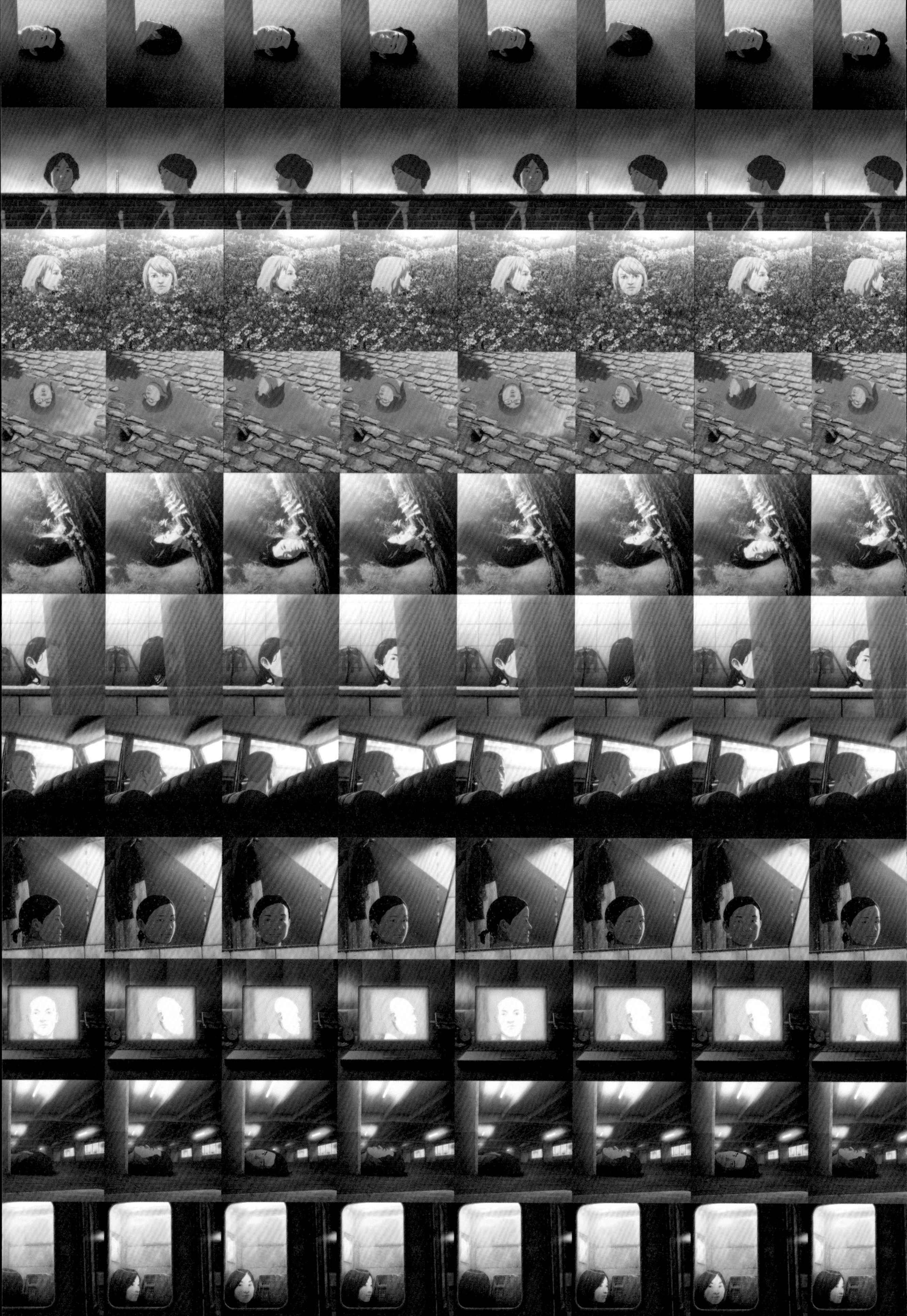

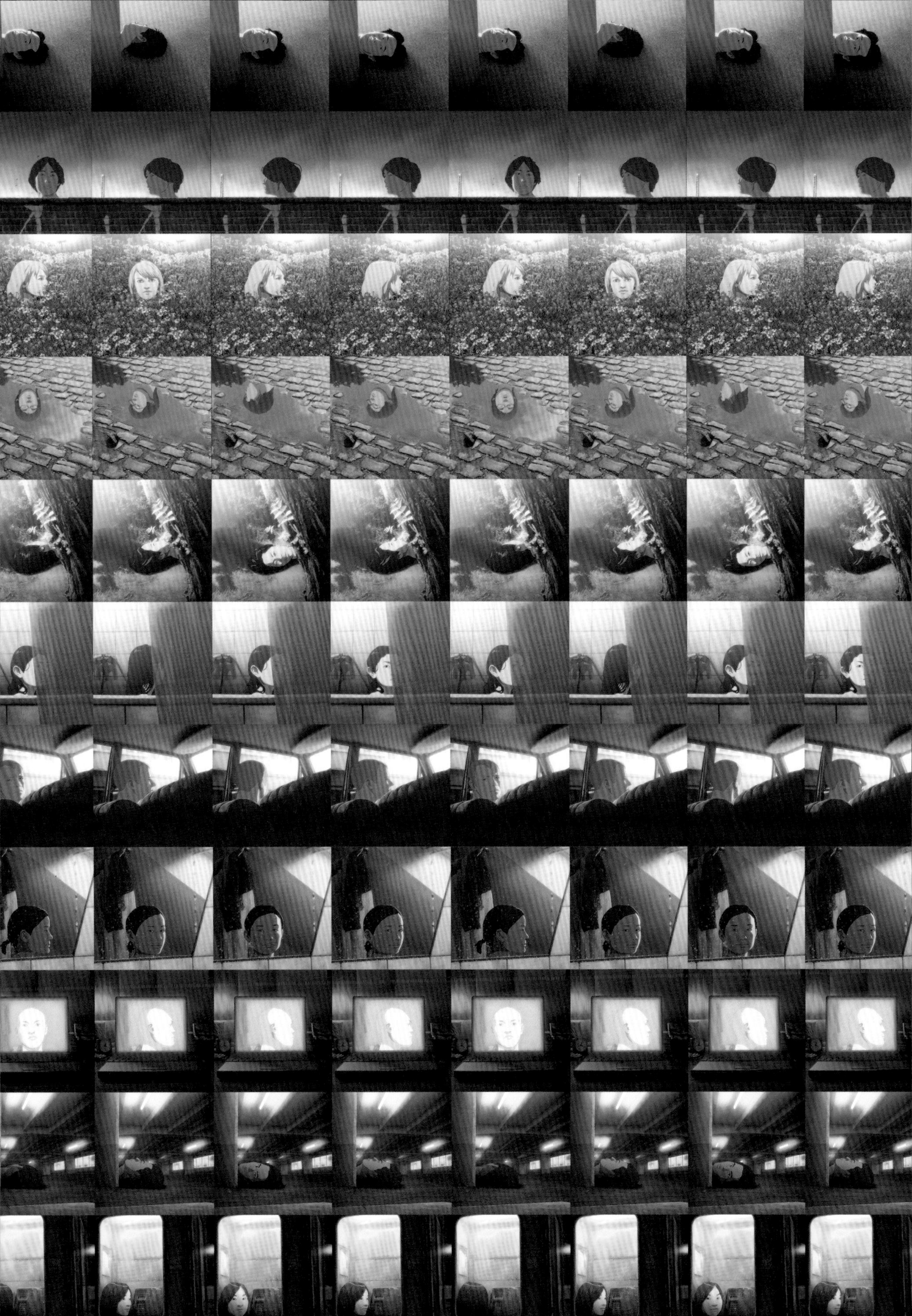

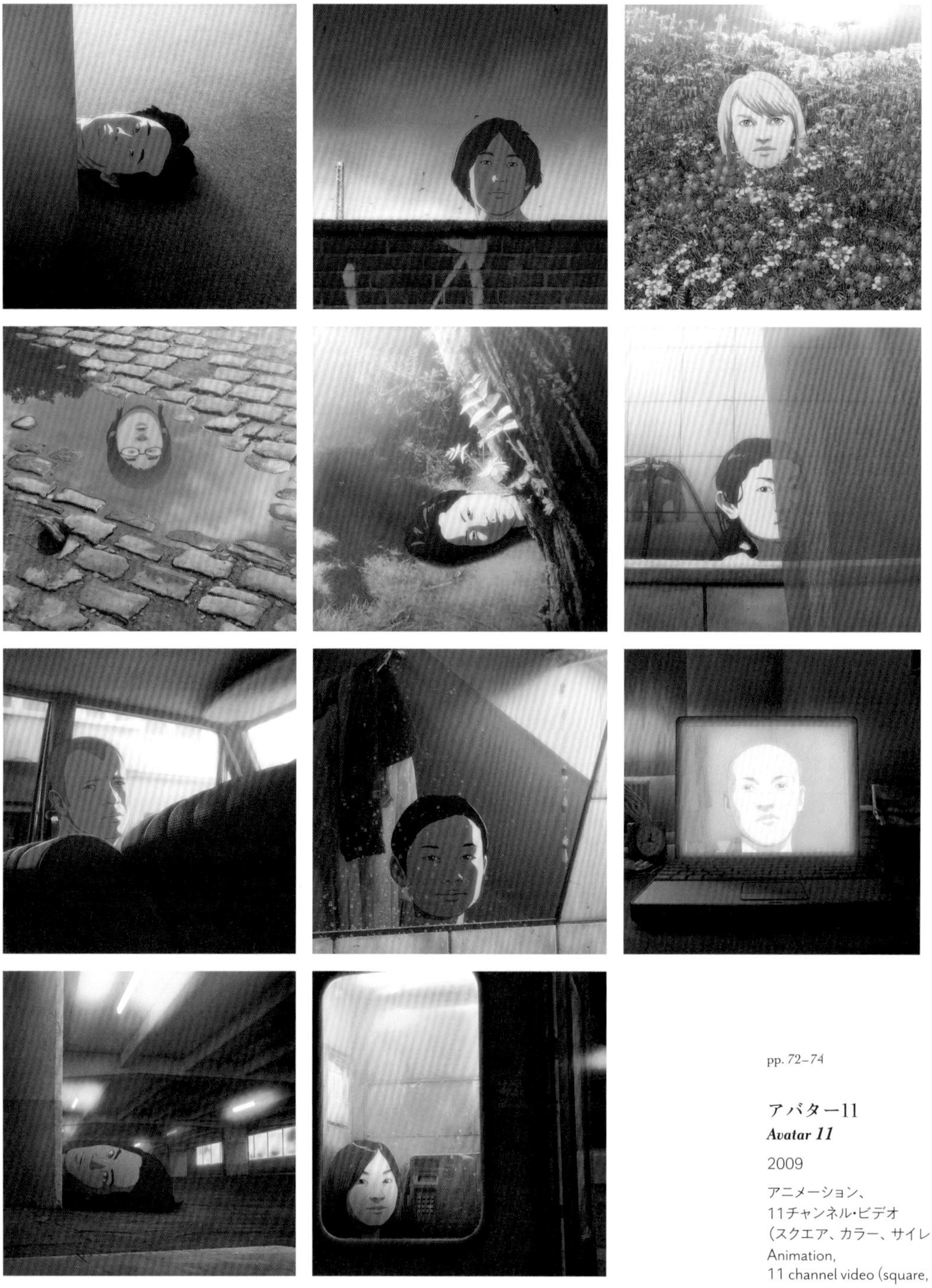

pp. 72–74

アバター11
Avatar 11

2009

アニメーション、
11チャンネル・ビデオ
(スクエア、カラー、サイレント)
Animation,
11 channel video (square, color, silent)

ループ | Loop

p. 75

エスカレーターガール
Escalator Girl

2010

アニメーション、シングルチャンネル・ビデオ
(HD、カラー、サイレント)
Animation, single channel video
(HD, color, silent)

ループ | Loop

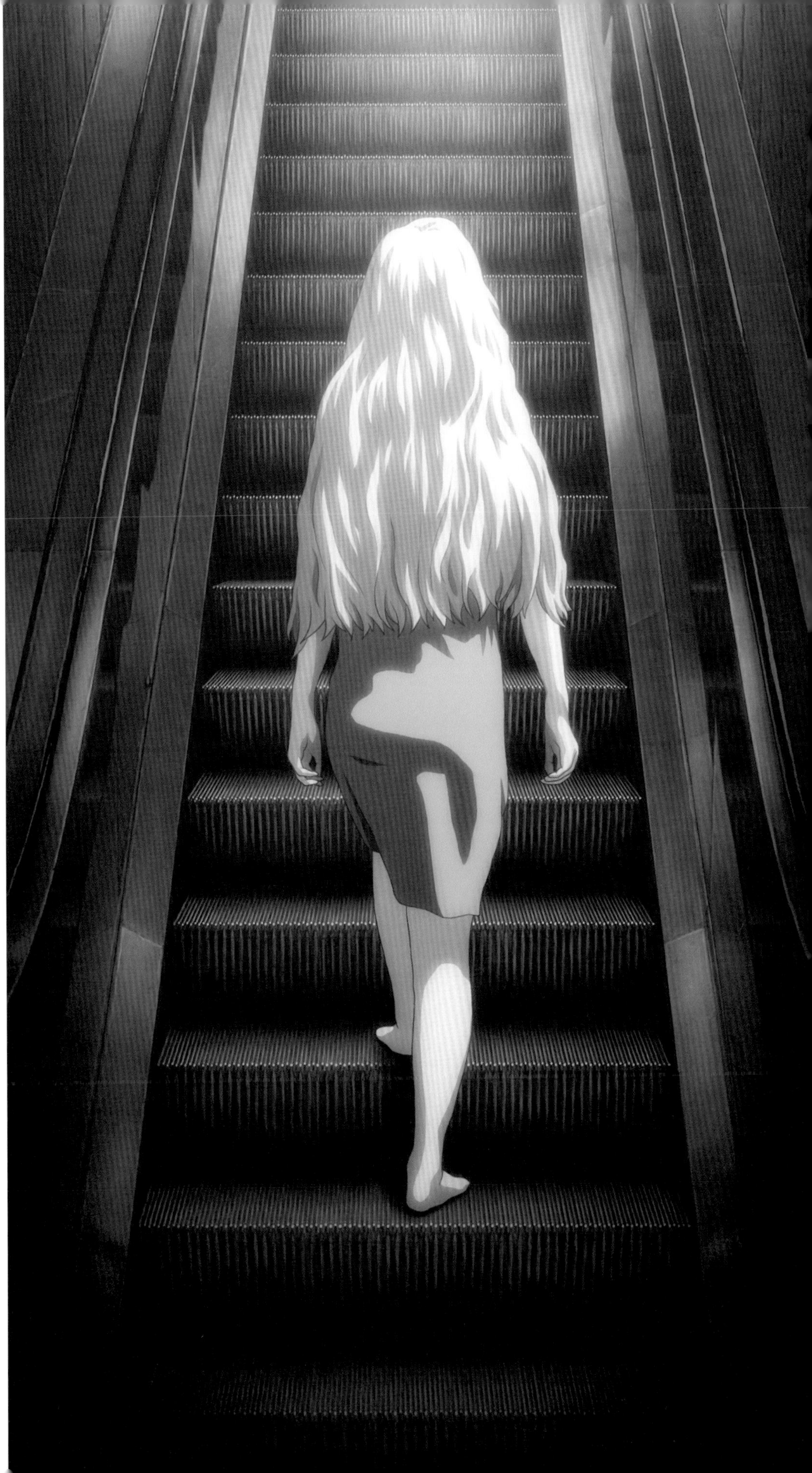

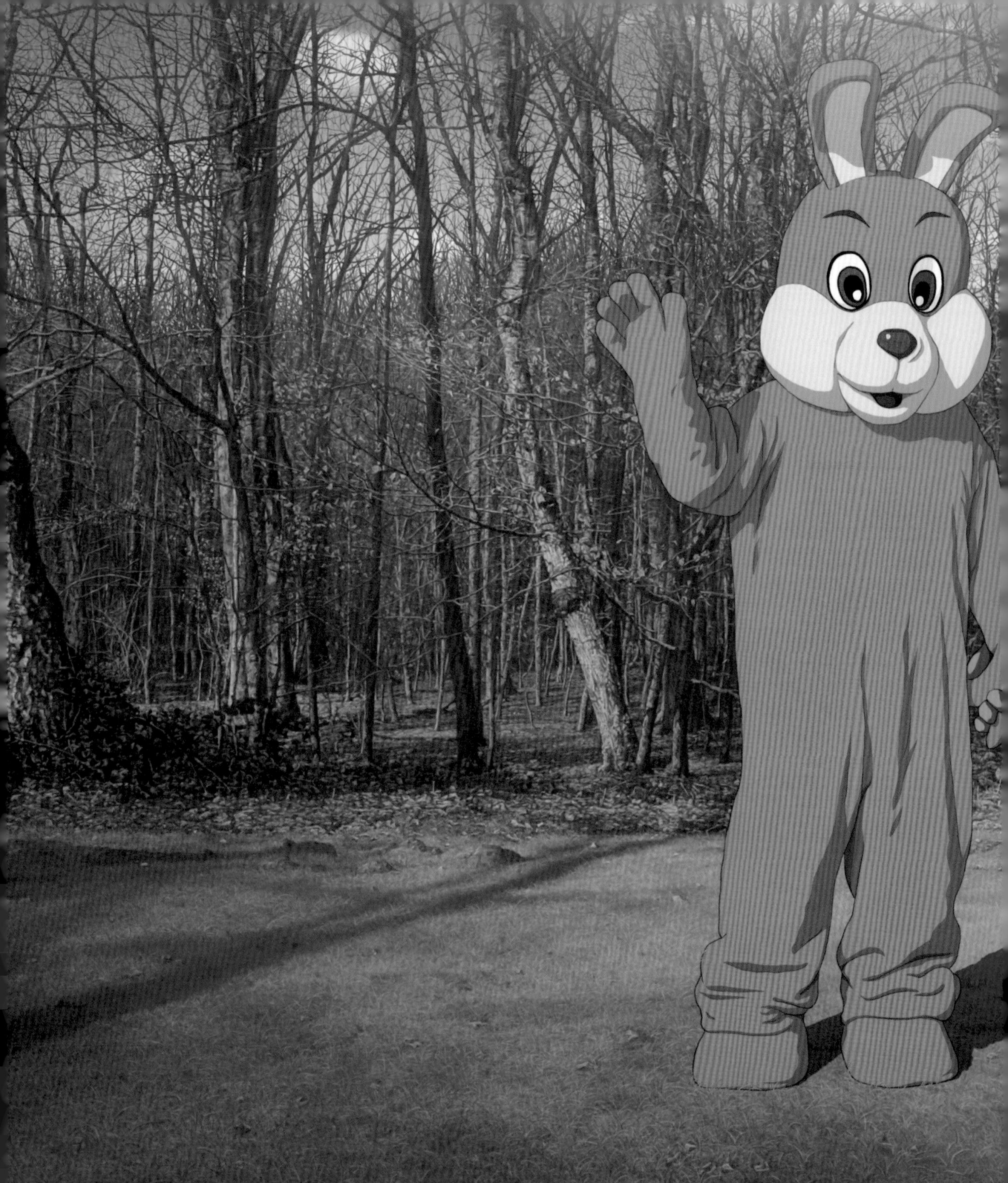

バイバイカモン

Bye bye come on

2010

アニメーション、シングルチャンネル・ビデオ(HD、カラー、サイレント)
Animation, single channel video (HD, color, silent)

ループ | Loop

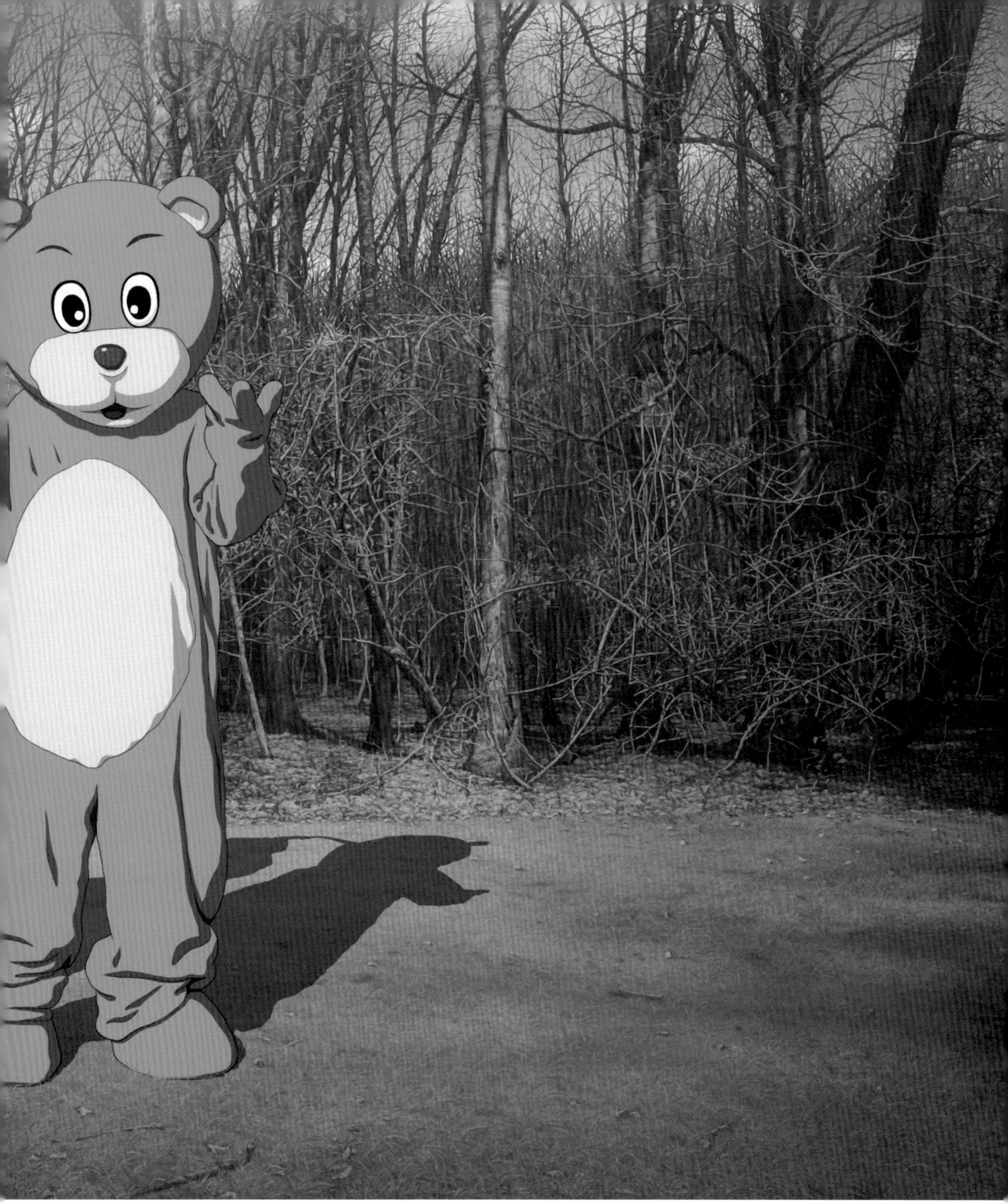

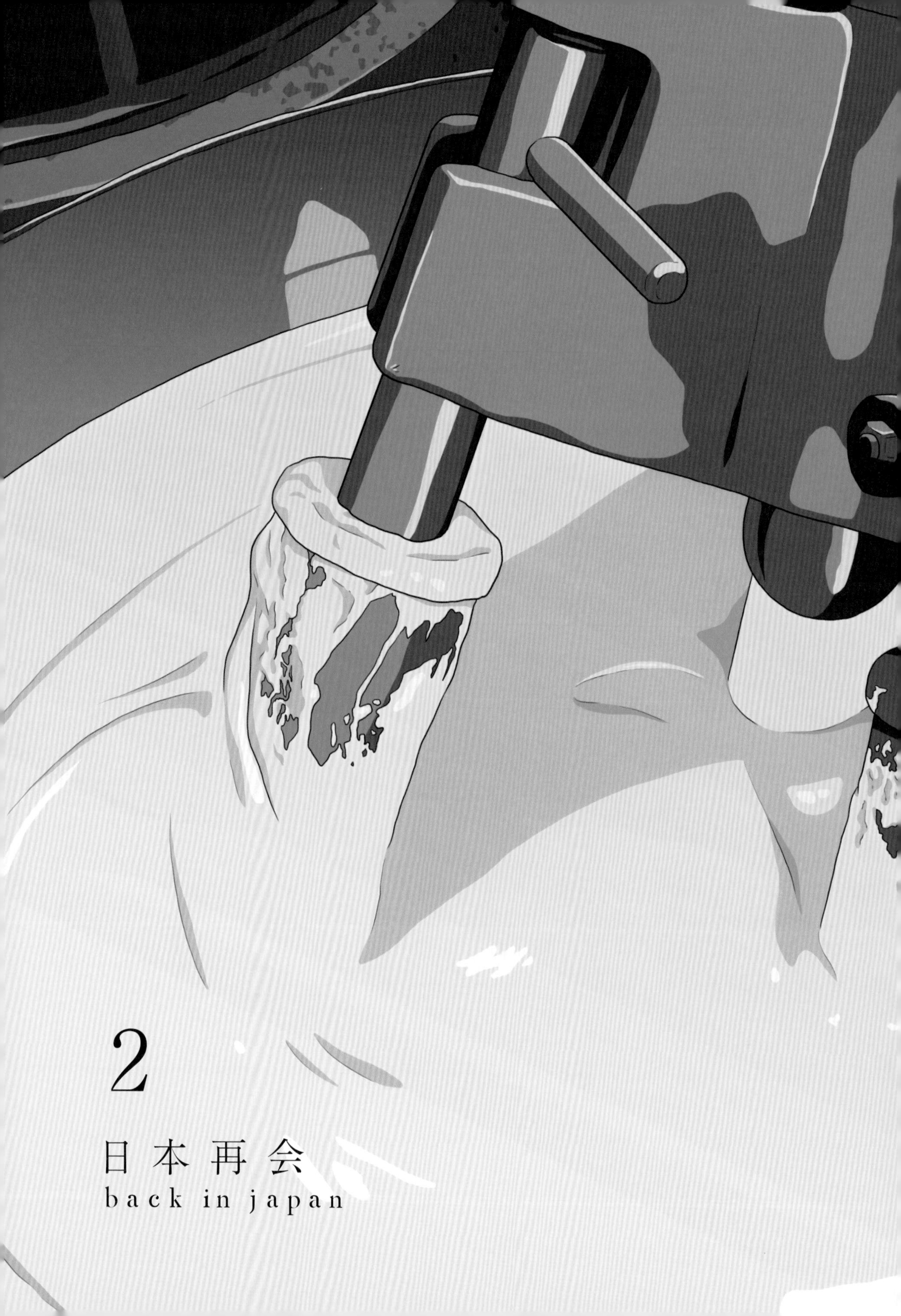

2

日本再会

back in japan

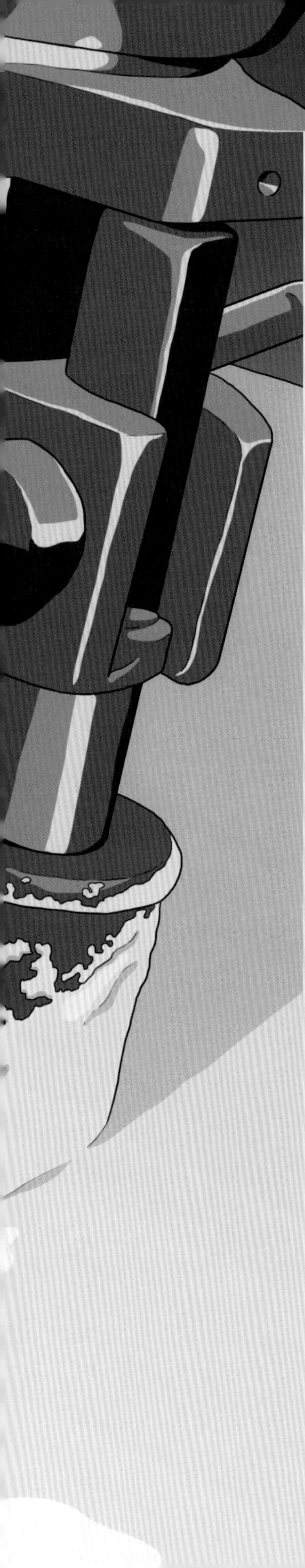

佐藤は2010年に10年間過ごしたドイツを離れ、日本に帰国。茨城県取手市に居を構えるが、その直後から様々な出来事に見舞われることになる。まず、2010年に癌《がん》が発見され、手術を受ける。幸いにも腫瘍は無事摘出され、転移も見られず、快方に向かう。翌年3月11日、東日本大地震に被災。2013年、佐藤と同じくアーティストであるパートナーがくも膜下出血で倒れるが、発症時にそばにいた佐藤がすぐに対応したこともあり、手術を受けた後、無事回復する。

プライベートでは様々な出来事に見舞われた佐藤であったが、創作活動においては、国内外で広く作品を発表した時期でもあった。例えば、夫婦演歌「絆」(歌:長山洋子、影山時則)が流れるなか、取手市の情景を舞台に天使と悪魔の姿をした男女が織りなすメロドラマを描いた《バインド・ドライブ》(2010–2011)が、第15回文化庁メディア芸術祭審査委員会推薦作品(2011年)に選出されたことや、「ナイン・ホール　佐藤雅晴展」(川崎市市民ミュージアム、2013年)の開催などである。

本章では、この時期の代表作である《バインド・ドライブ》や《9 holes》(2012–2013)のほか、東日本大震災の被害から復活した福島の蒲鉾《かまぼこ》製造工場の伊達巻《だてまき》製造の様子を題材にした《ダテマキ》(2013)などの映像作品や、子供をモチーフに「三猿」を描いた《see no evil》《hear no evil》《speak no evil》(すべて2011)などの平面作品を紹介する。

In 2010 Sato left Germany, where he had lived for a decade, and returned to Japan. He took up residence in the city of Toride, Ibaraki, but soon afterward he faced a series of tribulations. First he was diagnosed with cancer in 2010 and underwent surgery. Fortunately a tumor was successfully removed, no metastasis was detected, and his condition improved. On March 11 of the following year, he fell victim to the Great East Japan Earthquake. In 2013 his partner, also an artist, collapsed with a subarachnoid hemorrhage. Sato was by her side at the time and reacted immediately, and after having surgery she fully recovered.

While Sato grappled with these difficulties in his private life, his creative career was taking off, with his works exhibited widely in Japan and overseas. For example, the animated video *BIND DRIVE* (2010–2011), a melodrama featuring a man and a woman in the form of a demon and an angel respectively, unfolding in Toride and set to the male-female enka duet "Kizuna" (sung by Yoko Nagayama and Tokinori Kageyama), won the Jury Selection at the 15th Japan Media Arts Festival (2011), and the solo show *Nine Holes: Sato Masaharu Exhibition* was held at the Kawasaki City Museum (2013).

In addition to *BIND DRIVE* and *9 holes* (2012–2013), major works from this period, this section features video works such as *Datemaki* (2013), which shows the process of manufacturing the sweet rolled omelet of the title at a Fukushima fish cake factory after its recovery from the Great East Japan Earthquake, and two-dimensional works including *see no evil, hear no evil* and *speak no evil* (all 2011), depicting the gestures of covering ears, eyes, and mouth.

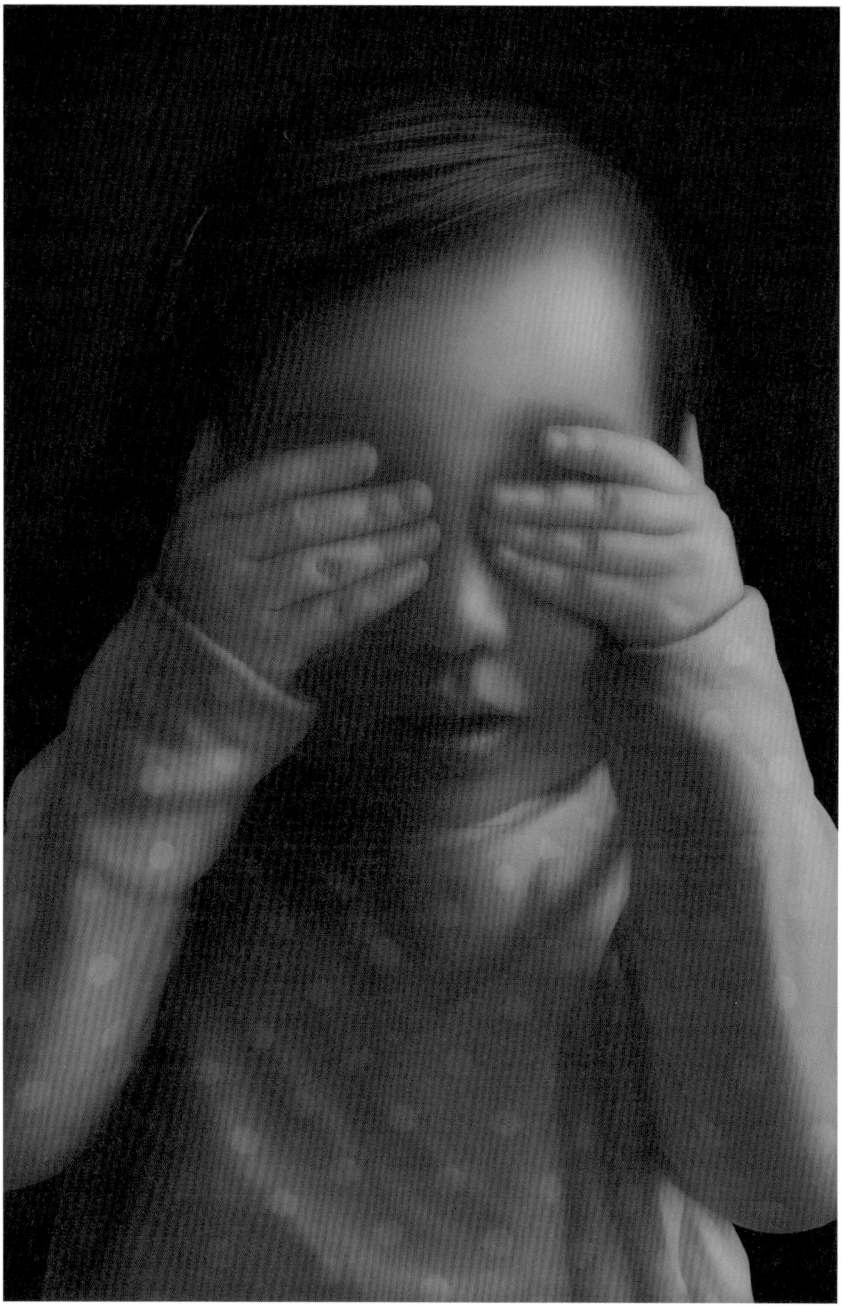

see no evil
2011
フォトデジタルペインティング、アルミマウント
Photo digital painting, aluminum
150 × 100 cm

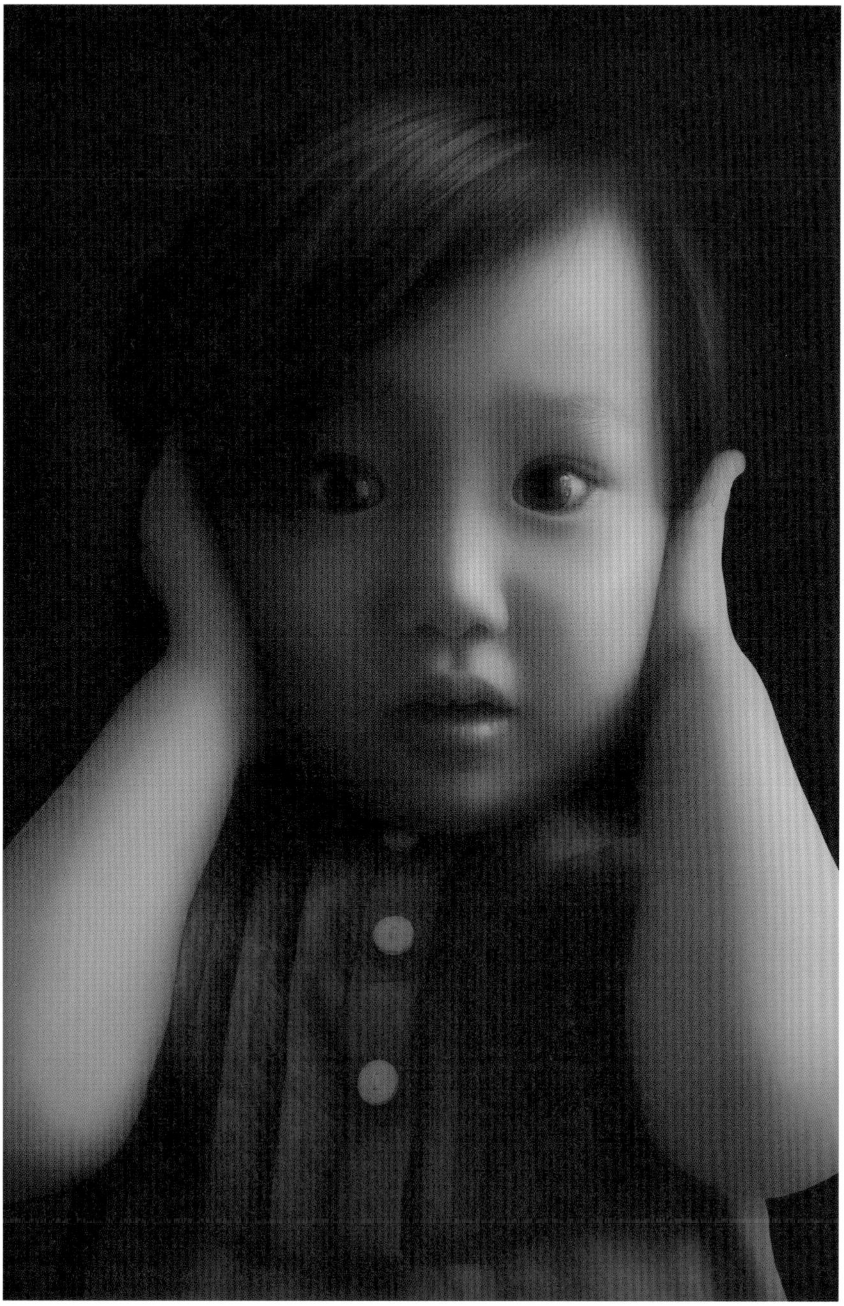

hear no evil

2011

フォトデジタルペインティング、アルミマウント

Photo digital painting, aluminum

150 × 100 cm

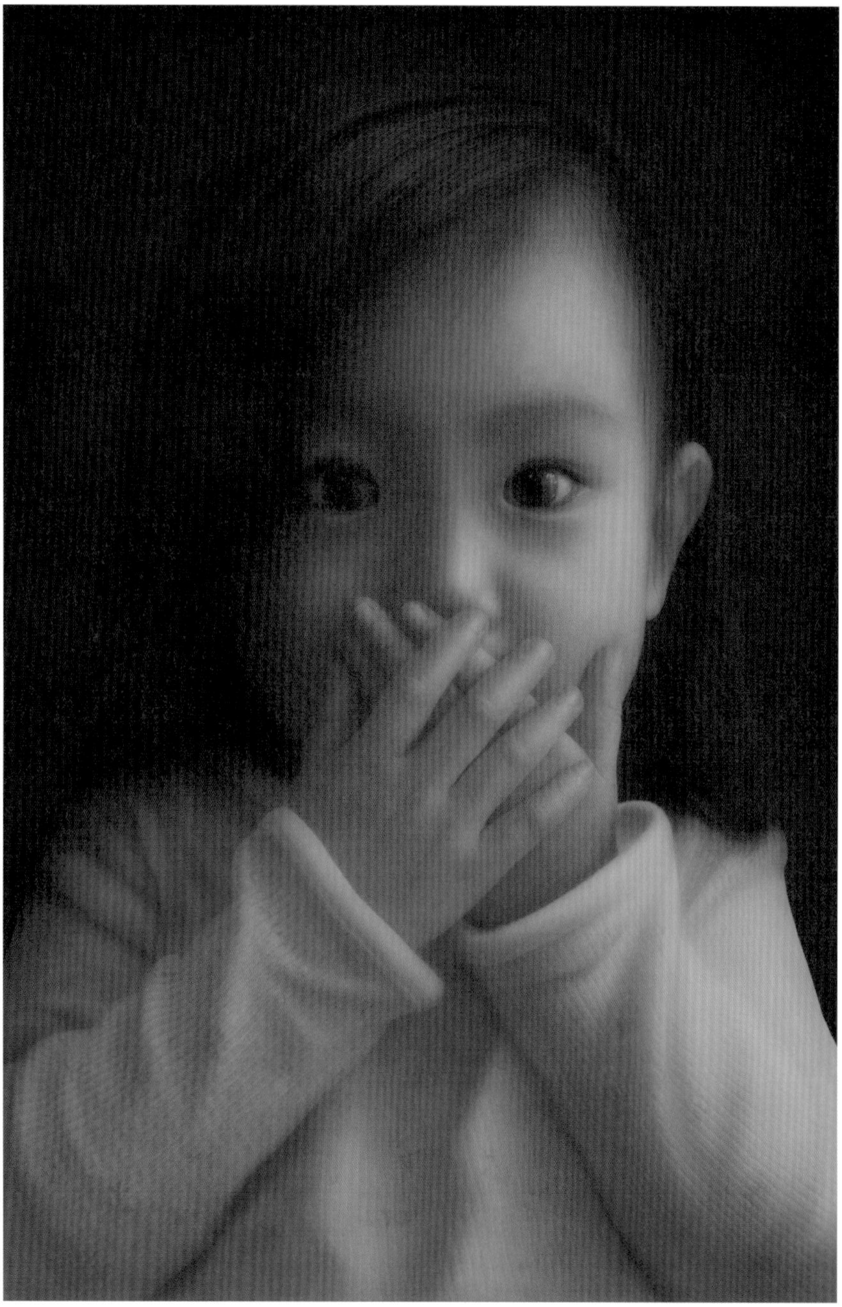

speak no evil
2011
フォトデジタルペインティング、アルミマウント
Photo digital painting, aluminum
150 × 100 cm

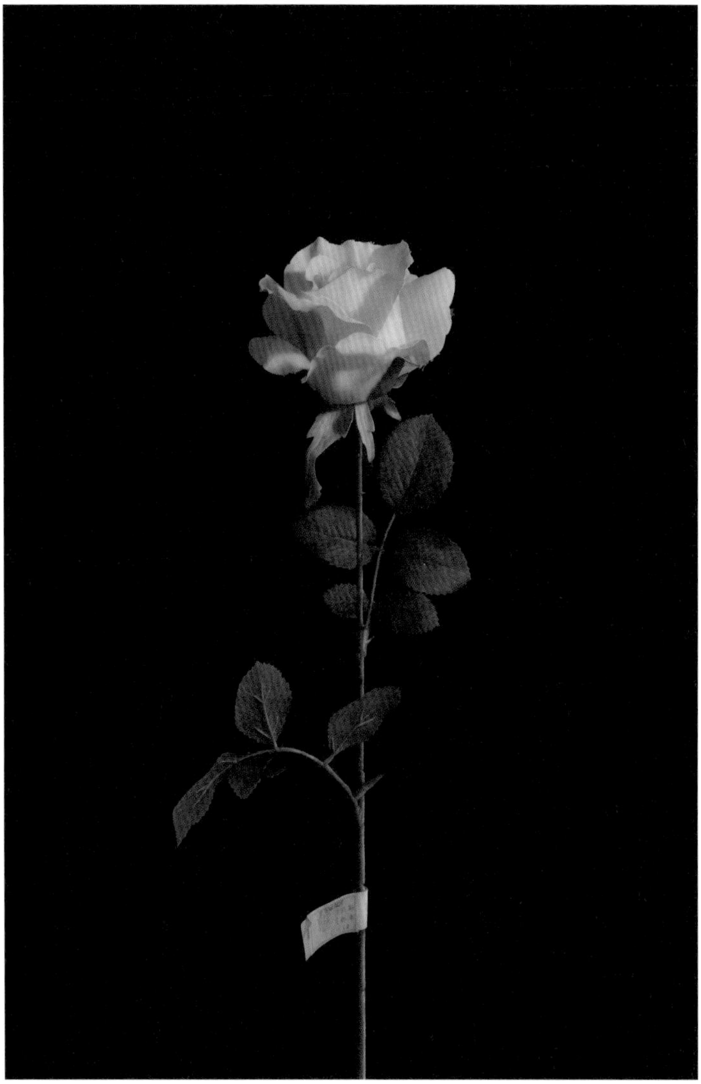

Rose
2012
フォトデジタルペインティング、アクリルマウント
Photo digital painting, plexiglas
45 × 30 cm

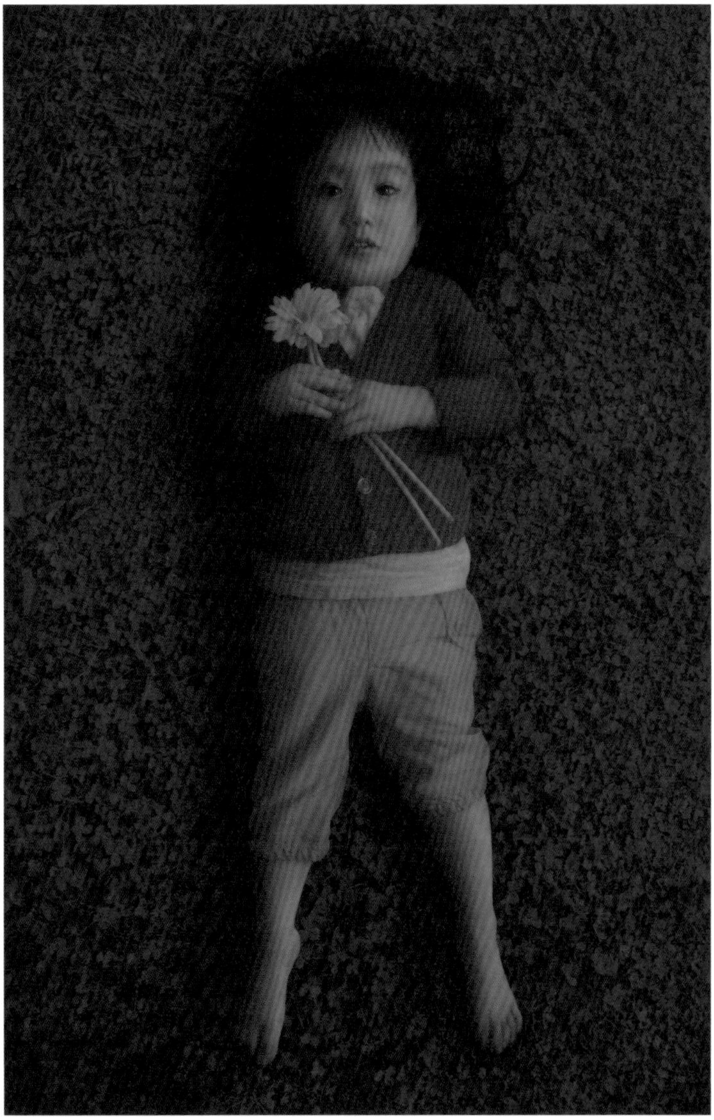

p. 85

Cooking
2011
フォトデジタルペインティング、アルミマウント
Photo digital painting, aluminum
80 × 120 cm

Walk
2011
フォトデジタルペインティング、アクリルマウント
Photo digital painting, plexiglas
53 × 80 cm

Clover
2011
フォトデジタルペインティング、アルミマウント
Photo digital painting, aluminum
100 × 66 cm

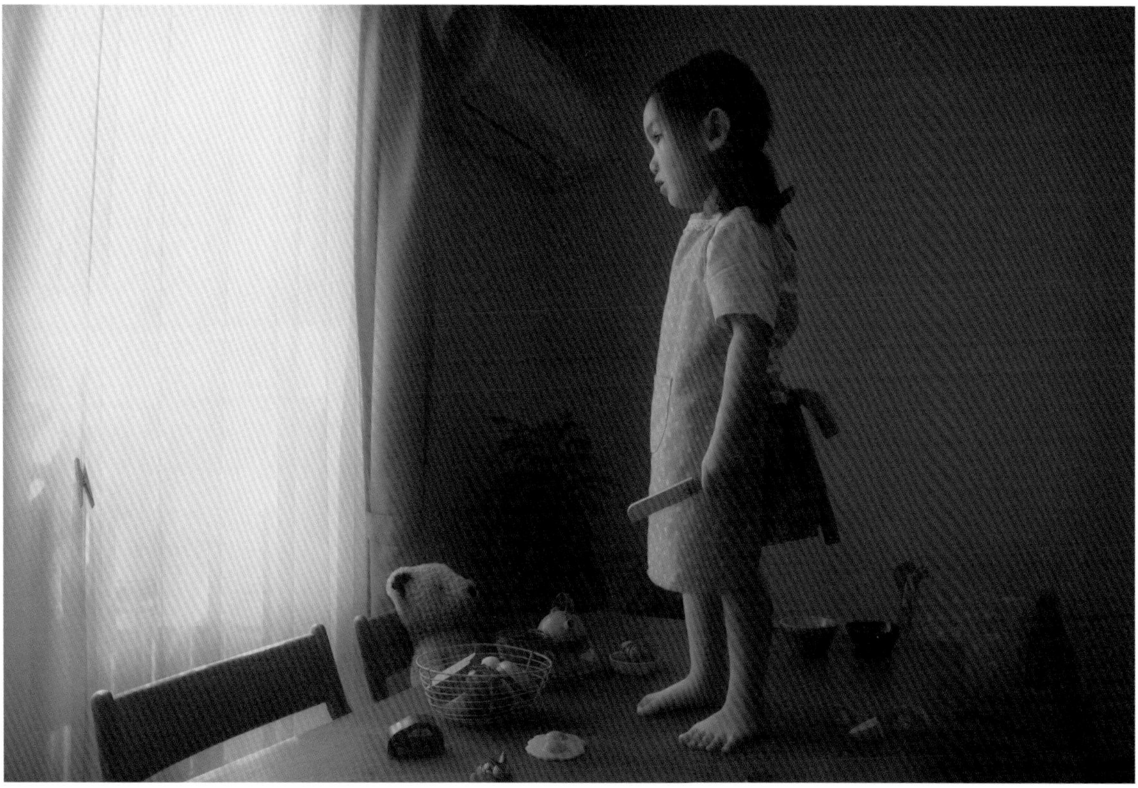

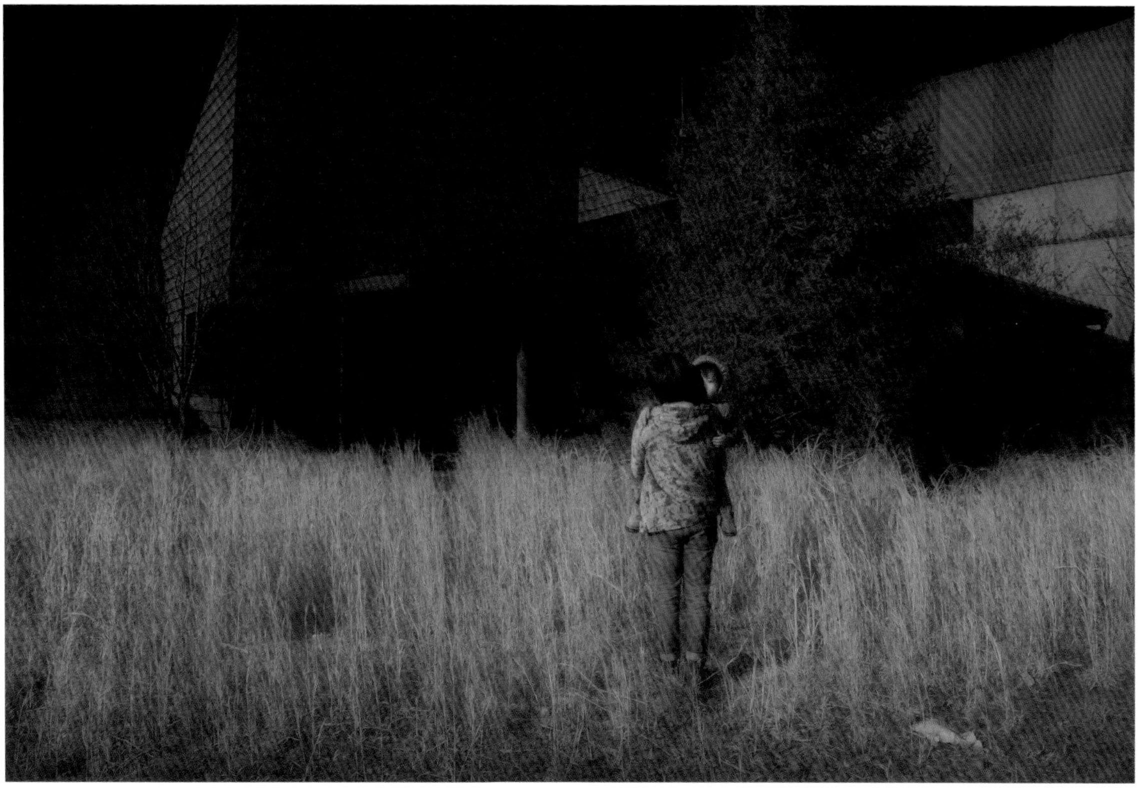

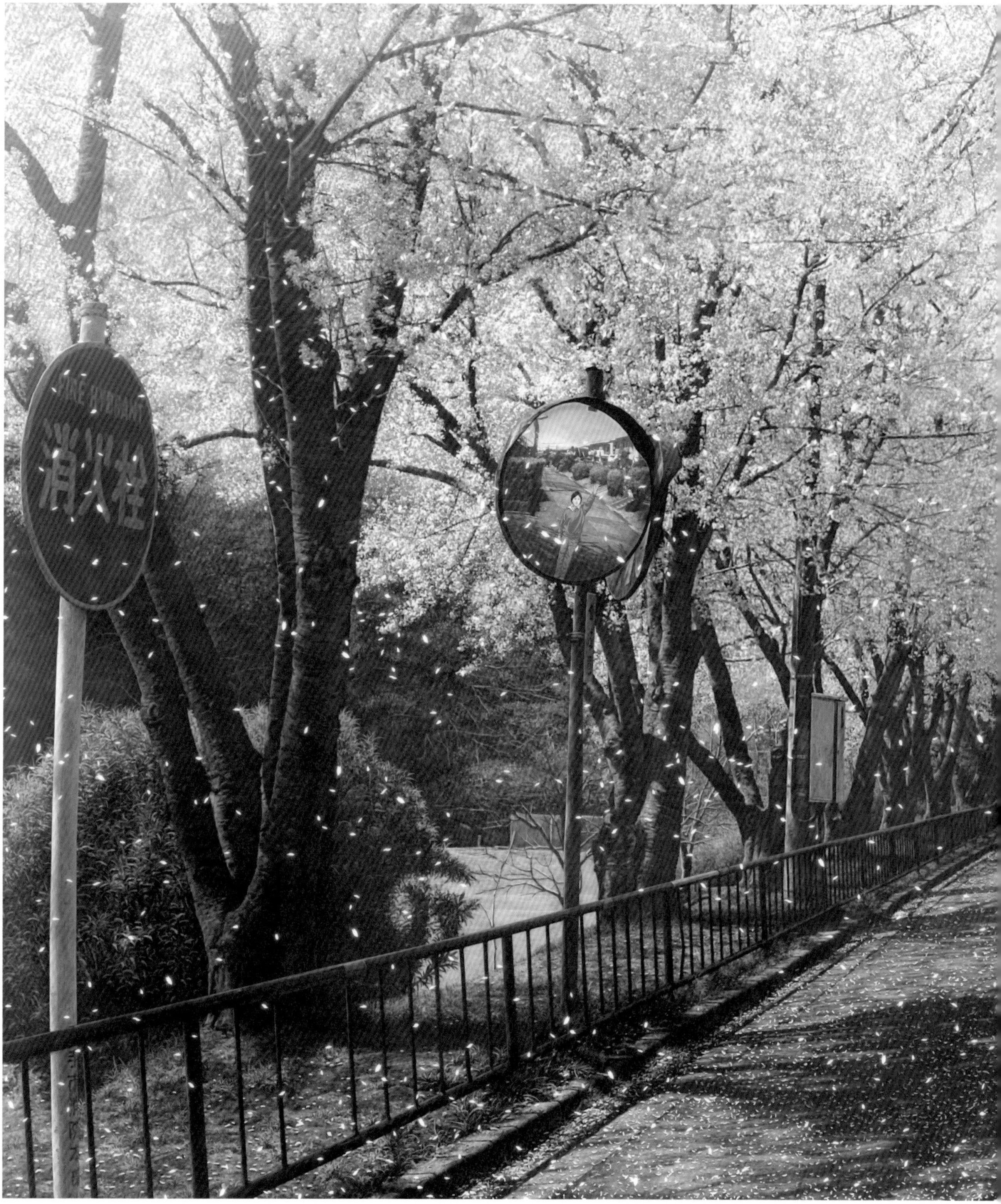

エレジーシリーズ“桜”
Elegy series “Cherry Blossoms”
2011
アニメーション、シングルチャンネル・ビデオ（HD、カラー、サイレント）
Animation, single channel video (HD, color, silent)
ループ | Loop

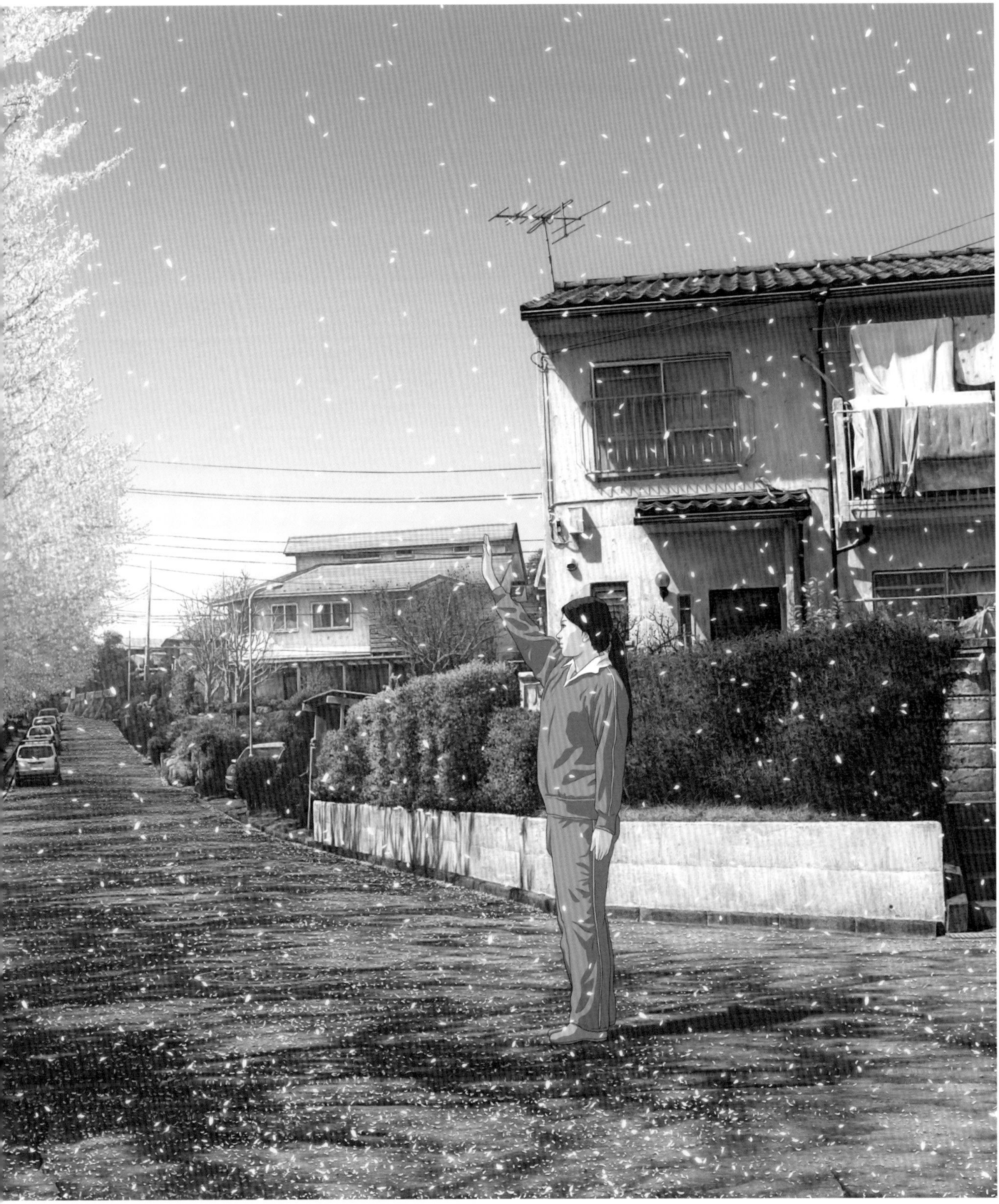

エレジーシリーズ“車窓”
Elegy series “Train Window”

2011

アニメーション、シングルチャンネル・ビデオ(HD、カラー、サイレント)
Animation, single channel video (HD, color, silent)

ループ | Loop

エレジーシリーズ“分身”
Elegy series “Avatar”

2011

アニメーション、シングルチャンネル・ビデオ(HD、カラー、サイレント)
Animation, single channel video (HD, color, silent)

ループ | Loop

エレジーシリーズ“ヒーロー”
Elegy series “Hero”

2011

アニメーション、シングルチャンネル・ビデオ(HD、カラー、サイレント)
Animation, single channel video (HD, color, silent)

ループ | Loop

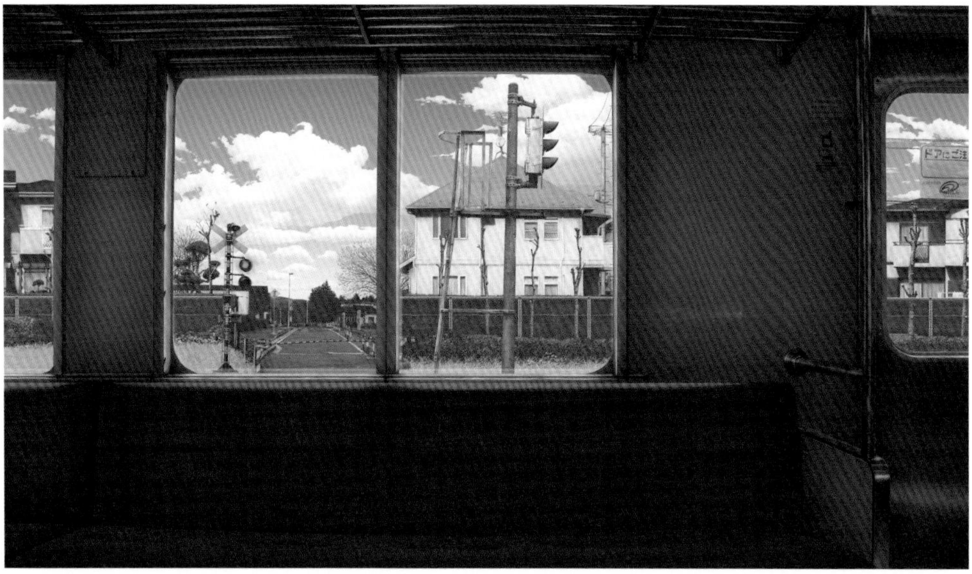

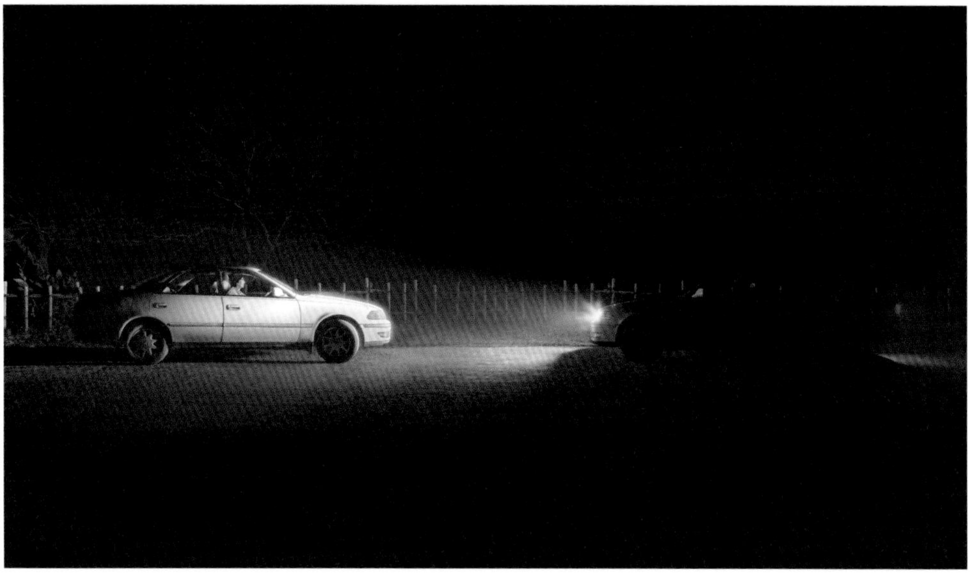

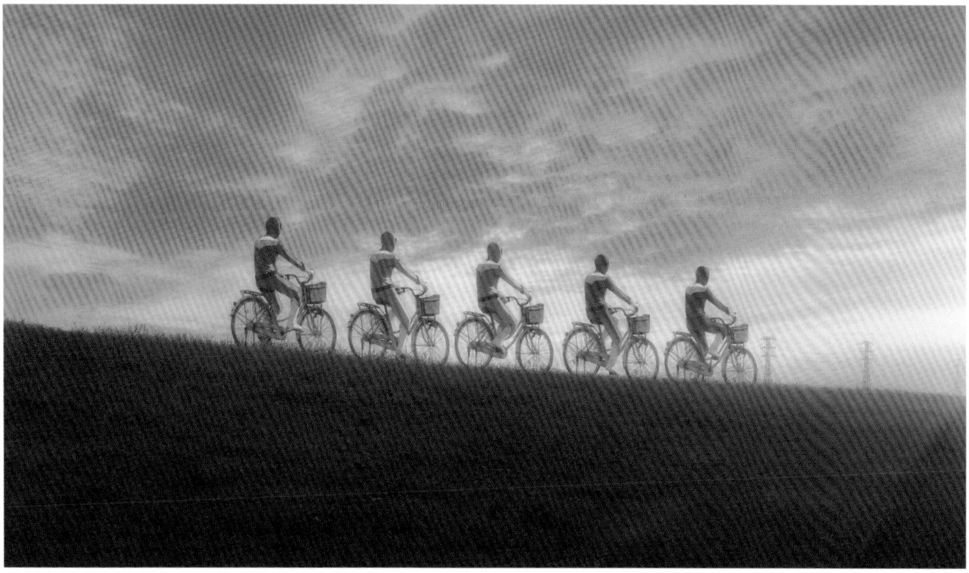

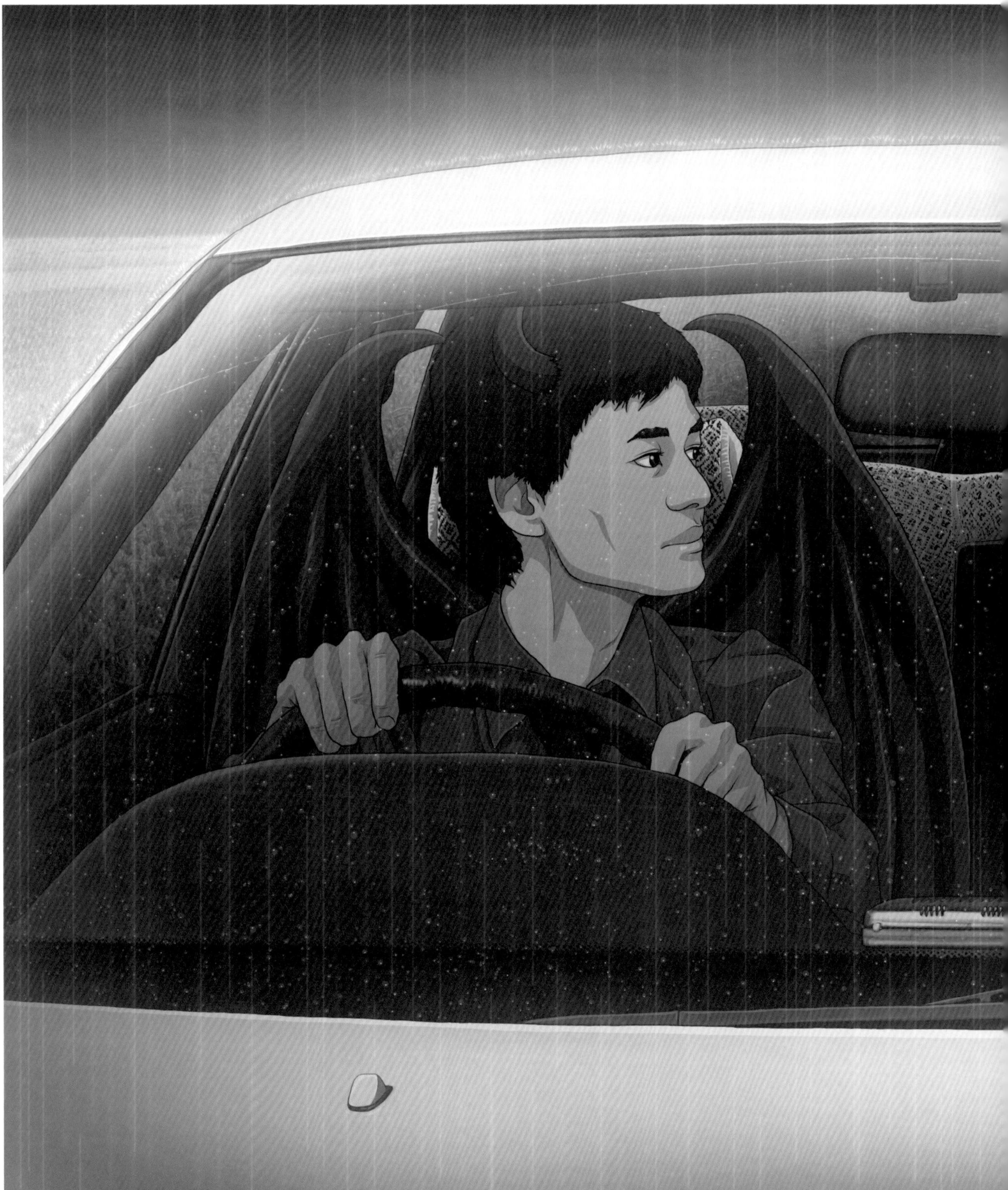

バインド・ドライブ
BIND DRIVE

2010–2011

アニメーション、シングルチャンネル・ビデオ（HD、カラー）
Animation, single channel video (HD, color)

4分50秒（ループ）｜4 min. 50 sec. (loop)

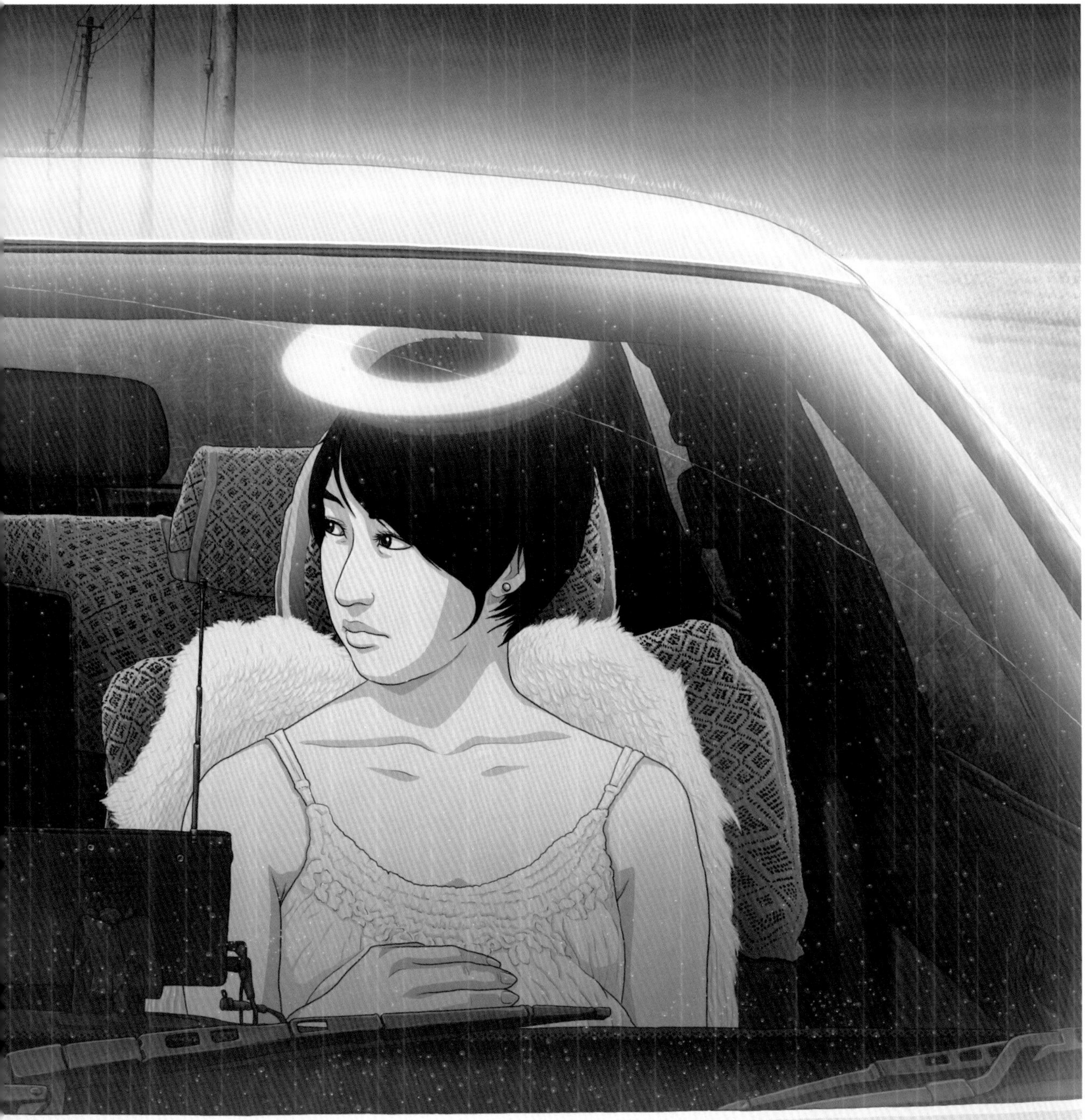

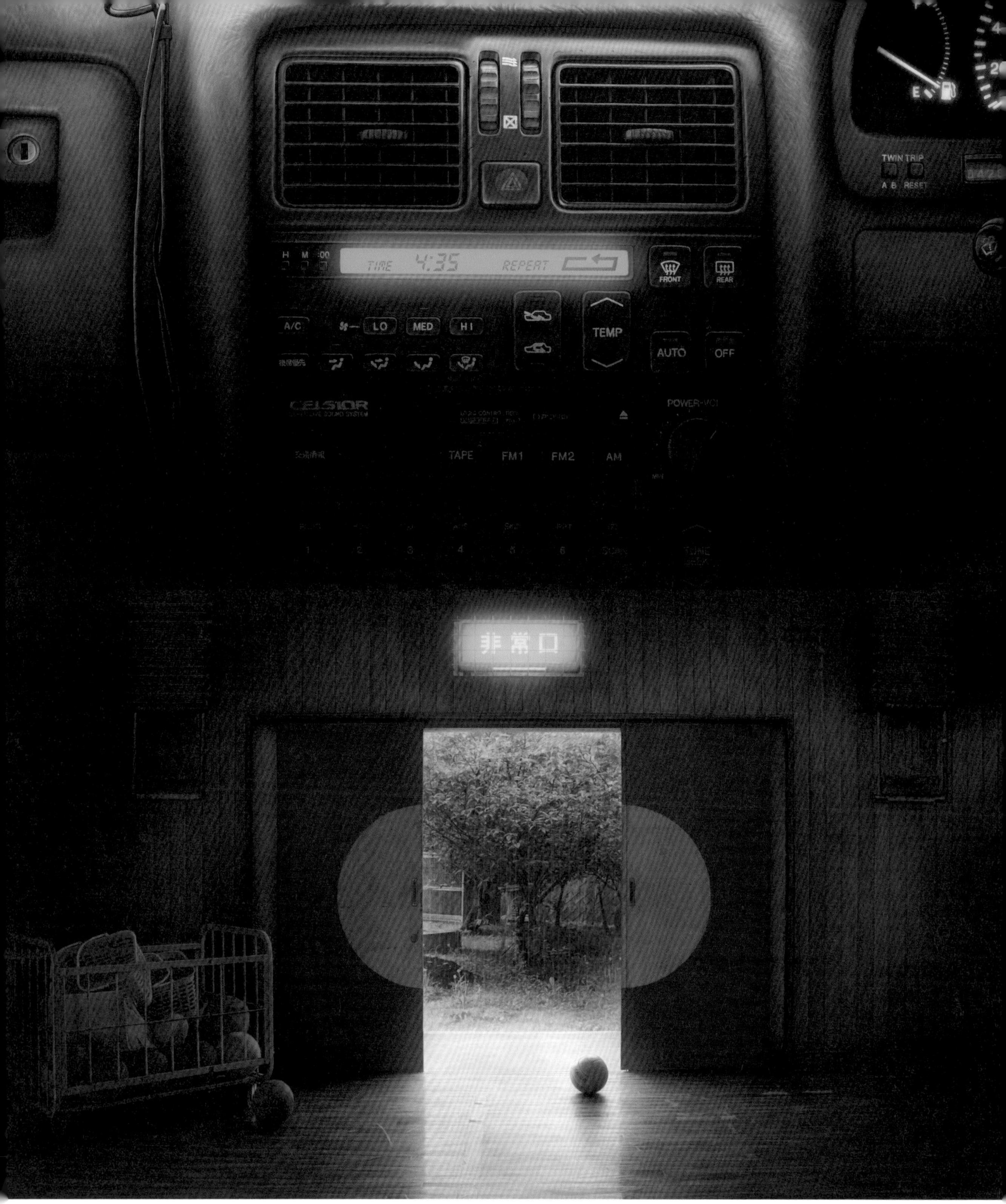
TWIN TRIP
A B RESET
TIME 4:35 REPEAT
FRONT
REAR
A/C
LO
MED
HI
TEMP
AUTO
OFF
CELSIOR
TAPE
FM1
FM2
AM
非常口

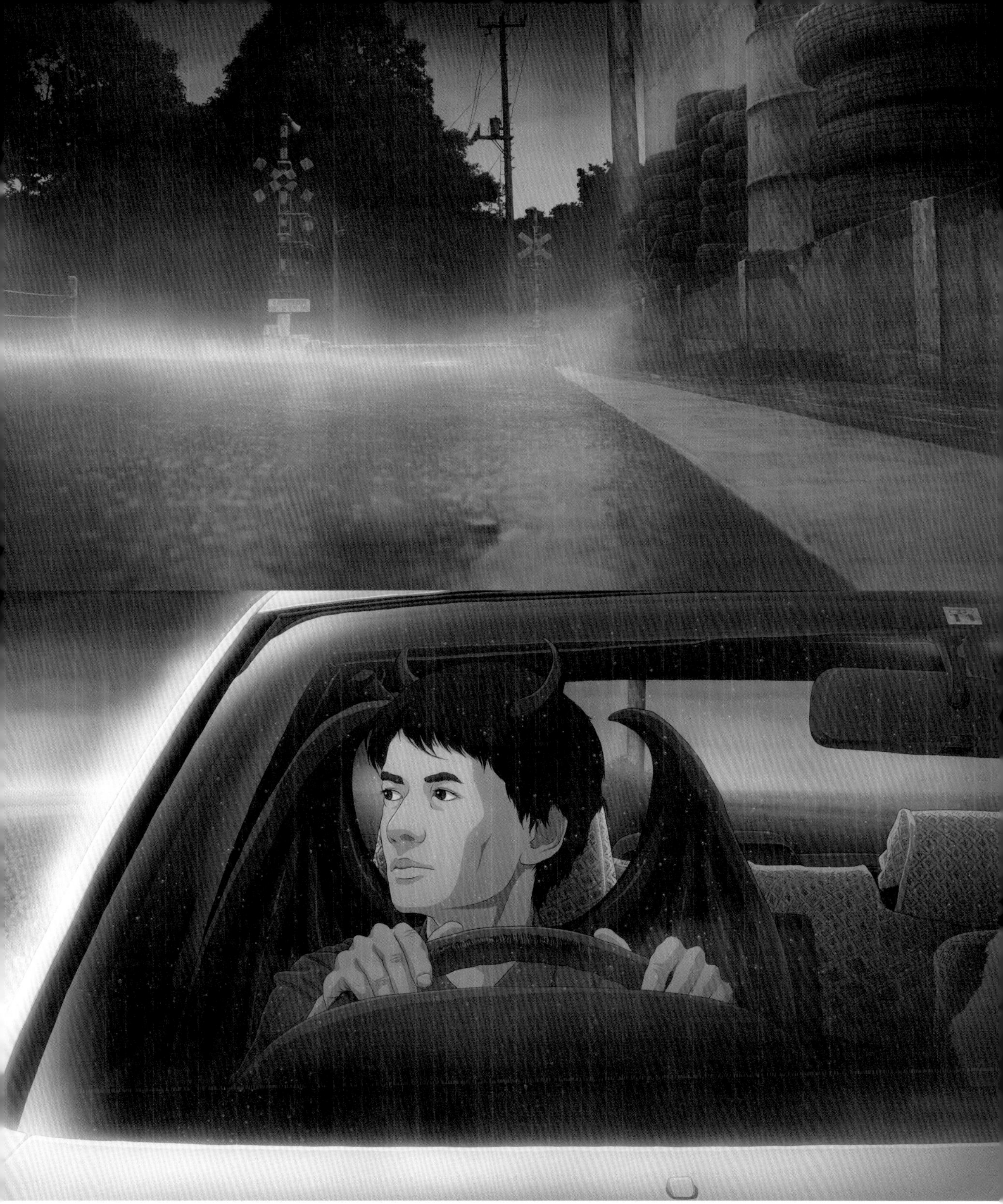

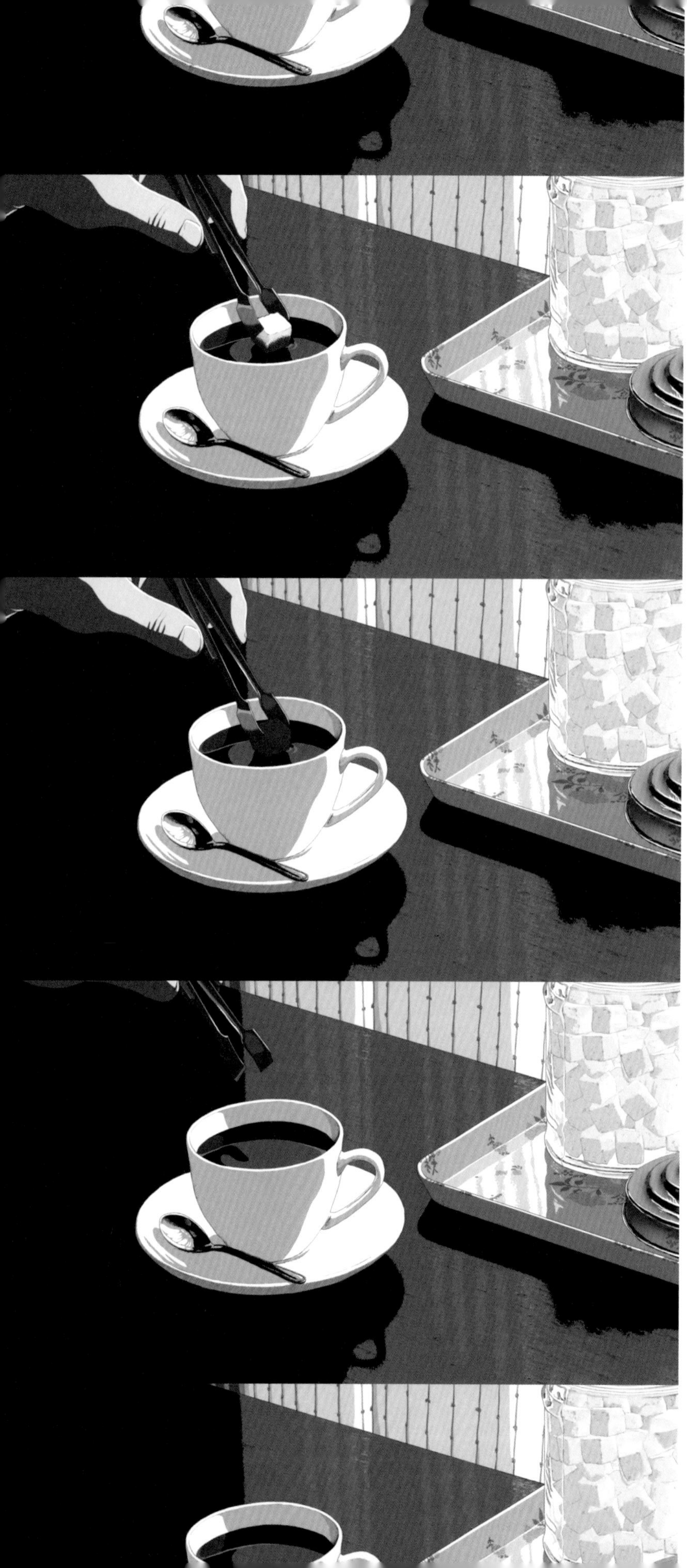

雪やコーヒー

Snow and Coffee

2012

アニメーション、2チャンネル・ビデオ
（HD、白黒、サイレント）
Animation, 2 channel video (HD, B&W, silent)

ループ｜Loop

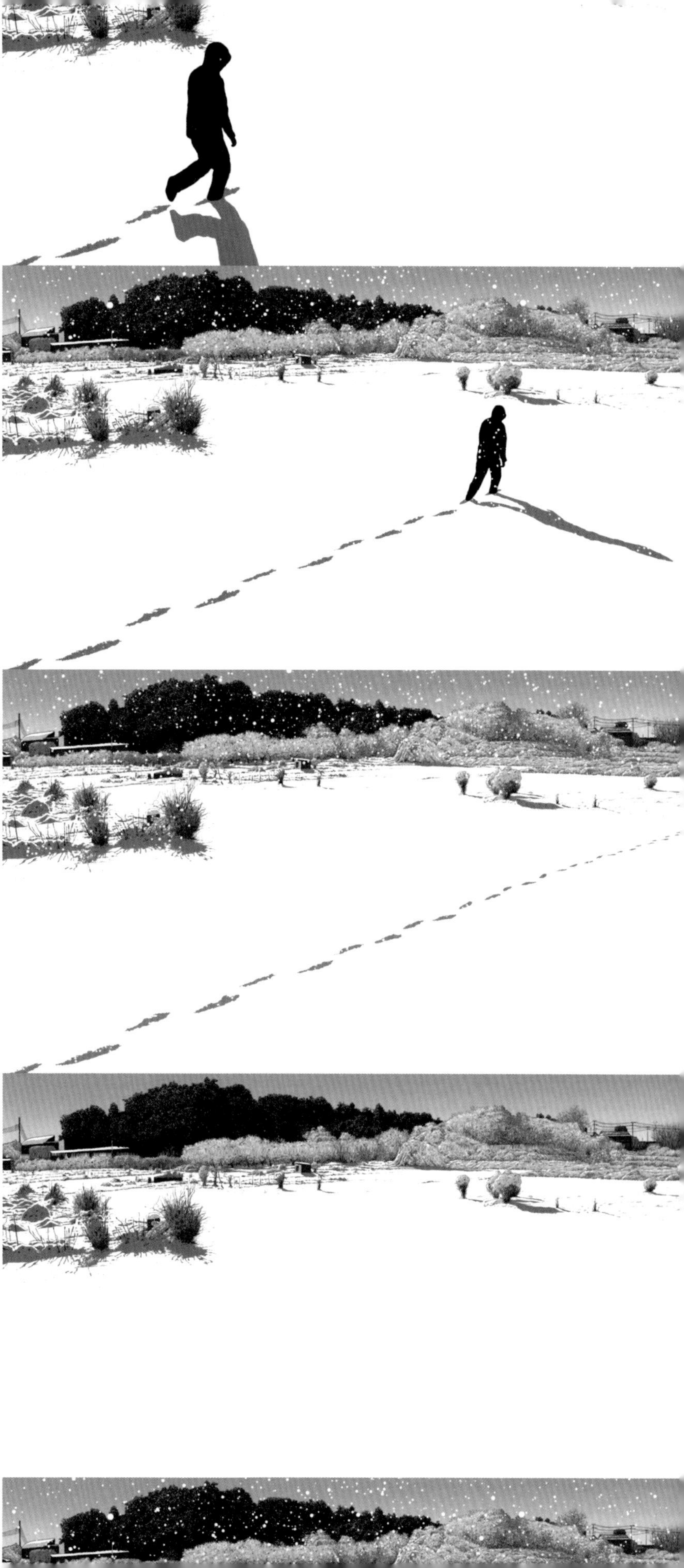

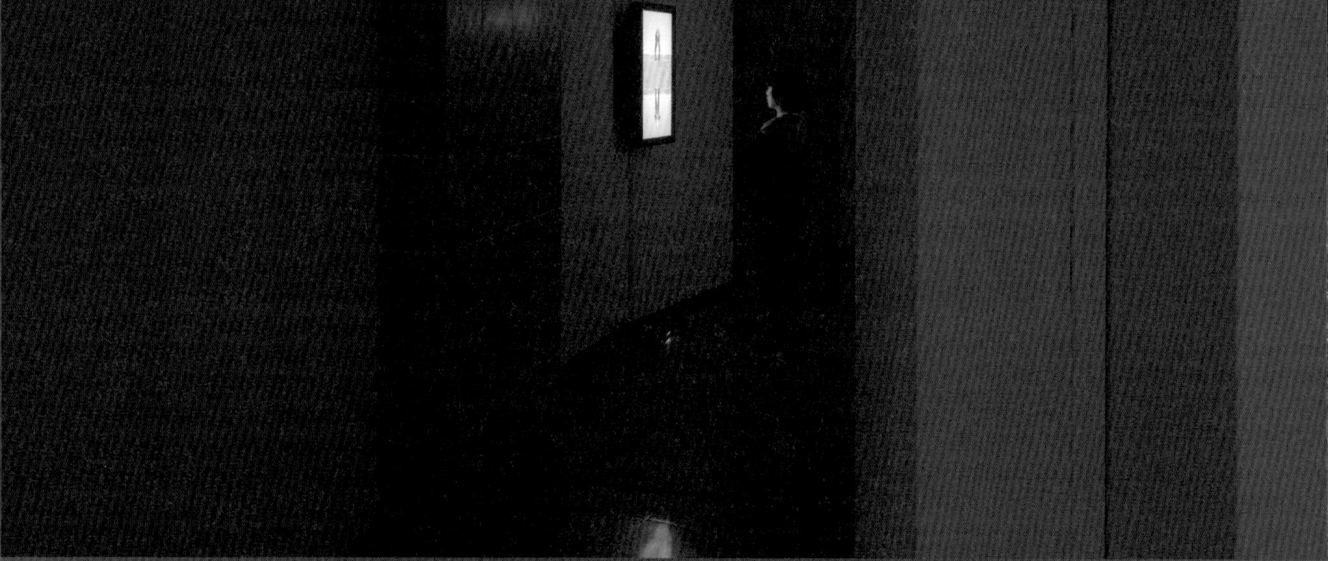

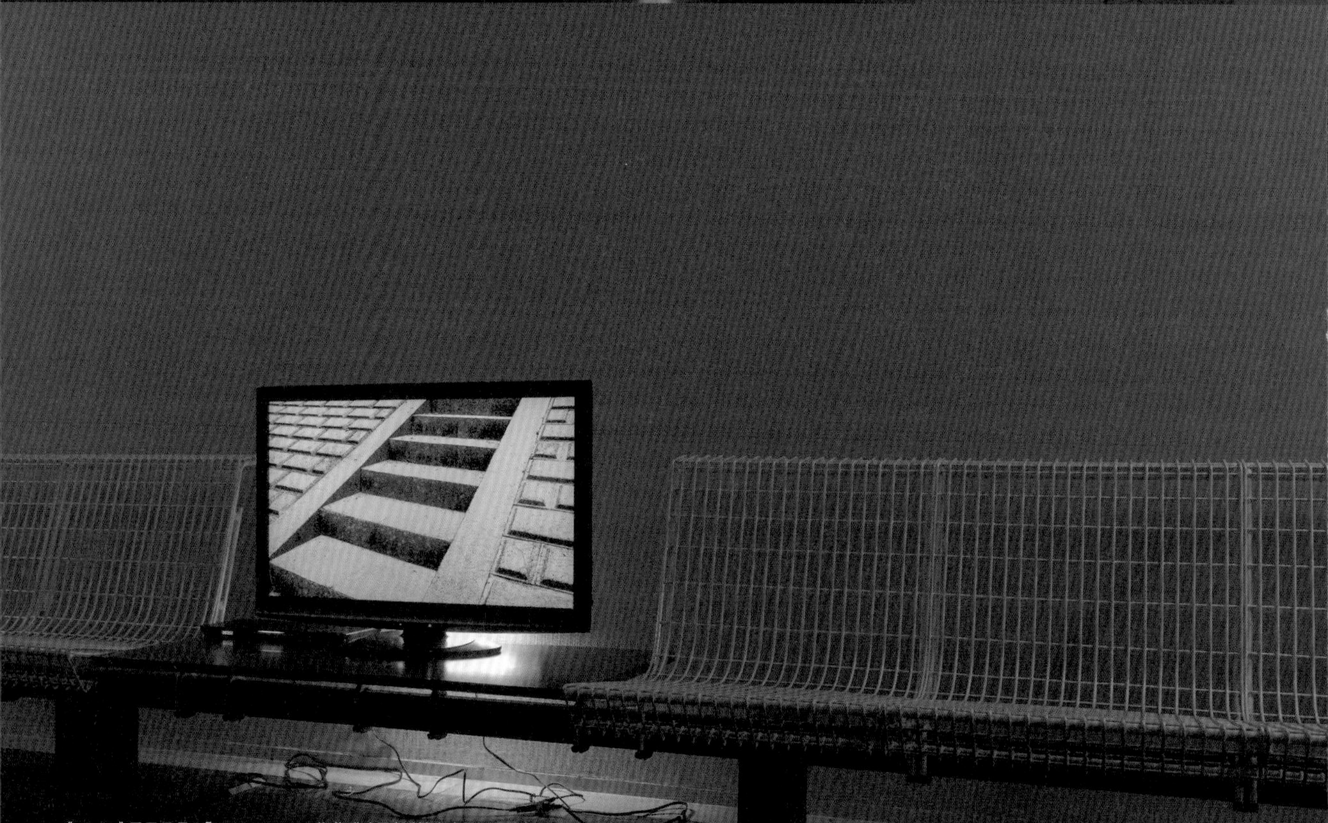

《9 holes》展示風景：「ナイン・ホール　佐藤雅晴展」川崎市市民ミュージアム、2013年
撮影：土屋紳一

9 holes, installation views of *Nine Holes: Sato Masaharu Exibition* at Kawasaki City Museum, 2013
Photo: TSUCHIYA Shinichi

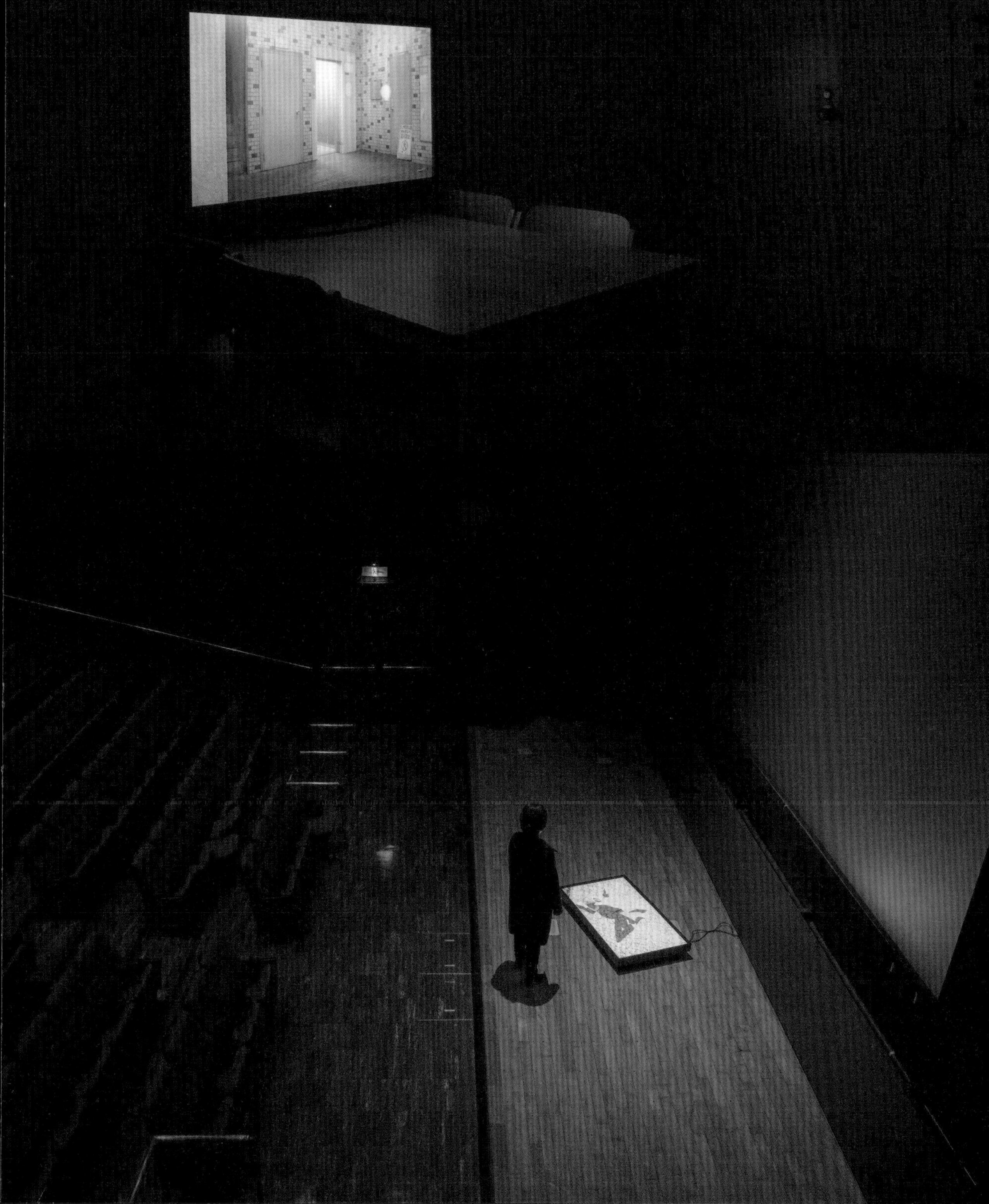

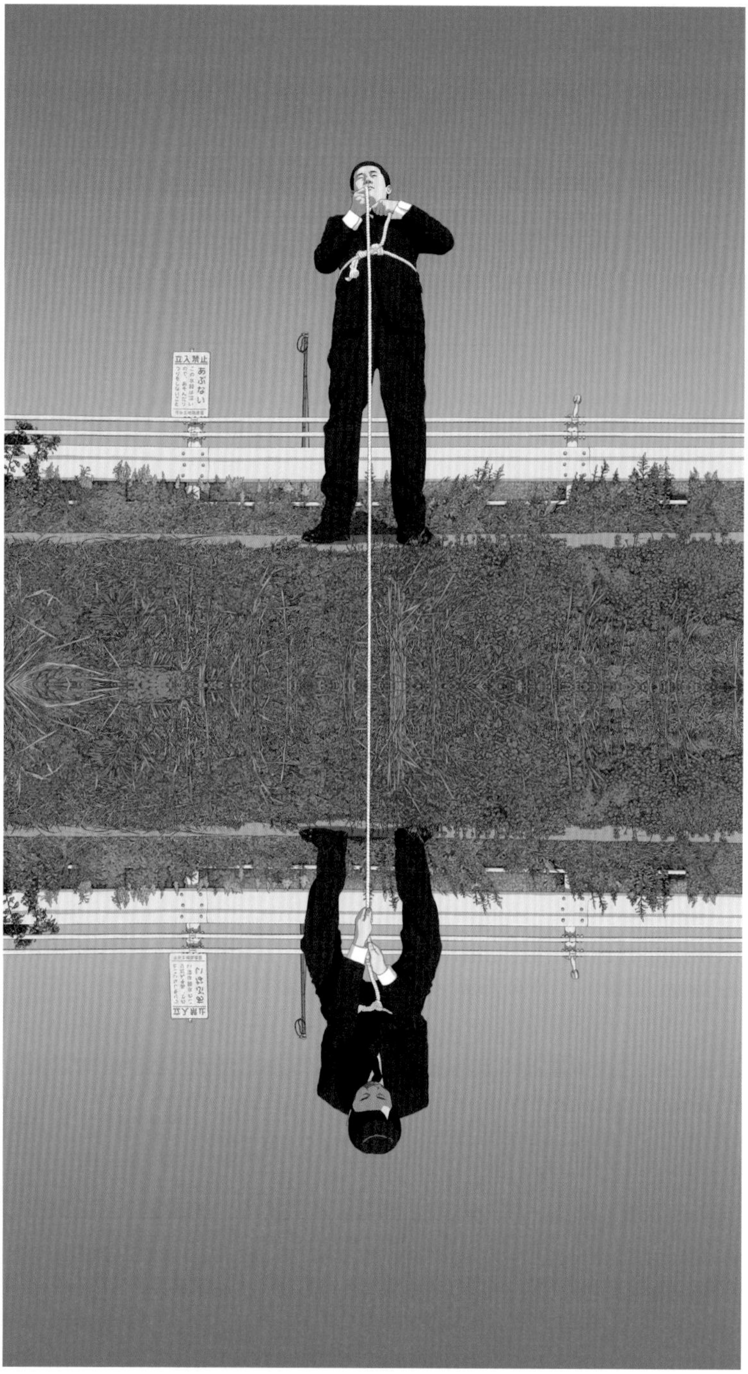

9 holes

2012–2013

アニメーション、9チャンネル・ビデオ（HD、カラー、サウンド）
Animation, 9 channel video (HD, color, sound)

ループ｜Loop

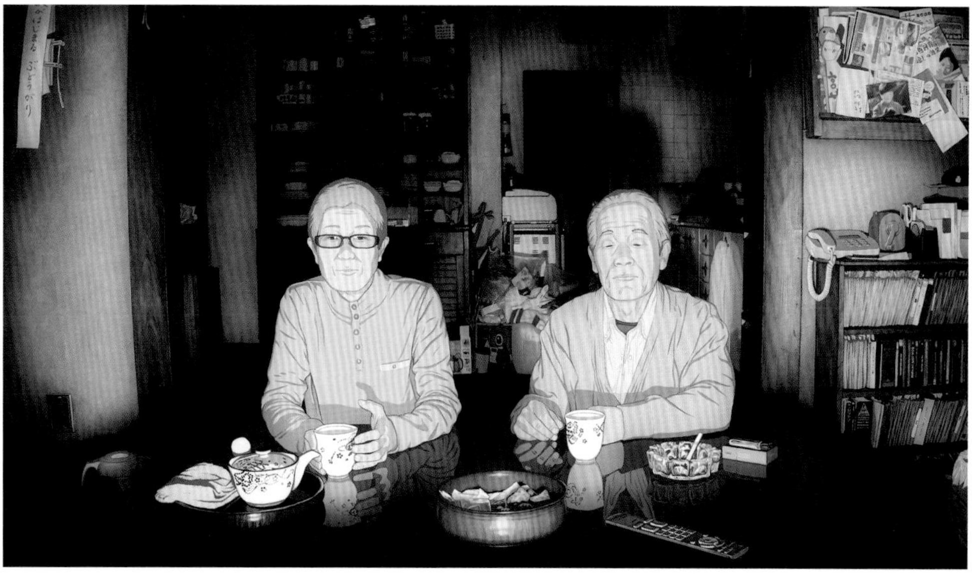

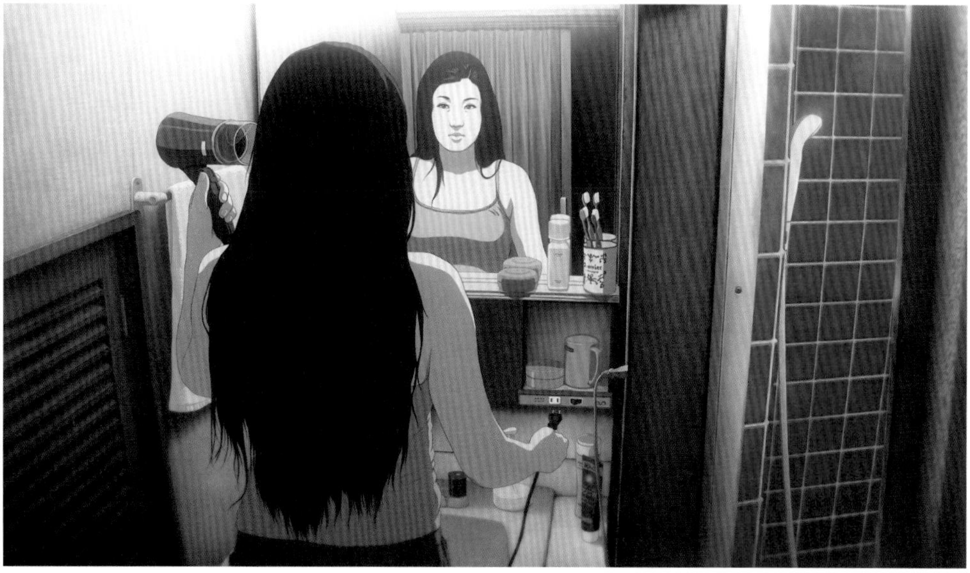

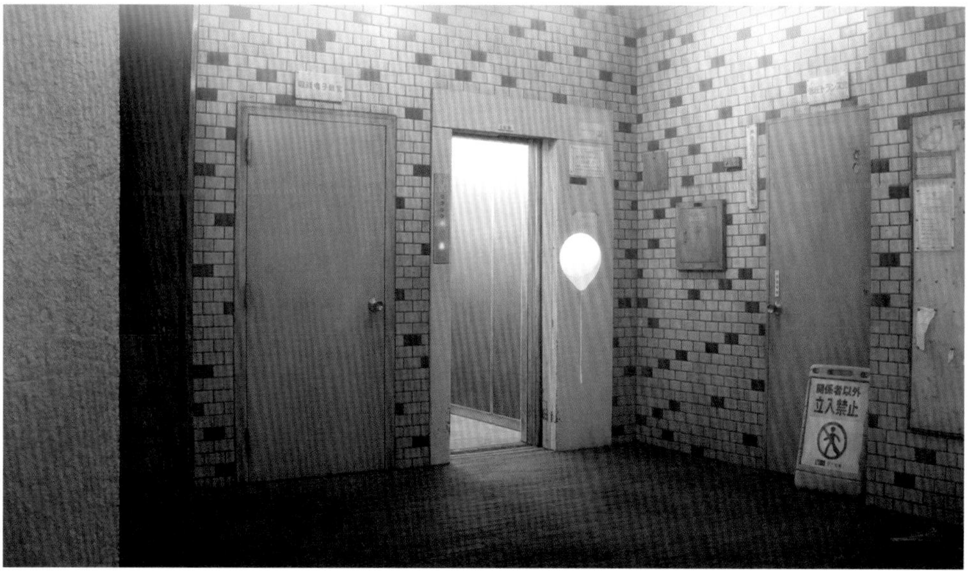
関係者以外
立入禁止

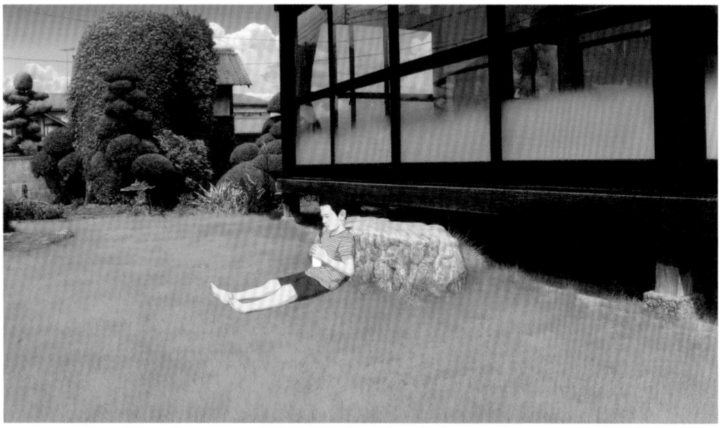
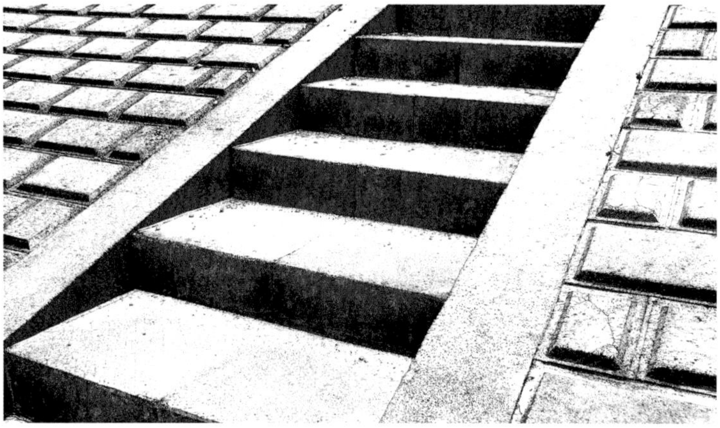
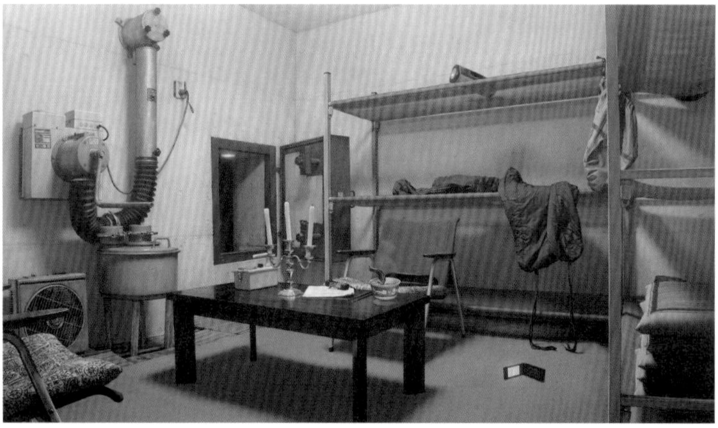
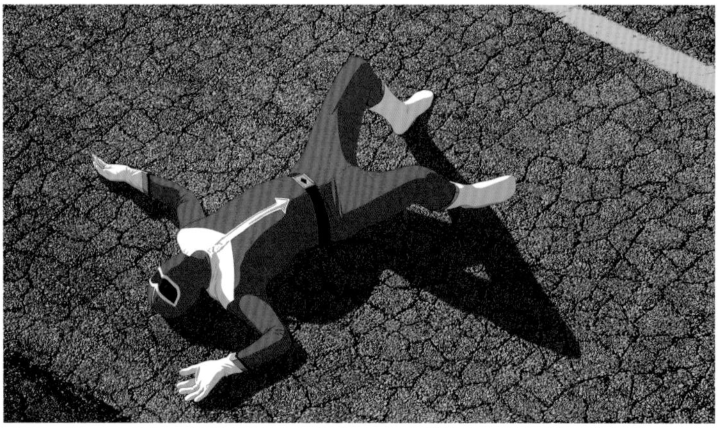

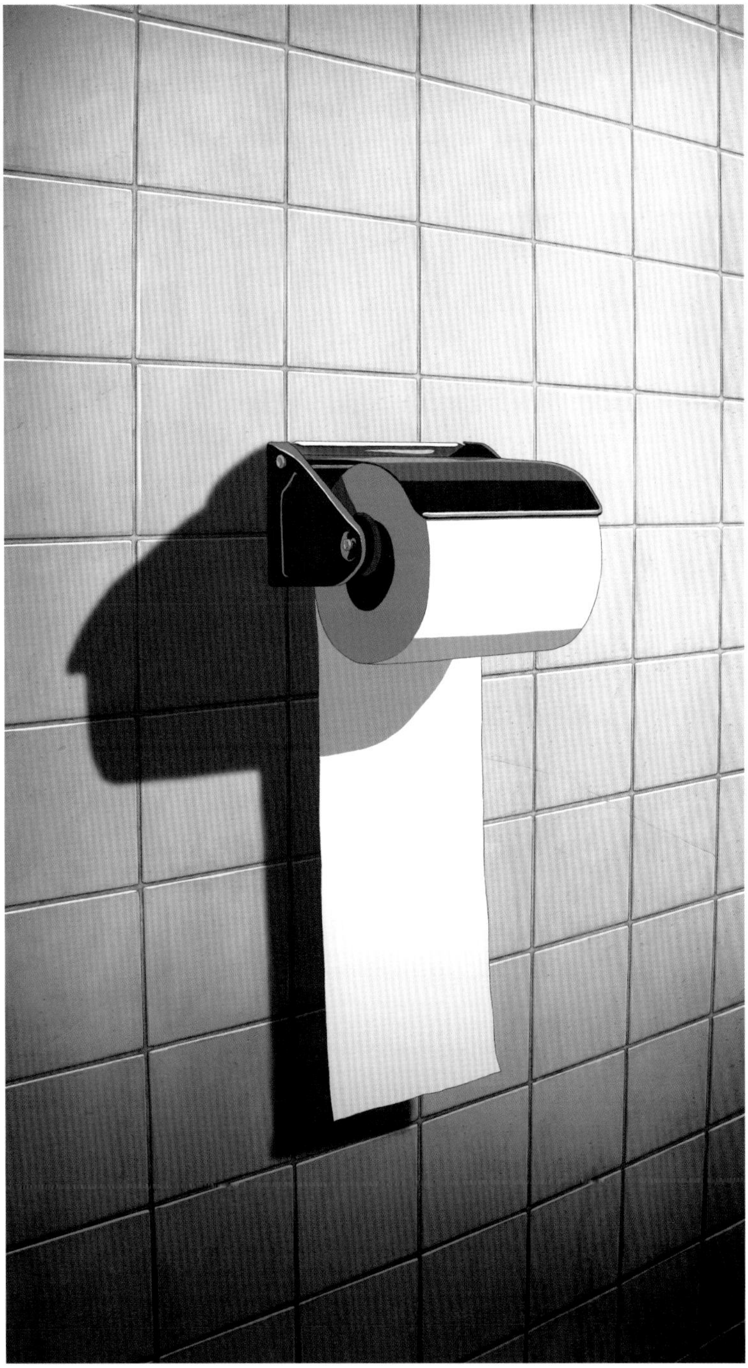

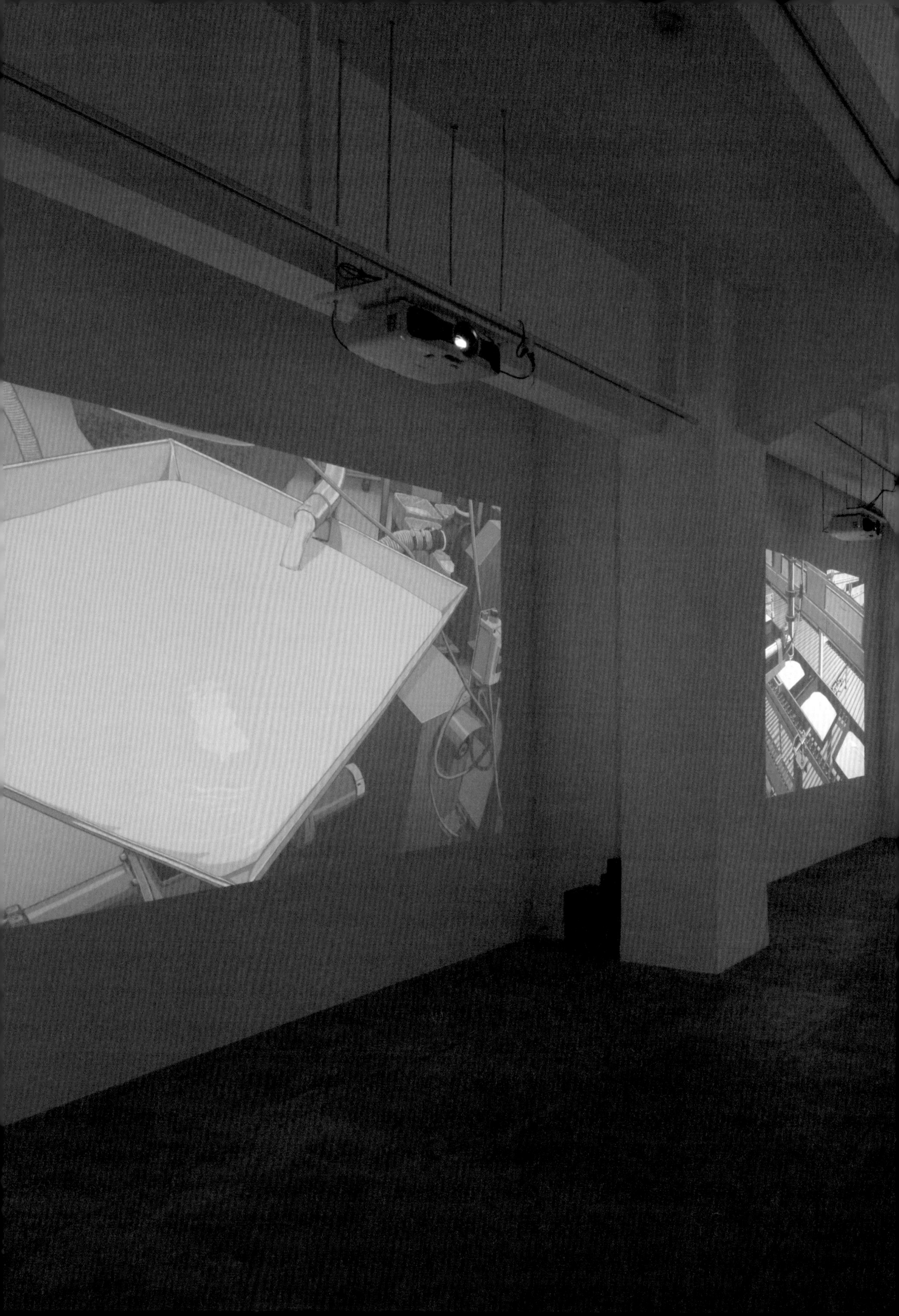

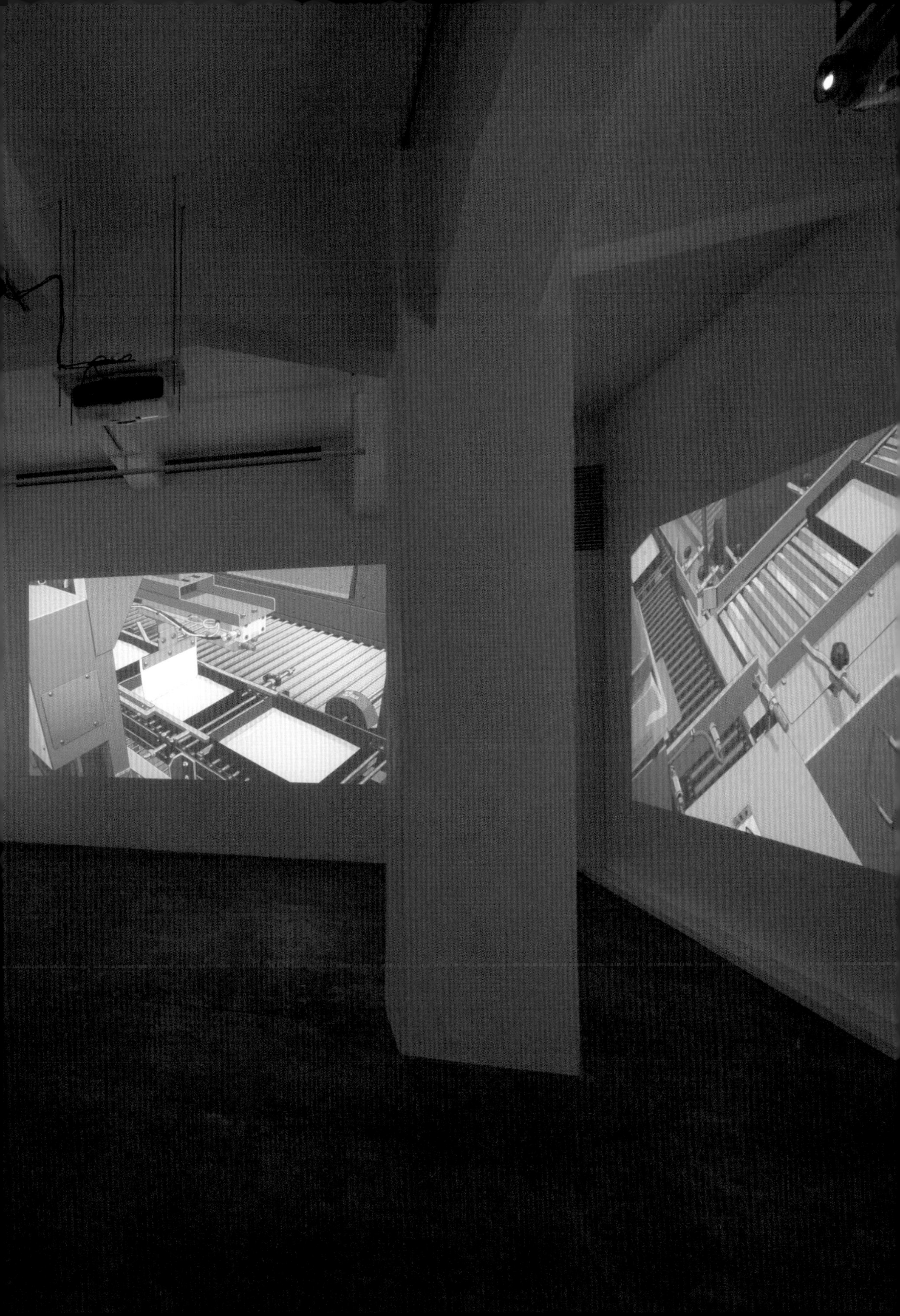

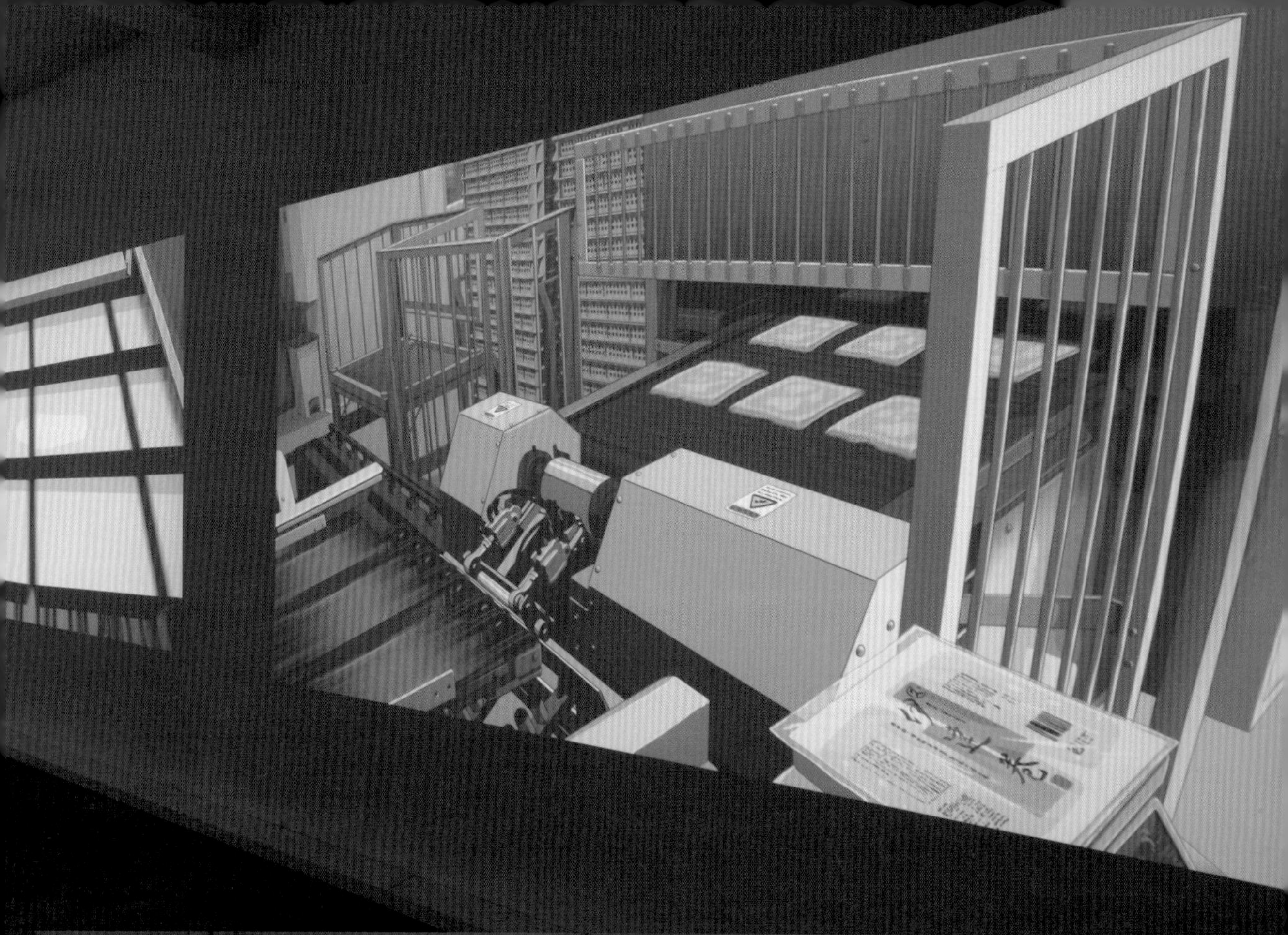

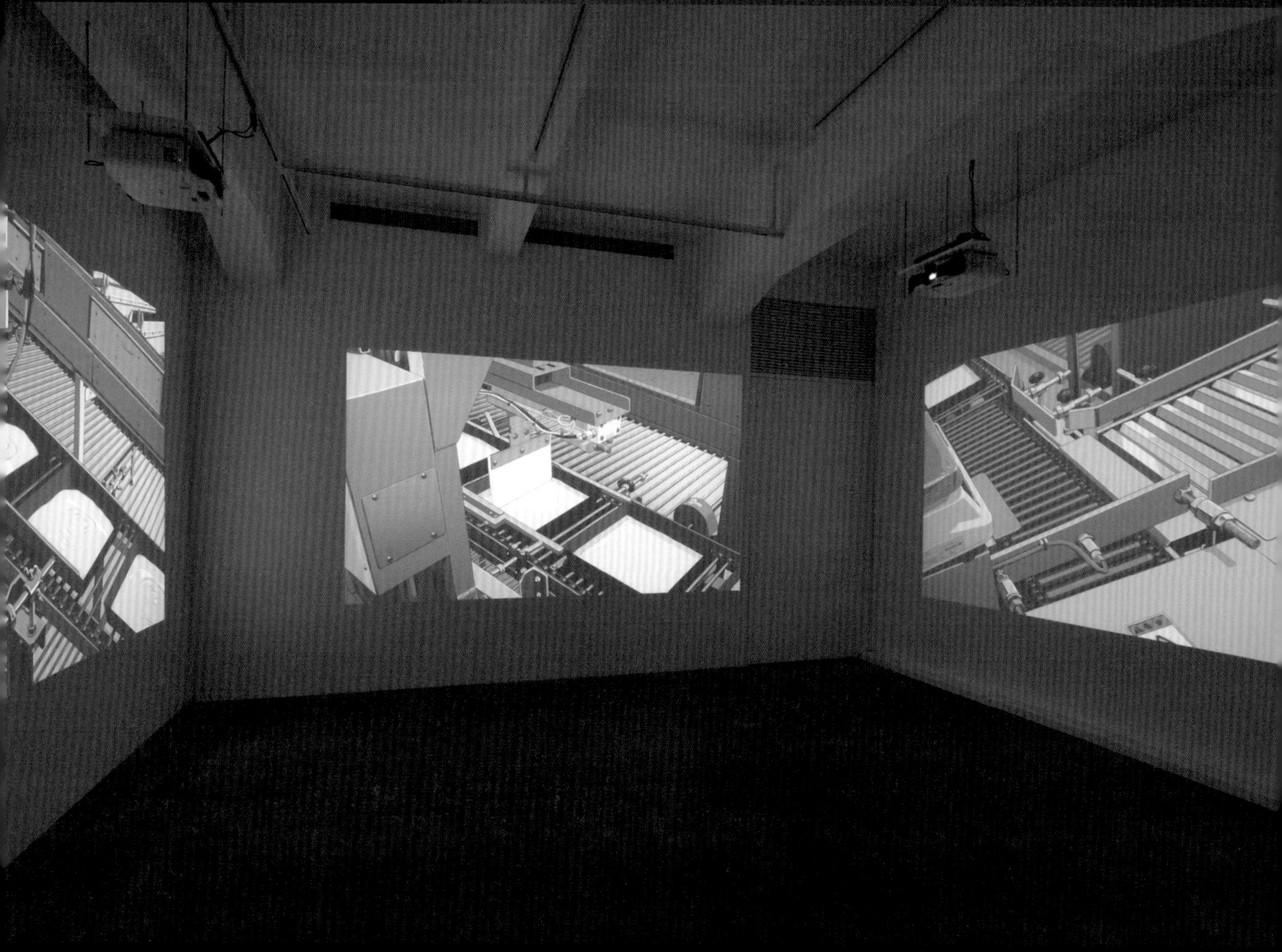

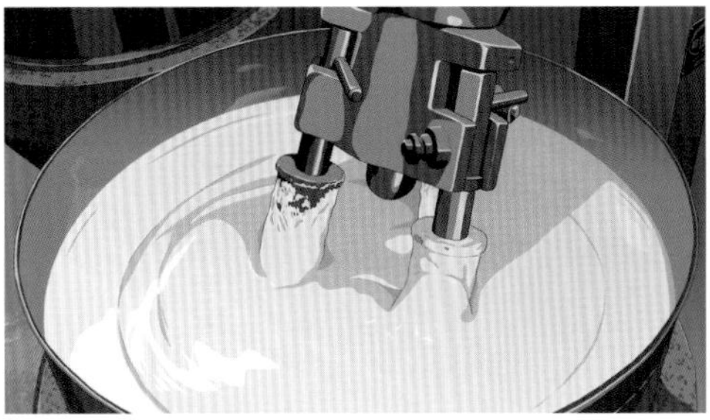

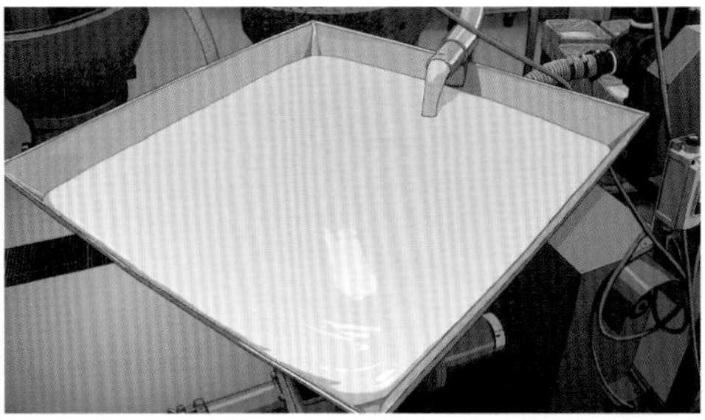

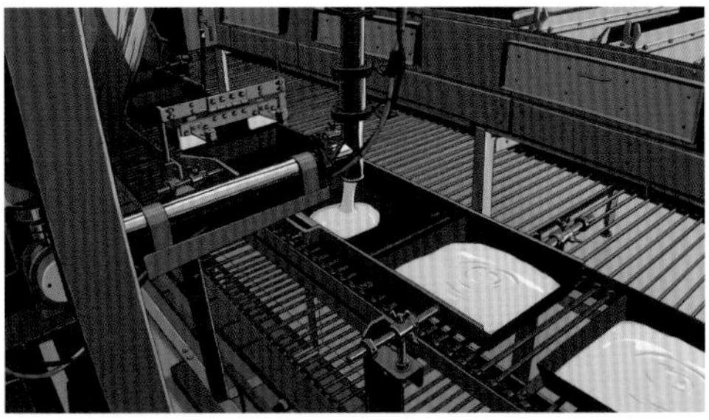

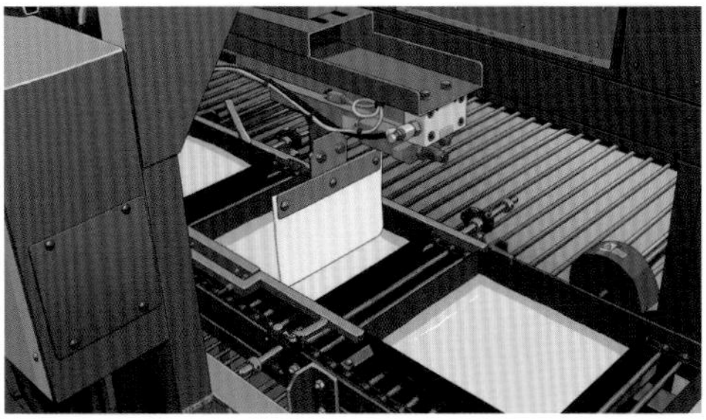

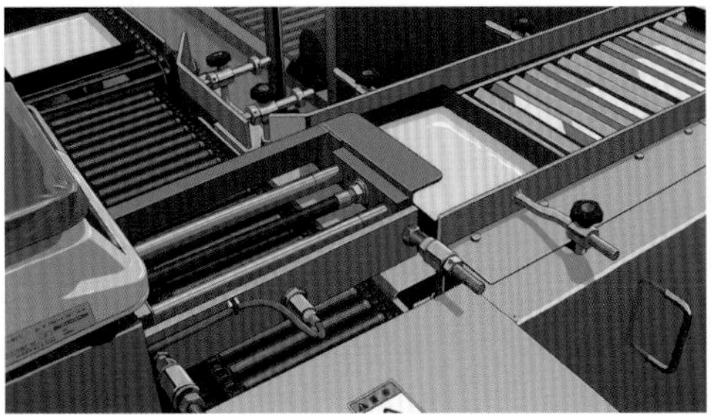

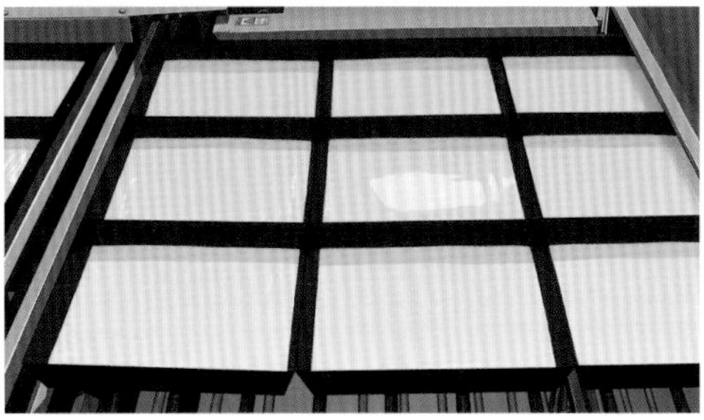

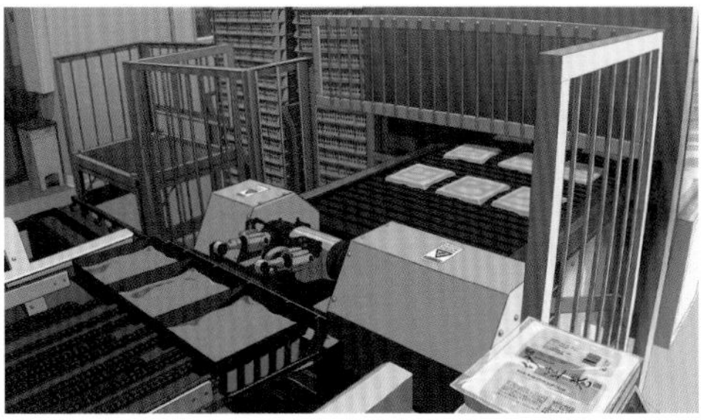

ダテマキ

Datemaki

2013

アニメーション、7チャンネル・ビデオ(HD、カラー)
Animation, 7 channel video (HD, color)

ループ | Loop

pp. 102–104

《ダテマキ》展示風景:「αMプロジェクト2013　楽園創造(パラダイス)—芸術と日常の新地平— vol.5 佐藤雅晴」gallery αM、2013年
撮影:木奥惠三　画像提供:gallery αM

Datemaki, installation views of *αM Project 2013: The Earthly Paradise Vol. 5 Sato Masaharu* at gallery αM, 2013
Photo: KIOKU Keizo　Photo courtesy of gallery αM

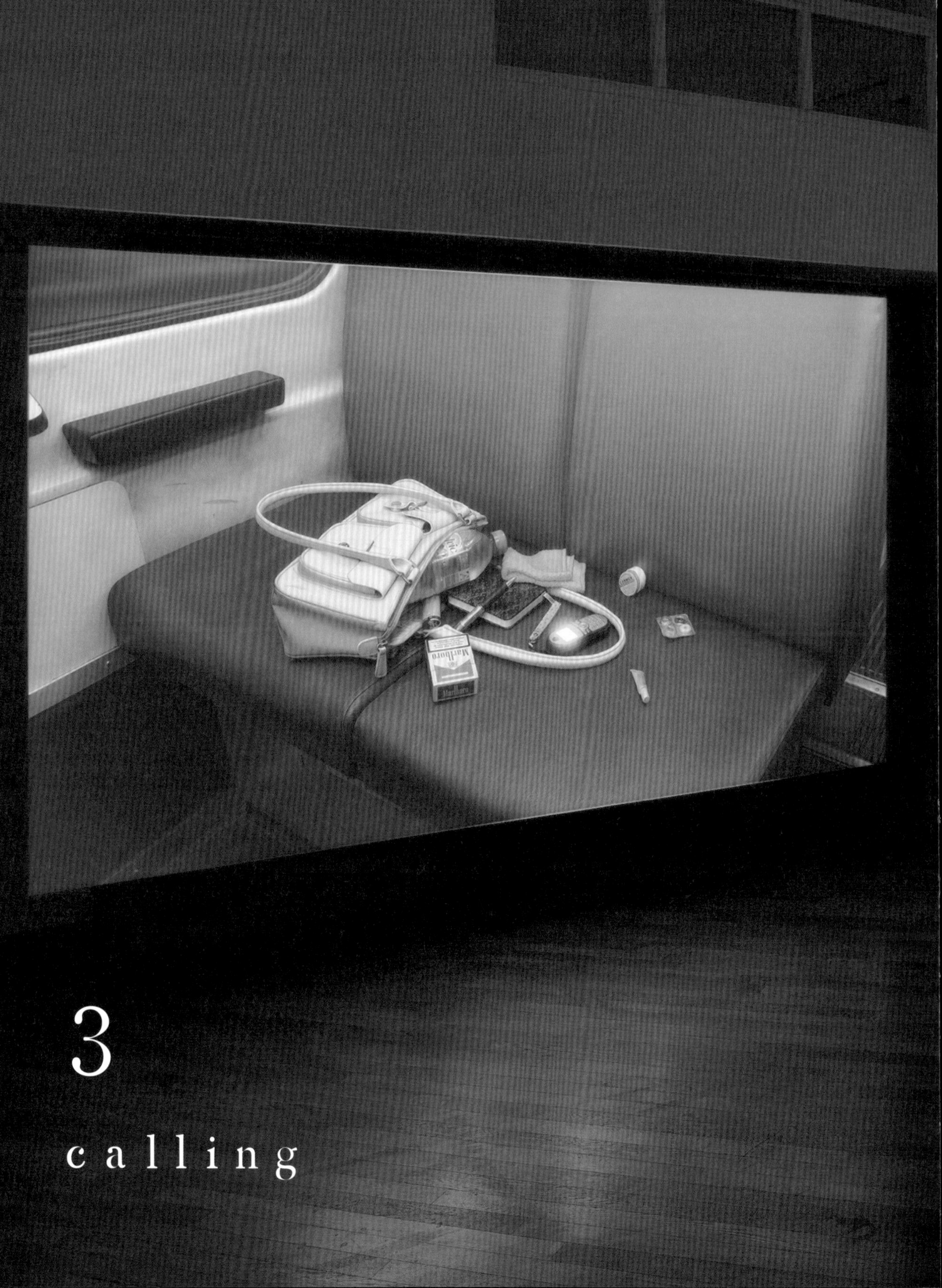

3

calling

《Calling》(2009–2010／2014)は、2009年に制作されたドイツ編と2014年に制作された日本編の2種類の映像作品である。いずれの作品も、実写映像をもとに制作されたアニメーション作品で、人がいない空間に電話機の着信音だけが鳴り響く情景が描かれている。

ドイツ編は、ドイツでの日々の暮らしのなかで気になった情景などを映像に収め、トレースし、アニメーション化した12種類の映像が繰り返し流される。日本編は、2014年にニューヨークで開催された「Duality of Existence—Post Fukushima(存在の二重性—ポスト福島)」(Friedman Benda)への出品にあたり、佐藤の住んでいる取手市を舞台に制作された作品である。

持ち主不在で鳴り続ける携帯電話や主不在の部屋で鳴り続ける固定電話は、人の移ろいゆくさまやいずれは消えゆく人間の定めを暗示しているようにも、逆に、持ち主不在の携帯電話や主不在の固定電話に鳴り続ける着信音は、物体としては消えてしまった誰かが、この世につながるために架電しているようにも感じられる。

「Calling」という言葉には、「神が宣言(call)したこと」という語源から「神の思し召し」「使命」「天職」という意味もある。

ただ、無人の空間に鳴り響く電話の着信音を映した作品ではあるが、見る者に様々なことへ思いを巡らせる不思議な魅力が内在されている。

There are two versions of the video work *Calling* (2009–2010/2014), one produced in Germany in 2009 and one in Japan in 2014. Both are animations based on live-action footage, consisting of scenes of telephones ringing in spaces absent of people.

The German version presents everyday scenes from Germany that caught his interest, which he traced and transformed into 12 animations that play on a loop. The Japanese version was produced in Toride, where Sato lived, for the exhibition *Duality of Existence—Post Fukushima* held at Friedman Benda in New York in 2014.

The images of mobile phones continuing to ring in the absence of their owners, and landline phones ringing in unpeopled rooms, evoke the transitory and temporary nature of human beings, fated eventually to vanish, while the phones also paradoxically seem like devices capable of connecting to people who have ceased to exist in physical form. The word "calling" has an etymological root meaning "summons or invitation" (including from the gods), and today has other meanings including "the will of God," "mission," and "vocation." Despite its subject matter, the work has a mysteriously enchanting quality and stimulates a variety of thoughts and feelings in the viewer.

pp. 106–109

《Calling》展示風景：「ハラドキュメンツ10　佐藤雅晴—東京尾行」原美術館、2016年
撮影：大島成己

Calling, installation views of *Hara Documents 10: Masaharu Sato—Tokyo Trace* at Hara Museum of Contemporary Art, 2016
Photo: OSHIMA Naruki

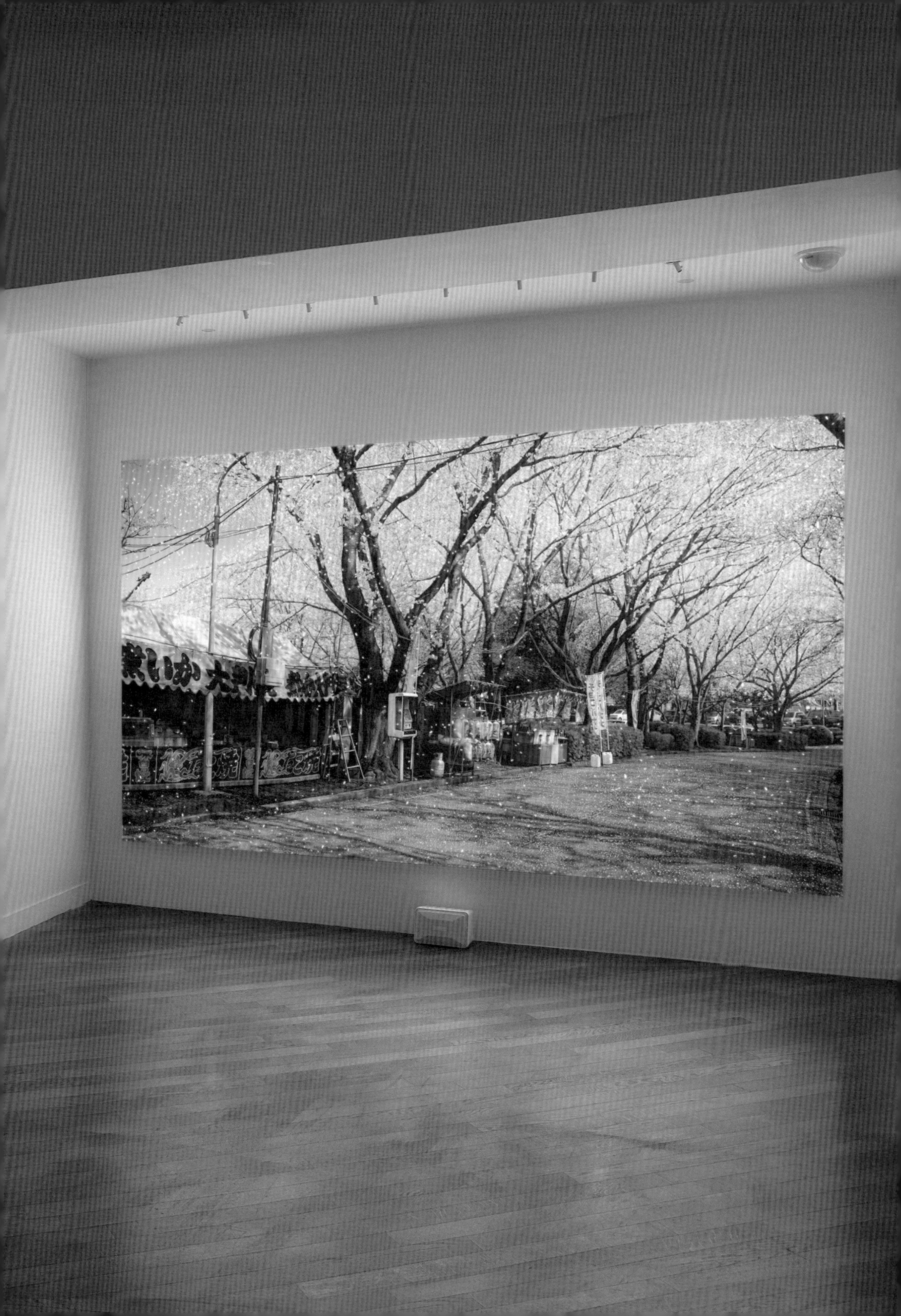

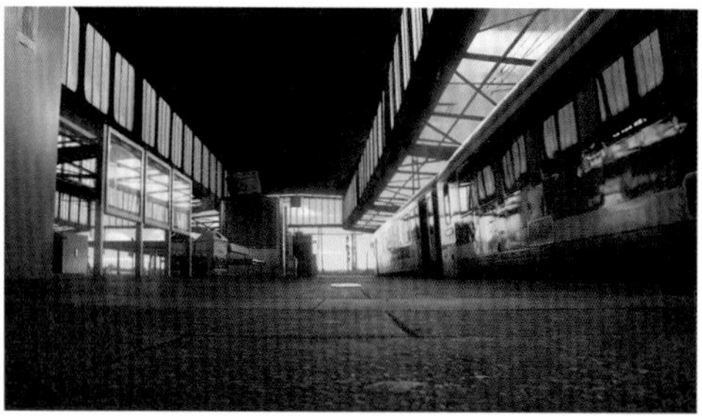

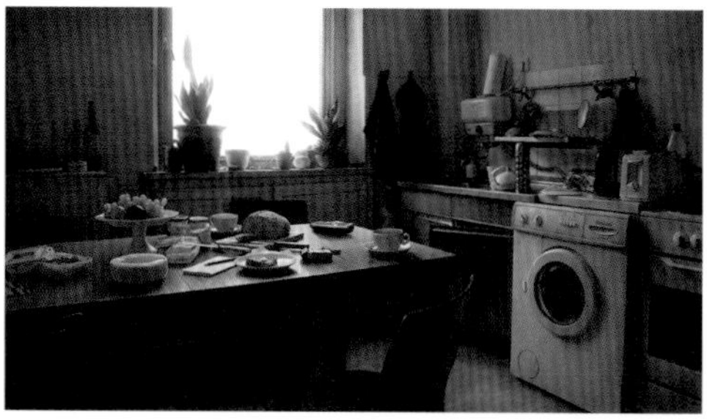

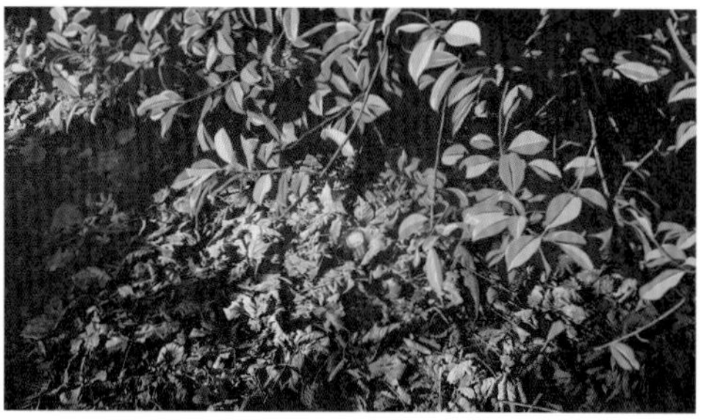

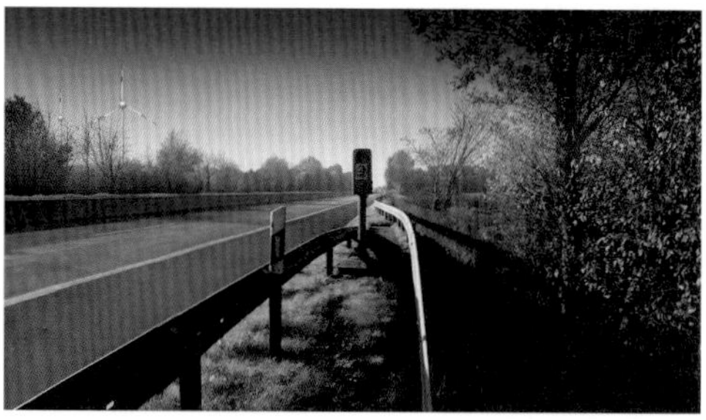

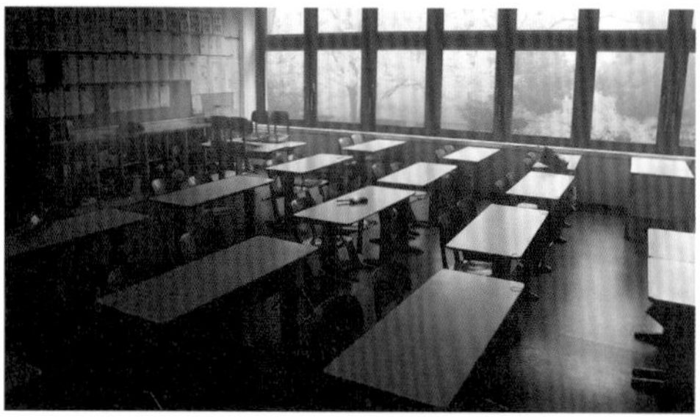

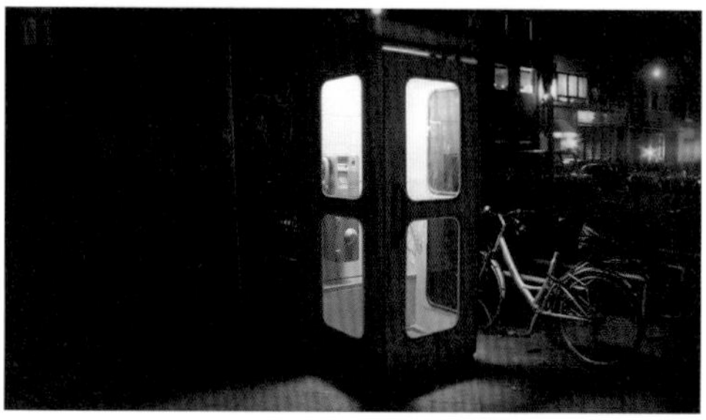

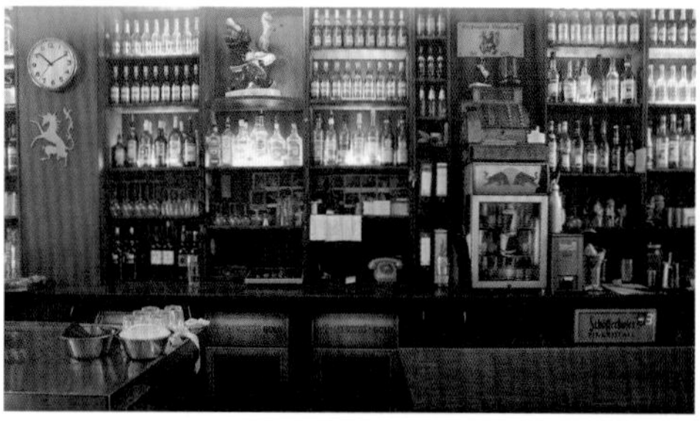

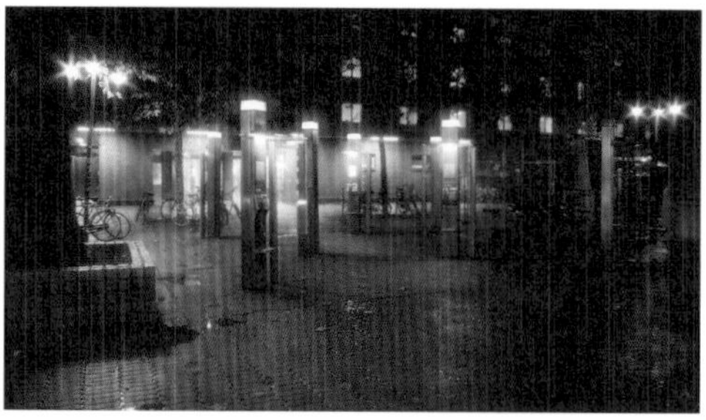

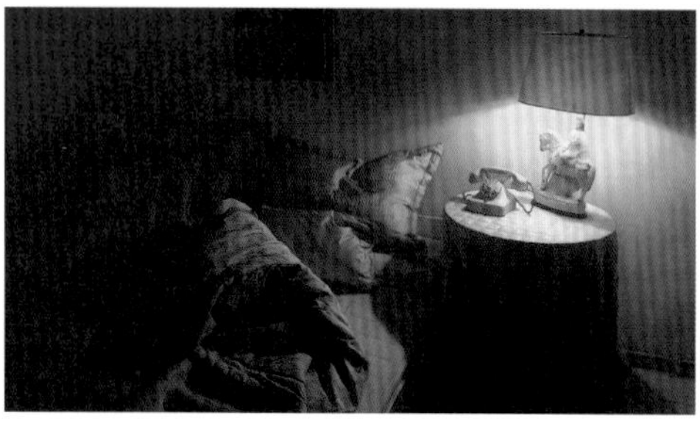

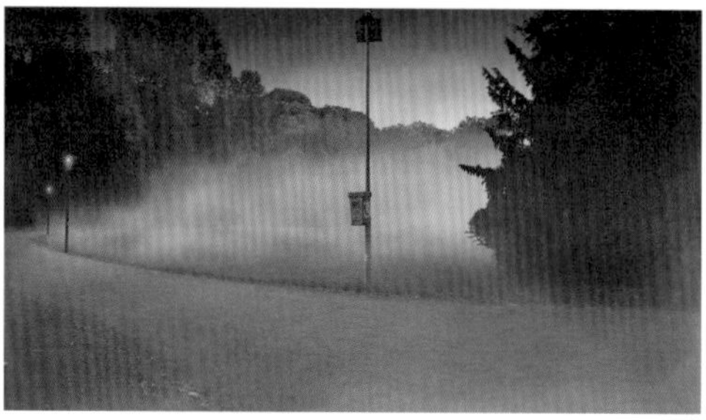

Calling（ドイツ編）
Calling (German version)
2009–2010
アニメーション、シングルチャンネル・ビデオ（HD、カラー、サウンド）
Animation, single channel video (HD, color, sound)
7分（ループ）｜7 min. (loop)

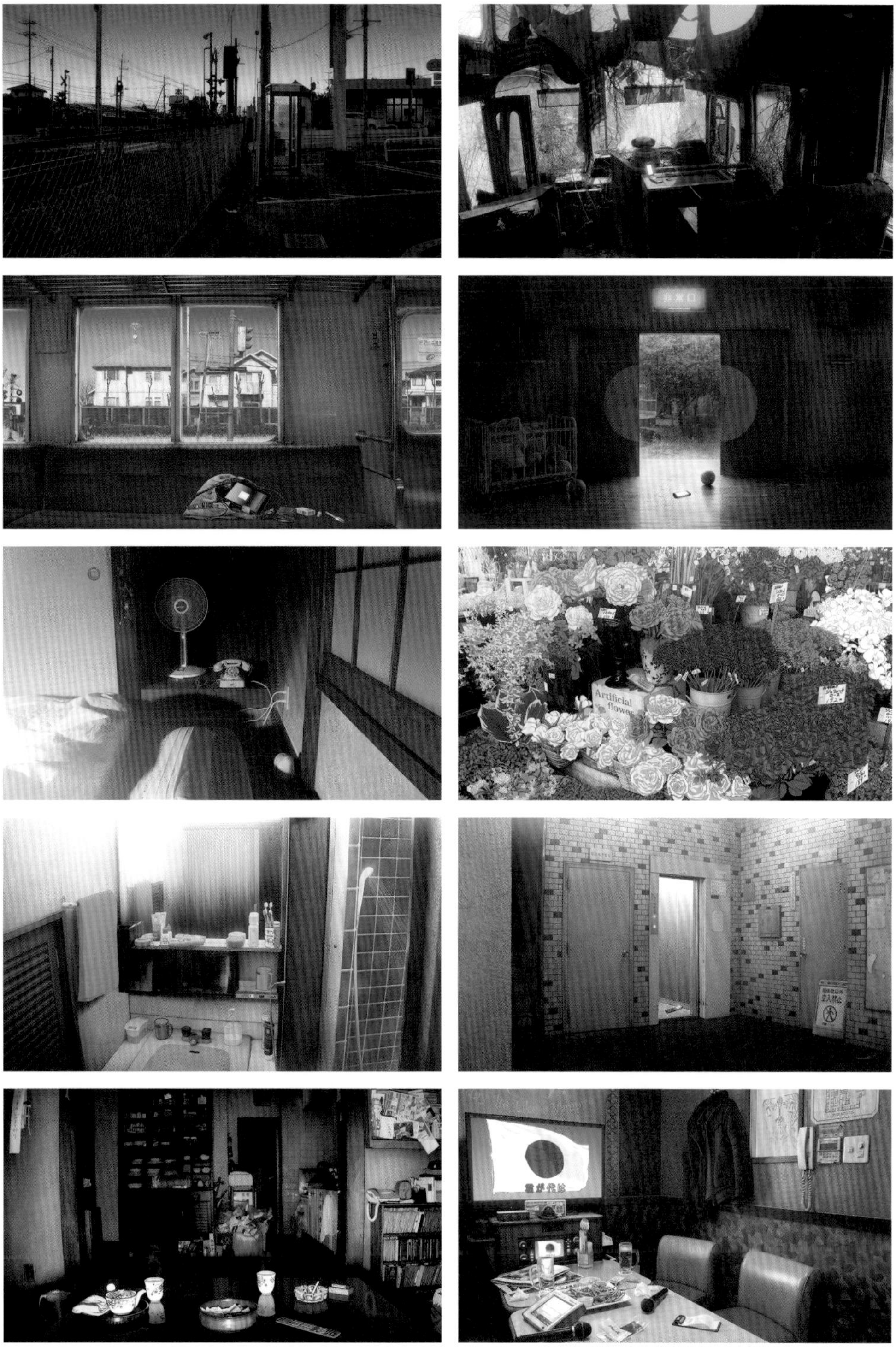

Calling（日本編）

Calling (Japanese version)

2014

アニメーション、シングルチャンネル・ビデオ（HD、カラー、サウンド）
Animation, single channel video (HD, color, sound)

7分（ループ）｜7 min. (loop)

4

日常の暮らしのなかで

in the course of everyday life

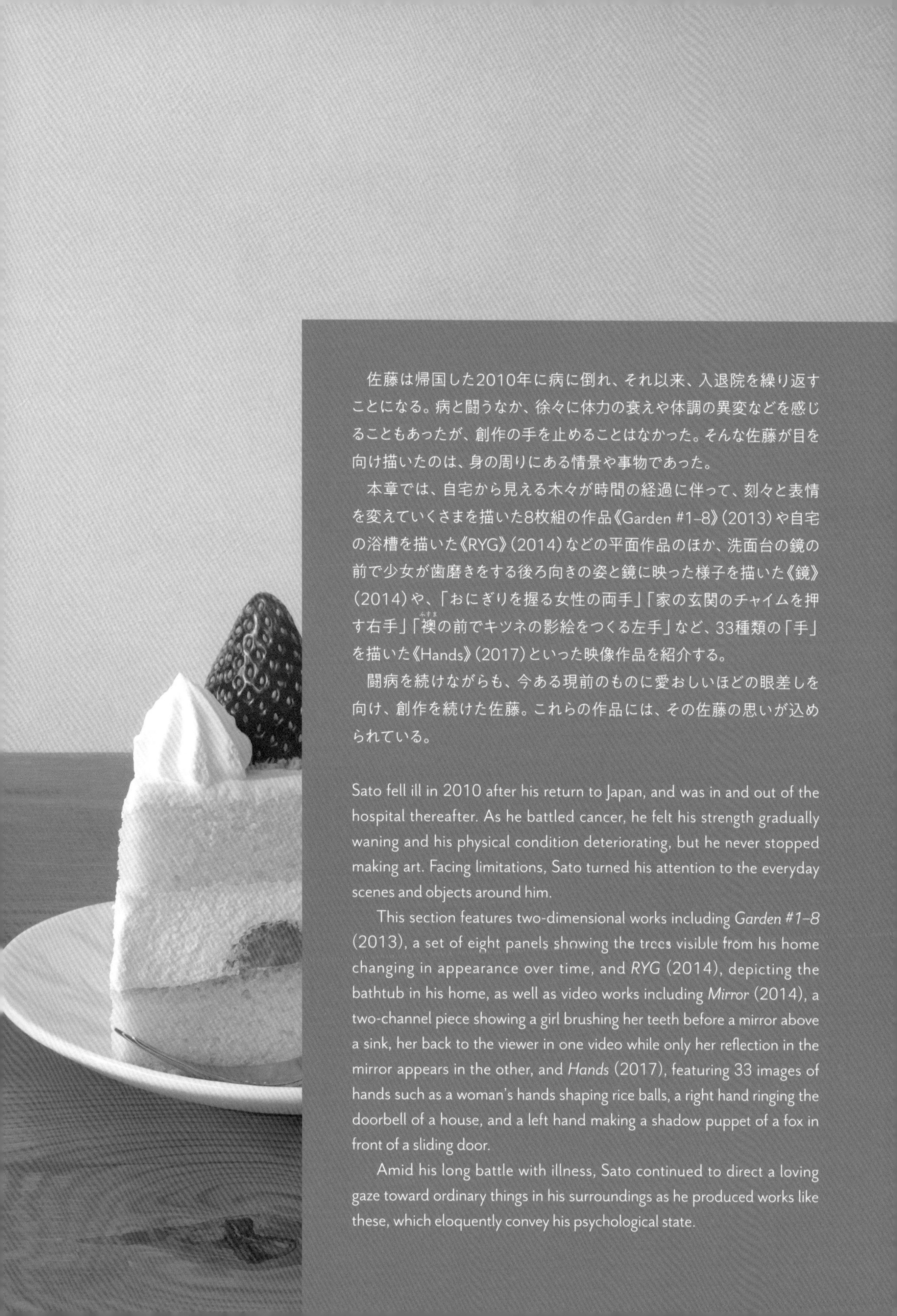

佐藤は帰国した2010年に病に倒れ、それ以来、入退院を繰り返すことになる。病と闘うなか、徐々に体力の衰えや体調の異変などを感じることもあったが、創作の手を止めることはなかった。そんな佐藤が目を向け描いたのは、身の周りにある情景や事物であった。

本章では、自宅から見える木々が時間の経過に伴って、刻々と表情を変えていくさまを描いた8枚組の作品《Garden #1–8》(2013)や自宅の浴槽を描いた《RYG》(2014)などの平面作品のほか、洗面台の鏡の前で少女が歯磨きをする後ろ向きの姿と鏡に映った様子を描いた《鏡》(2014)や、「おにぎりを握る女性の両手」「家の玄関のチャイムを押す右手」「襖《ふすま》の前でキツネの影絵をつくる左手」など、33種類の「手」を描いた《Hands》(2017)といった映像作品を紹介する。

闘病を続けながらも、今ある現前のものに愛おしいほどの眼差しを向け、創作を続けた佐藤。これらの作品には、その佐藤の思いが込められている。

Sato fell ill in 2010 after his return to Japan, and was in and out of the hospital thereafter. As he battled cancer, he felt his strength gradually waning and his physical condition deteriorating, but he never stopped making art. Facing limitations, Sato turned his attention to the everyday scenes and objects around him.

This section features two-dimensional works including *Garden #1–8* (2013), a set of eight panels showing the trees visible from his home changing in appearance over time, and *RYG* (2014), depicting the bathtub in his home, as well as video works including *Mirror* (2014), a two-channel piece showing a girl brushing her teeth before a mirror above a sink, her back to the viewer in one video while only her reflection in the mirror appears in the other, and *Hands* (2017), featuring 33 images of hands such as a woman's hands shaping rice balls, a right hand ringing the doorbell of a house, and a left hand making a shadow puppet of a fox in front of a sliding door.

Amid his long battle with illness, Sato continued to direct a loving gaze toward ordinary things in his surroundings as he produced works like these, which eloquently convey his psychological state.

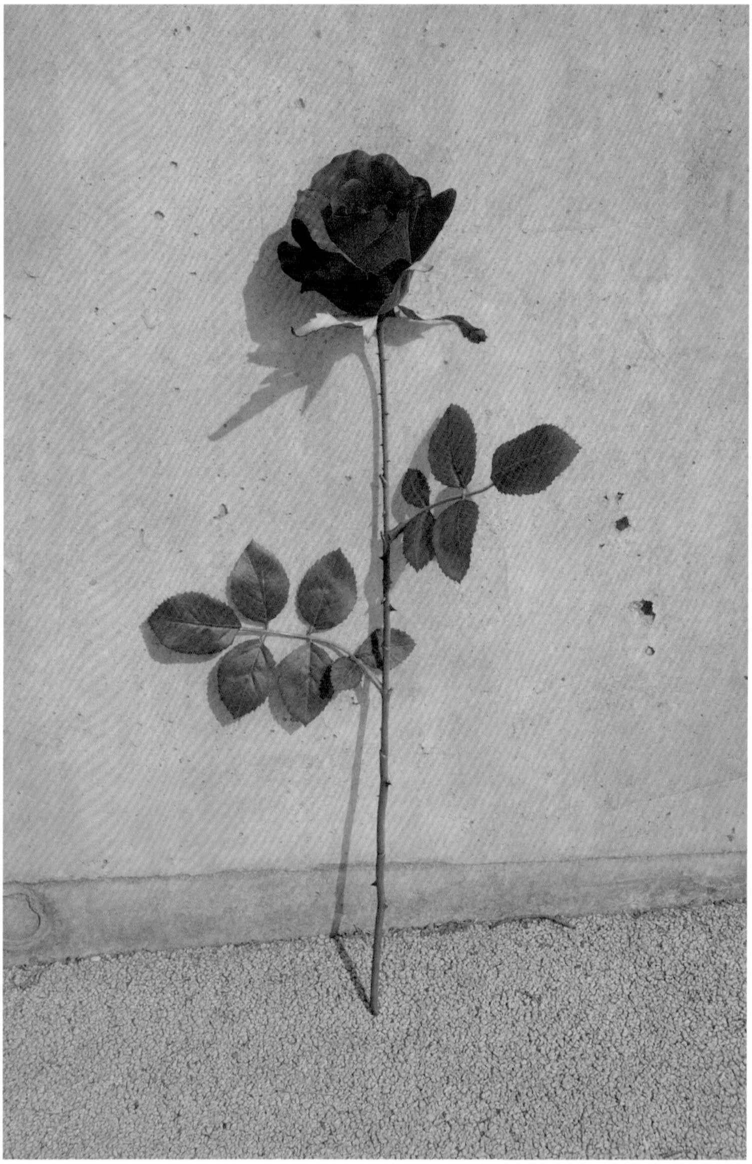

Portrait No.9

2014

フォトデジタルペインティング、アクリルマウント

Photo digital painting, plexiglas

60 × 40 cm

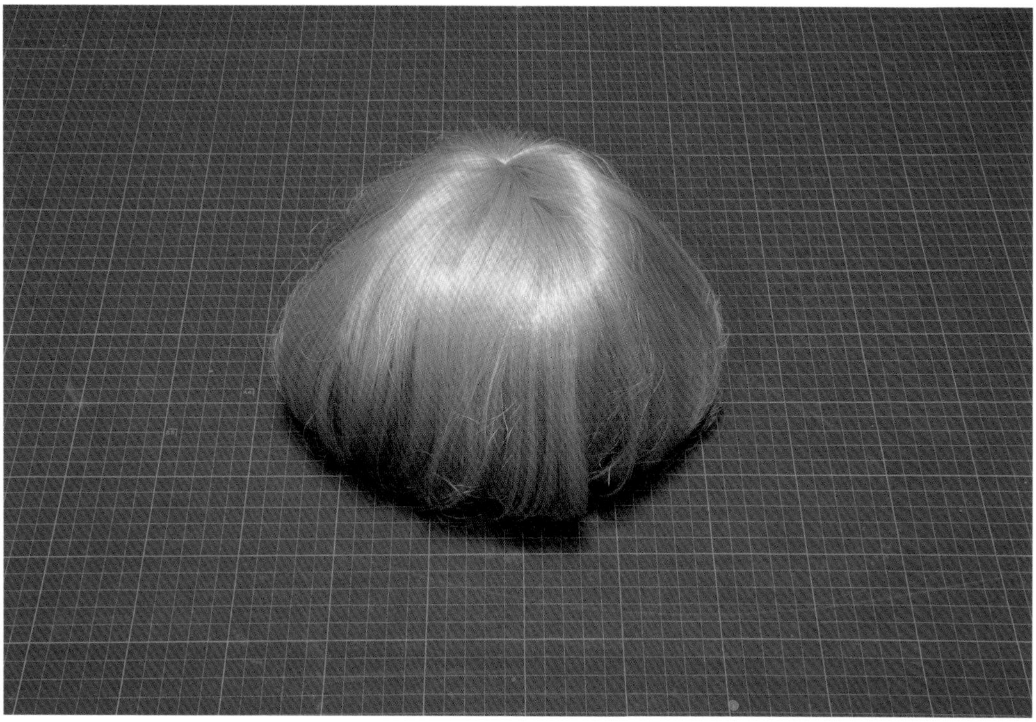

Portrait No.10
2014
フォトデジタルペインティング、アクリルマウント
Photo digital painting, plexiglas
40 × 60 cm

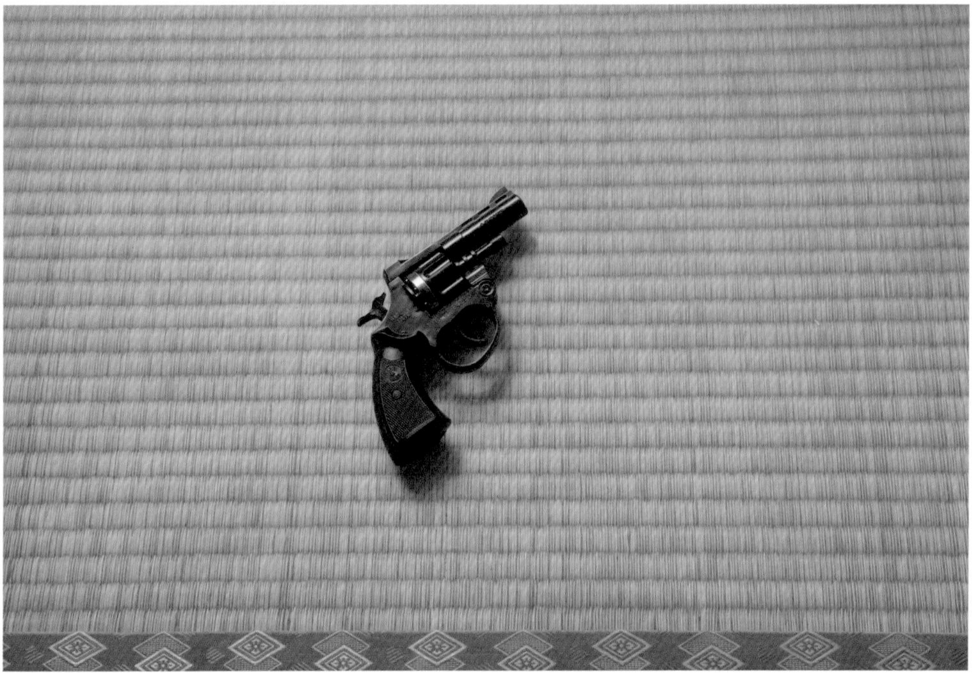

Portrait No.11
2014
フォトデジタルペインティング、アクリルマウント
Photo digital painting, plexiglas
40 × 60 cm

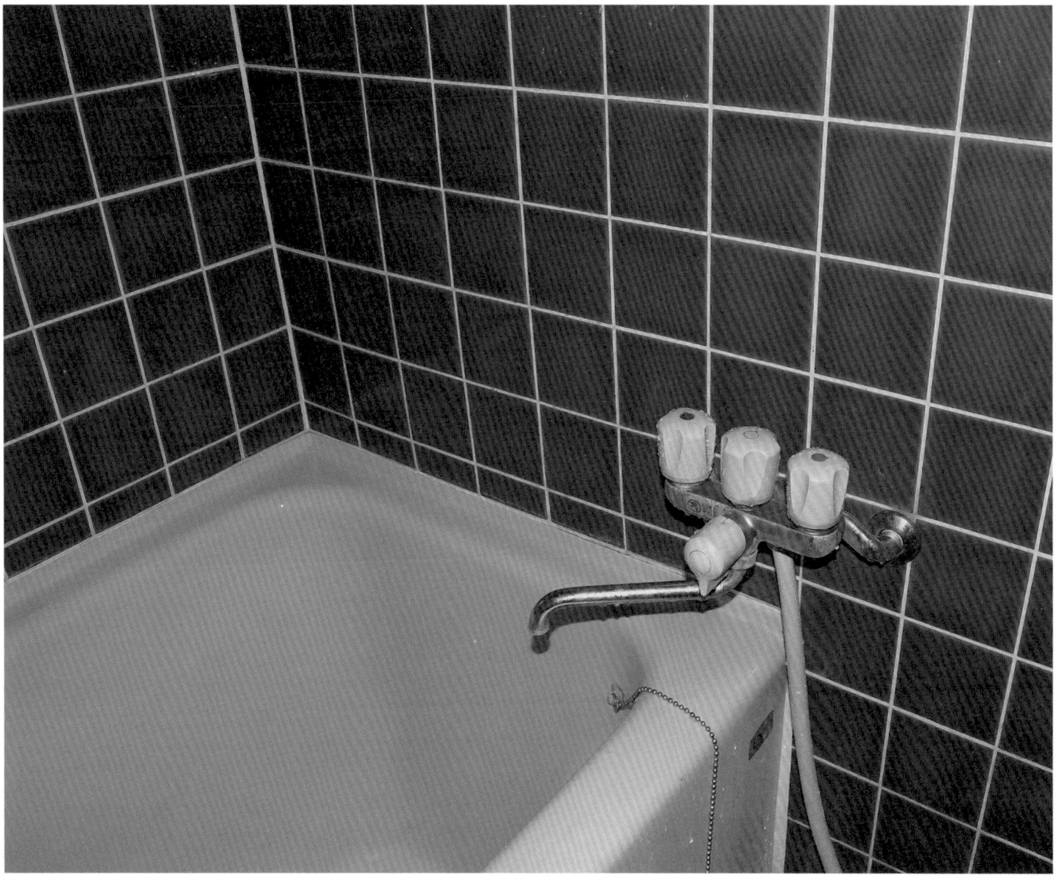

RYG

2014

フォトデジタルペインティング、アクリルマウント

Photo digital painting, plexiglas

56 × 70 cm

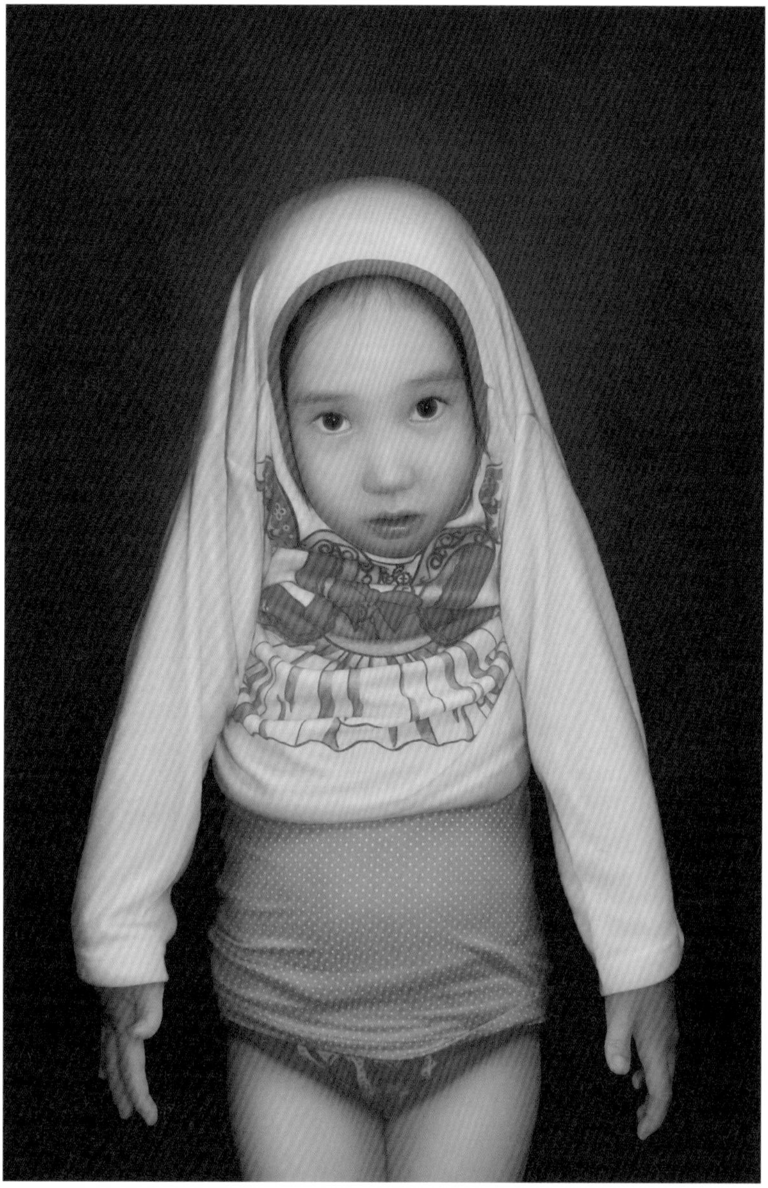

ジャミラ
Jamila
2014
フォトデジタルペインティング、アクリルマウント
Photo digital painting, plexiglas
150 × 100 cm

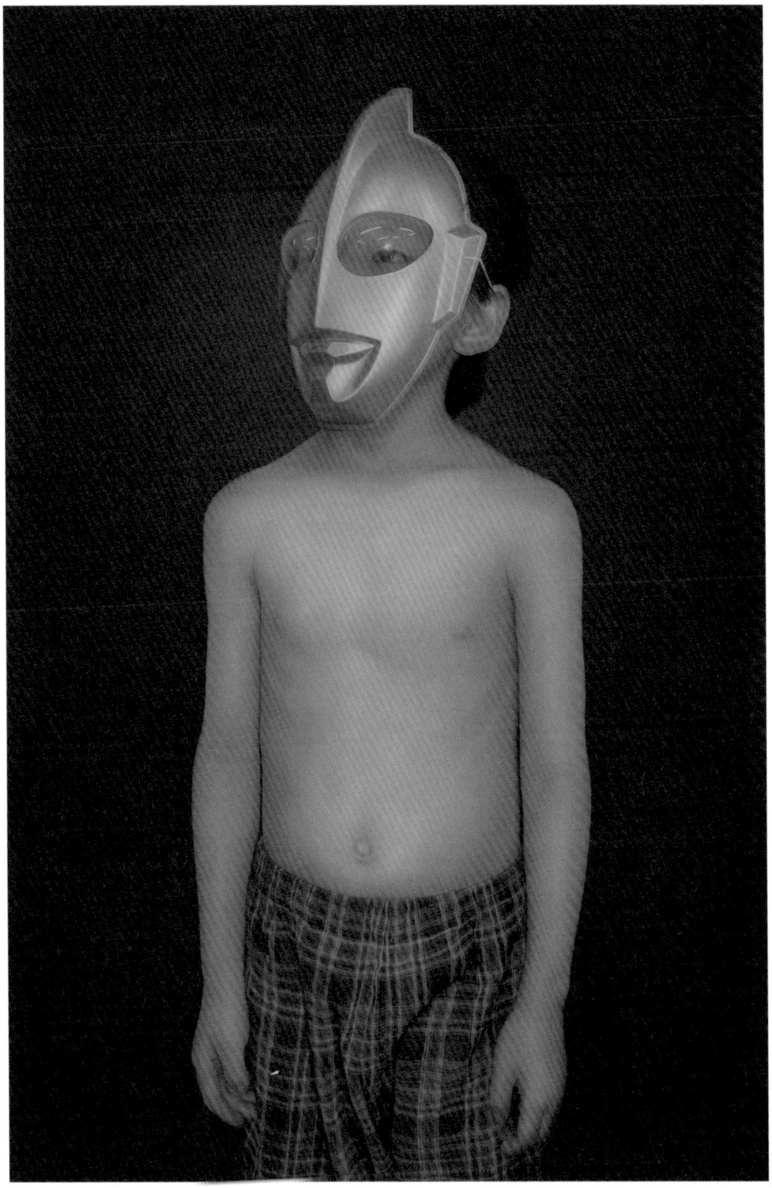

ウルトラマン
Ultraman
2014
フォトデジタルペインティング、アクリルマウント
Photo digital painting, plexiglas
150 × 100 cm

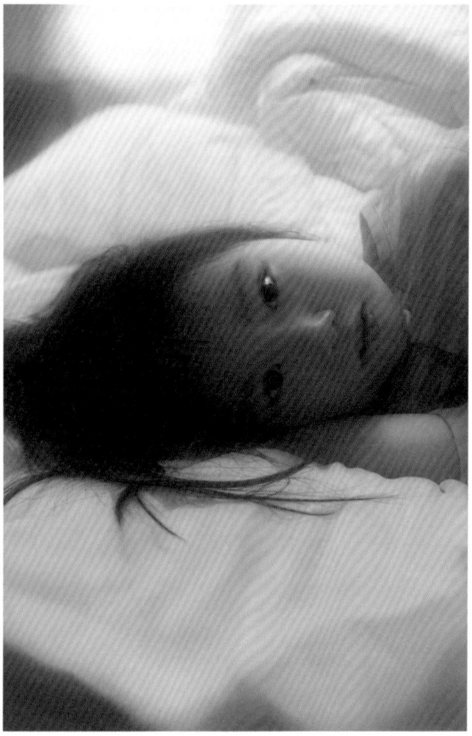

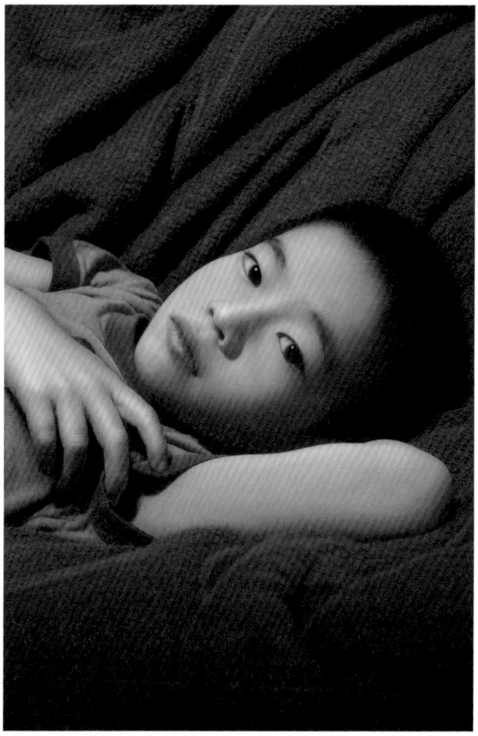

Portrait No.1
2014
フォトデジタルペインティング、アクリルマウント
Photo digital painting, plexiglas
150 × 100 cm

Portrait No.2
2014
フォトデジタルペインティング、アクリルマウント
Photo digital painting, plexiglas
150 × 100 cm

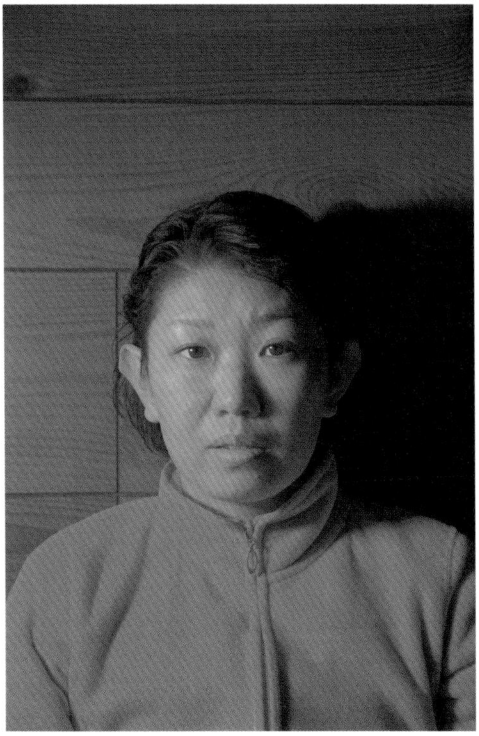

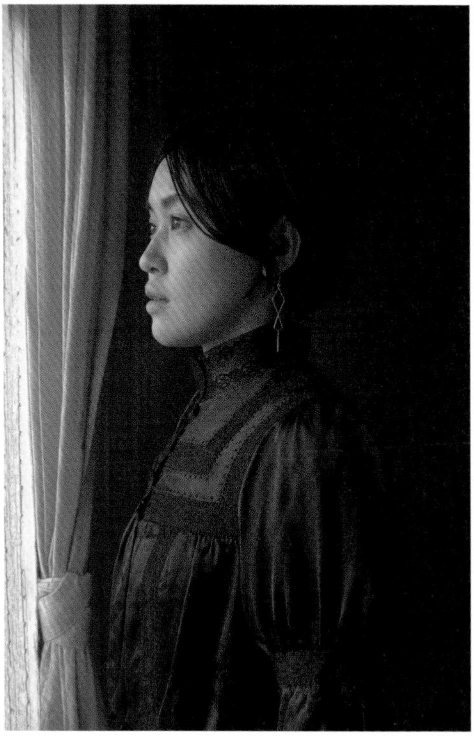

Portrait No.3

2014

フォトデジタルペインティング、アクリルマウント
Photo digital painting, plexiglas

60 × 40 cm

Portrait No.4

2014

フォトデジタルペインティング、アクリルマウント
Photo digital painting, plexiglas

90 × 60 cm

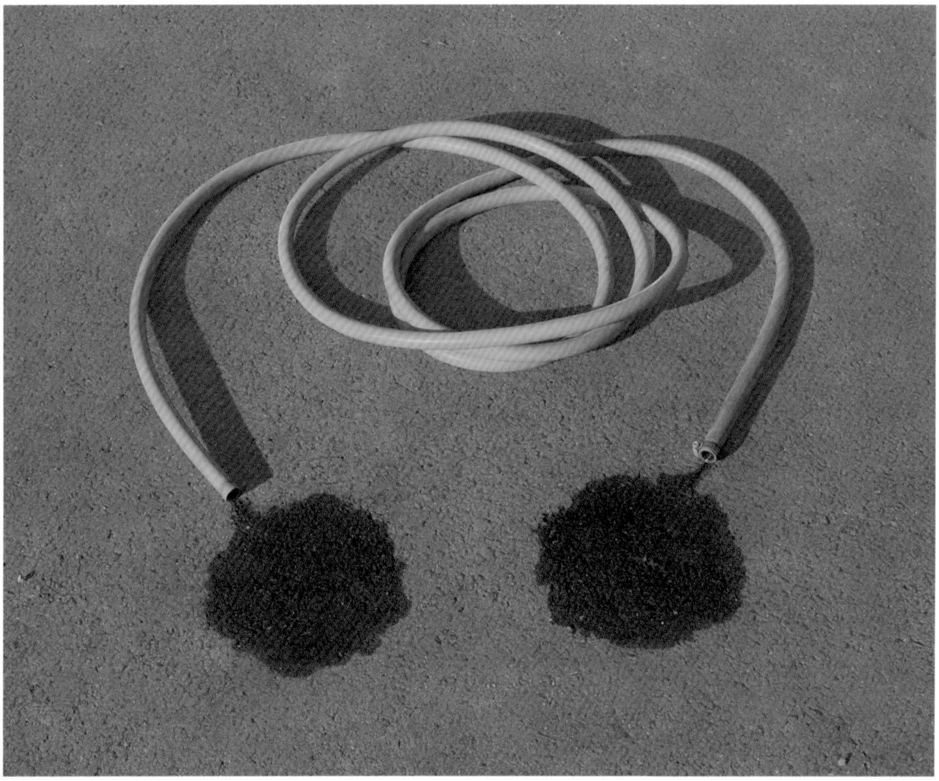

Hose
2014
フォトデジタルペインティング、アクリルマウント
Photo digital painting, plexiglas
40 × 50 cm

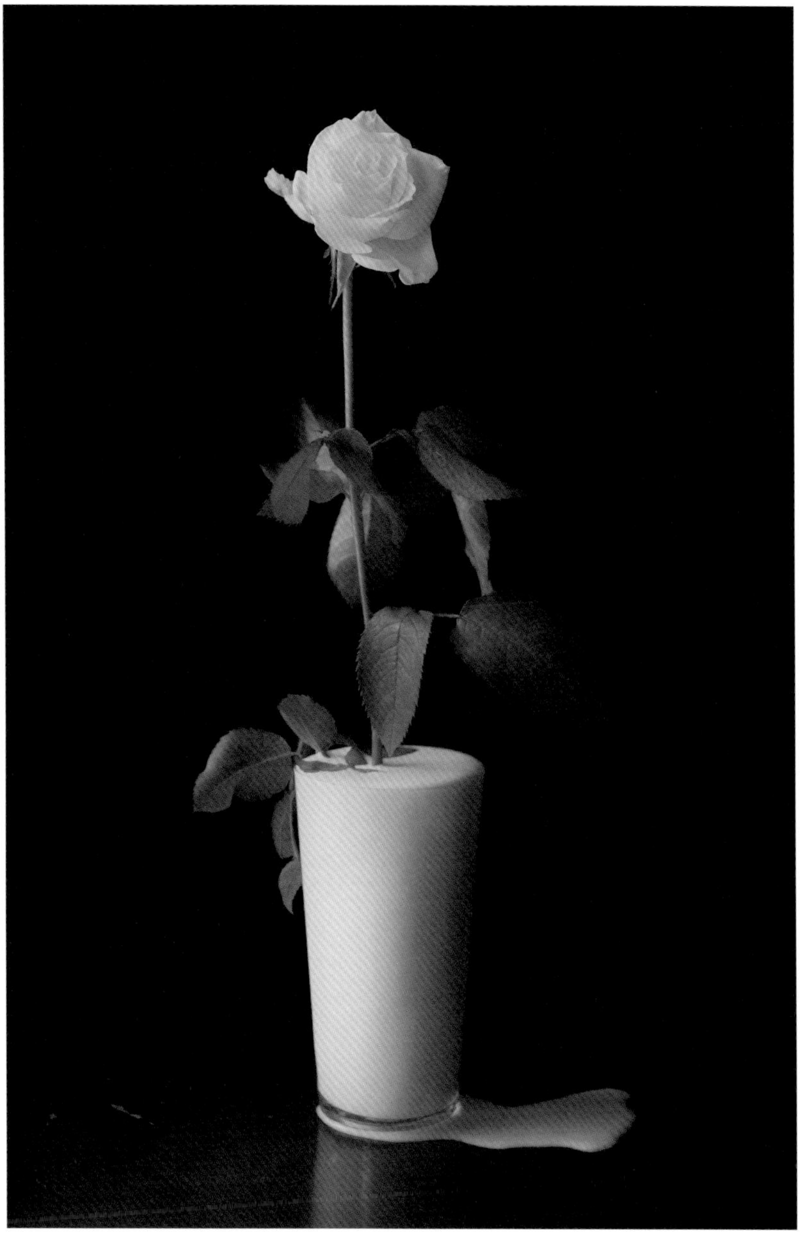

Milk Rose
2015
フォトデジタルペインティング、アルミマウント
Photo digital painting, aluminum
90 × 60 cm

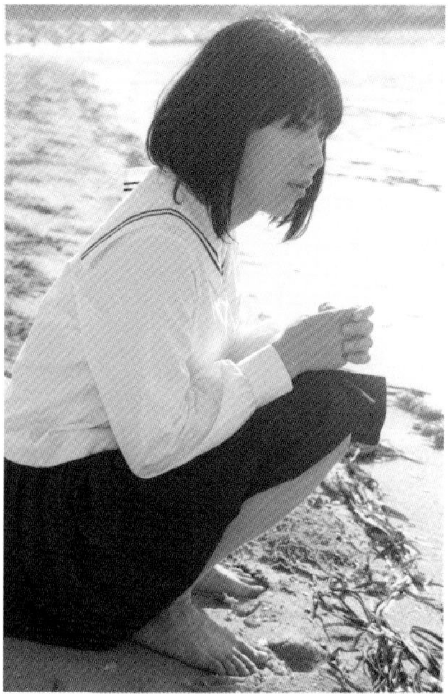

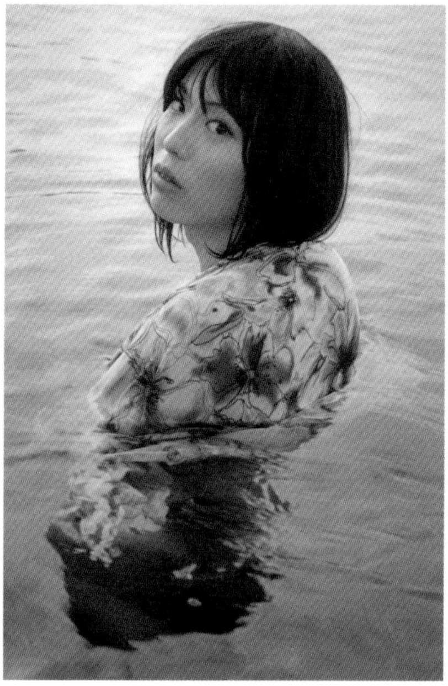

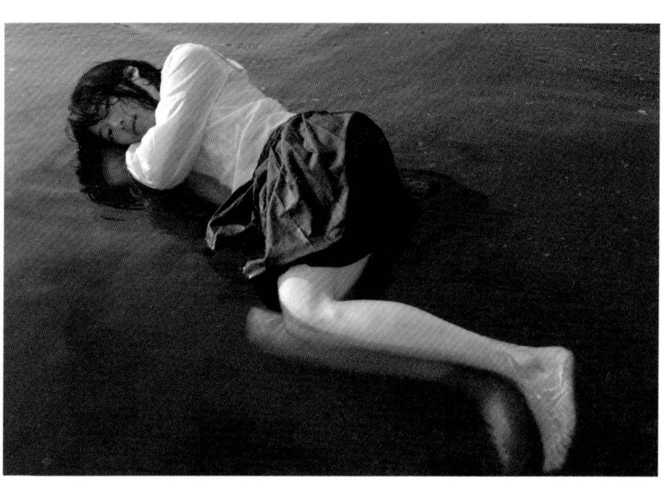

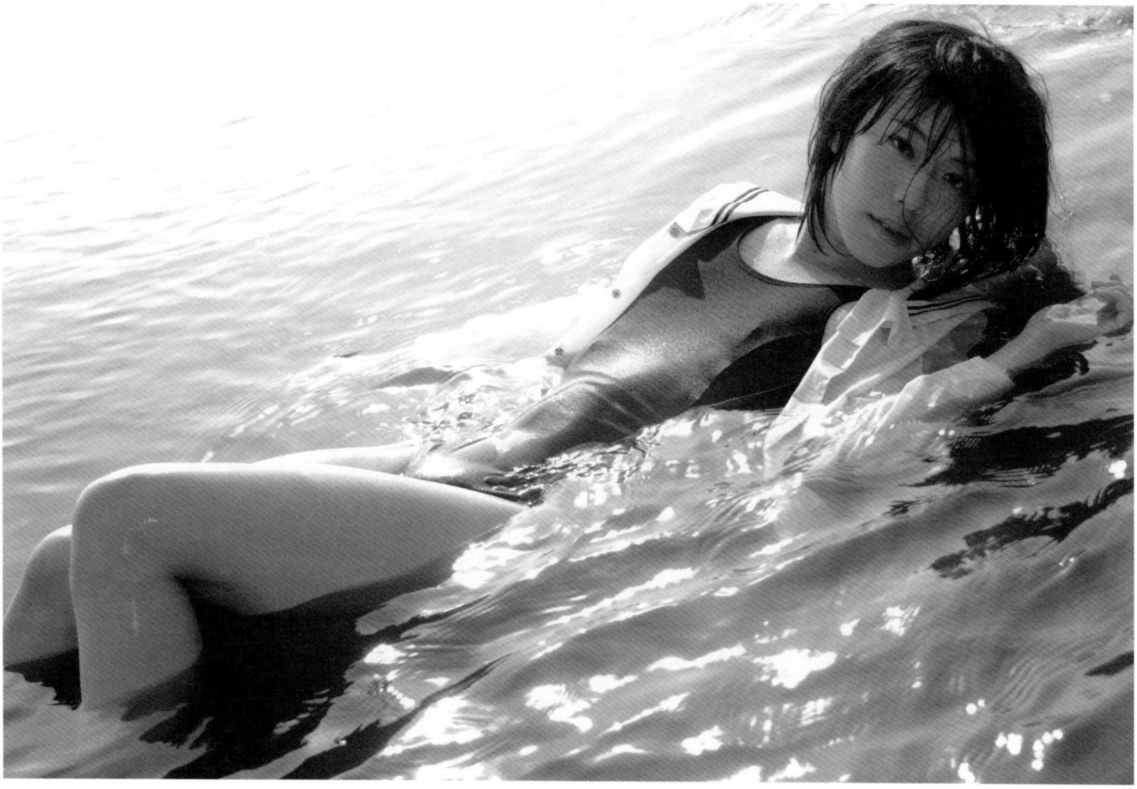

p. 124

Portrait No.6
2014
フォトデジタルペインティング、
アクリルマウント
Photo digital painting, plexiglas
90 × 60 cm

Portrait No.7
2014
フォトデジタルペインティング、
アクリルマウント
Photo digital painting, plexiglas
100 × 67 cm

Portrait No.8
2014
フォトデジタルペインティング、
アクリルマウント
Photo digital painting, plexiglas
100 × 150 cm

Portrait No.5
2014
フォトデジタルペインティング、
アクリルマウント
Photo digital painting, plexiglas
120 × 180 cm

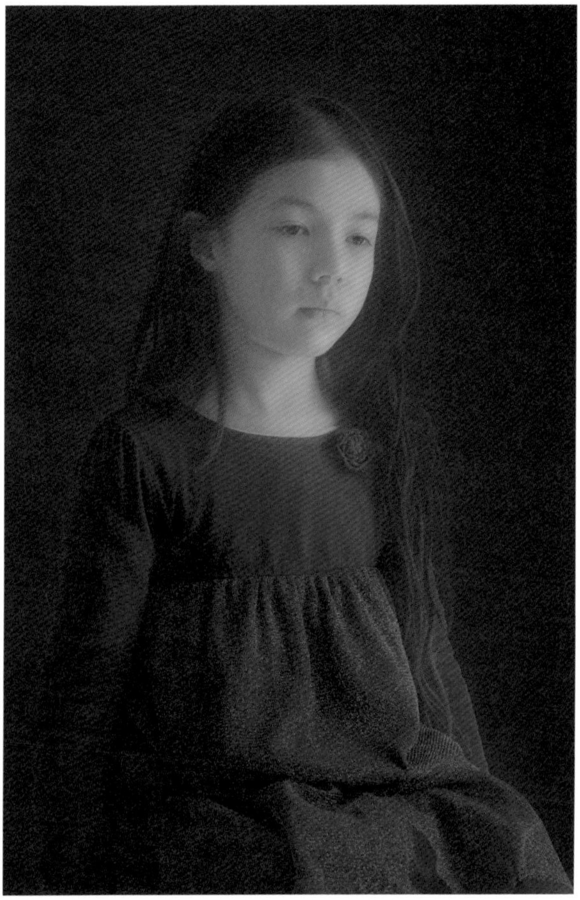

Summer
2016
フォトデジタルペインティング、
アルミマウント
Photo digital painting, aluminum
90 × 60 cm

p. 127

Supporter
2015
フォトデジタルペインティング、
アクリルマウント
Photo digital painting, plexiglas
73 × 50 cm

Smile
2015
フォトデジタルペインティング、
アクリルマウント
Photo digital painting, plexiglas
60 × 90 cm

Call
2016
フォトデジタルペインティング、
アルミマウント
Photo digital painting, aluminum
90 × 60 cm

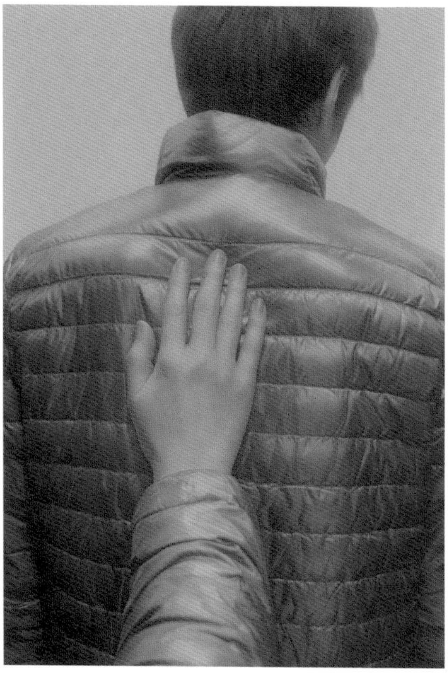

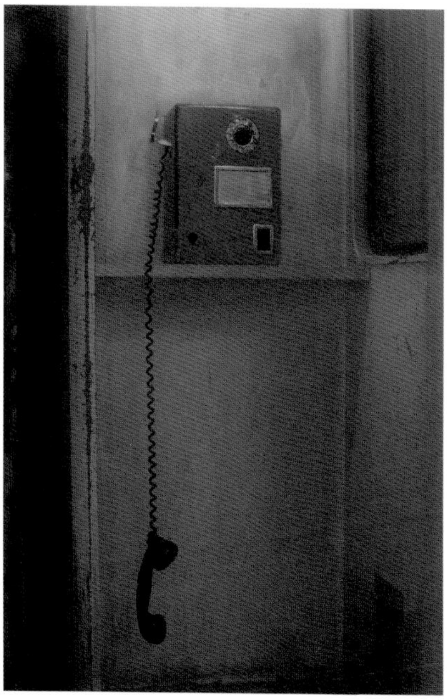

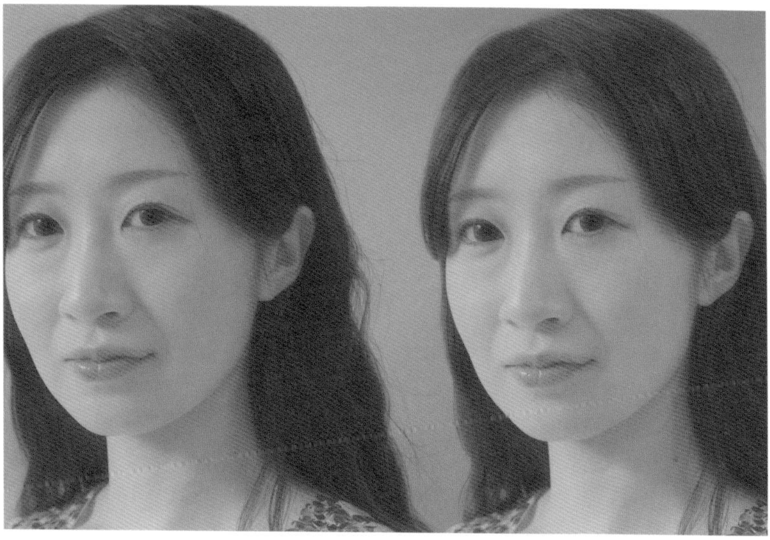

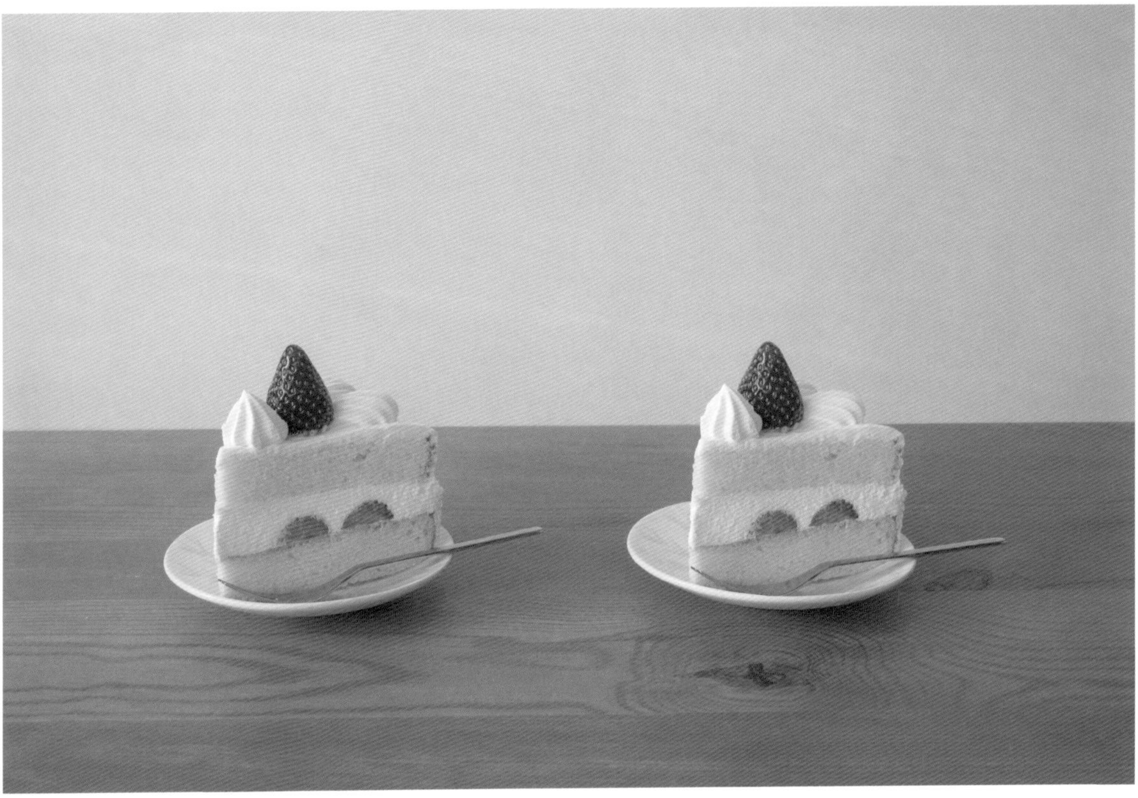

1×1=1
2015
フォトデジタルペインティング、アクリルマウント
Photo digital painting, plexiglas
60 × 90 cm

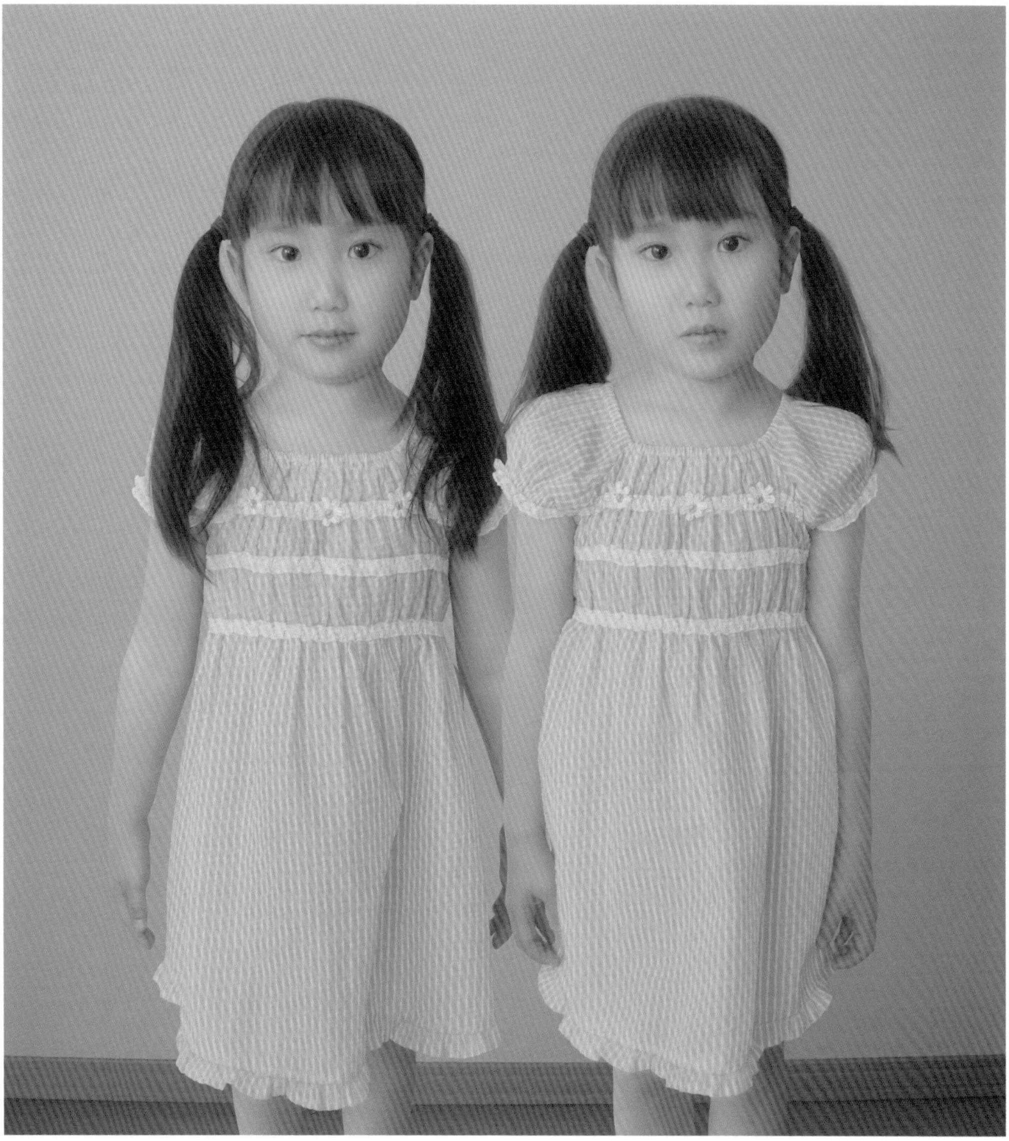

Twin Tail

2015

フォトデジタルペインティング、アクリルマウント

Photo digital painting, plexiglas

120 × 110 cm

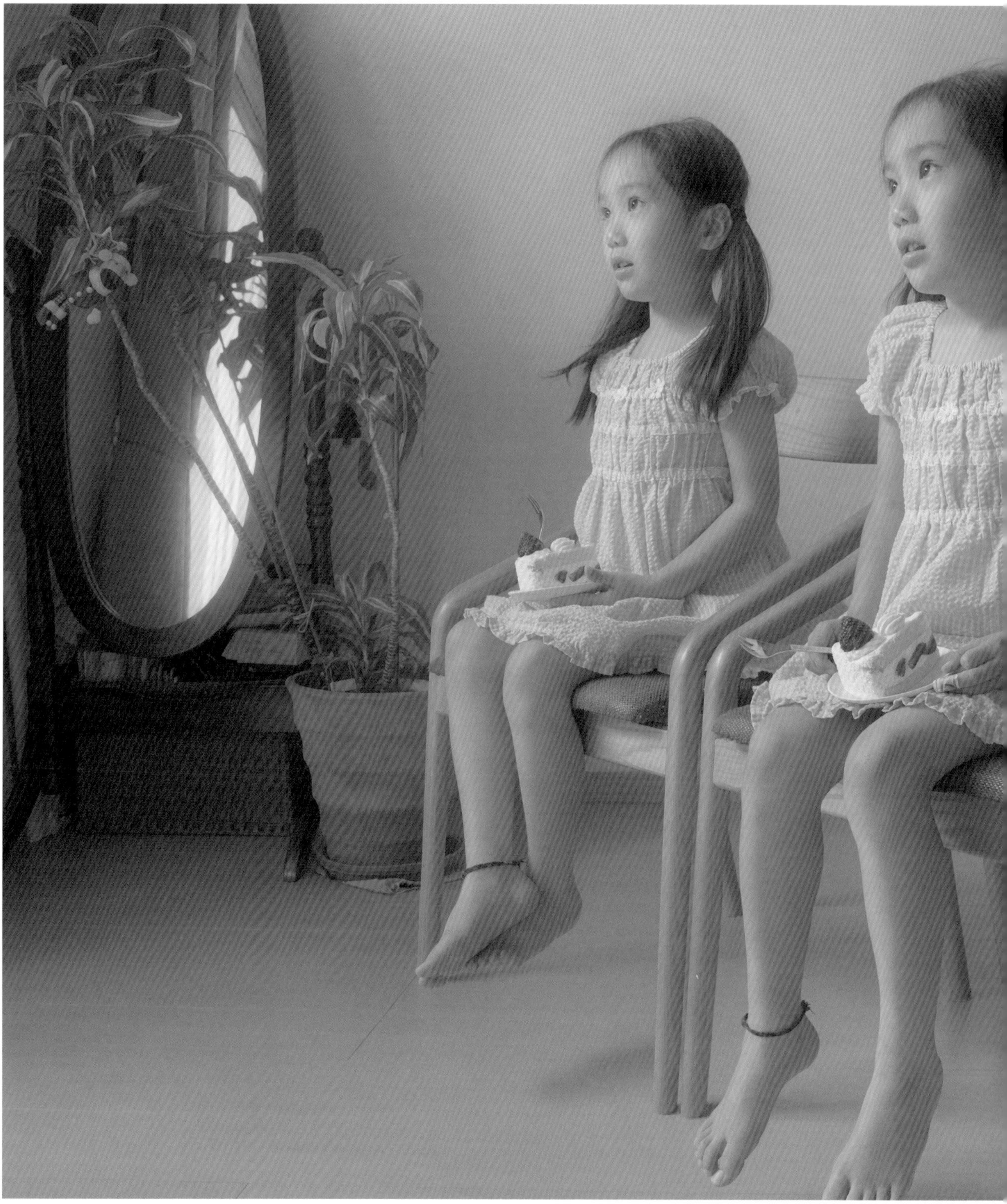

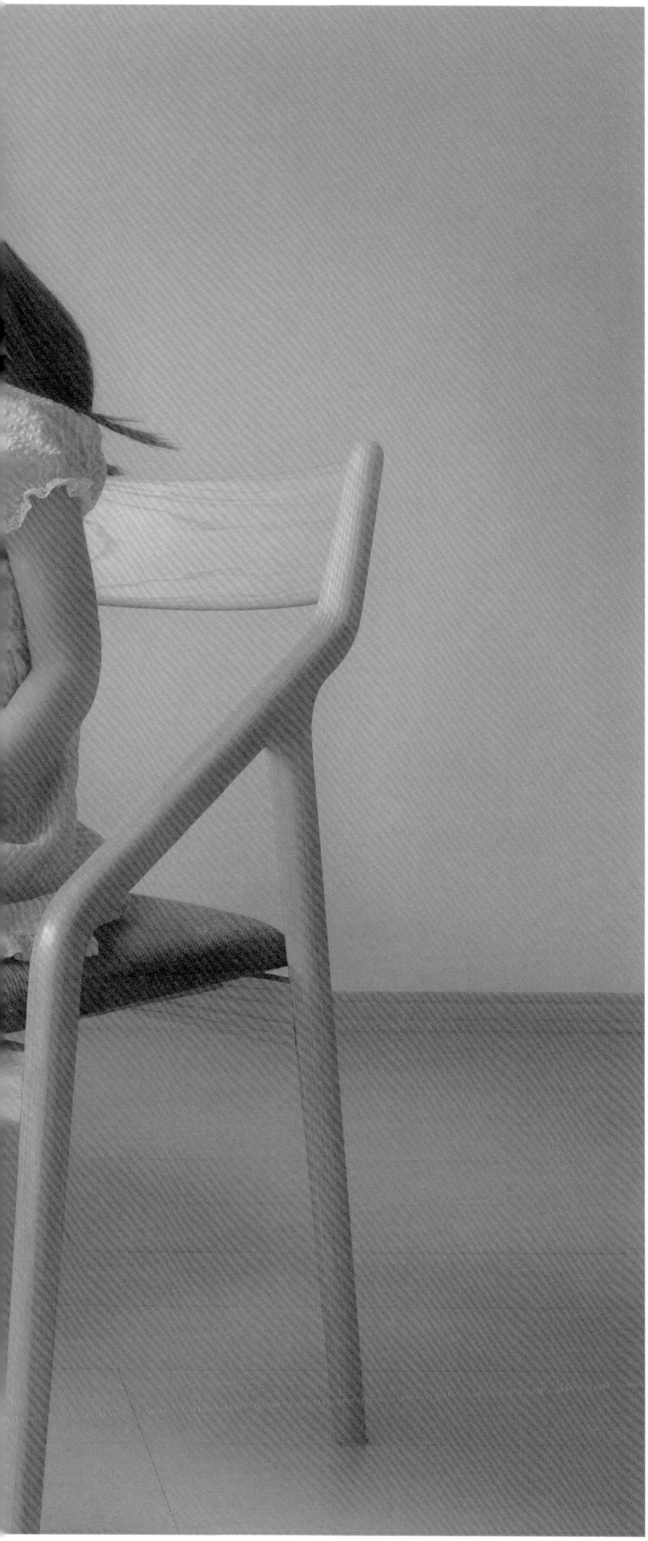

Shortcake
2014
フォトデジタルペインティング、アクリルマウント
Photo digital painting, plexiglas
110 × 150 cm

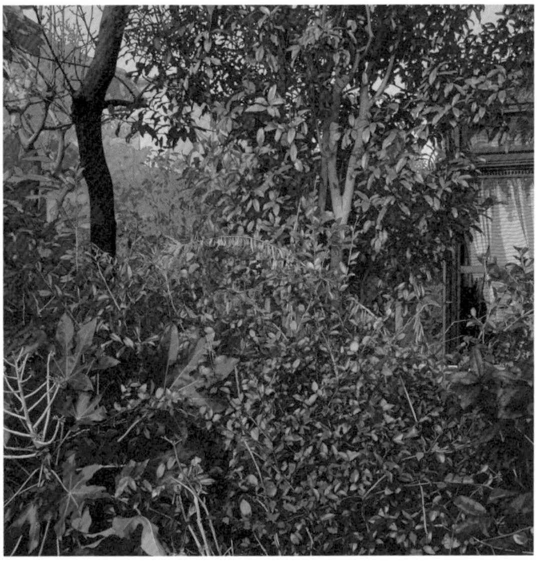

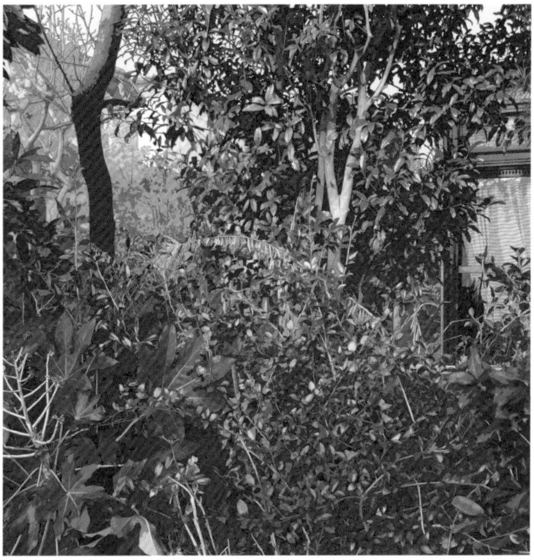

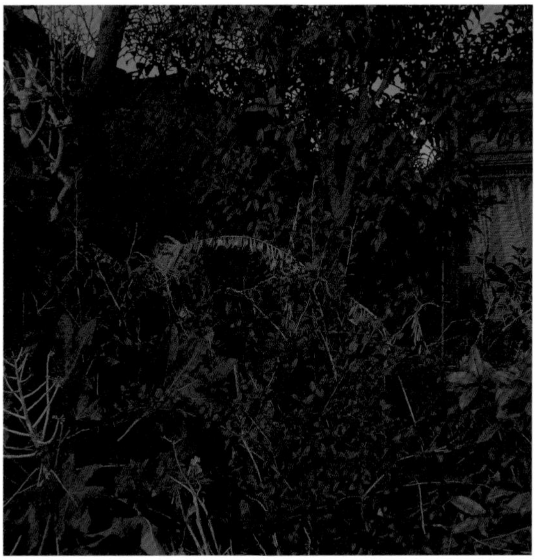

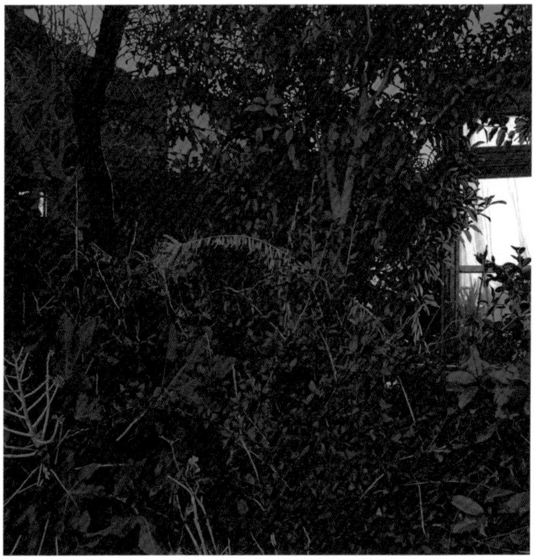

Garden #1

2013

フォトデジタルペインティング、アクリルマウント

Photo digital painting, plexiglas

49 × 49 cm

Garden #2

2013

フォトデジタルペインティング、アクリルマウント

Photo digital painting, plexiglas

49 × 49 cm

Garden #8

2013

フォトデジタルペインティング、アクリルマウント

Photo digital painting, plexiglas

49 × 49 cm

Garden #7

2013

フォトデジタルペインティング、アクリルマウント

Photo digital painting, plexiglas

49 × 49 cm

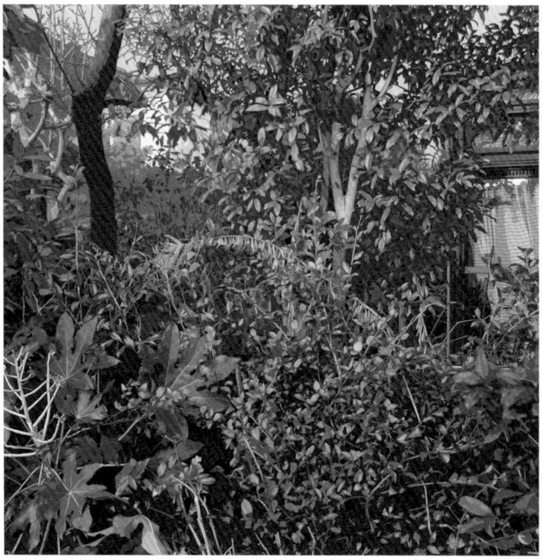

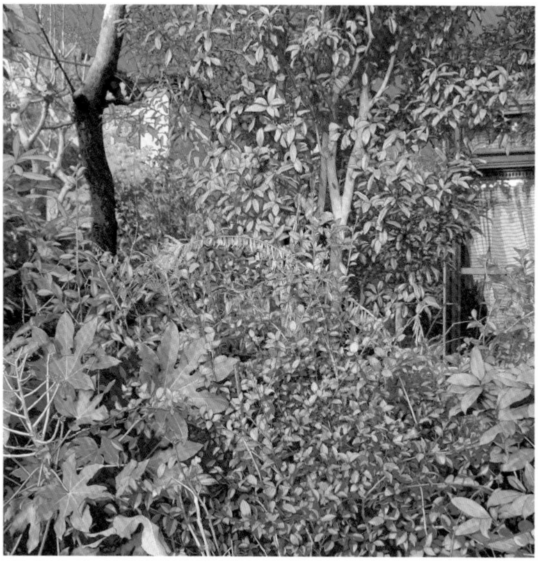

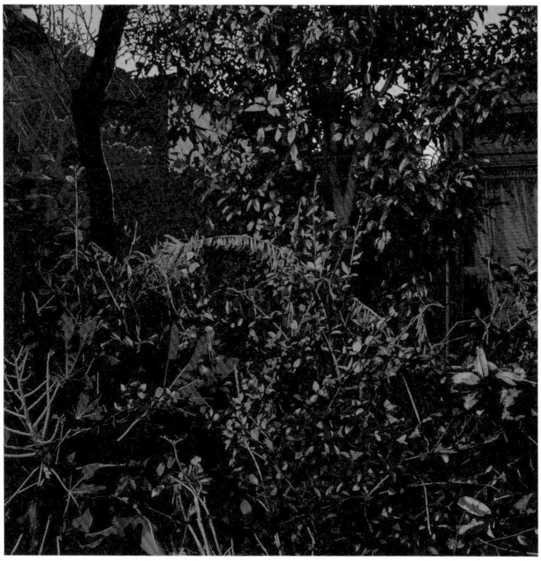

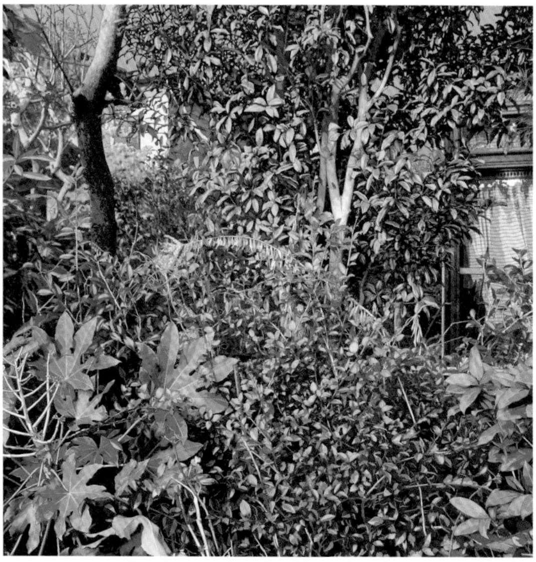

Garden #3

2013

フォトデジタルペインティング、アクリルマウント
Photo digital painting, plexiglas

49 × 49 cm

Garden #6

2013

フォトデジタルペインティング、アクリルマウント
Photo digital painting, plexiglas

49 × 49 cm

Garden #4

2013

フォトデジタルペインティング、アクリルマウント
Photo digital painting, plexiglas

49 × 49 cm

Garden #5

2013

フォトデジタルペインティング、アクリルマウント
Photo digital painting, plexiglas

49 × 49 cm

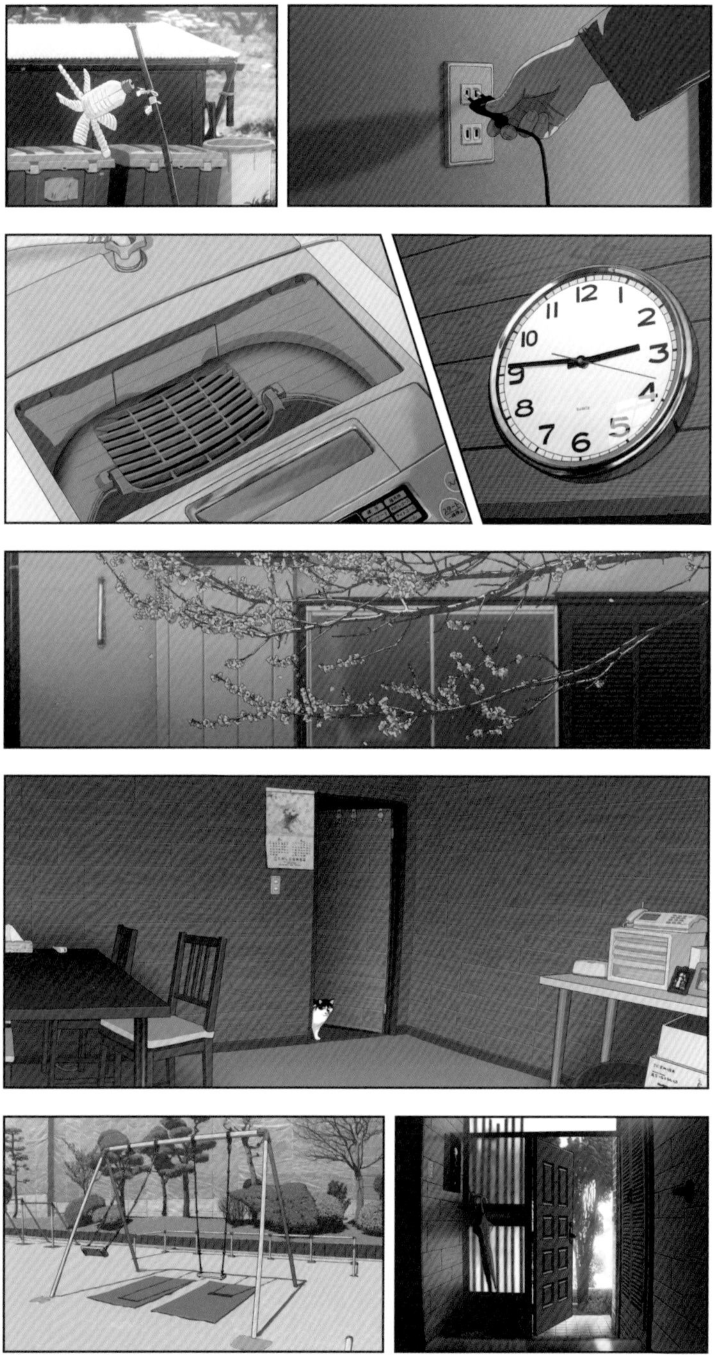

3月

March

2015

アニメーション、
シングルチャンネル・ビデオ
（HD、カラー、サイレント）

Animation,
single channel video (HD, color, silent)

ループ | Loop

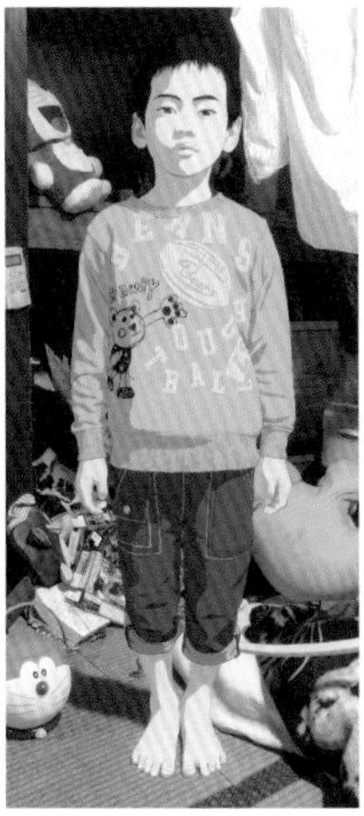

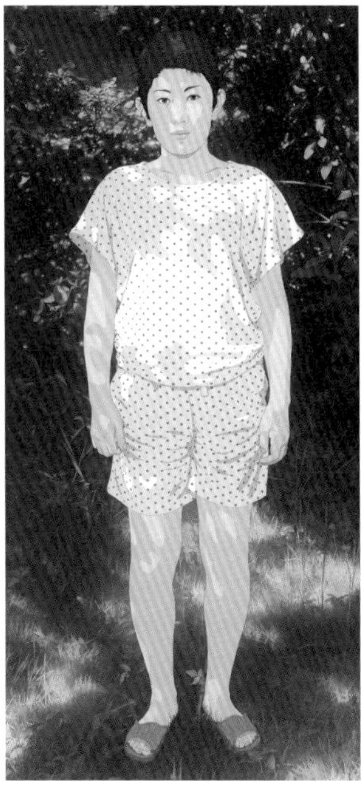

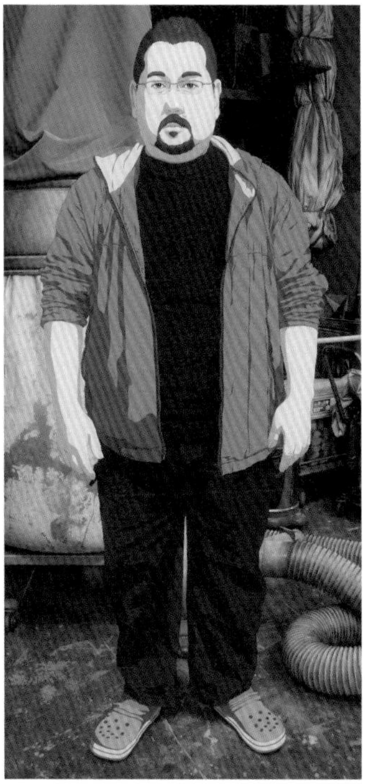

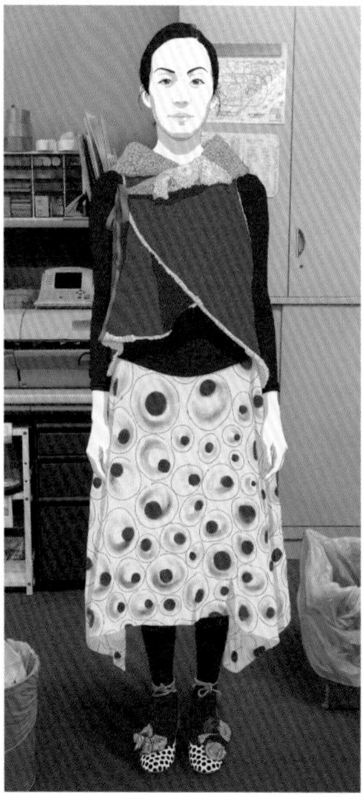

海老原大翔
Hiroto Ebihara
2013
インクジェットプリント
Ink jet print
132 × 60 cm

大垣美穂子
Mihoko Ogaki
2013
インクジェットプリント
Ink jet print
180 × 85 cm

杉野信之
Nobuyuki Sugino
2013
インクジェットプリント
Ink jet print
200 × 95 cm

野村しのぶ
Shinobu Nomura
2013
インクジェットプリント
Ink jet print
180 × 85 cm

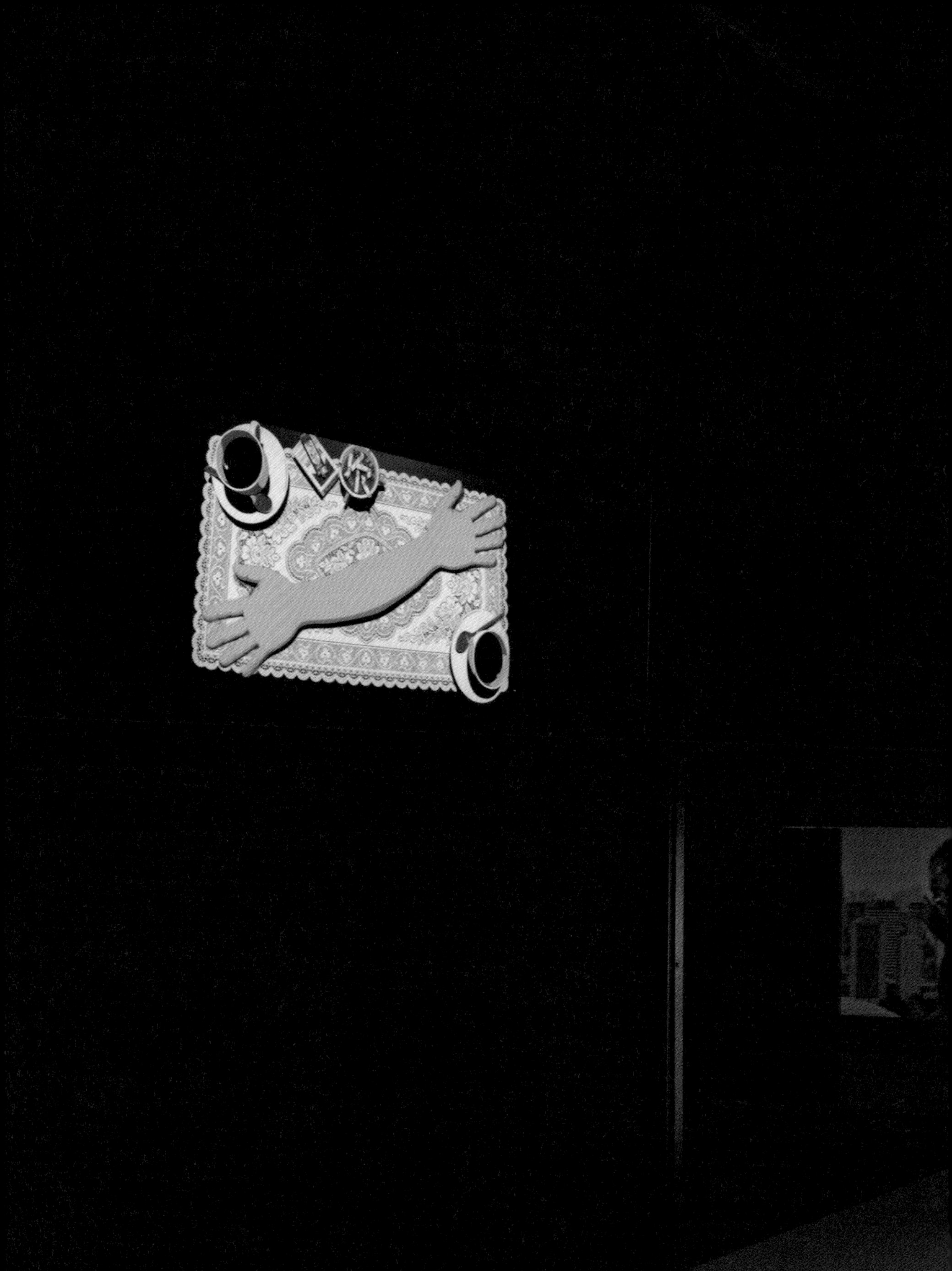

《ヤッホー!》《カップル》《ゲーム》《鏡》展示風景：「豊穣なるもの―現代美術 in 豊川」豊川市桜ヶ丘ミュージアム、2015年
撮影：佐藤雅晴

Yoo-hoo!, Couple, Game, Mirror, installation view of *Fruitfulness—Contemporary Art in Toyokawa* at Toyokawa City Sakuragaoka Museum, 2015
Photo: SATO Masaharu

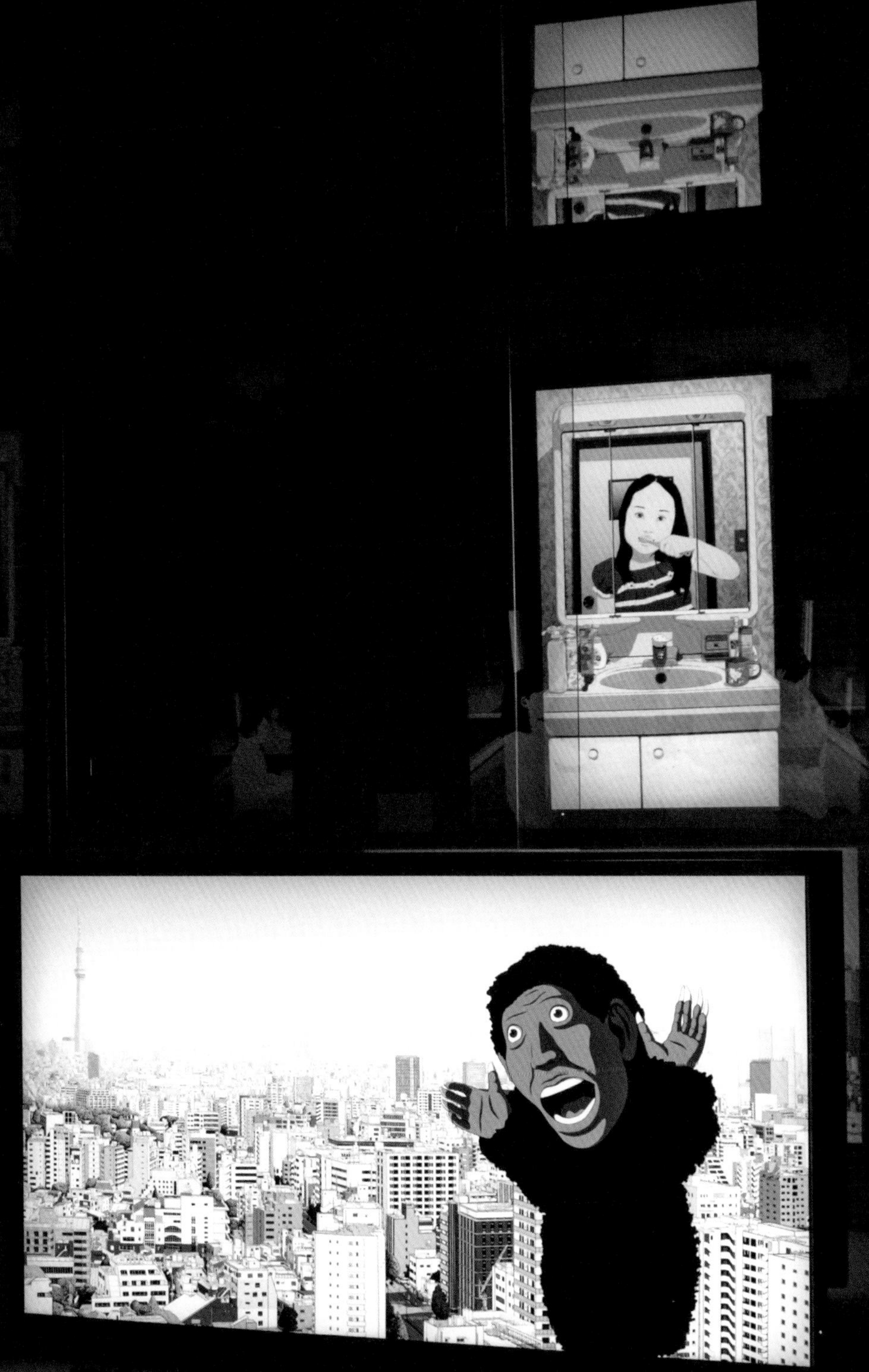

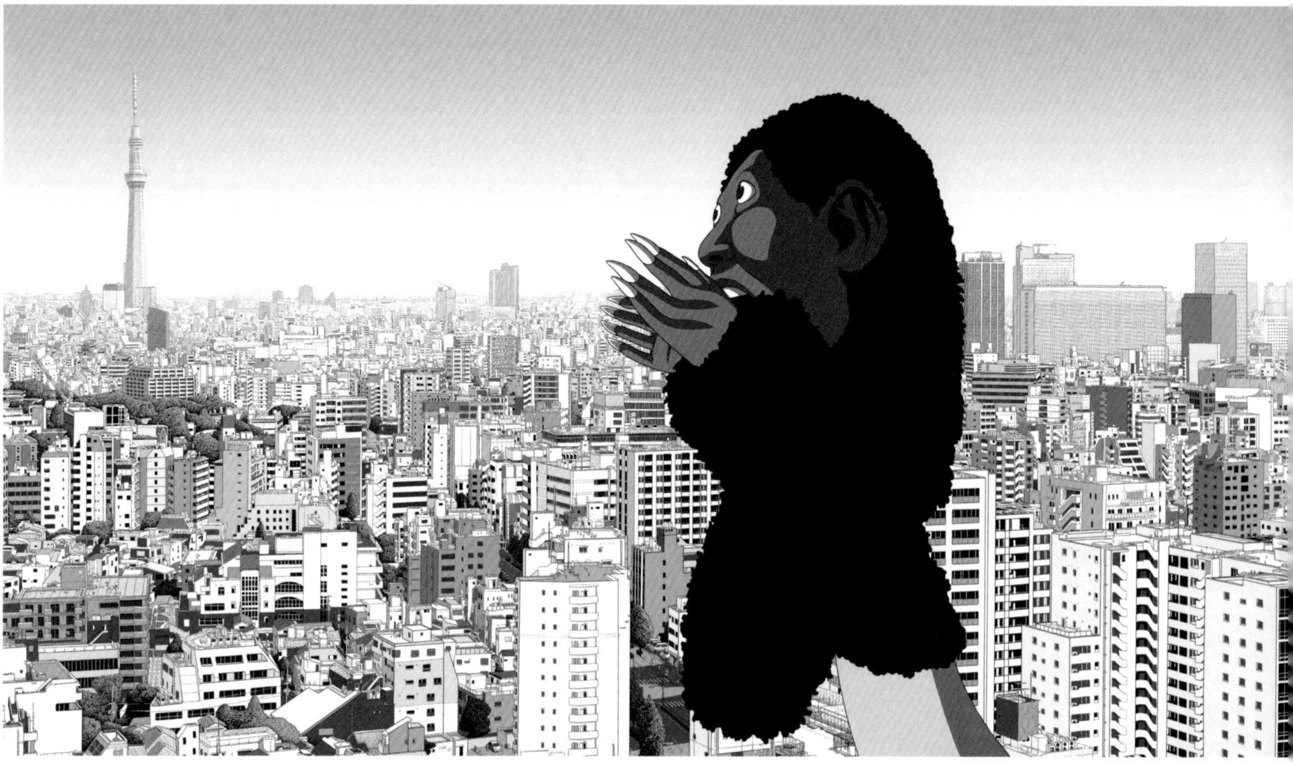

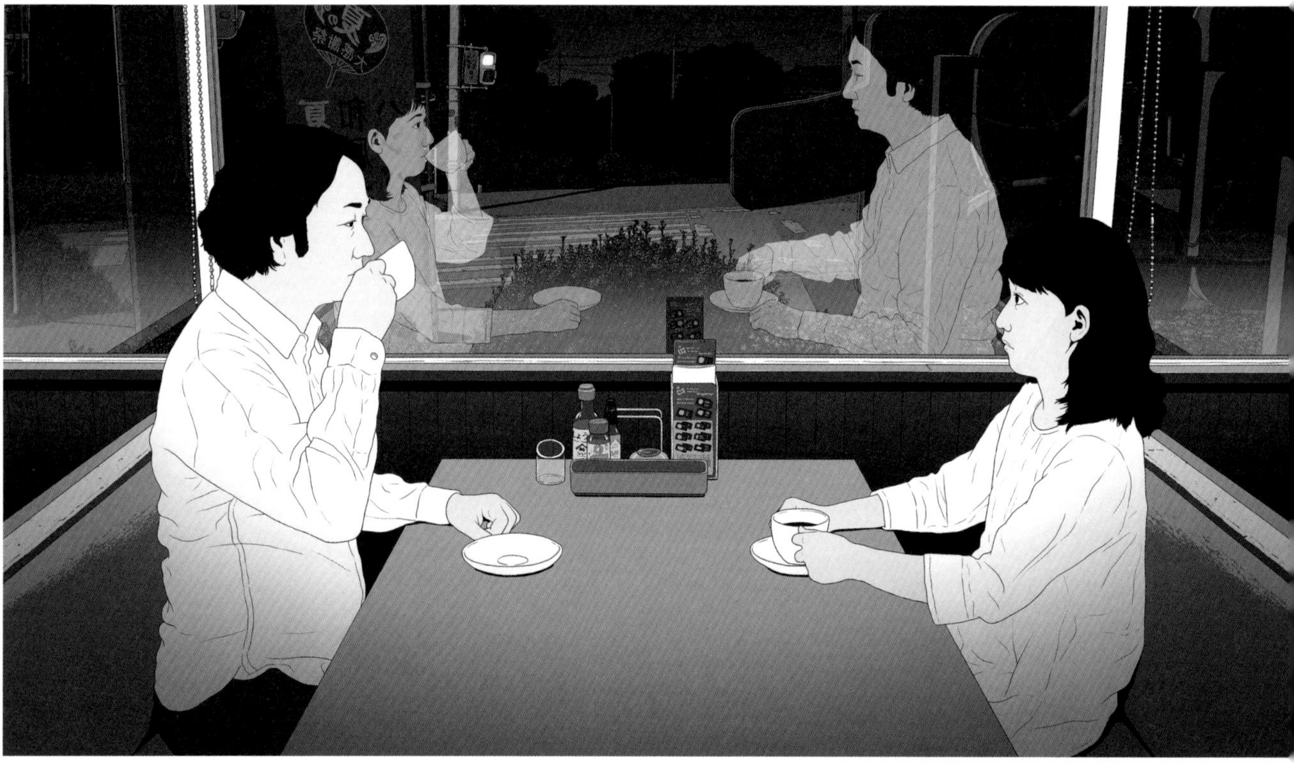

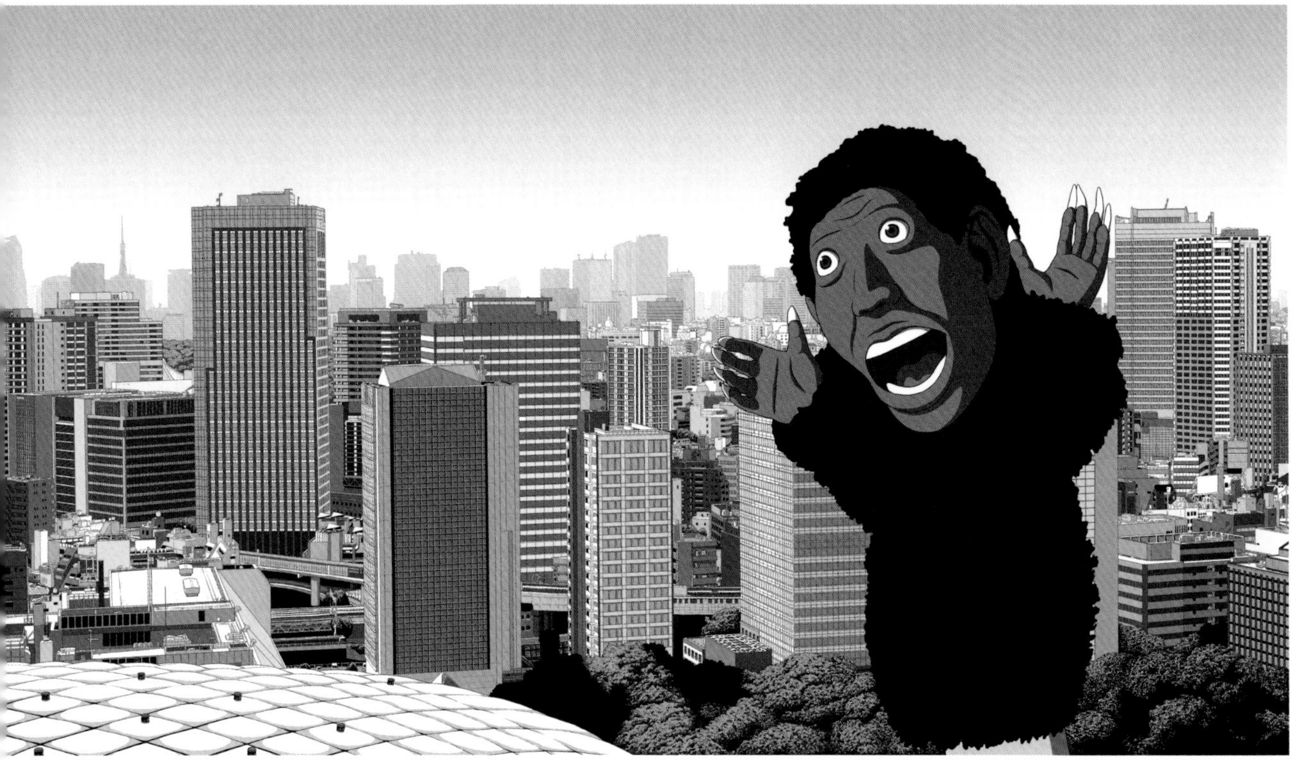

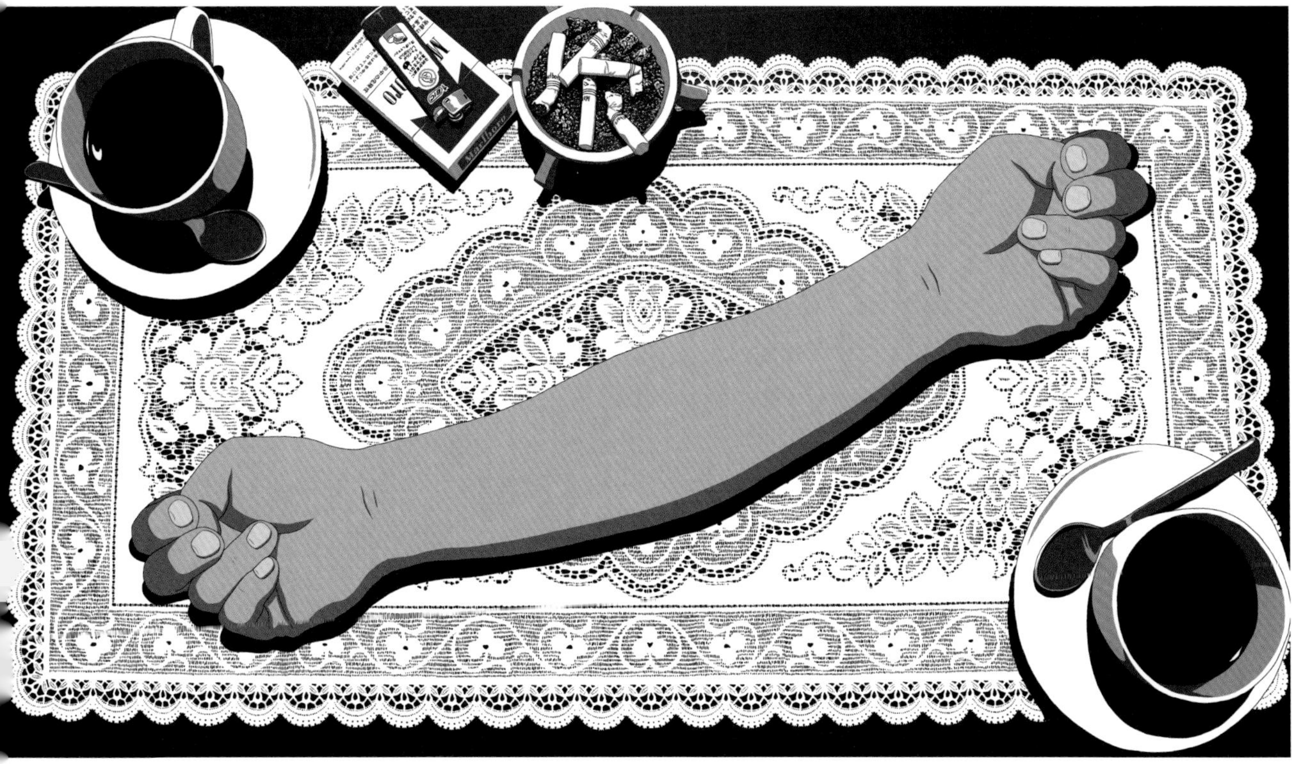

pp. 138–139 (top)

ヤッホー！
Yoo-hoo!

2014

アニメーション、2チャンネル・ビデオ
（HD、白黒、サウンド）
Animation, 2 channel video (HD, B&W, sound)

ループ | Loop

p. 138 (bottom)

カップル
Couple

2014

アニメーション、
シングルチャンネル・ビデオ
（HD、白黒、サイレント）
Animation,
single channel video (HD, B&W, silent)

ループ | Loop

p. 139 (bottom)

ゲーム
Game

2014

アニメーション、
シングルチャンネル・ビデオ
（HD、白黒、サイレント）
Animation,
single channel video (HD, B&W, silent)

ループ | Loop

p. 141–142

鏡
Mirror

2014

アニメーション、
2チャンネル・ビデオ
（HD、白黒、サイレント）
Animation,
2 channel video (HD, B&W, silent)

ループ | Loop

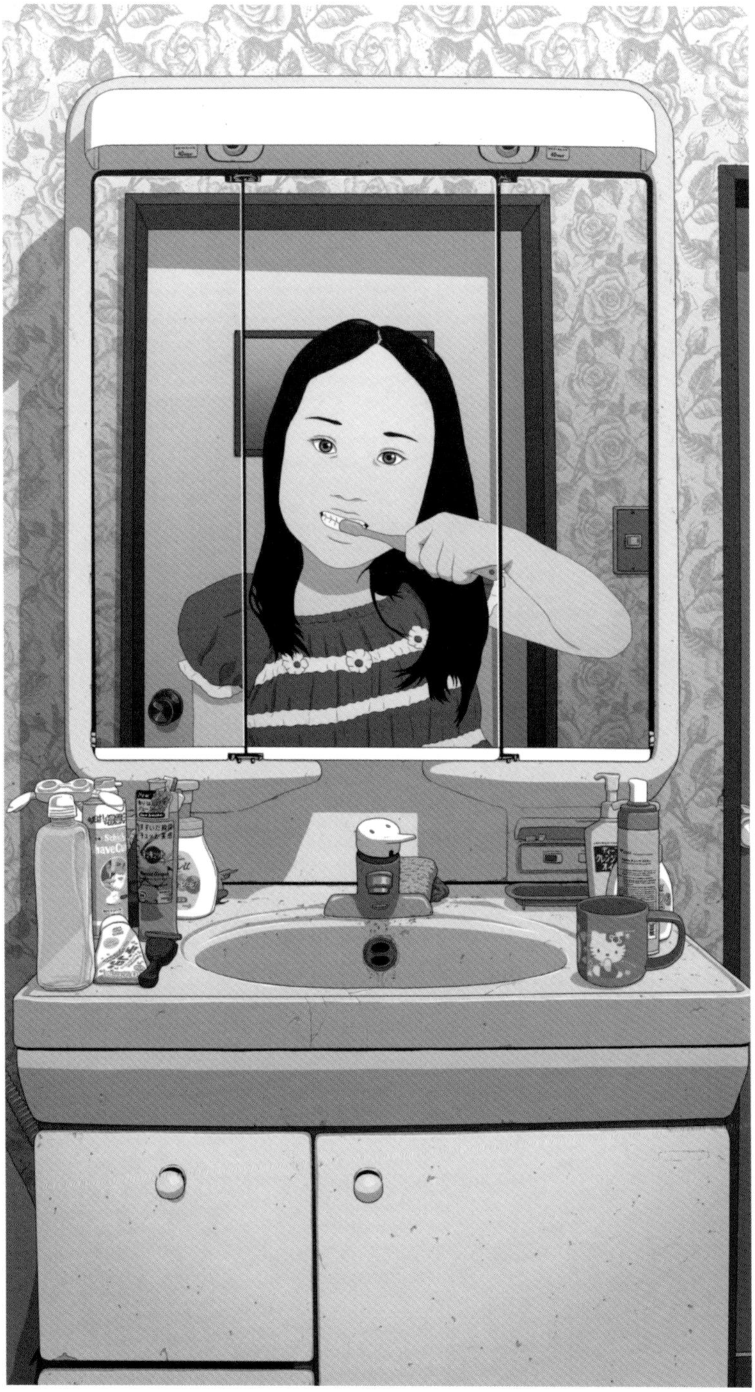

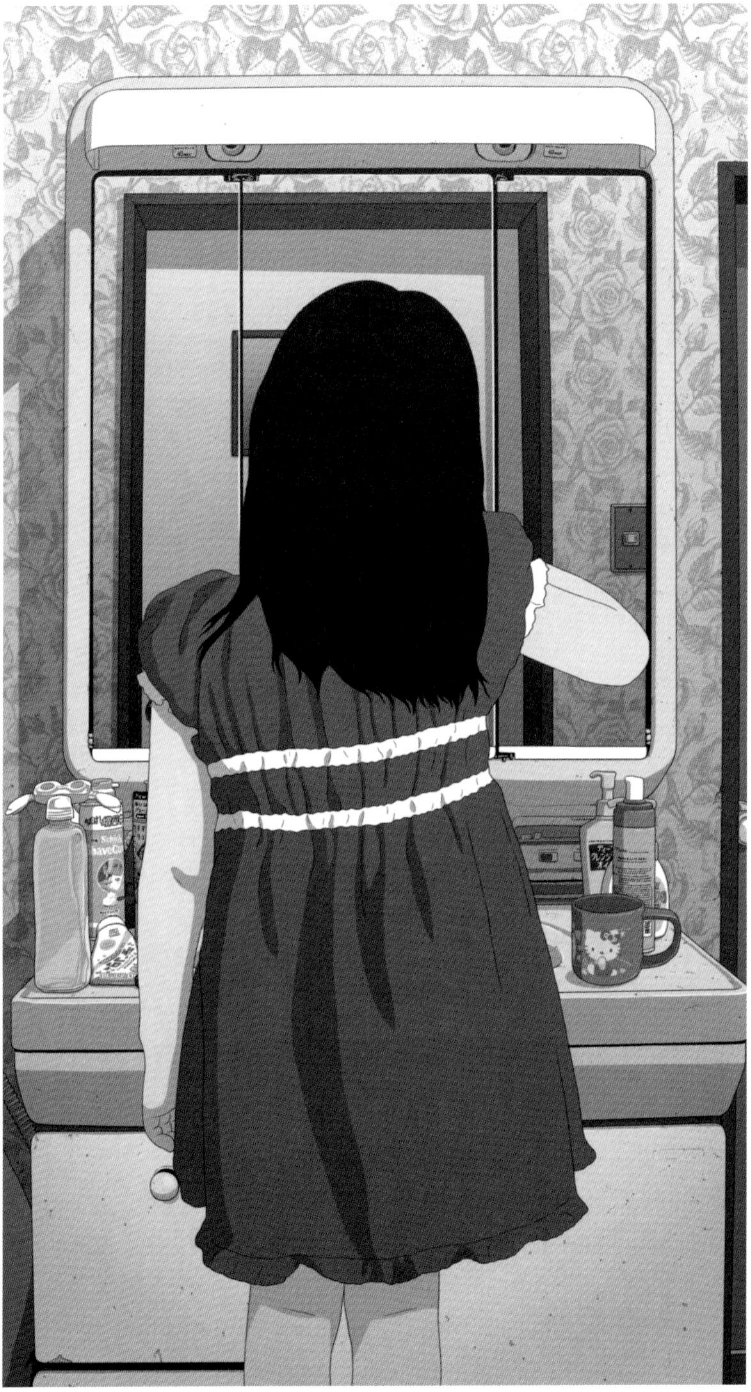

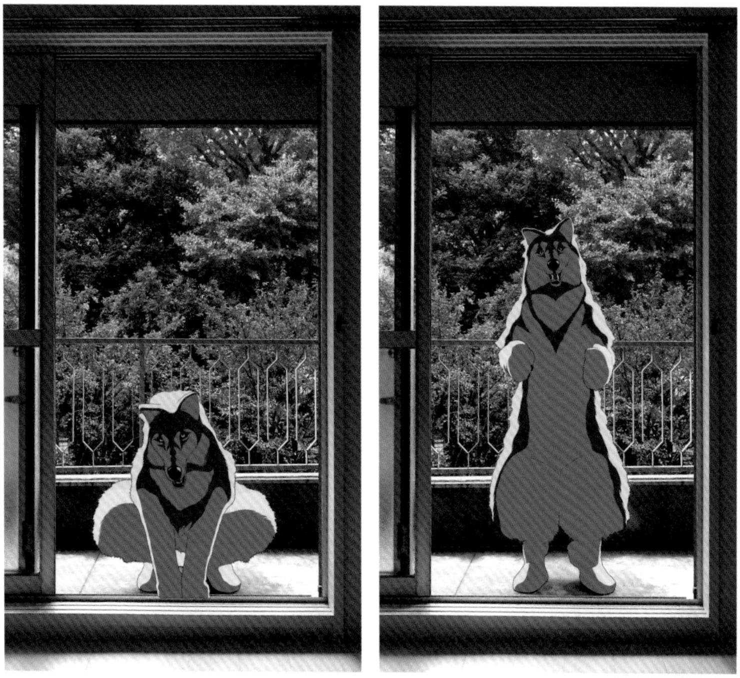

オオカミになりたい
I want to be a wolf
2017
アニメーション、
シングルチャンネル・ビデオ
（HD、カラー、サイレント）
Animation,
single channel video (HD, color, silent)
ループ | Loop

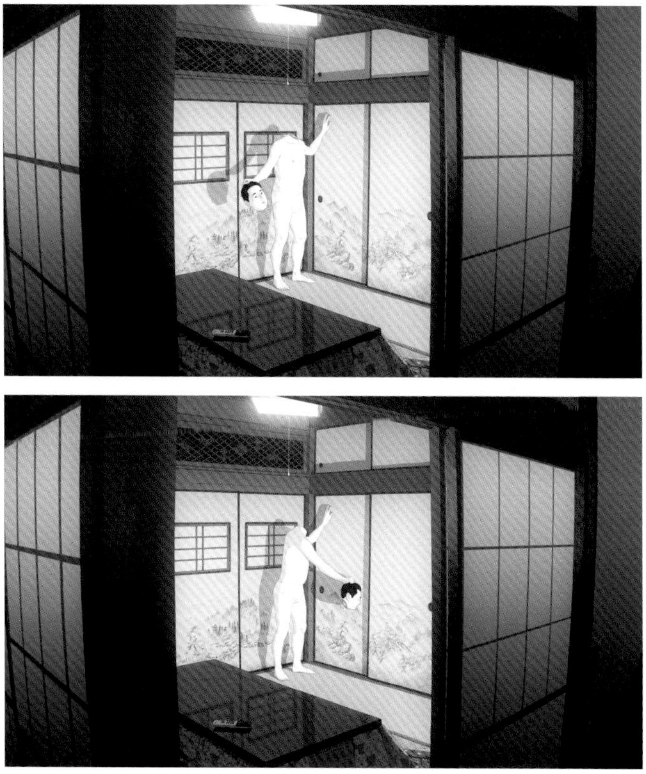

SM
2015
アニメーション、
シングルチャンネル・ビデオ
（HD、カラー、サウンド）
Animation,
single channel video (HD, color, sound)
ループ | Loop

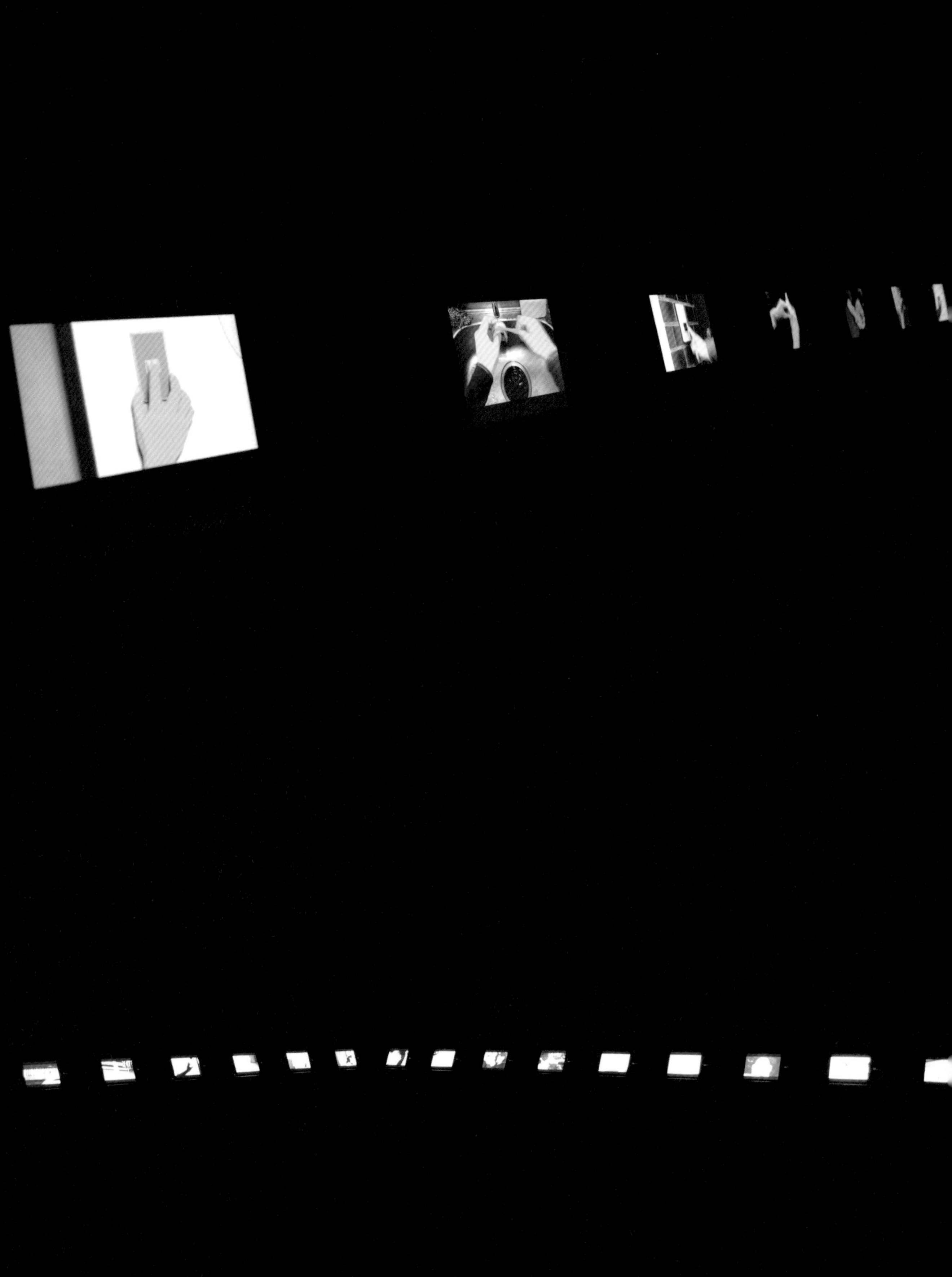

《Hands》展示風景：「清流の国ぎふ芸術祭 Art Award IN THE CUBE 2017」岐阜県美術館、2017年
撮影：佐藤雅晴

Hands, installation views of *Gifu Land of Clear Waters Art Festival, Art Award IN THE CUBE 2017* at The Museum of Fine Arts, Gifu, 2017
Photo: SATO Masaharu

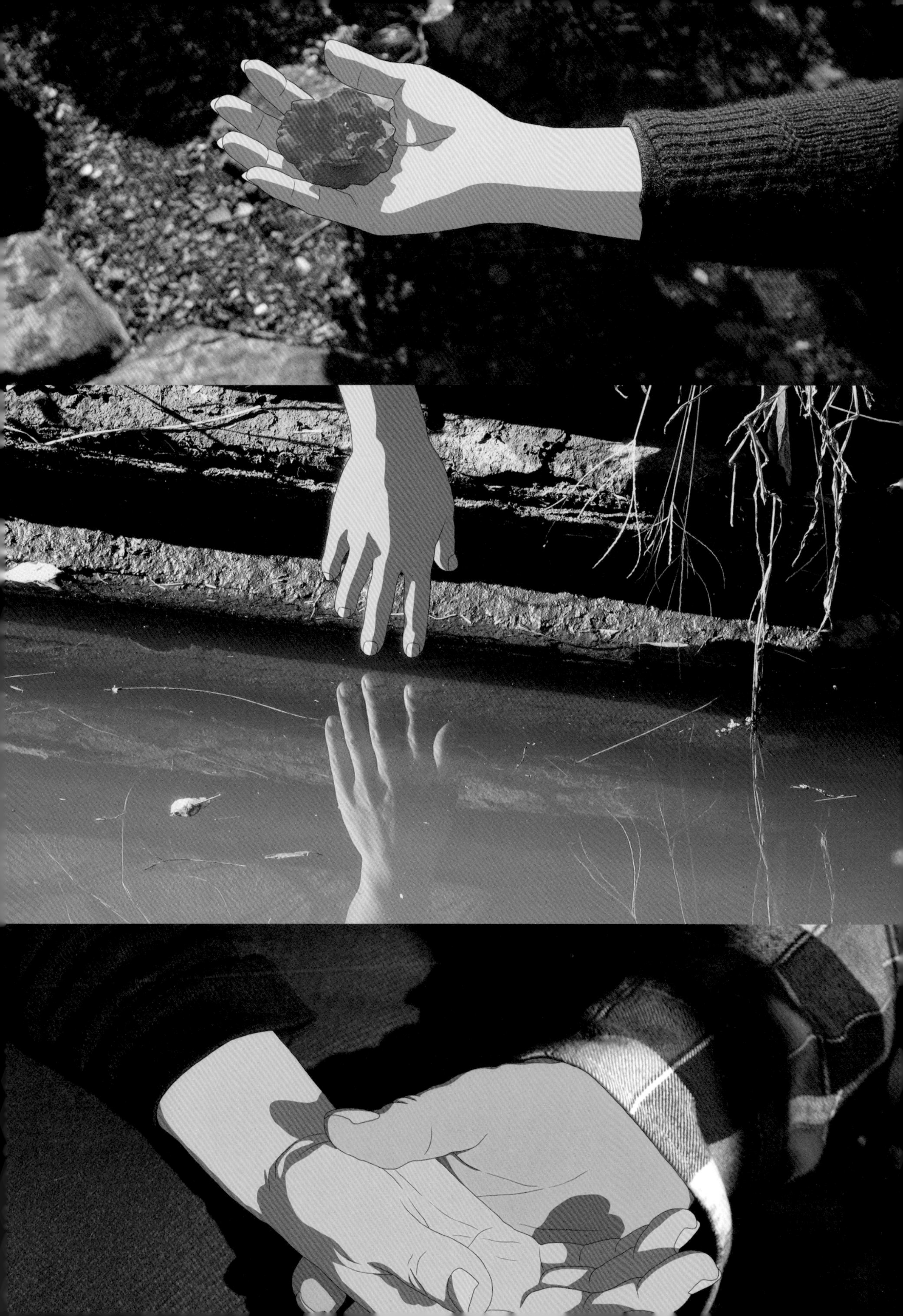

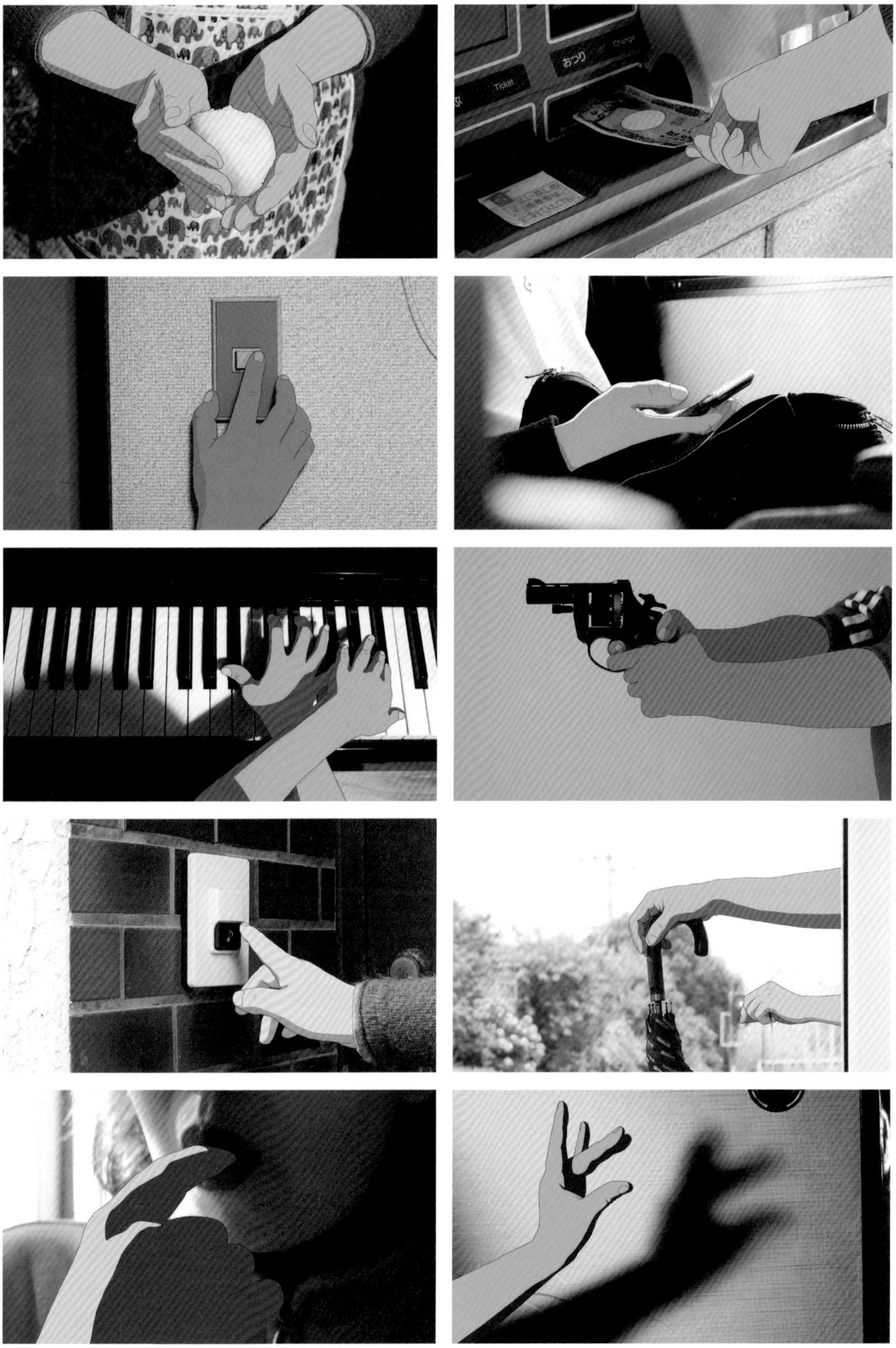

Hands

2017

アニメーション、33チャンネル・ビデオ（HD、カラー、サイレント）

Animation, 33 channel video(HD, color, silent)

ループ｜Loop

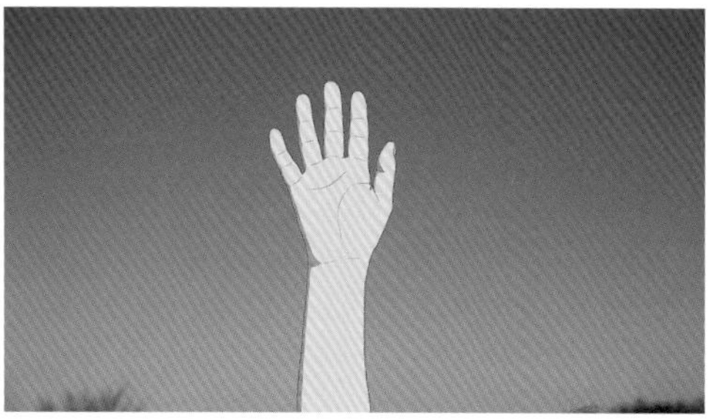

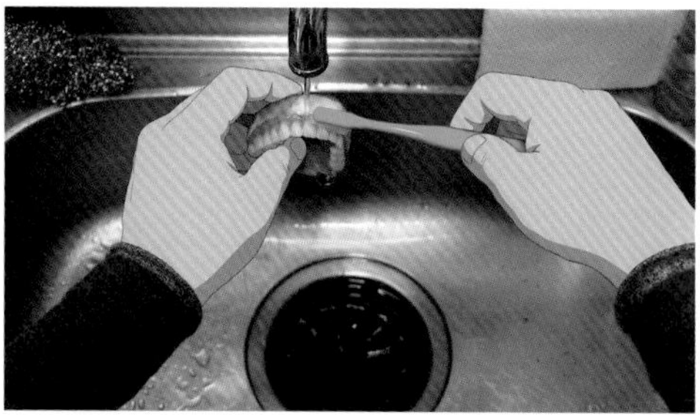

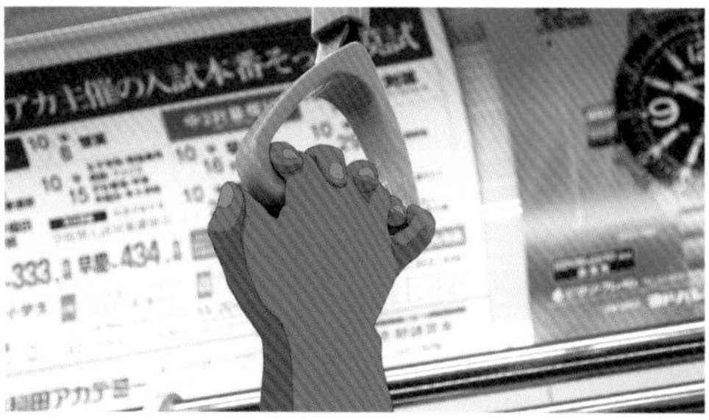
アカ主催の入試本番そっ
333.
434.

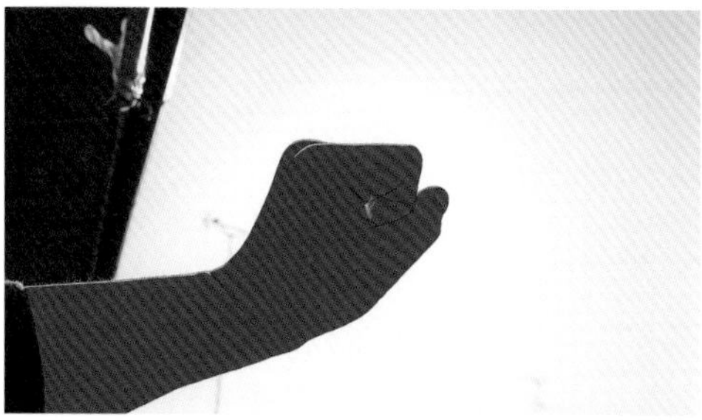

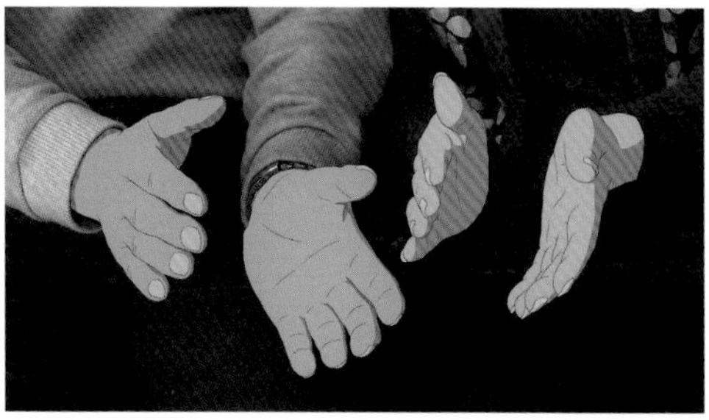

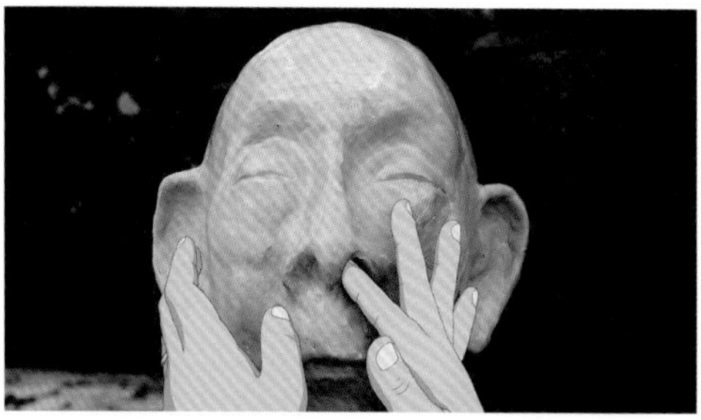

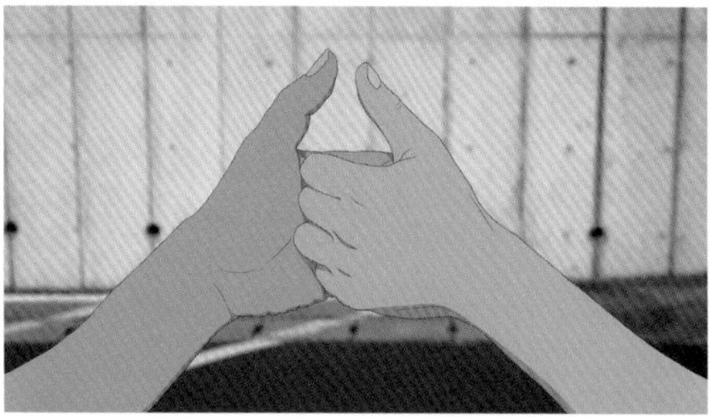

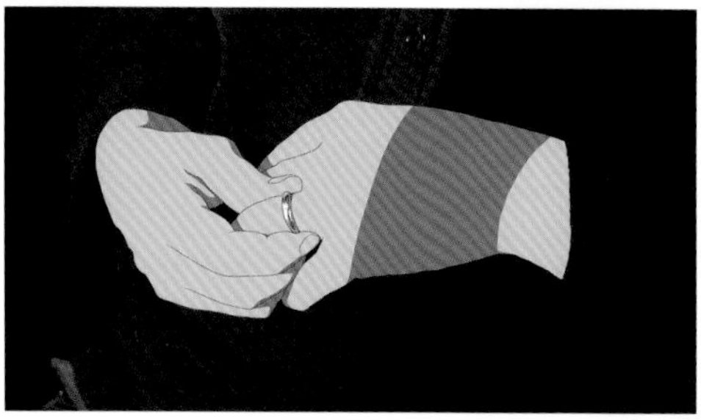

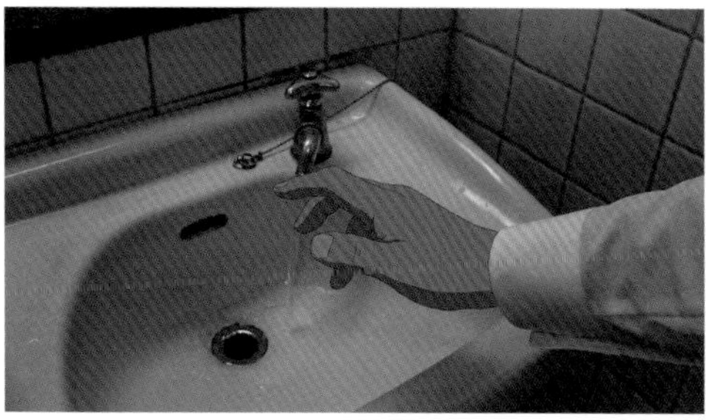

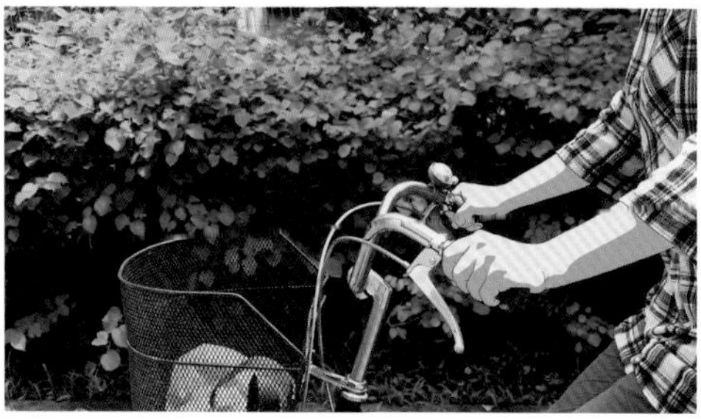

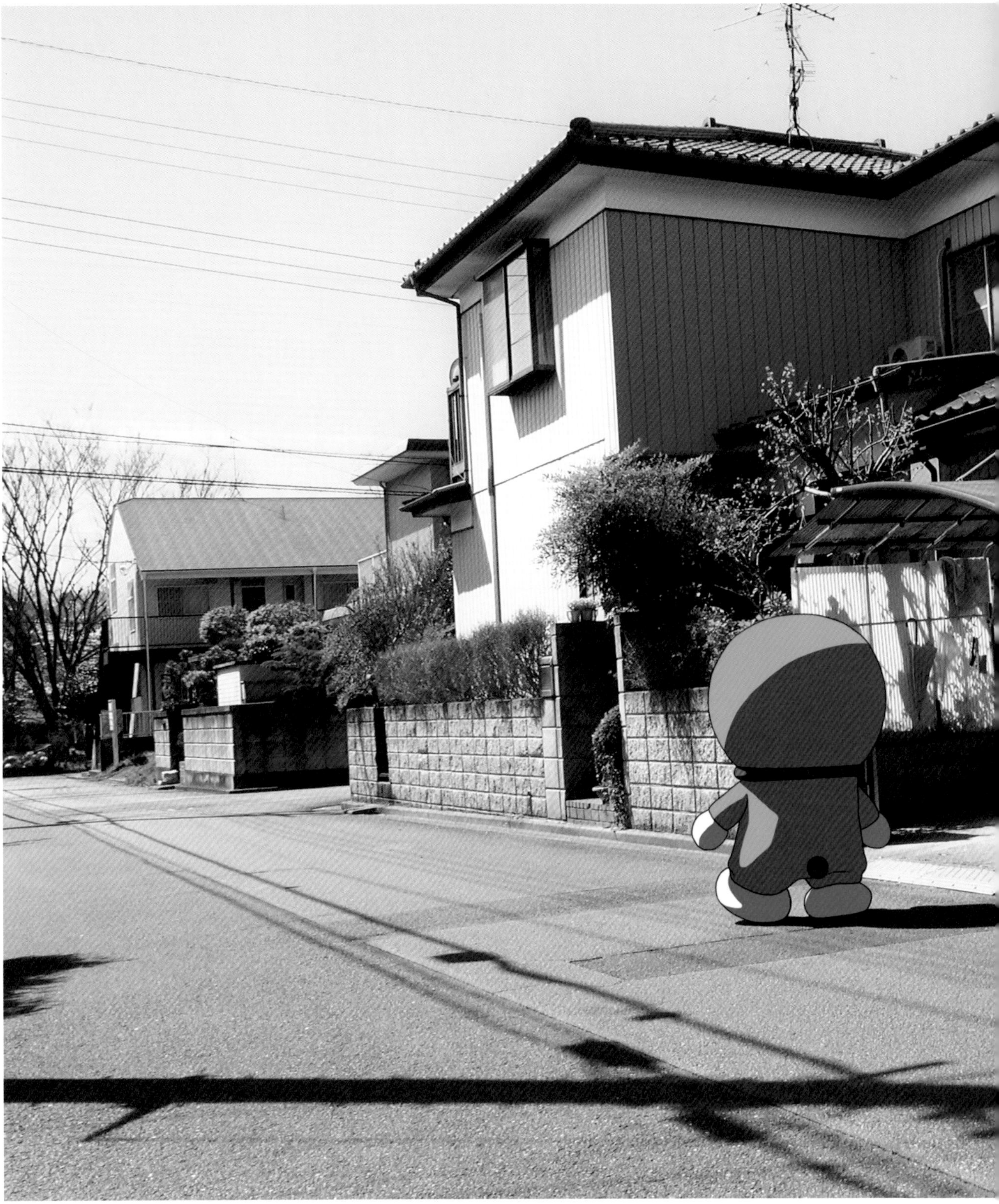

かくれんぼ
Hide-and-Seek

2017

アニメーション、シングルチャンネル・ビデオ(HD、カラー、サウンド)
Animation, single channel video (HD, color, sound)

9分35秒(ループ)| 9 min. 35 sec. (loop)

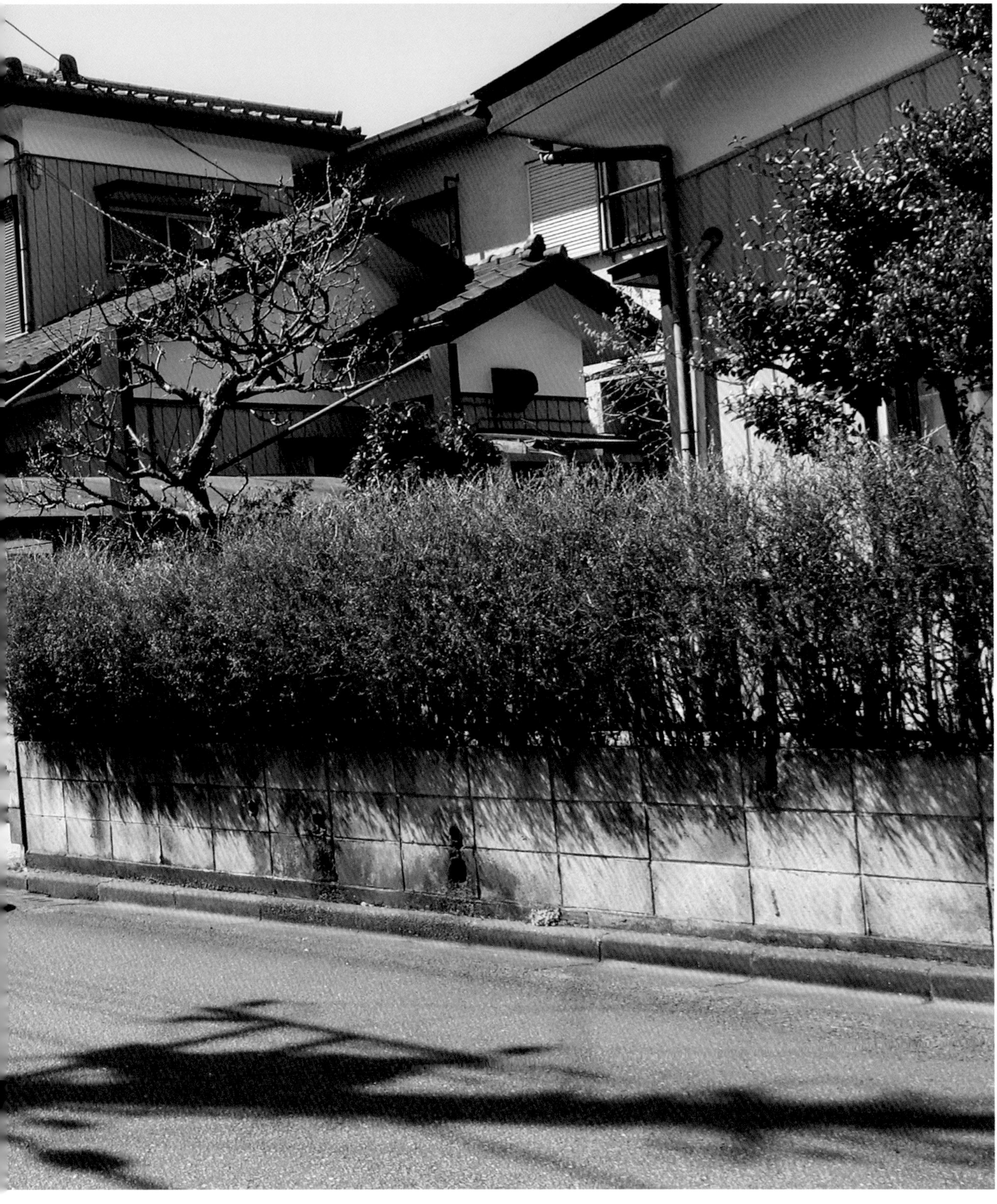

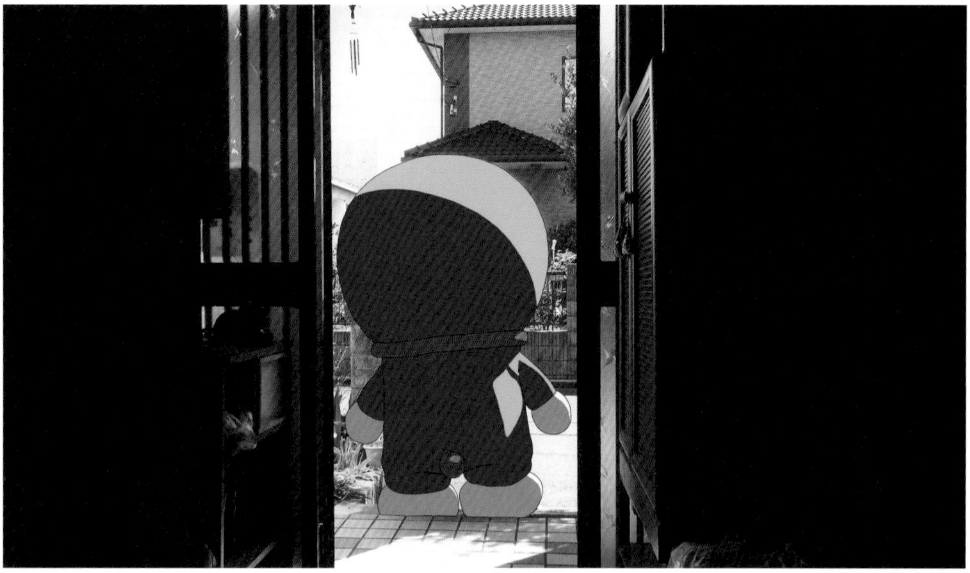

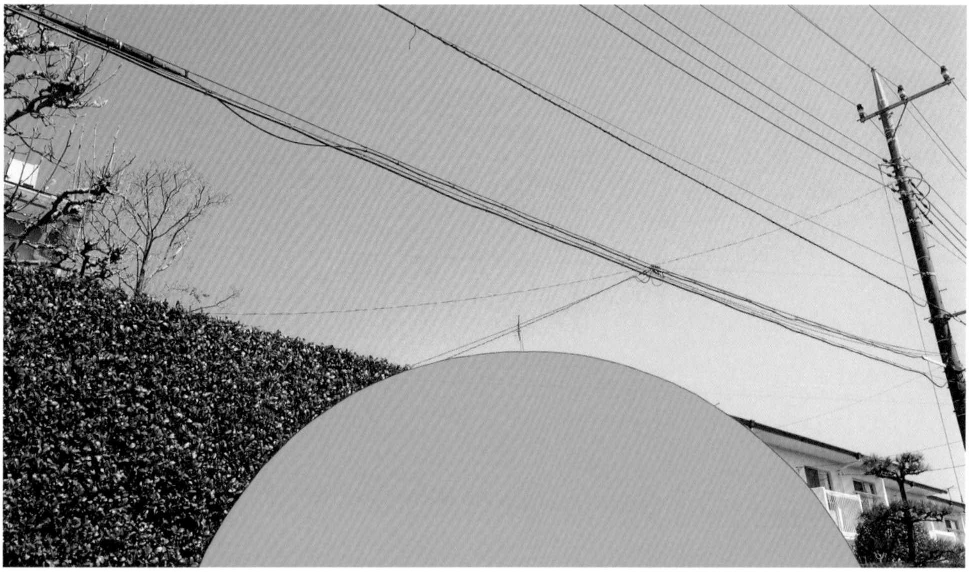

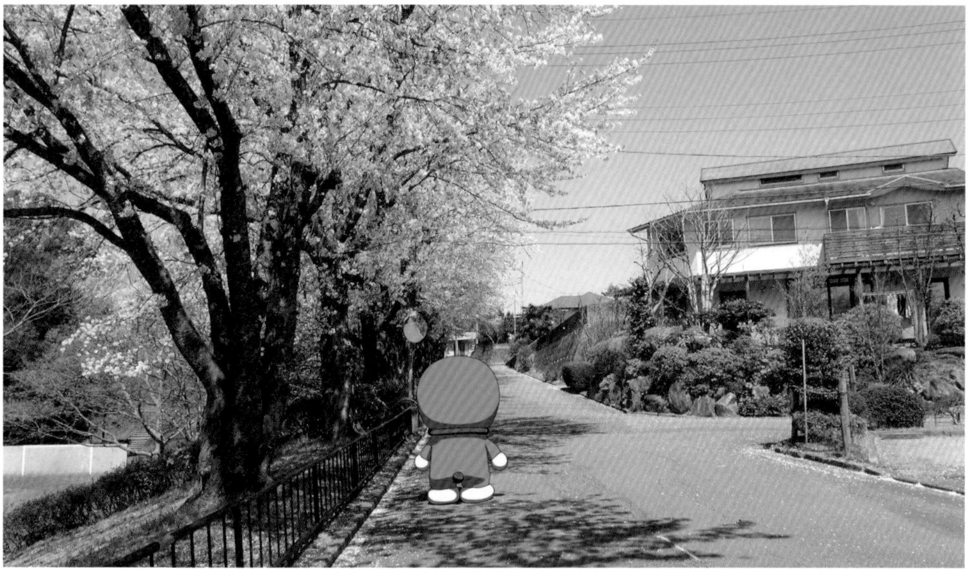

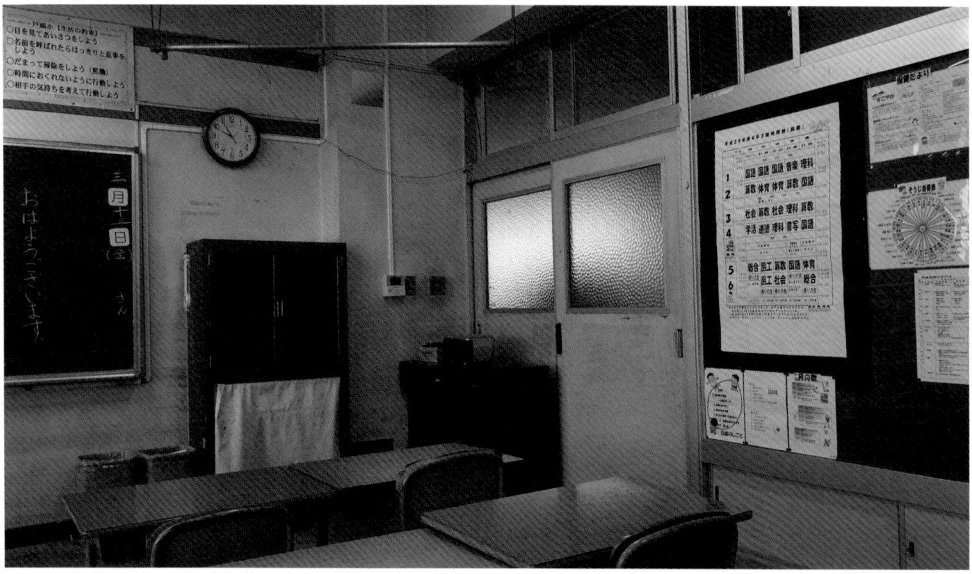
【生活の約束】
○目を見てあいさつをしよう
○名前を呼ばれたらはっきりと返事をしよう
○だまって掃除をしよう（黙働）
○時間におくれないように行動しよう
○相手の気持ちを考えて行動しよう
おはようございます
国語 国語 国語 音楽 理科
算数 体育 体育 算数 国語
社会 算数 社会 理科 算数
学活 道徳 理科 書写 国語
総合 図工 算数 国語 体育
図工 社会 総合
そうじ当番表

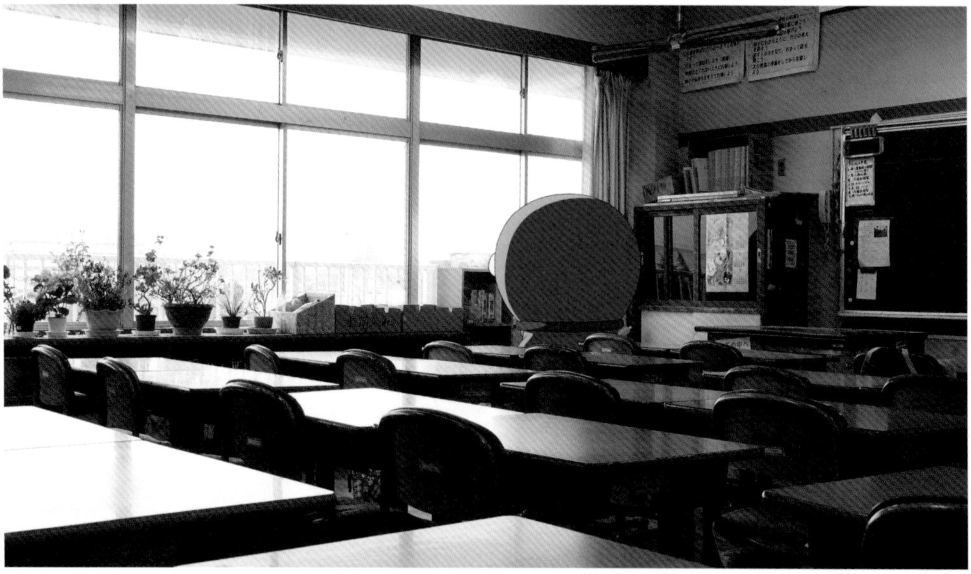

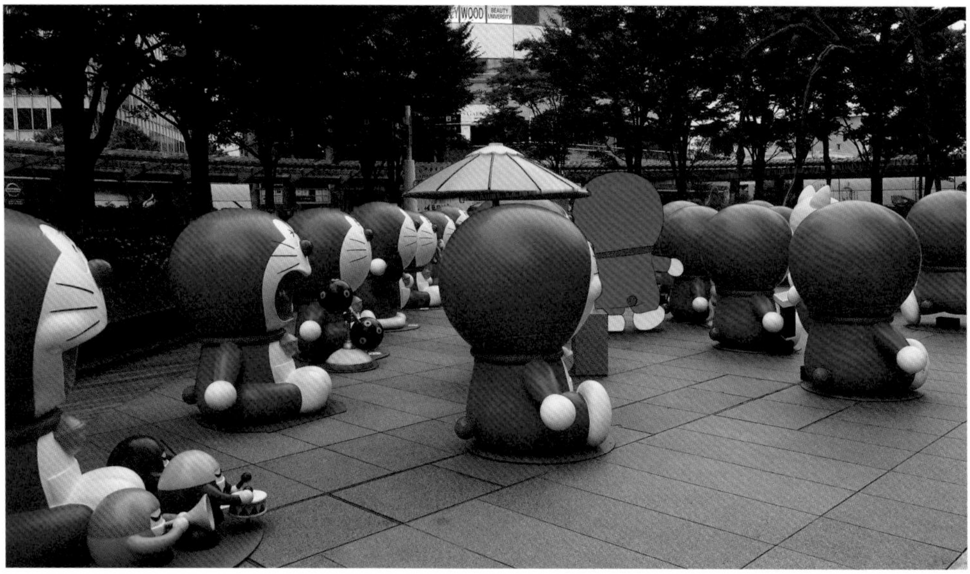

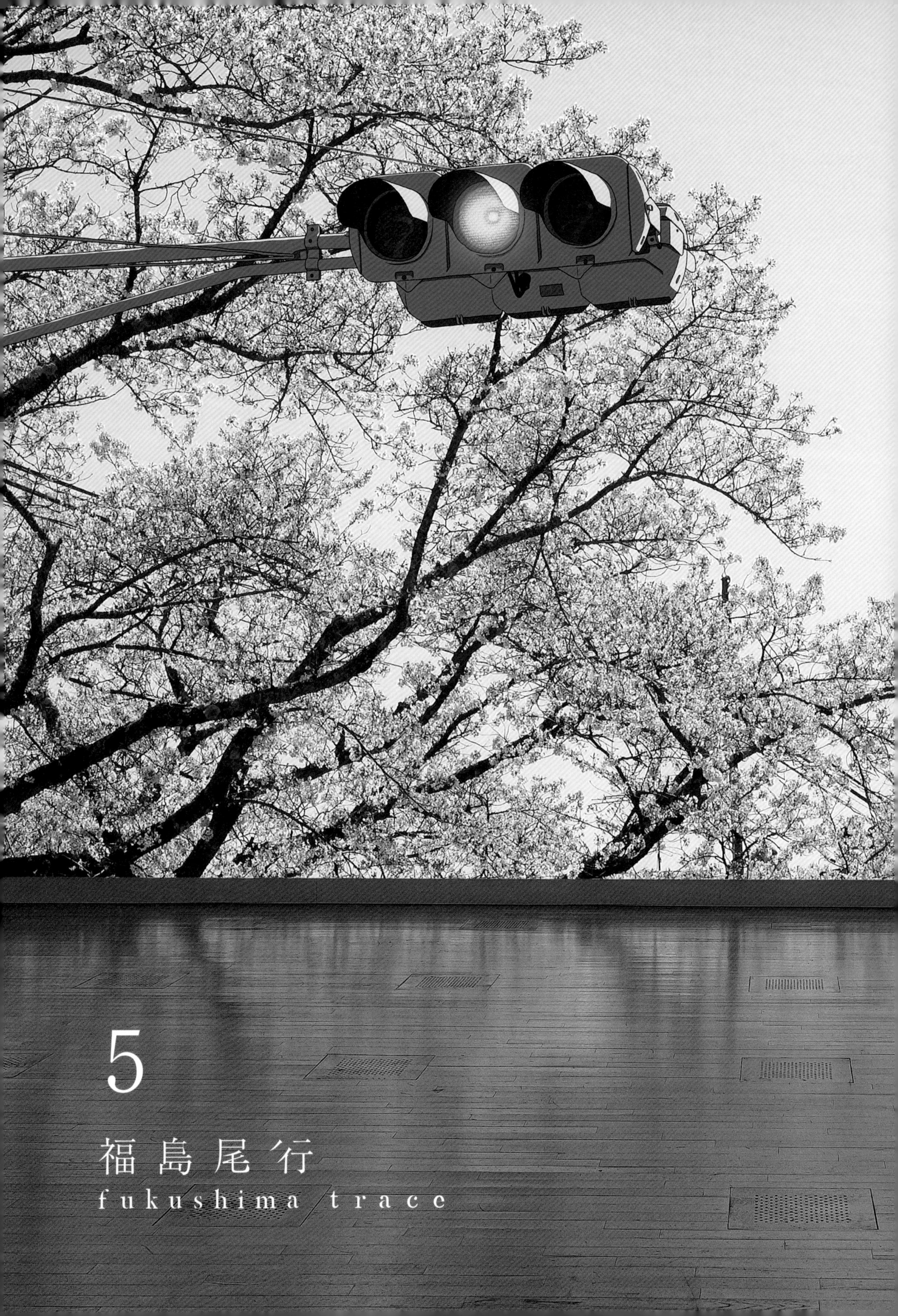
5
福島尾行
fukushima trace

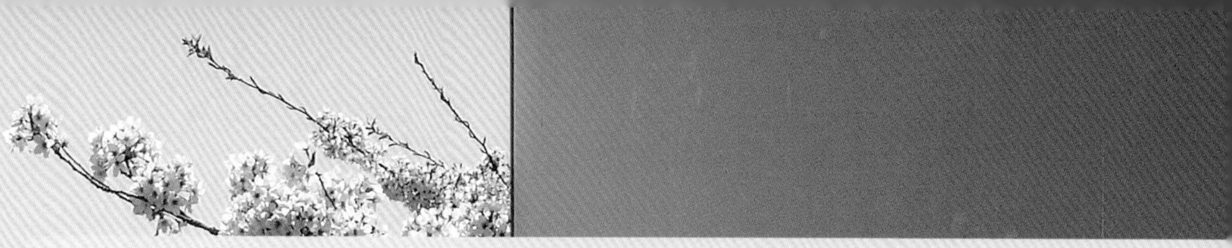

2017年10月、佐藤は東日本大震災と福島原発事故で不通となっていたJR常磐線富岡駅（福島県富岡町）～竜田駅（同楢葉町）間が、約6年7ヶ月ぶりに運転を再開したことを報じる新聞記事を目にする。その記事には、再開式で富岡町長やJR東日本社長が地域の復興に向けての期待を述べる様子や、町民の喜びの声とともに、除染に伴う土壌や廃棄物を詰め込んだ黒いフレコンバッグが、富岡駅のすぐ横に大量に積まれた様子が映されていた。このショッキングな情景を目にした佐藤は、福島の現状を自身の目で見て、感じ、記録に残さなければと強く思う。そして半年のあいだに数回現地を訪れ、制作したのが《福島尾行》（2018）である。

じつは、《福島尾行》は未完の作品と言われている。それは、佐藤がこの作品を最低でも1年以上かけて、可能であればライフワークのようなかたちでじっくりと撮影して描きたかったのだが、それがかなわなかったからである。病気の進行から体力的に遠出することが難しくなるほか、片目がかすみ出し、トレース作業が困難になる。そして、2018年9月に医師から余命3ヶ月の宣告を受け、自身に残された時間を知らされる。そのため、それまでに取材した映像をもとに、何とか生きているあいだに編集を完了させようと取り組み、仕上げたのである。

佐藤は、自然の脅威や原発事故によって姿を変えられてしまった福島の姿を記録に残すとともに、画面の中に人は映されていないけれども、本来であれば人々の姿や暮らしがあったことを私たちに思い起こさせ、伝えようとしたのだろう。

In October 2017, Sato saw a newspaper article reporting that the JR Joban Line between Tomioka Station (in the town of Tomioka, Fukushima) and Tatsuta Station (in the town of Naraha, Fukushima) where operations had been suspended since the Great East Japan Earthquake and Fukushima nuclear plant disaster, was now running after approximately six years and seven months. The article described how the mayor of Tomioka and the president of JR East Japan expressed their hopes for the area's revival at a reopening ceremony, and the townspeople were delighted that the train was back in service, while also containing a photo showing a huge number of black flexible container bags, full of stripped-away radioactive soil and rubble, piled right next to Tomioka Station. Having seen this shocking sight, Sato felt strongly that he needed to witness, experience, and document the current state of Fukushima Prefecture in person. Over the course of six months he visited several times, and the result was *Fukushima Trace* (2018).

In fact, *Fukushima Trace* is believed to be unfinished, as Sato wanted to take at least a year to shoot and trace this work, and if possible to make it a long-term project lasting years, but that was not to be. In addition to his worsening illness making it physically challenging to travel far from home, his vision in one eye grew blurry and the work of tracing became difficult. In September 2018, he was told by a doctor that he could expect to live for another three months. Under these circumstances, he used the footage he had shot thus far and managed to complete the editing during his lifetime, producing the work as it now exists.

Sato documented the scenery of Fukushima, which had been completely transformed by the natural disaster and nuclear accident, and although there are no people in the picture, he evidently intended to convey to the viewer the absent people and their daily lives, which would have been present had the tragedy not occurred.

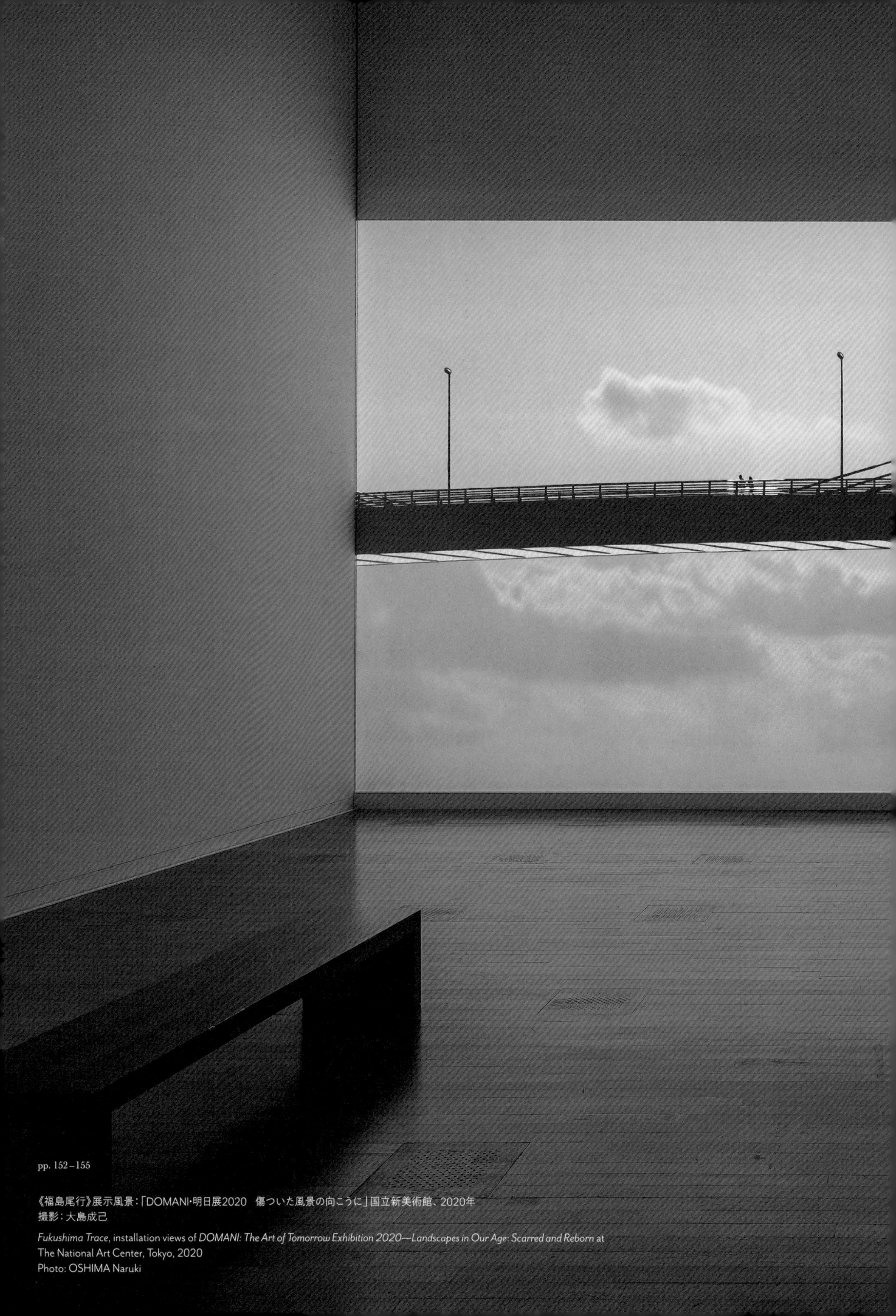

pp. 152–155

《福島尾行》展示風景：「DOMANI・明日展2020　傷ついた風景の向こうに」国立新美術館、2020年
撮影：大島成己

Fukushima Trace, installation views of *DOMANI: The Art of Tomorrow Exhibition 2020—Landscapes in Our Age: Scarred and Reborn* at
The National Art Center, Tokyo, 2020
Photo: OSHIMA Naruki

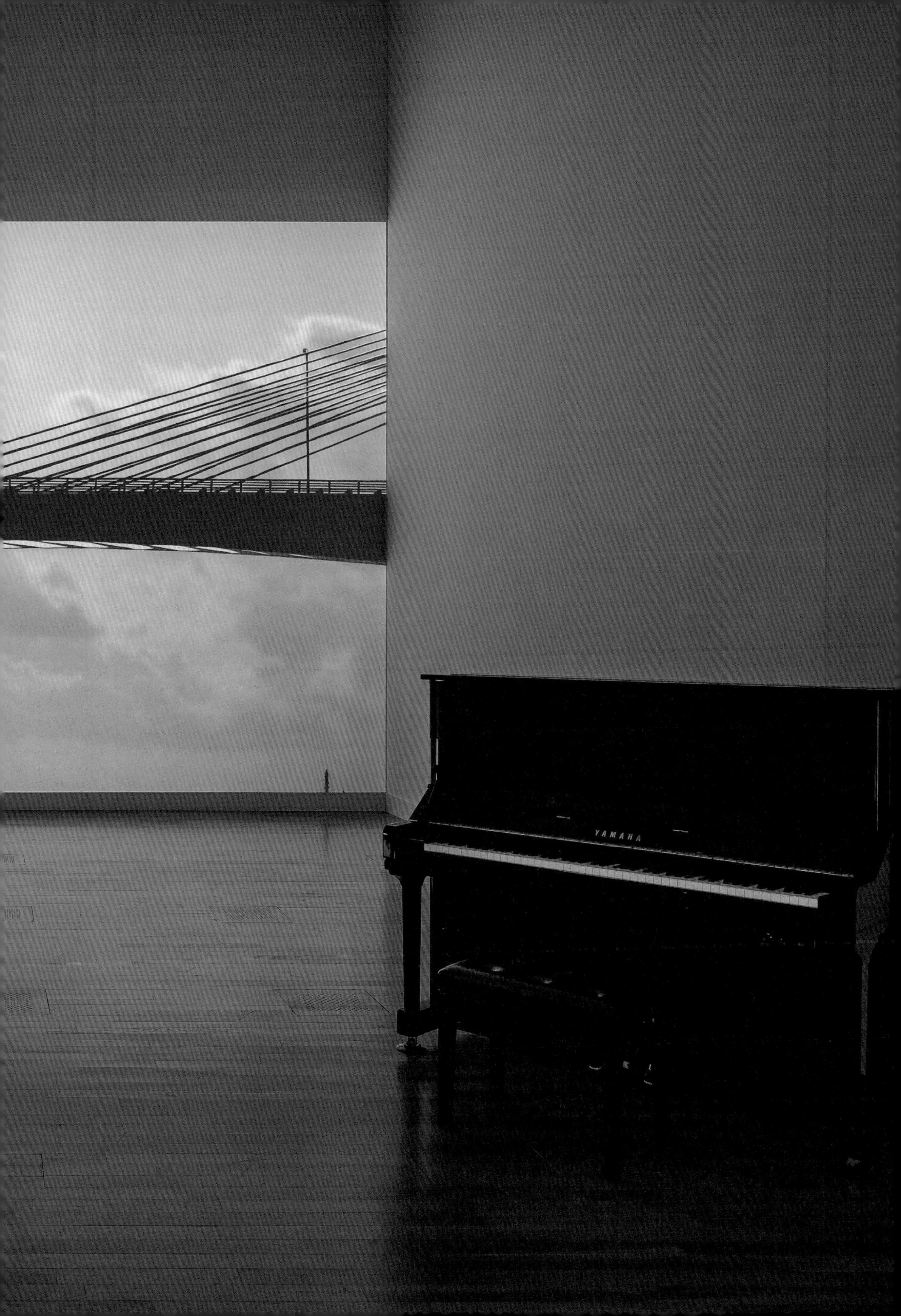
YAMAHA

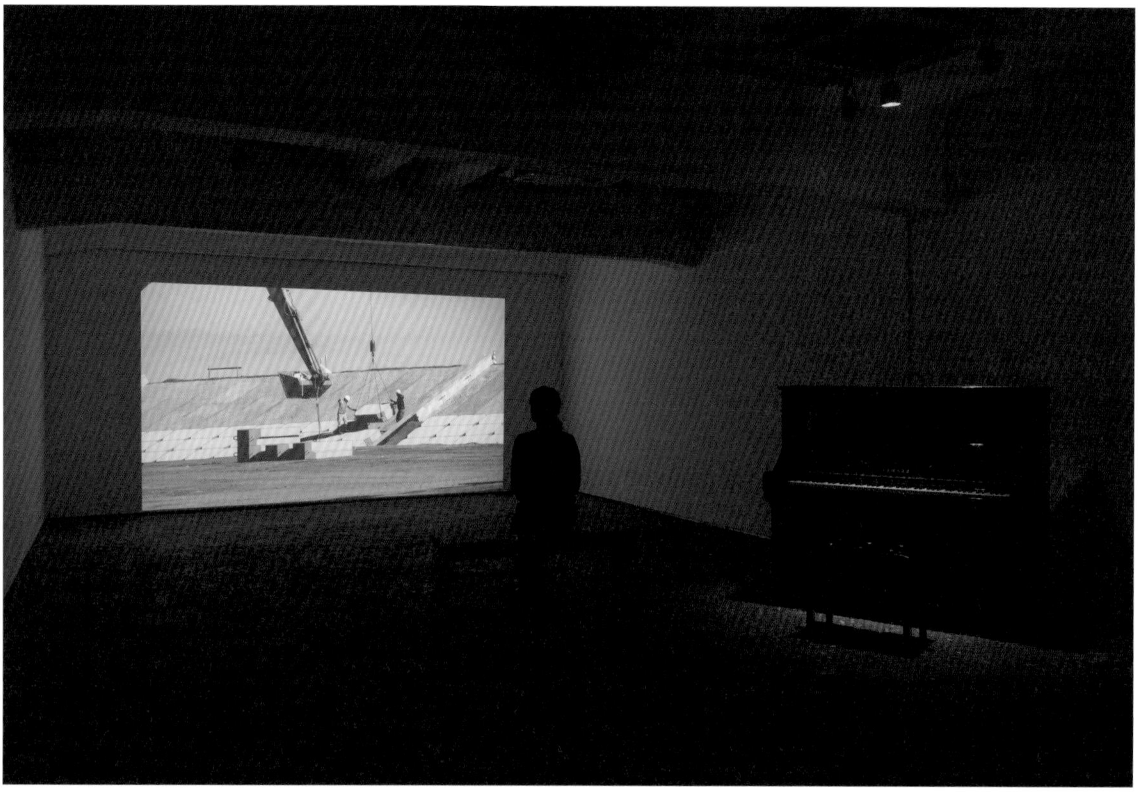

福島尾行

Fukushima Trace

2018

アニメーション、シングルチャンネル・ビデオ（HD、カラー）、自動演奏ピアノ
Animation, single channel video (HD, color), player piano

ループ｜Loop

《福島尾行》展示風景：「ACT Vol. 1『霞はじめてたなびく』」トーキョーアーツアンドスペース本郷、2019年
撮影：加藤健　画像提供：トーキョーアーツアンドスペース

Fukushima Trace, installation views of *ACT Vol. 1 "First Lingering Mist of Spring"* at Tokyo Arts and Space Hongo, 2019
Photo: KATO Ken　Photo courtesy of Tokyo Arts and Space

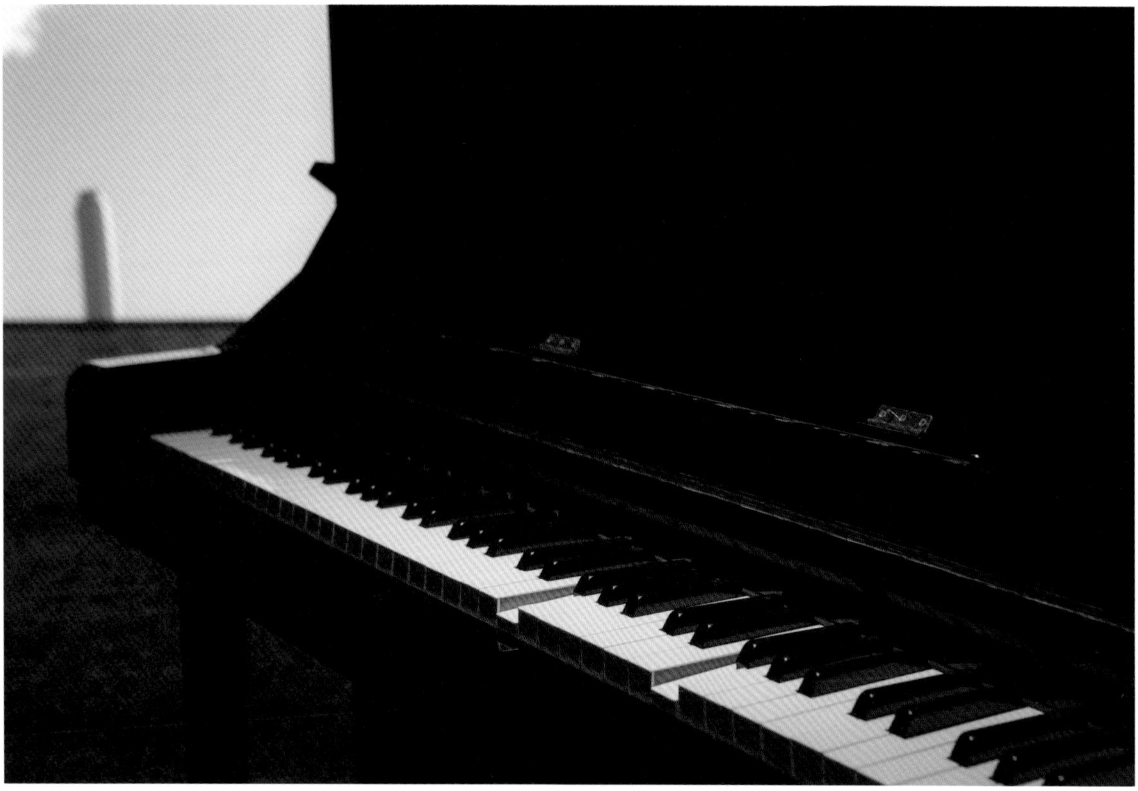

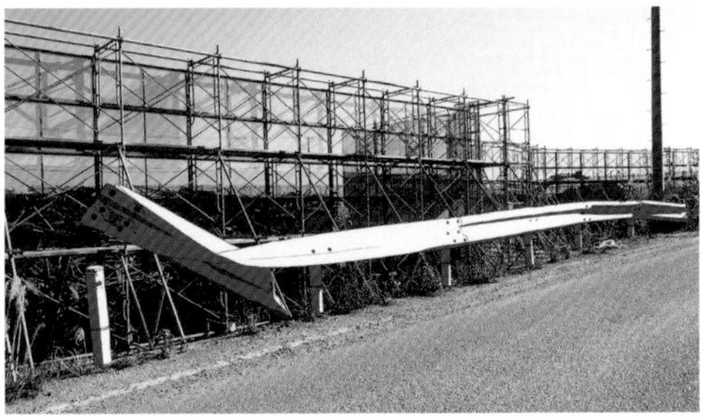
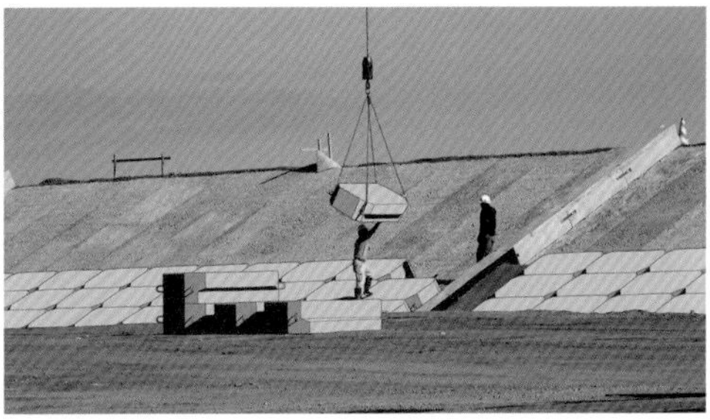
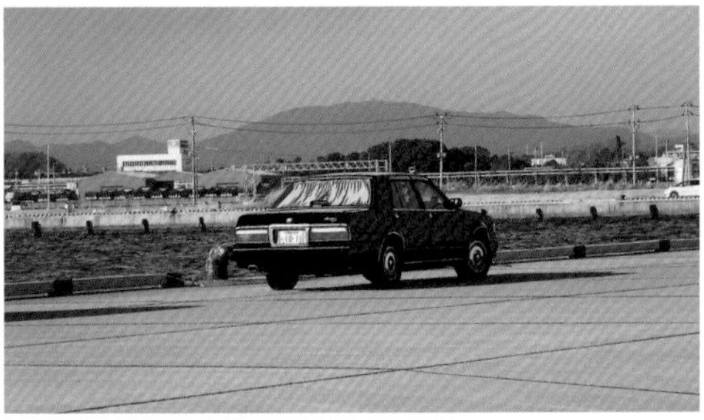
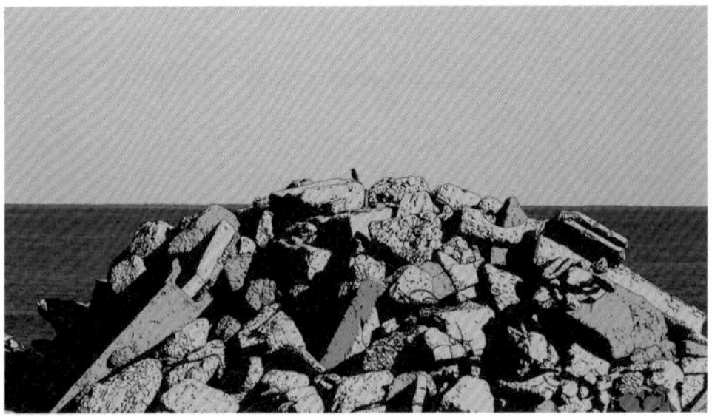
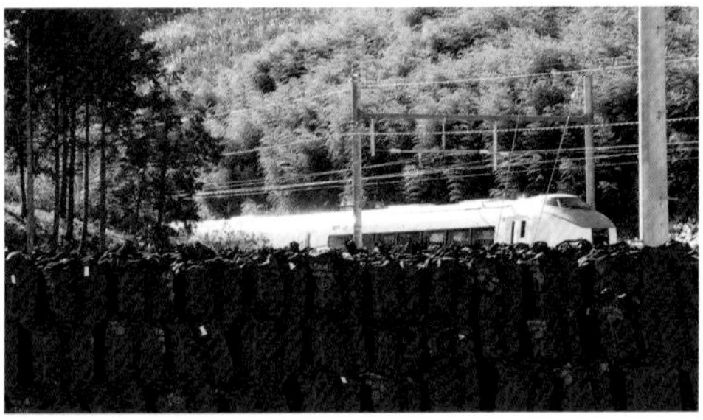
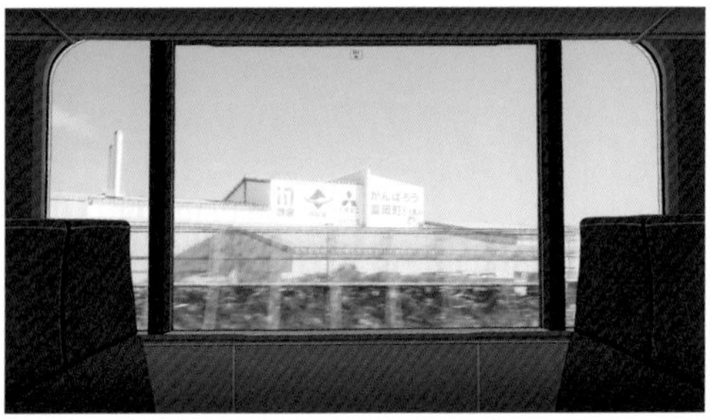
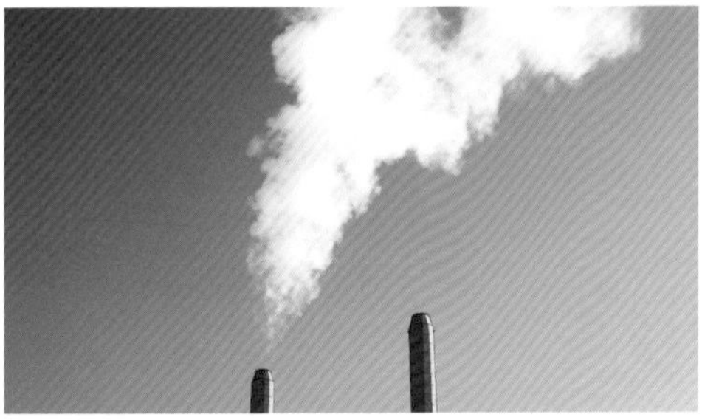
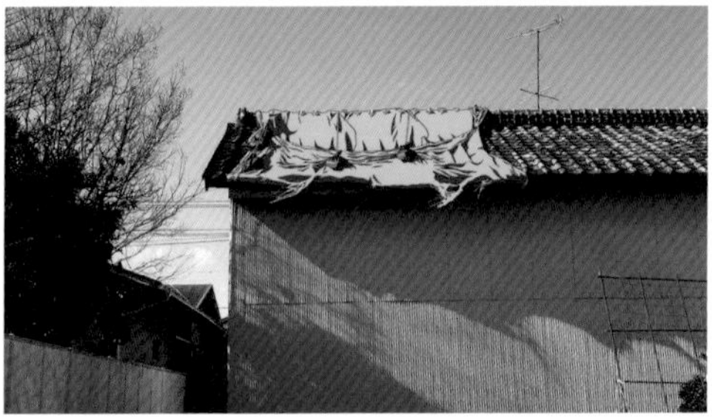
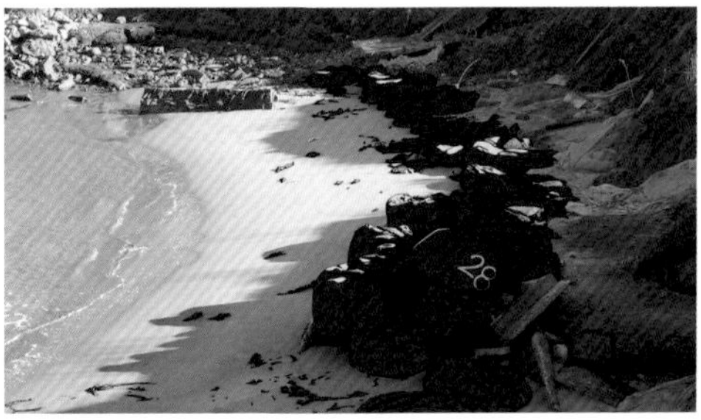
28
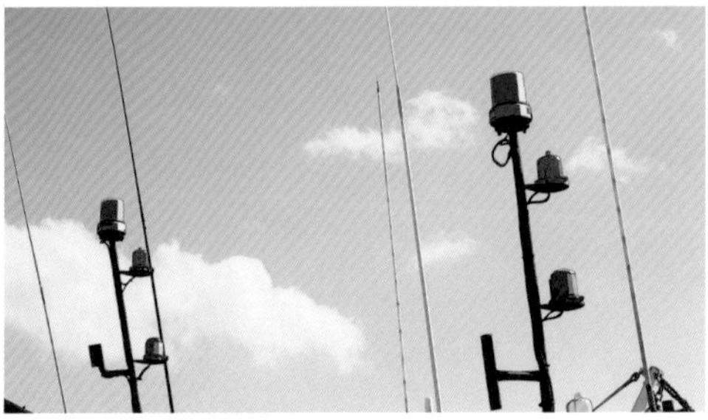

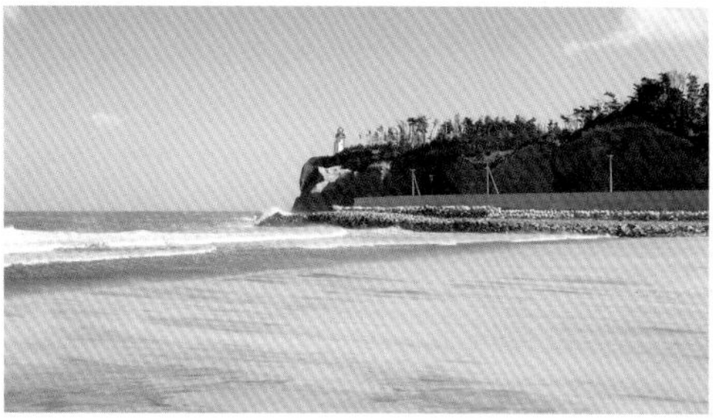

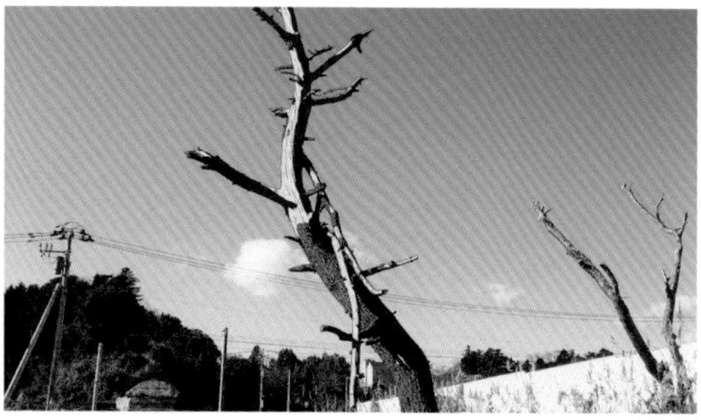

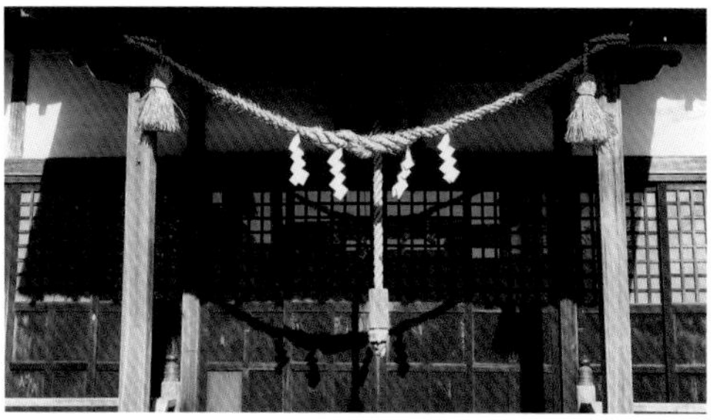

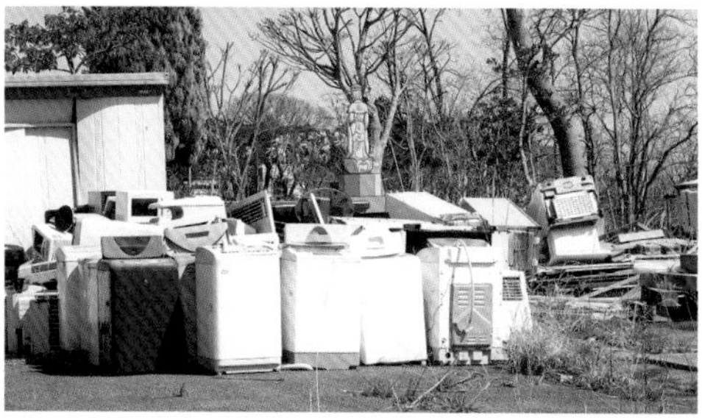

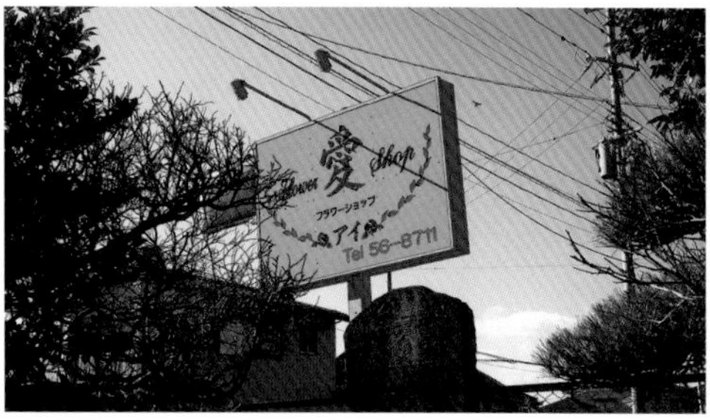
愛 Shop
フラワーショップ
アイ
Tel 56-8711

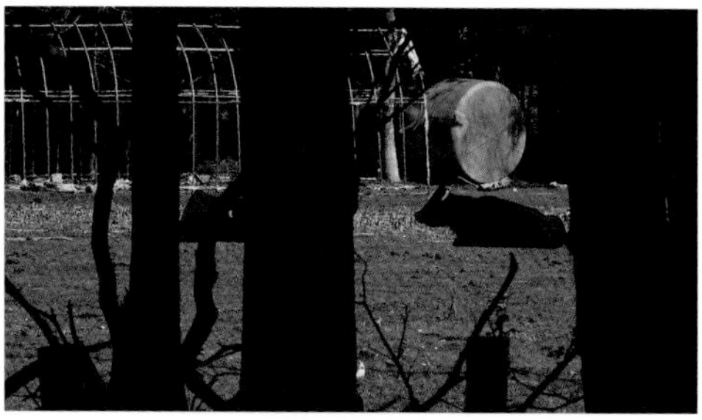

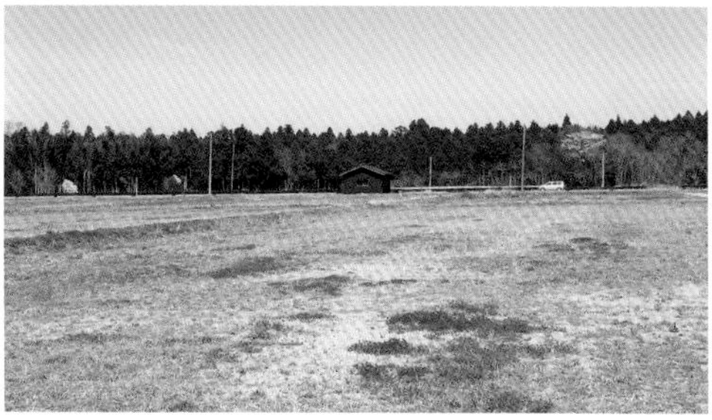

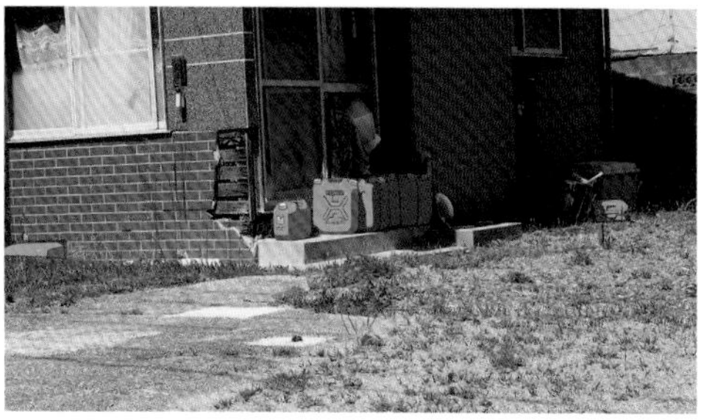

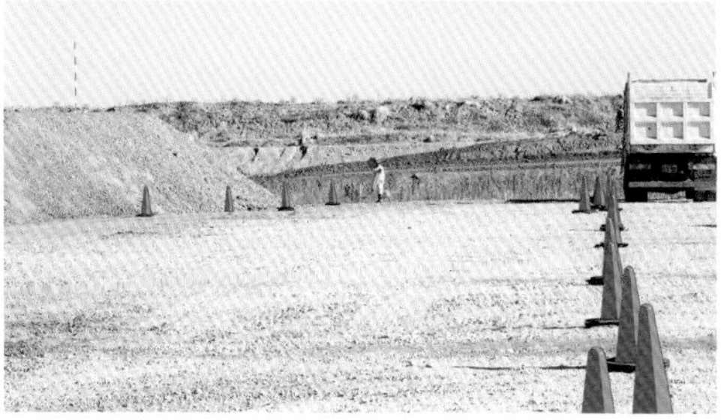

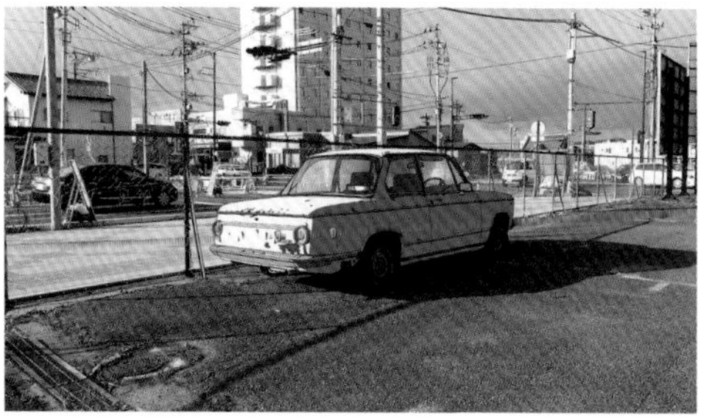

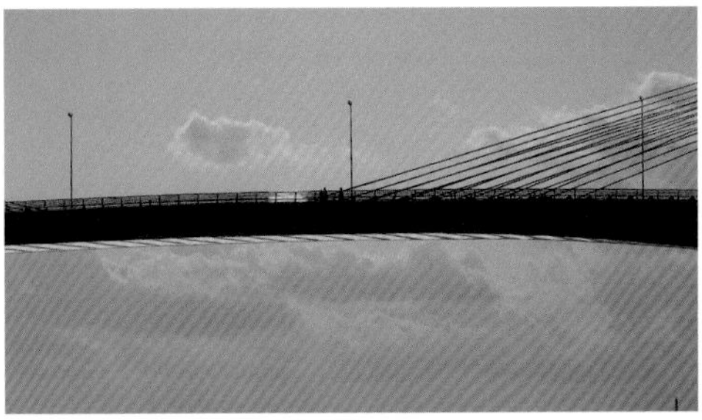
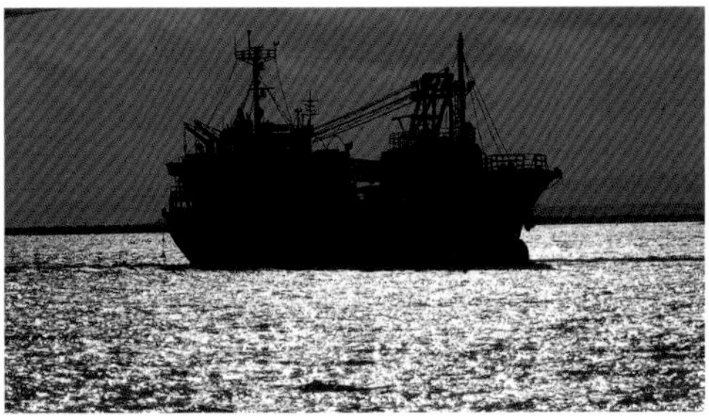
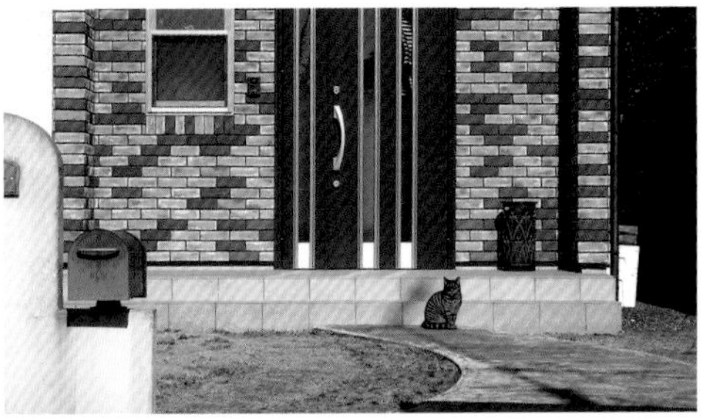
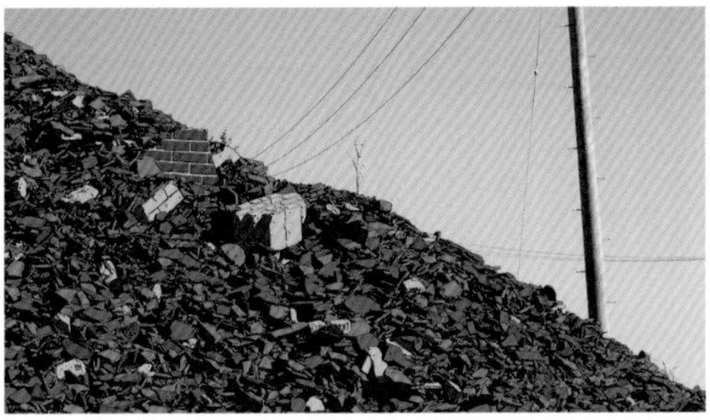
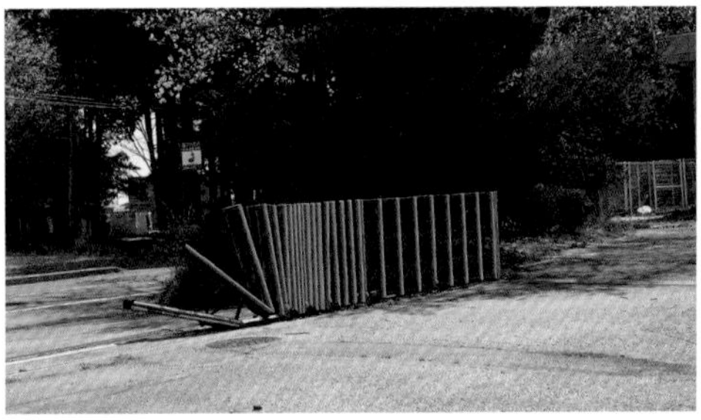
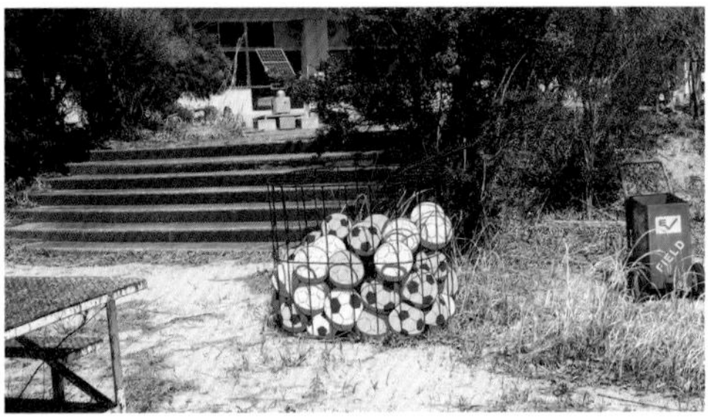
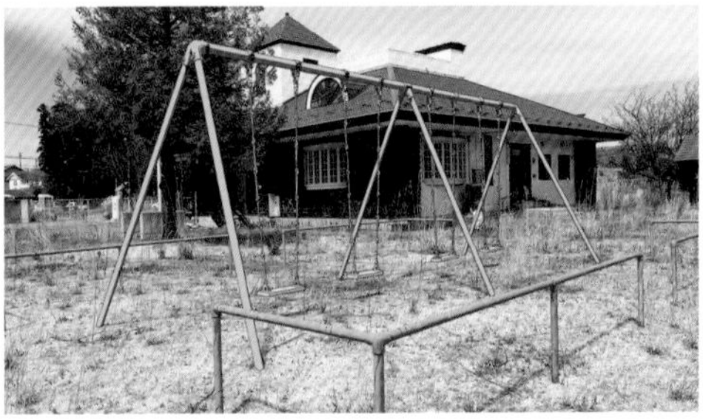
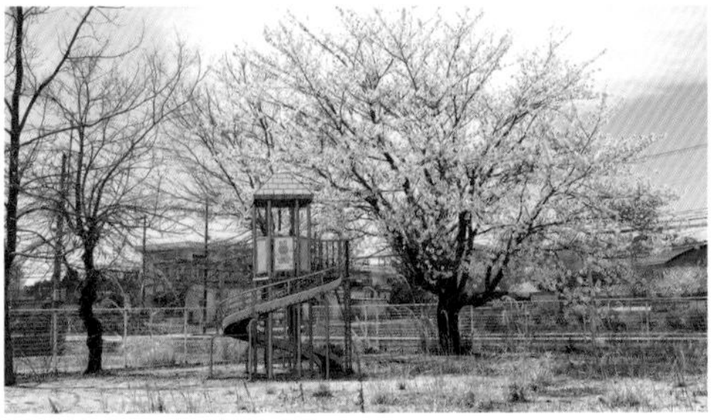
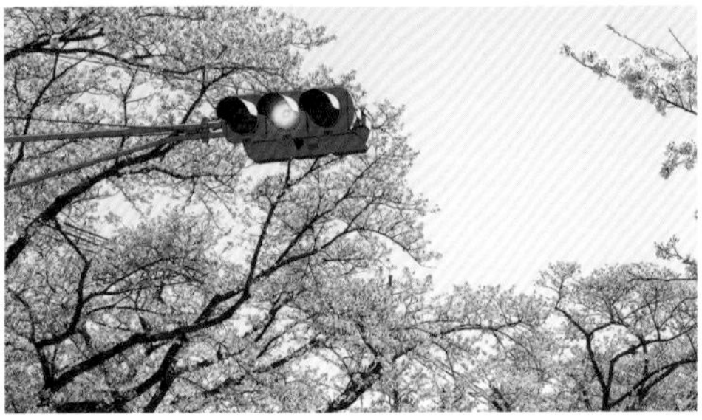
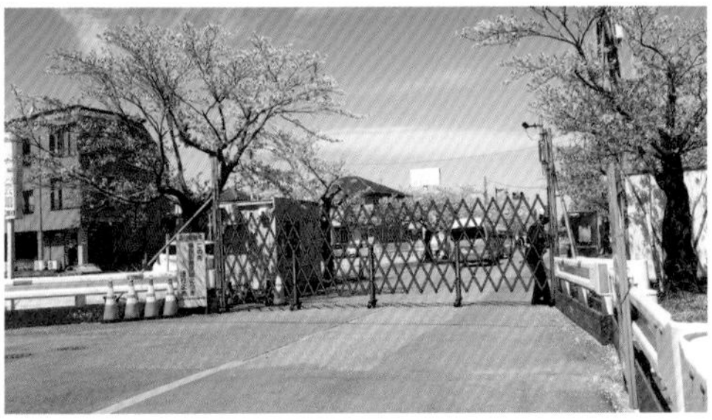

epilogue

死神先生

dr. reaper

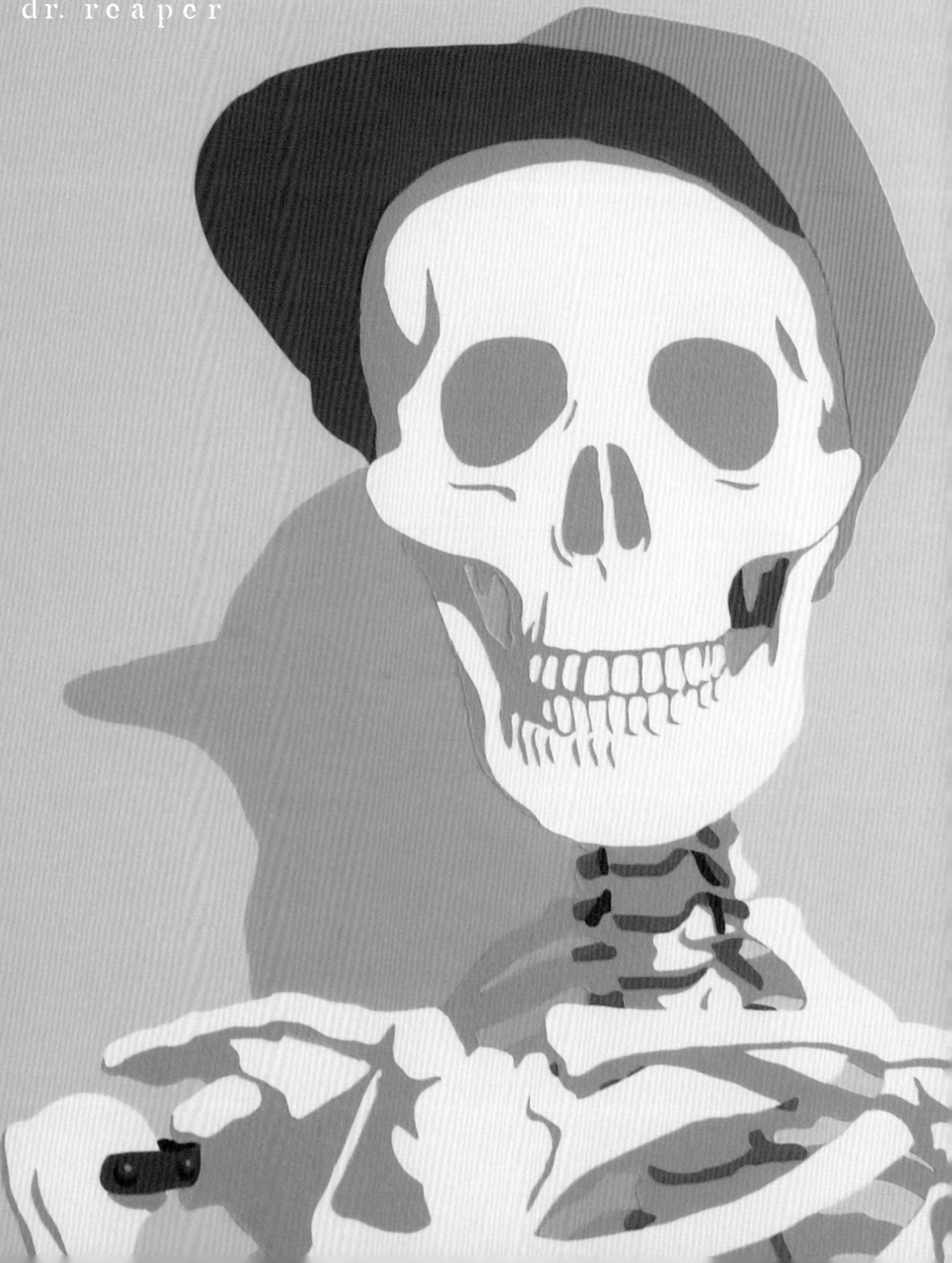

「死神先生」（2018）は、9点のアクリル画と1点のオブジェクトで構成されたシリーズ作品である。

病気の進行により、活動範囲を限られざるをえない佐藤が、制作の対象に選んだのは、家の中にある段ボール箱や玄関のチャイムなど、日々の生活のなかで目にする、ある意味他愛のないものばかりであった。それらのものに愛おしむような眼差しを向け、一筆ひと筆丁寧に描いていった。

帰国した2010年から9年ものあいだは、佐藤にとって常に病との闘いだった。自身の病、そして、死と向き合わざるをえない状態にありながらも、決して逃げることもひるむことなく、自身の宿命《さだめ》を受け入れ、創作を続けた。そして45年の生涯を通して取り組んだ創作活動の最後に、佐藤が再び巡り会ったのが、子供の頃から慣れ親しんだ絵筆と絵具で絵を描くことであった。

およそ20年間、パソコンに向かって膨大な時間を費やし、この世の理《ことわり》や社会的な課題など、様々なものを描くことに取り組んできた佐藤にとって、純粋に目の前にあるものを絵筆で描くことは、至高の喜びだったのではないだろうか。

2019年3月9日、個展「死神先生」（KEN NAKAHASHI、2019年）が開催されるなか、佐藤は家族に見守られながら、静かに旅立っていった。

Dr. Reaper (2018) is a series consisting of nine acrylic paintings and one object. Sato, forced to restrict the scope of his activities due to the progress of his illness, chose to render ostensibly humdrum objects he saw in his immediate surroundings—a cardboard box, a doorbell—with great care and tenderness.

The nine years after Sato returned to Japan in 2010 were a constant battle with cancer. Despite being faced with his own illness and impending death, he never fled from the truth, accepted his own destiny and continued to create art. In the final works of his 45 years, he returned to painting, reunited with the brushes and paints he had used since childhood as if meeting an old friend. For Sato, who had spent an enormous amount of the past 20 or so years in front of a computer, grappling with issues related to the natural laws of our world and the state of society, it must have been supremely joyful to simply hold a brush and paint what he saw.

On March 9, 2019, while his solo exhibition *Dr. Reaper* (KEN NAKAHASHI, 2019) was on view, Sato quietly departed this world, surrounded by his family.

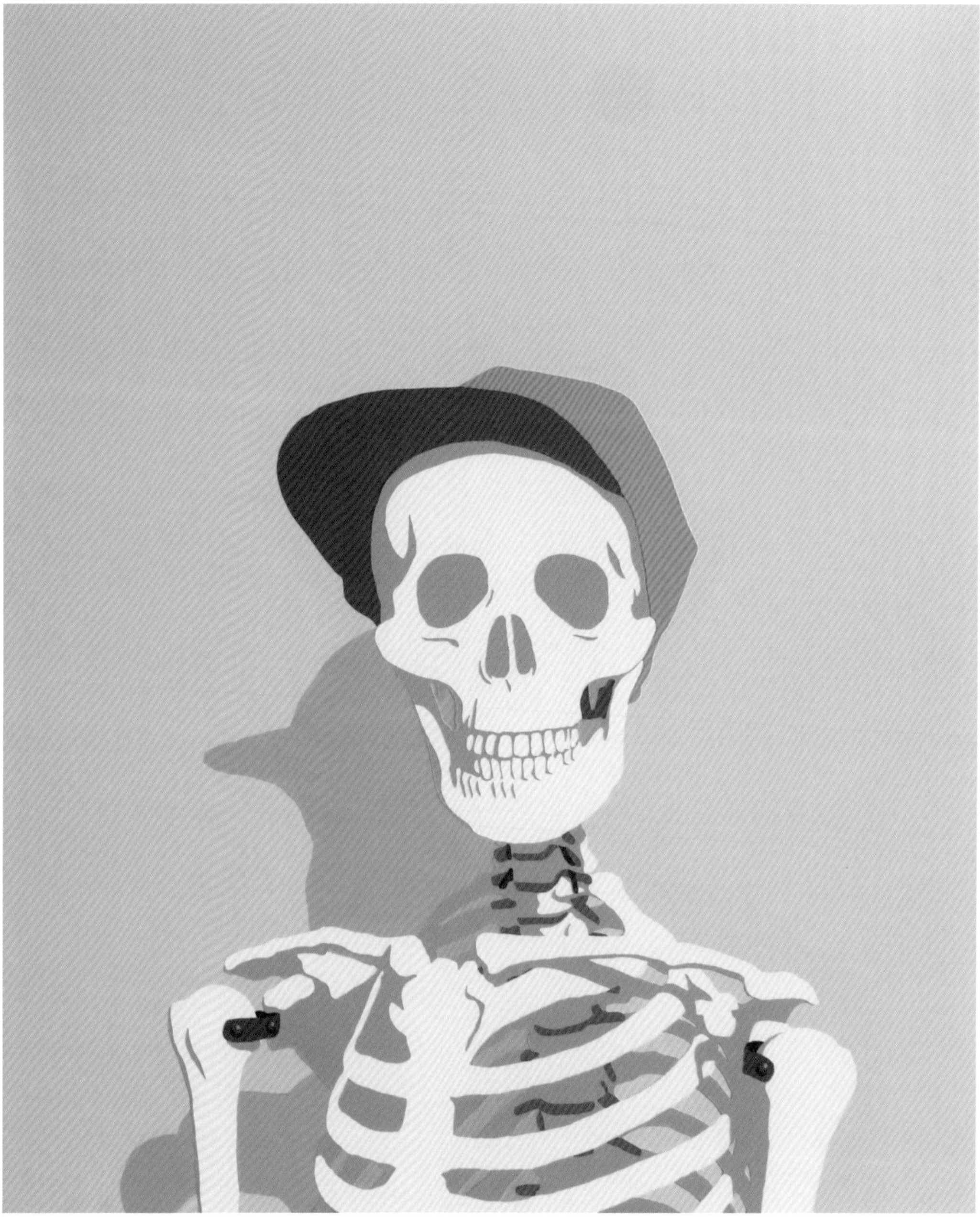

ガイコツ
Skull
2018
アクリル、木製パネル
Acrylic on wooden panel
72.7 × 60.6 cm

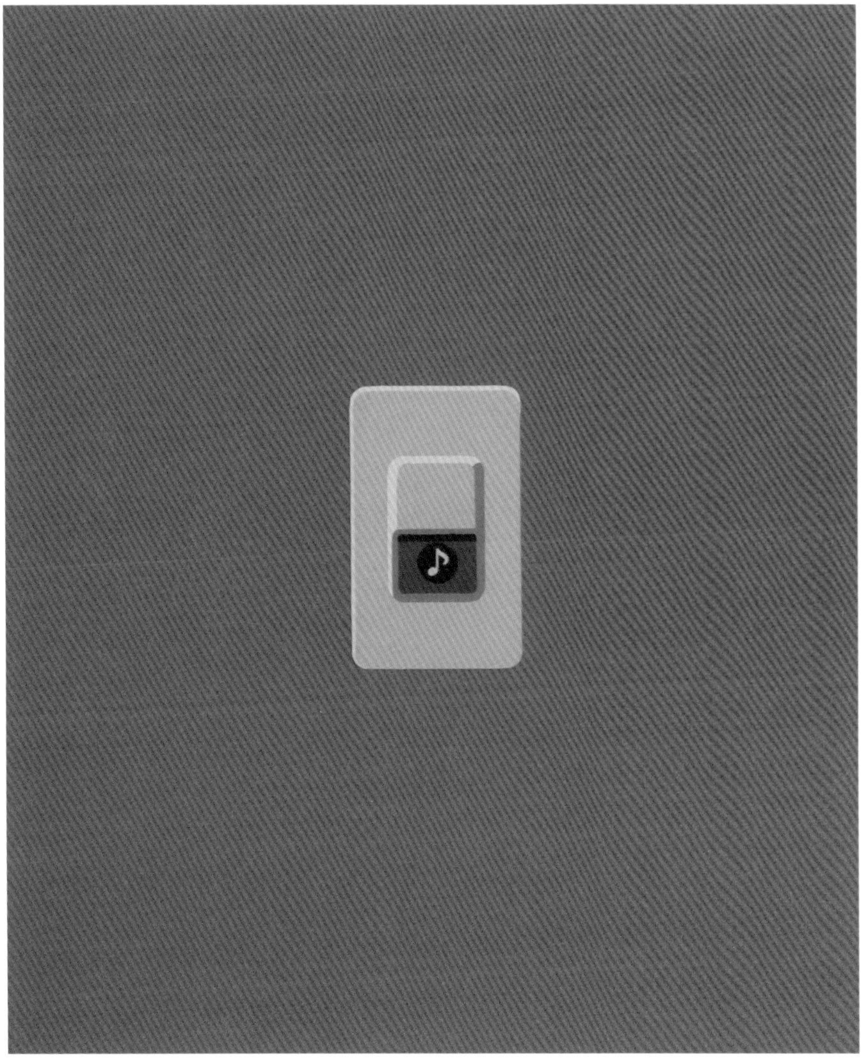

チャイム
Doorbell
2018
アクリル、木製パネル
Acrylic on wooden panel
45.4 × 38 cm

コンセント
Outlet
2018
アクリル、木製パネル
Acrylic on wooden panel
18 × 14 cm

スイッチ

Switch

2018

アクリル、木製パネル

Acrylic on wooden panel

33.3 × 33.3 cm

ダンボール箱

Carton

2018

アクリル、木製パネル

Acrylic on wooden panel

32.1 × 40 cm

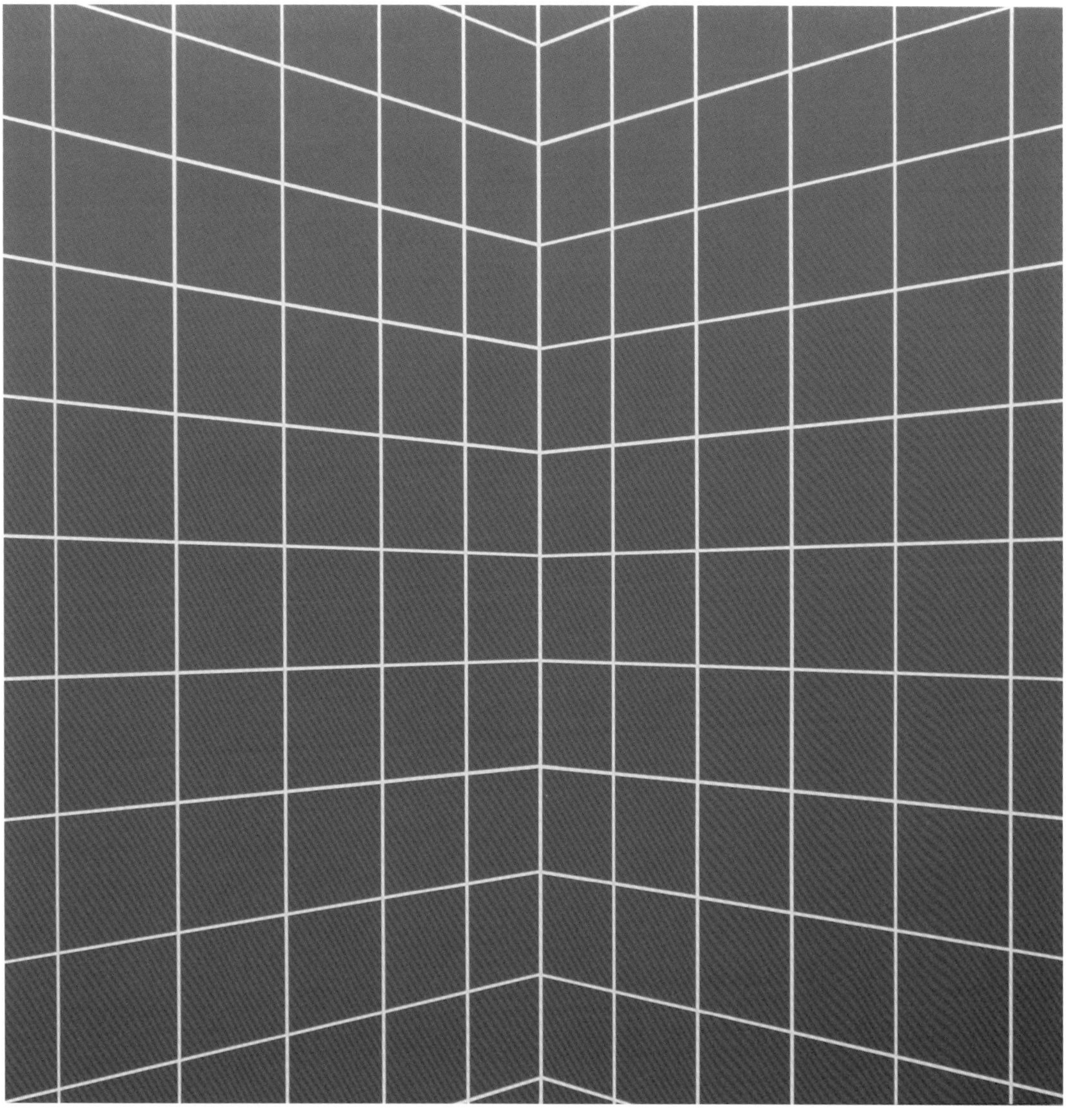

浴室
Bathroom
2018
アクリル、木製パネル
Acrylic on wooden panel
80.2 × 80.2 cm

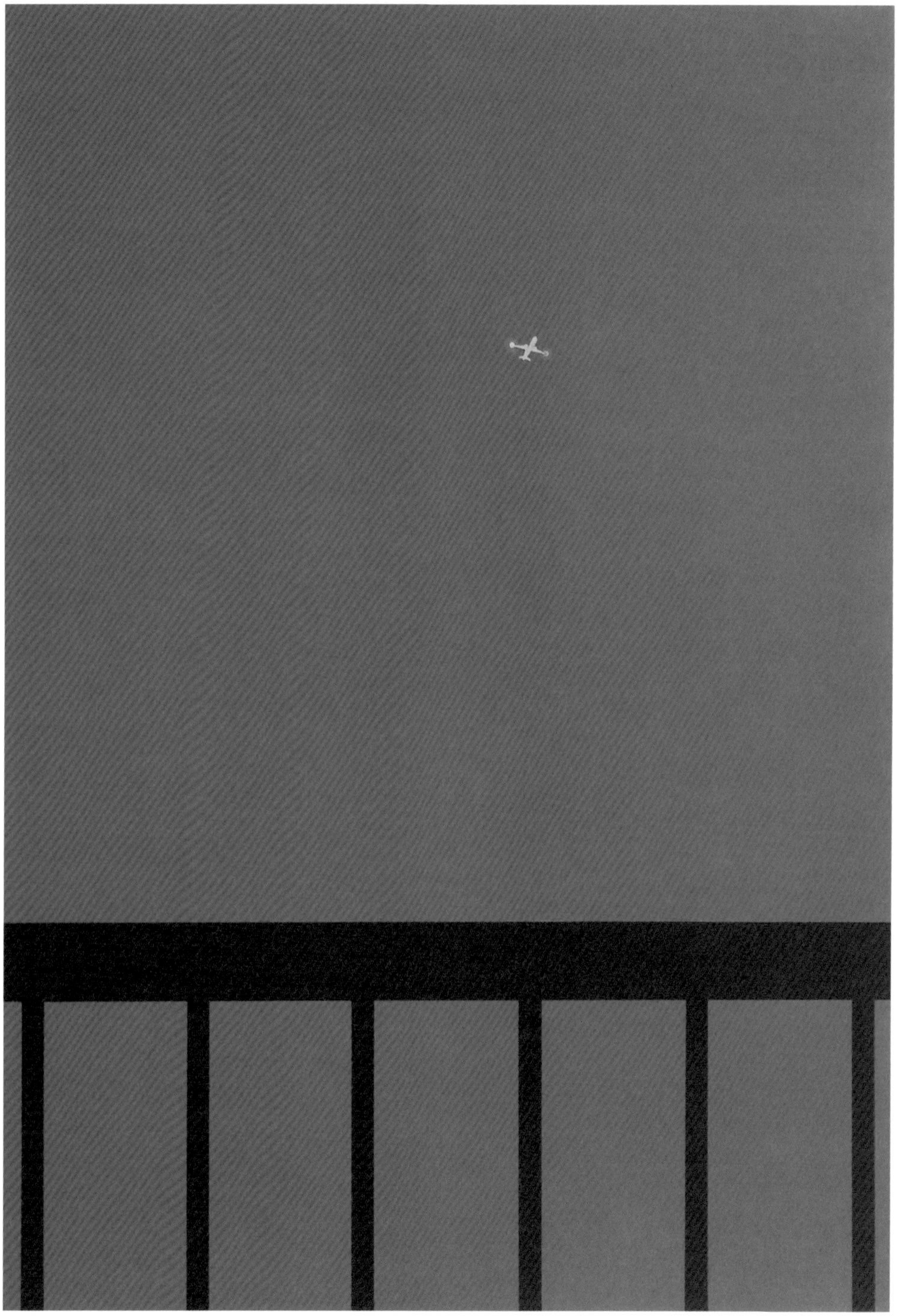

夜空

Night Sky

2018

アクリル、木製パネル

Acrylic on wooden panel

84.1 × 59.4 cm

ヤモリ
Gecko
2018
アクリル、木製パネル
Acrylic on wooden panel
40 × 32 cm

階段
Stairs
2018
アクリル、木製パネル
Acrylic on wooden panel
91 × 65.2 cm

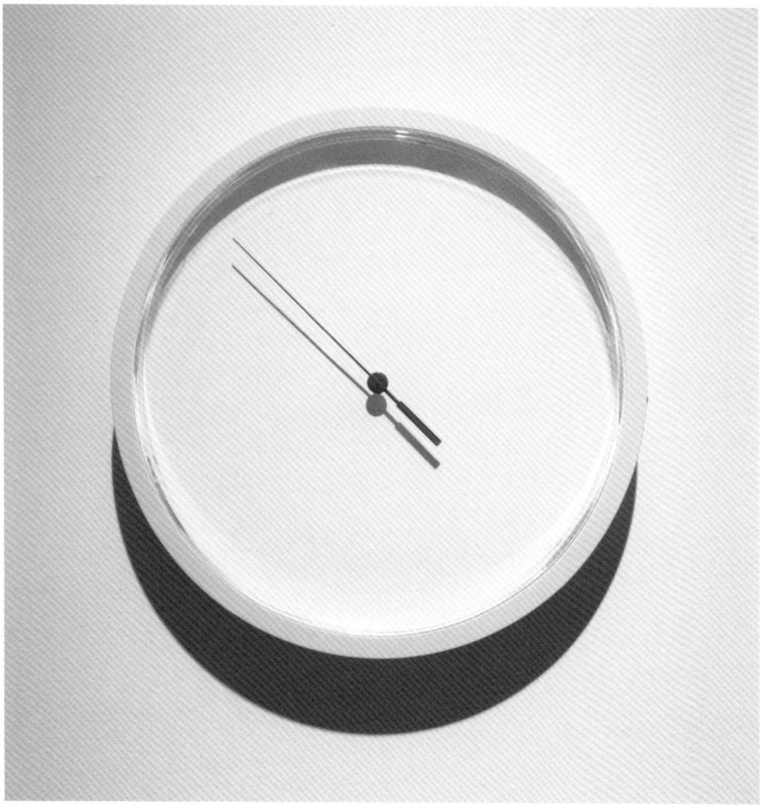

now
2018
時計
Clock
Ø23 × 3 cm

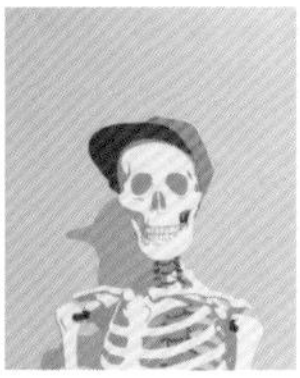

ガイコツ
Skull

妻が作品を制作するために購入したガイコツの標本が居間に飾られていて、慣れない間は夜中によく驚かされていました。それに長年通っていた病院の診察室にもガイコツの頭が置いてあったので、僕にとっては身近な置物のような存在でした。ただ、ぼくの担当医に「死神先生」というあだ名をつけた頃から、ガイコツが怖い存在になりました。なのでその恐怖を打開すべくキャラクター化しようと試みたのがこの作品です。

I'm often startled by the skeleton model in our living room that my wife (who is also an artist) bought for her work. It was also kind of familiar for me, because I occasionally saw skeletons in the hospital's examination room, where I had attended for many years. But ever since I nicknamed my doctor "Dr. Reaper", the Skeleton appears scary to me. This work is made to overcome this fear by characterizing it.

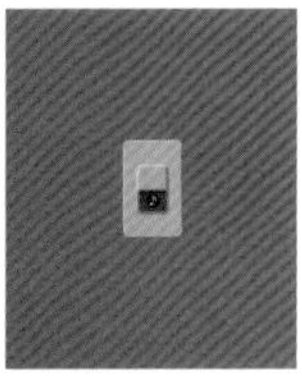

チャイム
Doorbell

余命宣告の報告をフェイスブックで告知してから、多くの友人、知人が家にお見舞いに来てくれました。会う前までは体がだるいし面倒だなと思っているのですが、いざ玄関のチャイムが鳴ると幸せな気持ちに毎回なりました。今思うと、ブザーではなくてチャイムの音だからよかったのかもしれません。

Many friends and acquaintances visited our house after I posted on Facebook about my life expectancy. Even though my body was tired and I felt troublesome, every time, the sound of the doorbell would brighten me. To think of it, it maybe felt good because it sounded like the "Ping-pong" of a chime, instead of the "Beep" of a buzzer.

コンセント
Outlet

小学生の時にコンセントというあだ名をつけられた友達がいました。鼻の穴の形が細長かったからですが、いまでもコンセントを見ると彼を思い出します。

Back in elementary school, there was a friend nicknamed "Consent" (Japanese-English word for "electrical outlet"), because of his face with long and narrow nostrils. I still remember him when I look at the outlet.

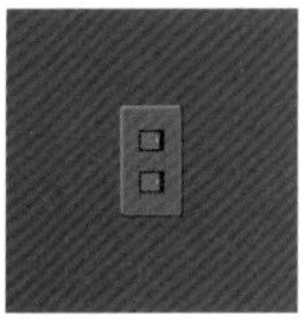

スイッチ
Switch

自宅のスイッチは、OFFにすると小さな光が灯る。自分はOFFにもかかわらず、夜中に「ここだよ」と教えてくれているその姿勢に感動します。

The light switch glows while switched to "off". I am moved by how it glows, "I'm here" throughout the night.

ダンボール箱
Carton

ここ数年でダンボール箱が異常に増えた。ダンボール箱は最近住み始めた猫のハナちゃんにとって格好の遊び場なので、なかなか捨てることができないし、ネットの買い物が増えたためか真相はわからないけれど、あえて絵でも描いてさらに増やしてみました。

Carton boxes abnormally heaped up these years. They are a fantastic playground for our cat "Hana chan" which came to our home recently, so I hesitate throwing them away. Maybe it keeps increasing because of Internet shopping. I just ventured to make more by painting it.

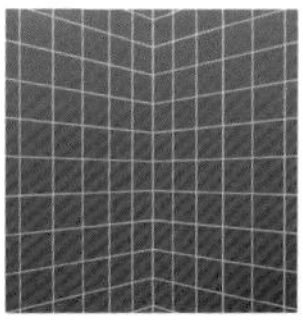

浴室
Bathroom

昔の家はよく見るといろいろな色で部屋が満たされていることに気付きます。特に自宅の浴室の壁は青いタイルに囲まれているので、爽やかでリッチな気分が味わえます。現代の浴室に比べれば機能的にかなり問題がありますが、毎日、何に触れて過ごすかはとても重要なことだと思います。

If you look carefully at an old house, you will see that the room is filled with various colors. Especially the wall of my bathroom is covered with blue tiles, creating a refreshing and rich atmosphere. It has considerably functional problems compared to modern bathrooms, but I think it is important to consider what we touch in our everyday life.

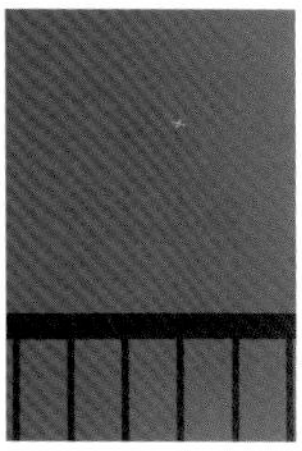

夜空
Night Sky

この作品では、2階の寝室の窓から見た夜空を描いています。抗がん剤治療をはじめてから夜になると不安でなかなか寝付けなかったので、毎日睡眠誘導剤を飲んでいましたが、すぐには眠れなくて、気分を落ち着かせるためによく夜空を見ていました。ただ、田舎に住んでいるわりに星がよく見えるわけではなく、月と数個の星は見えました。それでもよく眺めていたのは、ときおり通る飛行機の光でした。5年前はよく海外に行っていたのですが、気がついたら病気のこともあってパッタリと利用しなくなっていました。真夜中でも多くの人々を乗せて移動する乗り物を見ていると、なぜか気分が楽になります。いつかまた元気になったら今度は、ぼくが上空から夜の街を見てみたいです。

In this work, I painted the night sky I saw from the upstairs bedroom window. I had felt anxiety ever since I started chemo therapy, and often couldn't go to sleep even when I was taking sleeping pills. What I would do was to look up the night sky and calm myself before I going back to bed. However, I did not see much stars despite the rural area I live in, only the moon and a few bright ones. Still though, while I was gazing, I would see the lights of airplanes passing by once in a while. I used to go abroad often until five years ago, when I became sick and stopped using them. Somehow, it makes me feel easier watching this moving vehicle carrying many people even through the night. Someday when I get better, I'd like to be the one to glance down upon the city at night.

ヤモリ
Gecko

人によっては気持ちの悪い生き物かもしれませんが、子供の頃から家を害虫から守ってくれる縁起のいい生き物と教えられたので、夜の窓の網戸を這っているヤモリを見つけるとぼくの家は守られているなぁと勝手に思い込んでしまいます。でもこれも人間の勝手な思い込みってやつで、あの小さな肩には相当の重圧だと思います。たまたま家を徘徊していたヤモリにとってはいい迷惑ですね。ゴメンなさい。

Though geckos may be creepy crawlers for some people, for me since my childhood, I was taught it was an auspicious creature that protects the house from pests. So when I find them crawling on the window screen at the night, I've always assumed that my house was being protected. But this is a human's selfish belief, I guess it's too much pressure on those small shoulders. Should be a nuisance for him, who just happened to stroll by. Apologies, little Gecko.

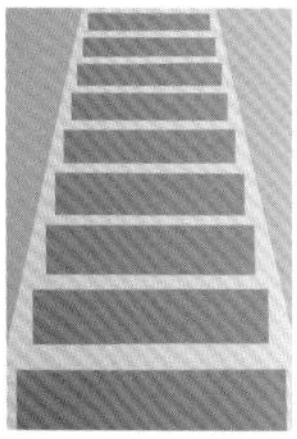

階段
Stairs

この作品を描いている途中で階段の数を数えたら9つあった。ちょうど9月からはじめた制作は順調に進み、この絵で9つ目でした。毎回、この絵で最後かもしれないと思っていたけれど、こんなに増えて自分でも驚いています。ちなみに階段をモチーフにしたのには、築60年も経っているのに上り下りの際にきしむ音がしない丈夫さに憧れて選んだからです。また、季節によって朝日に照らされた無垢の木の表面が黄金色に輝くのも気に入っています。

There were 9 when I counted the stairs while painting this work. This marks the 9th work, since I started this series from last September. Every time I thought it might be the last one, so it is surprising even for myself, that I have managed this far. Aside that, I chose the stairs as motifs because of its stiffness, which doesn't make a clatter after 60 years of age. I also admire the golden gleam of its solid wood surface, illuminated by the morning sun each season.

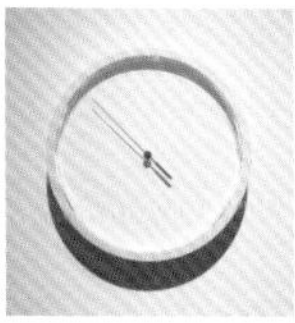

now

過去・現在・未来の時間のなかで、死を覚悟すると一番大事になってくるのは現在だと思います。
過去を振り返ってばかりいても虚しくなるし、未来を想像しても絶望的な気持ちになります。当たり前のようなことですが、「現在＝今」という瞬間を楽しむことが最良の過ごし方だと、今更ながら気付きました。

Among past, present, and future, I believe the present is the most important when a man faces death.
You will only feel emptiness by just reflecting on the past, and you feel hopelessness if you imagine the future. Although it seems obvious, I just realized that enjoying the moment of "now" is the best way of living.

2018年11月13日 佐藤雅晴
翻訳：中橋健一、加藤智也

November 13, 2018. SATO Masaharu
Translation: NAKAHASHI Kenichi, KATO Tomoya

風景をたどる
ートレース、あるいは尾行

井関悠
水戸芸術館現代美術センター　学芸員

2010年4月、佐藤は1999年から10年あまりの月日を過ごしたドイツ・デュッセルドルフより帰国し、茨城県取手市戸頭に居を構える。佐藤に癌《がん》が見つかったのが2010年6月、それから他界する2019年3月までの約9年間、彼は同地にて過ごした。佐藤が帰国後に制作した映像作品は《バイバイカモン》（2010）[pp. 76–77]から未完となった《福島尾行》（2018）[pp. 154–160]まで、9年のあいだに21作品を数える。佐藤はビデオカメラで撮影した映像やデジタルカメラで撮影したスチルをパソコンのペンツールでなぞってアウトラインを取り、着色していくロトスコープという手法を用いて、1秒あたり12コマ、作品によっては24コマ[1]のデジタル画を描き、アニメーションを制作してきた。帰国直後に病を得て以来、闘病生活を送りながらの制作ということもあり、また「自分が歩ける範囲でつくっているほうがイマジネーション湧くっていうか、そういう世界の切り取り方のほうが、普段の生活が楽しくなるというか、自分にはリアリティがあるんだと思う」[2]と佐藤が語るように、彼の作品の題材となる風景は必然的に自邸周辺となった。

レンズを通した風景―《TRAUM》

佐藤が初めてアニメーションを手がけたのは、渡独した1999年に制作した《I touch Dream #1》[pp. 48–49]である。同作は南アフリカ共和国出身のアーティスト、ウィリアム・ケントリッジ（1955–）に大きく影響を受けており、当時佐藤が暮らしていた狭いアパートの壁に大きな紙を貼り、部屋も身体も真っ黒にしながら[3]木炭画を描き、消してはまた描き加えていくという過程を1コマごと撮影し、アニメーションにしたものである。ドイツで孤独な日々を過ごすなか、自身が見た悪夢を不安定で断片的なイメージとして描き、デュッセルドルフの街並みと佐藤の内的世界とが次第にクロスオーバーしていく作品となっている。続く《TRAUM》（2004–2007）[pp. 50–51]は4年の歳月をかけ、初めてロトスコープを用いて制作された作品で、佐藤の作風を決定づけたものである[4]。「TRAUM」とは、ドイツ語で「夢」を意味する言葉である。デュッセルドルフの街とそのシンボルであるラインタワーを舞台に「夢という自分の中にある無意識の世界をアニメーション化しようと試み」[5]た本作で、佐藤はカメラのレンズによる光学的概念を導入しており、シャローフォーカスによるボケやディストーションによる効果が見て取れる。例えば主人公の男性がトラムの駅を背に歩いてくるバストアップのポートレートショットでは、シャローフォーカスにより背景がぼけることにより空間の奥行きが強調される。また彼がエレベーターに乗っているシーンでは強いディストーションがかけられ、エレベーター内空間の狭さが強調されるなど実験的な試みが行われ、以後の作品においてもレンズを通した視覚体験を基点とした映像作品が制作されている。アニメーションにカメラのレンズを意識したレイアウト・システムを導入した押井守は、レンズの効果によって「ある種のリアリティを獲得しようとした」と述べ、「映画は記憶だから、絵画的なレイアウトよりもレンズを通したレイアウトの方がある種の臨場感を伴う」のであり、それは「人間は経験上レンズを通してしか映像を見てない」からであると指摘する[6]。同様に佐藤の作品にもレンズの効果は強く現れ（ロトスコープという手法であるからこそ、カメラのレンズを通した風景が作品中に取り込まれることは必然と言える）、フレームとして切り取られた風景は見る者を魅きつける強度を獲得するとともに、佐藤自身の世界を見る眼差し、そして彼が見た夢の世界観を共有するものとなっている。

人のいない風景―
《Calling（ドイツ編）》《Calling（日本編）》《ダテマキ》

《Calling（ドイツ編）》（2009–2010）と《Calling（日本編）》（2014）[pp. 108–111]、そして《ダテマキ》（2013）[pp. 102–105]には人間が登場せず、風景そのものが主人公となる。《Calling（ドイツ編）》では、10年間のデュッセルドルフ生活において居場所を見出せないでいた佐藤が、12の身近な風景を撮影し、トレースすることで、自身と場所との関係性を創出しようと試みたものである。ドイツ語を満足に話すことができなかった佐藤にとって、日常のなかで静寂を破り鳴り響く電話の着信音は、不安でもあり期待でもあったことだろう。異国において、他者とのコミュニケーションを取ることの困難さと、そのいっぽうでつながりたいという願いの狭間で佐藤は揺らぐ。電話の向こう側が友人であるか他人であるか、着信音だけではわからない。相手の声とつながったときにそれは判明する。

《Calling（日本編）》は、帰国後まもなくの佐藤の癌の発見、東日本大震災と原発事故の発生、そしてパートナーであるアーティスト大垣美穂子のくも膜下出血と、立て続けに起こった奇禍のなか制作された作品である。ドイツ編と同様、佐藤が暮らす取手の風景がトレース（尾行）され、12のシーンが7分間のアニメーションに収められている。夕暮れの踏切、河川敷に捨てられたバス、住宅街を走る列車、満開の桜の公園、雨の日の体育館などに電話の音が鳴り響く。テレビからの光がチラつく暗い部屋の中で、こたつの上に置かれた二つの湯のみ茶碗から湯気が立ちのぼる。雨のなか、畦道《あぜみち》に停車した車はワイパーが動いたまま、カーナビのモニターには映画のワンシーンらしき映像が映る。水がまかれたままのシャワーと浴室が見える洗面所。カゴが下りてきて扉が開くエレベーター。扇風機が回ったままの寝室。あらゆる風景から人が消えた。それもこれらのシーンの直前まではそこに人がいたであろうと想像させるが、そのうえで人が不在の風景は私たちに10年前の震災と原発事故を強く想起させる。あのとき、停電や基地局の被災、通信の集中などに起因する通信規制や回線の遮断といった問題が起こったこともあり、誰しもが電話やメールで家族や友人らの安否を確認しようとしたものの、不通や返信がないことで不安に苛まれた経験をした。また原発事故直後に避難を強いられた地域において、生活の様子を残したまま街から人がいなくなった光景をニュースやドキュメンタリーで目にしたこともあるだろう。受け手のいない電話の着信音が鳴り響くなか、存在と不在について私たちは思いを巡らせる。

両作のあいだに制作された《ダテマキ》は、福島県いわき市平薄磯《たいらうすいそ》に実在する蒲鉾《かまぼこ》製造業者、丸又《まるまた》蒲鉾の伊達巻《だてまき》製造工場を佐藤が取材したときの映像をもとにアニメーションにしたものである。震災当時、沿岸部を襲った大津波により薄磯では115名の住民が命を落とし、87％もの家屋が被害を受けるなど甚大な被害を被った。同社は工場・社屋・従業員を失ったものの、震災から1年半後の2012年9月に本社工場を新築し、本格的に操業を再開したという[7]。自身が癌を患ったこともあり、放射能に対する怖れから被災地へ行けずにいた佐藤は、丸又蒲鉾の営業再開を報じる記事を目にし、「死とか、家族とか、震災のこととか、いろいろなことを思ったときに、癌が再発することを恐れて行けないでいた被災地に『行きたい』と自然に思えた」[8]ことから、被災地へと足を運んだ。本作では、自動化された伊達巻の製造工程7シーンが記録されている。丸又蒲鉾では8工程を経て製品となる伊達巻だが、佐藤は最後の人の手によって巻きすで巻くシーンを省き、徹底した無人の映像美をつくり出している。しかし本作における佐藤の制作経緯から、単に人の存在しないディストピアの風景を描こうとしただけとは考え難く、無人の背景にある多くの人々の存在をも描き出そうとしているようにも思える。本作にはこのような二面性をはらむものであると言えよう。

ふたつの「尾行」─《東京尾行》《福島尾行》

《東京尾行》（2015–2016）[pp. 40–45]は、2020年に開催を予定されていた東京オリンピック・パラリンピックに向けて変わりゆく東京を描いた映像作品である。2020年、本来この年に開催するはずであった東京オリンピック・パラリンピックは新型コロナウイルス感染症の世界的な拡大の影響を受け、2021年へと延期された。本稿を執筆している2021年2月時点においても開催の可否はわからない。

2011年の震災において、震源地から350km以上も離れた東京でも震度5弱以上の強い揺れに見舞われ、家屋の6500棟近くが全壊・半壊などの被害を受けていたこともあり、当時の東京はいたるところで震災による被害を受けた家屋の耐震補強工事や建て替えが行われ、それに加え9年後の東京オリンピック・パラリンピックに向け街が大きく変容し続けていた。四季の変化に富む気候に加え、地震などの自然災害も多い日本は、他国と比べて建築物の寿命は短いと言われている。日本の建物はほぼ40年前後で半数が取り壊される[9]ため、前回の1964年の東京オリンピック・パラリンピックから半世紀以上を経た東京は、当時とは大きく異なる風景をつくり出していることだろう。この変わりゆく東京を佐藤は「尾行」した。佐藤の友人でグラフィックデザイナーの杉原洲志が、「何かを強調することも、筆跡を残すようなこともせず、現実に近づけることを意識してPC上で画像をトレースしてゆく」佐藤の制作方法を「モチーフの後をぴったりとつける尾行のよう」[10]だと指摘したことから、佐藤はトレース＝尾行という認識を持つようになったという[11]。

とある公園では、2席あるブランコのうち左側だけが延々と前後に振れる。地面には枯れ葉が落ち、背後には紅葉が始まった木が見える。やわらかい秋の日差しのなか、風がそよぎ木立が揺れる。秋葉原のファストフードチェーンの前では、ぬいぐるみをクッションがわりに地面に腰掛けていた男性がおもむろに立ち上がる。佐藤がトレースしたのはそのチェーンのマスコットの立像だ。神社の境内で警備員に道を聞く女性、秋の公園で昼寝をする男性、競技場を走るランナー、犬の散歩をする女性、本作は多くの人であふれている。東京を象徴するモニュメントは国会議事堂、靖国神社の鳥居、渋谷の交差点くらいで、あとは無名性の風景が並ぶ。しかし本作を見る私たちはつい東京を想起してしまう。いっぽうでは本作には佐藤の私的な日々の風景も記録されている。友人のポートレートばかりを集めた一編では、撮影期間中の佐藤との交友を見て取ることができよう。友人であるアーティストの海老原靖氏、矢部裕輔氏、青山悟氏らの個展会場でのポートレートをはじめ、《ダテマキ》を発表したギャラリーαMのディレクター、佐藤が通院していたであろう歯科の医師が描かれている。また診察室での頭蓋骨の模型が置かれたナーシングカート、制作当時に本作を展示する予定となっていた原美術館のカフェ ダールなど、佐藤自身の日記的な側面も垣間見ることができる。

いっぽう、本作において佐藤は、これまでとは異なるアプローチをとっている。それは、映像の一部分のみアニメーション化し、ほかの部分は撮影したままの状態、つまり実写にしておくということであった。本作を制作していた2015年夏、再発した癌のために手術を受け、上《うわ》顎《あご》のすべてを摘出した[12]ため、体力的な問題があったことも否定できないが、これにより、佐藤が作品中で主体と客体、主題と背景としたもの、そこに立ち上がる虚と実、不在と存在がより明確になったと言えよう。フラットなアニメーションの膜とそれに覆われた実写映像は常に同居し同じ時間軸を進む。

《福島尾行》は福島県双葉郡富岡町およびいわき市が舞台となっている。佐藤は癌を患ってから8年が経ち、2017年末に完治の見込みのないことが主治医より告げられ、余命を考え再び福島を訪れようと考えた[13]。きっかけは常磐線が富岡駅まで開通したという毎日新聞の記事を目にしたことであったという。シングルチャンネルで全30シーンからなる本作においても、《東京尾行》同様に、映像の一部分のみをアニメーション化する手法をとっている。そこには地震と津波によって壊滅した福島の街が復興していく様子が映されるいっぽう、原発事故によって今なお帰還困難区域に指定された地域には人影は見当たらず、生活の気配が感じられない風景も存在する。実際に30シーンのうち、人が映るのは3シーンのみ、それも護岸工事に携わる作業員2名、造成地で測量する作業員、帰還困難区域前のゲートに立つ警備員と、決して日常とは思えないシーンばかりであるが、この場所ではこれが日常となってしまった。

2020年末、私は《福島尾行》に描かれている風景を見るため福島県双葉郡富岡町を訪れた。2017年10月に新駅舎として供用された富岡駅を起点に、あらかじめグーグルストリートビュー上で本作に描かれた風景と照らし合わせ、所在が判明した場所をマイプレイスとして登録しそこを目指す。旧富岡第二小学校と富岡町立夜の森幼稚園では校舎はすでに更地になり体育館だけが残っていた。夜ノ森の信号では、桜に打ち込み型の肥料が与えられ、今なお手入れがされているものの、周囲はまだ帰還困難区域に指定されバリケードで閉鎖されたままであった。少しずつ解除されているらしく、生活の様子がうかがわれる住宅もあったが、日中に警備員と作業員以外を目にすることはなかった。本作の最後のシーンで、桜が満開に咲く道を塞ぐバリケードが設置されていた道は開通し、バリケードも取り払われていたが、画面右側に立っていた自動車整備会社のビルは更地に姿を変えていた。

グーグルマップがベータ版としてサービスを開始したのは2005年2月、その約半年後に日本語版の提供が始まる。そして2007年からストリートビューのサービス提供とともに、グーグルマップは地図の概念を変えた。私たちは紙に印刷された地図からスマートフォンやタブレットPCに持ち替え、モニターに映し出されるガイドを手に世界をまわる。そしてコロナの時代、移動が極端に制限される現在においても我々はストリートビューでこの地上のあらゆる風景を見ることができるが、そこには現在の風景と時差が生じていることを忘れがちだ。ストリートビュー上では、我々は過去に撮影された膨大な数の画像からなるパッチワークによって構築された風景を見ている。佐藤はできることであれば《福島尾行》をライフワークにしようと考えていた[14]というが、2018年9月に余命宣告を受け、同作の制作中断を決意する。その頃には片目がかすみだしトレース作業が困難になっており、また撮影のために外出することもままならなくなったからである。制作中断から約半年後の2019年2月末、《福島尾行》は未完のままトーキョーアーツアンドスペース本郷で展示された。そしてその3週間後に佐藤は他界する。ストリートビュー、《福島尾行》、そして現実に広がる風景の異なる三つの時空が混在する土地で、佐藤が今なお制作を続けることができていたとしたら、どのような風景を描き足したのだろう。

もうひとつの尾行─《かくれんぼ》

取手市戸頭は、1960年代に始まる高度経済成長期において、過密化が進む東京都下の人口分散を目的として、1966年6月に制定された首都圏整備法に基づき計画が進められた常総ニュータウンの一画にある。1971年から始まった常総ニュータウン開発の初期開発地区として公団取手戸頭団地は整備されており、1975年4月1日に街開きが行われ、同年に関東鉄道常総線戸頭駅が開業した。佐藤が《かくれんぼ》(2017) [pp. 148–151] において題材とした「ドラえもん」の連載が始まったのが1969年、その舞台は1970年代の「東京都練馬区月見台すすきヶ原」という架空の地域が設定されているが、国内に偏在する郊外のイメージそのものの風景と見ることもできる。

ドラえもんが野比家玄関を出るシーンから始まる《かくれんぼ》では、佐藤は自宅であった場所から徒歩10分ほどに位置する、とがしら公園近くの一軒家を野比家として設定した。舞台であるのび太の住む町が、佐藤の暮らす戸頭と似ていると佐藤は感じていたという。そのなかで見つけた家屋が野比家となった。その野比家を起点にドラえもんを追う旅が始まる。野比家を出て桜が満開のとがしら公園脇を抜けると、突然、雷鳴がとどろき空に積乱雲が現れ、雨音とともに雨粒が道路に波紋を描く。雨の降る校庭では朝礼台の向こうにカラフルに塗られた古タイヤの遊具が見える。ドラえもんは校舎を巡ったのちに戸頭駅へたどり着き、列車に乗って東京・六本木のテレビ朝日へと向かい、巨大なアドバルーンのドラえもんと出会うストーリーとなっているが、改めて本作を見直し、ドラえもんが戸頭から東京へと向かう場面において異様なシーンが挿入されていることに気づいた。戸頭駅を出発した列車の窓から見える、緑生い茂る山のあいだを抜けると青空のもと田畑が広がり稲刈りが行われているシーンと、続く住宅地から再び緑に覆われた山沿いを抜けると青い海に消波ブロックが連なるシーンである。前者は常磐線上り方面、取手よりも北に位置する勿来《なこそ》駅と大津港駅のあいだの風景であり、後者はそこからさらに北に進んだ福島県いわき市勿来海岸沿いの風景だ[15]。つくばエクスプレス守谷駅からも常磐線取手駅からも、東京方面に向かう列車からは海が見えることはない。

佐藤は本作について「《あなたのドラえもんをつくってください》のお題に対し、『ドラえもんの動力』から連想して制作した」[16]と述べている。ドラえもんの動力は「原子炉」であり、燃料は「何を食べても原子力エネルギー」になるとされていた[17]。日本で最初の原子力発電が行われたのは1963年、茨城県東海村に建設された動力試験炉であった。1979年、テレビ朝日でアニメドラえもんの放映がスタート、1985年には「人間・居住・環境と科学技術」をテーマにつくば万博が開催され、双葉町に「原子力明るい未来のエネルギー」の標語看板が掲げられたのは1988年であった。2017年、さまようように歩くドラえもんはどのような未来を探していたのだろう。そして佐藤はドラえもんを尾行し何を想ったのだろうか。

彼岸の風景─《SM》「死神先生」

佐藤の未発表作品にわずか3秒のアニメーション《SM》(2015) [p. 143] がある。自身の頭部を手に持った下着1枚の男性が居間に立ち、襖《ふすま》に頭部を打ちつけるシーンが延々とループする。前述のとおり、2015年の夏に佐藤の癌が再発し上顎を全摘出しているが、自身の頭部を打ちつける男性の姿を見ると、《東京尾行》制作最中の佐藤が感じたであろう、ままならぬ自身の身体へのもどかしさ、制作への焦燥感が伝わってくる。

佐藤が最後に制作した「死神先生」(2018) [pp. 164–175] は、9点のアクリル画と1点の時計を素材とした全10点の作品で構成される。2018年9月、余命3ヶ月を宣告された佐藤は外出もままならない身体となった。「自宅から出られなくなって、自分が住んでいる家をあらためて見ていて気になった物と、死と向かいあうなかで生まれた心情が呼応して、今まで気にもしていなかった対象が愛おしく見えてきて、それらをなんとか記録したい」[18]と佐藤は考え、また借家であった自宅が老朽化を理由に立ち退きを求められたこともあり「誰の目も気にせずに、家とともに消えていく存在を、絵にしたい」[19]という意識も湧き上がり、彼のモチーフは自宅へと向かっていく。本作では、これまでの制作方法同様、撮影したモチーフをパソコンでかたちをトレースしたうえで、初めて木製パネルにアクリル絵具で描いている。それまでの佐藤のフォトデジタルペインティングのように幾重にもハッチングを重ね立体感をかもす超写実主義的な表現とは異なり、精確にトレースされたアウトラインとフラットな筆致で描かれたモチーフは、佐藤の映像作品に描かれる主体がそのまま抜け出しパネルの上に張り付いたかのようでもある。マスキングテープを使用したハード・エッジのシャープな輪郭と人工的でフラットな画面は、佐藤が求めていた「デジタルで絵を描く上で（中略）アナログの世界ではできないこと」をアナログの世界においても実現し、「アニメーション自体が虚構の世界だから、そこにまた虚構を上塗りすると、とめどない感じ」をみごとに描き切っている[20]。また佐藤はそれぞれの作品一点一点に対し私的なエピソードを交えた短い文章を寄せており[21]、この頃の佐藤の日々の生活をうかがうことができる。

真っ白な文字盤に赤い針が秒を刻む《now》（2018）[p. 173]は、タイトルが示すとおり「今＝現在」という瞬間がここにあるのだという、ごく当たり前のことを私たちに教えてくれる。規則正しく動く針は60秒で1周し、また原点に戻り60秒を刻む。そこには時針も分針もない。秒針が永遠に規則正しく円運動を描き続ける。「過去・現在・未来の時間のなかで、死を覚悟すると一番大事になってくるのは現在だと思います。過去を振り返ってばかりいても虚しくなるし、未来を想像しても絶望的な気持ちになります。当たり前のようなことですが、『現在＝今』という瞬間を楽しむことが最良の過ごし方だと、今更ながら気づきました」[22]と佐藤は語る。余命わずか「3ヶ月という時間をどう過ごすかは、ぼくの自由」であると宣言した佐藤は、コンセプトから解放され純粋に描くことを楽しむために「死神先生」を描いた。そこには死への絶望ではなく、この場所で今を生き、絵を描くことの喜びに満ちている。

イーフー・トゥアンは、人々と、場所あるいは環境とのあいだの、情緒的な結びつきを「トポフィリア」という概念として提示した。トゥアンは彼の著書『トポフィリア—人間と環境』のなかで「景観の理解は、人間的な出来事の記憶と混じり合うとき、もっと個人的で、もっと長続きするものになるのだ。（中略）ありふれた、そしてつまらない景色でさえ、以前には気づかれていなかった面を現すことがあり、現実へのこのような新しい洞察が、時には美として経験される」[23]と述べている。「奇をてらったものではなく、現実世界のどこにでもありそうな」[24]風景を佐藤は描き続けてきた。風光明媚《ふうこうめいび》な景勝地でもなくモニュメンタルな建造物でもない、誰しもが見慣れているであろう、もしくは既視感を覚えるような、特筆するもののない風景を。加藤典洋は「風景の影」[25]において、「風景の惹きつける力は、そこに、見ているぼくがいなくて、また、そこに、それを制作している人の自己がいないことから来る」ものであり、自己表現とは逆向きのもの、「自己」の抹消とも言うべきもの、「風景のからっぽ（空無性）」に潜むものだという。その「からっぽ」に感じられるものは、作者のメッセージが言葉のかたちではやって来ない。イメージが「『言葉にならないもの』として発せられ、『言葉にならないもの』として受け止められ」[26]たときに、逆説的に作者の自己がありありと表現されると加藤は主張する。佐藤は自身の制作を「自分のイメージとか、概念とかを削ぎ落としていく作業」[27]であるといった。なるべく物語性を入れず、したがって想像物も入れない。「テーマ性とかメッセージ性みたいなものをなるべく消して」[28]いきながら、なるべく撮った写真や映像に近づけるように、身の周りの風景や人物をトレースすることが、佐藤にとって最大限の表現であった。佐藤は「表現＝現実にある自分の身の周りにあるものとどう接していくか、コミュニケーションをとっていくかの儀式的なもの。儀式という言葉に置き換えたんですが、トレースをする行為は表現という感覚に近い」[29]と考えていた。トレースすることが表現であるとともに場所や他者と関わるための手続き、もしくは対話となり、世界を理解するための手段であった。佐藤が風景を切り取るとき、それは「言葉にならないもの」として私たちに提示される。

生前、佐藤はインタビューのなかで「日常」に目を向けるきっかけを問われ、ヴェルナー・ヘルツォークの著書『氷上旅日記』との出会いを挙げている[30]。恩師ロッテ・アイスナーの危篤の報を受けたヘルツォークは、真冬のなかミュンヘンからパリまでの700kmを徒歩で会いに行く。その道程をつづった日記である。佐藤は自身の闘病体験と重ねて次の一節を引用する。

> リンゴが、収穫する人もいないまま、木のまわりのぬかるむ地面に落ちて、半分腐って転がっている。遠くから見たときは、一本だけ葉がついていると思っていた木が、近づいてみると、不思議なことに、リンゴがまだひとつも落ちずに、全部なったままだった。濡れた木には、葉は

一枚も残っておらず、あるのは、落ちることを拒んでいる、濡れたリンゴだけだった。

佐藤はこの濡れたリンゴを描いた。それはたとえすべての葉が落ちたとしても、誰かが見つけるまで、ひっそりと木にぶら下がり続けている。

註

1 飯岡陸『Slipping Out of the Circuit／回路を抜け出して』SOoC、2015年、p. 8

2 同上、p. 11

3 KEN NAKAHASHIのTwitterより
https://twitter.com/kennakahashi/status/1148913364057251840

4 実際には《I touch Dream》は二部作であり、ほかにも佐藤は木炭画によるアニメーション作品《大いなる幻影》(2003)も制作していた。また《TRAUM》の前にもロトスコープによるアニメーション作品《U-KA》(2004)を制作している。2002年から2003年にかけてはパステル画によるアニメーション《ボッシュ》の制作に取り組んでいたようであるが本作は未完となった。現在《U-KA》を除き、これらの作品の所在は確認できていない。

5 杉原洲志『WHO　佐藤雅晴』artbook WHO、2013年
www.artbookwho.com

6 押井守『勝つために戦え!〈監督篇《へん》〉』徳間書店、2010年、p.71

7 「丸又物語」『丸又蒲鉾製造有限会社』
https://marumatakamaboko.com/story/
高木京子「丸又蒲鉾製造(有)」『Social Net Project MOVE』
http://www.smartcitymove.com/丸又蒲鉾製造(有)/

8 「【日常/オフレコ展連動企画】　安藤由佳子×佐藤雅晴　クロスインタビュー」『マグカル・ドット・ネット』2013年12月25日
https://magcul.net/topics/98012

9 小松幸夫「建築物の長寿命化」『日刊工業新聞』2005年11月。小松氏は「過去に同様の方法でアメリカの住宅について分析したところ、平均寿命は約100年という結果であった。一般に欧米の建物は日本に比べて寿命が長く、街中で100年や200年を経た建物を見るのは珍しいことではない」と述べている。
http://www.f.waseda.jp/ykom/nks20061121.pdf

10 杉原洲志「WHO取材記 佐藤雅晴 VOL.03」『WHO』2014年2月1日
http://artbookwho.com/modules/wordpress/index.php?p=68

11 「ハラドキュメンツ10 佐藤雅晴―東京尾行」プレスリリース、原美術館
http://www.haramuseum.or.jp/jp/wp-content/uploads/2018/08/jp_hara_MasaharuSato_151224.pdf

12 中橋健一「佐藤雅晴尾行日記」本図録p. 188参照

13 『ACT Vol.1 [Artists Contemporary TOKAS] 霞はじめてたなびく』トーキョーアーツアンドスペース本郷、2019年、p. 8

14 佐藤雅晴のFacebookより、2019年2月21日

15 勿来海岸からさらに30kmほど北上したいわき市平薄磯に《ダテマキ》の撮影地となった丸又蒲鉾の製造工場がある。

16 佐藤雅晴のFacebookより、2017年10月30日

17 近年「何を食べてもエネルギーになる」と変更されている。

18 佐藤雅晴のFacebookより、2019年1月19日

19 「佐藤雅晴によるステートメント」『KEN NAKAHASHI』
https://kennakahashi.net/ja/exhibitions/dr-reaper

20 『WHO　佐藤雅晴』前掲書

21 「佐藤雅晴が書きつけた作品についての文章」『KEN NAKAHASHI』
https://kennakahashi.net/ja/exhibitions/dr-reaper

22 同上

23 イーフー・トゥアン『トポフィリア―人間と環境』(小野有五、阿部一訳)せりか書房、1992年、p. 164

24 『WHO　佐藤雅晴』前掲書

25 加藤典洋『日本風景論』講談社文芸文庫、2000年

26 同上、p. 299

27 中井康之『楽園創造(パラダイス)―芸術と日常の新地平―(αMプロジェクト2013)』(中井康之、保谷香織編)武蔵美術大学、2013年、p. 101

28 同上

29 佐藤雅晴インタビュー「“身体のゆくえ”は僕にとって現実問題。生と死、希望と絶望を日々創造していく」『清流の国ぎふ芸術祭 Art Award IN THE CUBE 2017』2016年12月10日
http://art-awardgifu.jp/2017/report/%E4%BD%90%E8%97%A4%E9%9B%85%E6%99%B4%E3%82%A4%E3%83%B3%E3%82%BF%E3%83%93%E3%83%A5%E3%83%BC/

30 坪内雅美「佐藤雅晴メールインタビュー3『ハラドキュメンツ10 佐藤雅晴―東京尾行』[原美術館]」『ART iT』アートイット、2016年3月14日
https://www.art-it.asia/u/HaraMuseum/biEGz7OMf3JndlwD8pac

31 ヴェルナー・ヘルツォーク『氷上旅日記　ミュンヘン―パリを歩いて』(藤川芳朗訳)白水社、1993年、p. 114

Tracing (Following) Landscapes

ISEKI Yu
Curator
Contemporary Art Center, Art Tower Mito

In April 2010 Masaharu Sato returned to Japan from Düsseldorf, Germany where he had been living for over a decade, since 1999, and settled in the Togashira district of the town of Toride in Ibaraki. He was diagnosed with cancer in June 2010, and eventually died in March 2019. During those approximately nine years, he lived in Toride. Sato produced 21 video works during these years, beginning with *Bye bye come on* (2010) [pp. 76–77] and ending with the never-completed *Fukushima Trace* (2018) [pp. 154–160]. He used a computer and pentool for the technique known as rotoscoping, tracing over footage shot with a video camera or still photos taken with a digital camera, outlining shapes and applying colors to create sequences of digital paintings that became animations running at 12 frames per second, or 24 frames for some works.[1] As he had fallen ill immediately after returning to Japan, he was battling cancer the entire time he was producing these works, and inevitably the landscapes appearing in them were from the area around his home. In Sato's words, "Working within walking distance of home fires up my imagination more, or should I say, that approach to the world makes everyday life more interesting or more real to me."[2]

Seen/Scene Through the Lens: *TRAUM*

Sato's first animation was *I touch Dream #1* [pp. 48–49], from 1999, the year he went to Germany. It was heavily influenced by the work of the South Africa-born artist William Kentridge(b. 1955), and Sato made it by hanging a large piece of paper on the wall of the small apartment where he lived and repeatedly drawing, erasing and re-drawing on it, making both the room and his own body pitch-black in the process,[3] and shooting it frame by frame. It depicted nightmares he had been having while living a life of isolation in Germany, in the form of unstable and fragmentary images in which the Düsseldorf cityscape and Sato's own inner world gradually intersect. His next work, *TRAUM* (2004–2007) [pp. 50–51], was the first produced with the rotoscoping technique, taking four years to complete, and it determined Sato's subsequent stylistic direction.[4] *TRAUM* is German for "dream," and he described the work, set on the streets of Düsseldorf and at the city's iconic Rhine Tower, as "an endeavor to transform the unconscious world of dreams within me into animation."[5] Sato incorporated the optical principles of the camera lens into the work, in effects such as blurring and distortion due to shallow focus. For example, in a head-and-shoulders portrait shot of the male protagonist walking in front of a tram station, shallow focus blurs the background and emphasizes the depth of the space. When the man takes an elevator, experimental effects such as radical distortion are applied to emphasizing the cramped space. His ensuing video works also take visual experience of the world through a lens as a point of departure. Mamoru Oshii, who introduced a layout system based on the effects of camera lenses into animation, said that by doing so he "tried to achieve a certain kind of realism," and noted that "a film is a memory, and layout of images as seen through the lens is more realistic than a pictorial or painting-type layout," as after all "people only see images through lenses in real life."[6] Similarly, lens effects feature strongly in Sato's work (because of the use of the rotoscope technique, it is perhaps inevitable for scenes to appear in the work as seen through a camera lens), and landscapes framed by this format have the power to entrance the viewer, who shares both the world as seen through Sato's eyes and the worlds he glimpsed in his dreams.

Scenes Without People: *Calling (German version)*, *Calling (Japanese version)*, *Datemaki*

In *Calling (German version)* (2009–2010), *Calling (Japanese version)* (2014) [pp. 108–111], and *Datemaki* (2013) [pp. 102–105], no human figures appear and the scenery itself is the protagonist. *Calling (German version)* was an endeavor by Sato, who had never felt he fit in during his 10 years living in Düsseldorf, to forge ties between himself and the place by filming and tracing 12 everyday scenes in which telephones ring. For Sato, who had never been satisfied with his German speaking ability, the ringing of a phone breaking the silence of daily life would have held both anxiety and promise. Living in a foreign country, Sato wavered between the difficulty of communicating with others and the desire to connect. Simply hearing the ringing of a phone (at least during the old landline era), there was no way of knowing whether it was a friend or a stranger on the other end. This was only revealed upon hearing the other person's voice.

Calling (Japanese version) was produced amid an ongoing series of calamities: shortly after returning to Japan Sato was diagnosed with cancer, then the Great East Japan Earthquake, tsunami and nuclear accident occurred, and Sato's partner the artist Mihoko Ogaki suffered a subarachnoid hemorrhage. Like the German version, this seven-minute animation consists of 12 scenes with telephones ringing, this time filmed in Toride where Sato resided. Phones ring at a railroad crossing at dusk, in a bus abandoned on a riverbank, on a train running through residential areas, in a park with cherry blossoms in full bloom, in a gymnasium on a rainy day. In a dim room illuminated by the flickering light of a TV, steam rises from two teacups on a low table. A car is stopped on a narrow road between rice paddies, its windshield wipers still moving, and what appears to be a movie scene plays on the monitor of the car navigation system. A door next to a bathroom sink is open and the bathing area with a shower left running is visible. An elevator descends to the ground floor and the door opens. A table fan whirs in a bedroom. All of these scenes are devoid of people. The situations inform the viewer that there was someone there until just a moment before, but scenes without people are strongly reminiscent of the earthquake and nuclear disaster of 10 years ago (2011). At that time there were many issues with restricted and interrupted communications caused by power outages, base station damage, and congested communication lines as countless people tried to verify the safety of family and friends by telephone or email, only to experience the anxiety of inability to reach them or lack of response. Many viewers have seen, in news and documentaries, people forced to evacuate their communities immediately after the nuclear disaster, leaving everyday items just as they were. In this work, as telephones continue to ring unanswered, we find our thoughts turning to presence and to absence.

Datemaki, produced between these two works, is an animation over live footage Sato recorded when visiting a datemaki (sweet rolled omelet) factory run by Marumata Kamaboko Manufacturing, a fish cake manufacturer in the Tairausuiso district of the city of Iwaki, Fukushima. During the earthquake, the tsunami that devastated coastal areas killed 115 residents and damaged 87% of residences there. The company lost its factory, company offices, and employees, but they rebuilt a new head office and factory and resumed full-scale operations in September 2012, one and a half years after the earthquake.[7] Sato, afflicted with cancer and unable to visit the disaster-stricken zone due to concerns over radiation, saw an article on Marumata Kamaboko's resumption of business and decided to visit it, saying "As I was thinking about various things—death, family, the earthquake and so on—I naturally got the feeling that I wanted to visit the affected region, which I had been unable to see because I was afraid of a cancer relapse."[8] This work consists of seven scenes documenting the automated datemaki manufacturing process. The manufacturing of datemaki at Marumata Kamaboko actually entails eight processes, but Sato omitted the final stage in which people roll them by hand on rolling mats, creating a set of moving images that are beautiful but completely devoid of people. However, judging by the context and mindset that led Sato to produce the work, it is difficult to believe he was simply trying to depict a dystopian vista of dehumanized automation, and the images also hint at the presence of many people acting behind the scenes as the machines ostensibly run themselves. In this sense, *Datemaki* seems to have a dualistic character.

Tracing Two Places: *Tokyo Trace*, *Fukushima Trace*

Tokyo Trace (2015–2016) [pp. 40–45] is a video work depicting Tokyo in transition ahead of the Tokyo Olympics and Paralympics scheduled to be held in 2020. That year, the Games were postponed until 2021 due to the global COVID-19 pandemic, and as of this writing, in February 2021, it remains unclear whether the event will take place.

During the 2011 earthquake, even Tokyo—located more than 350 km from the epicenter—was significantly shaken, at a seismic intensity of at least lower 5, and nearly 6,500 houses were completely or partially destroyed. Afterward seismic retrofitting and rebuilding of damaged houses was going on all over Tokyo, and the city was also undergoing dramatic, ongoing changes ahead of the Olympics and Paralympics to be held nine years later. The median lifespan of buildings in Japan, prone to many natural disasters such as earthquakes as well as a climate characterized by extremes of temperature, humidity and rainfall, is known to be shorter than those in other countries, with half of all constructed buildings being demolished within 40 years or so.[9] For this reason, more than half a century after the last Tokyo Olympics and Paralympics in 1964, the Tokyo that Sato "traced" unquestionably looked very different from the Tokyo of that time. Shuji Sugihara, a graphic designer and friend of Sato's, described Sato's working method as one of "tracing over images on his computer with the intention of drawing closer to reality, without emphasizing anything or leaving traces of the artist's hand··· as if trailing his subjects, like a sleuth, impeccably and at a consistent distance."[10] Apparently this comment caused Sato to recognize that his tracing over images on a screen was also an act of "tracing" their footsteps as if following them.[11]

In a park, only the left swing of a two-swing set swings back and forth endlessly. There are dead leaves on the ground, and a tree with its leaves beginning to change color can be seen in the background. Trees sway in the breeze under soft autumn sunshine. In front of a fast-food chain restaurant in Akihabara a man seated on the ground, using a stuffed animal as a cushion, gradually stands up. The man Sato has traced is actually the well-known standing mascot of the fast-food chain. This work contains many human figures: a woman asking a guard on the precincts of a Shinto shrine for directions, a man napping in an autumnal park, a runner circling the track in a stadium, a woman walking her dog. There are a few iconic Tokyo sites—the National Diet Building, the torii gate of Yasukuni Shrine, Shibuya Crossing—while the rest of the scenes are anonymous, but the group of videos is immediately evocative of Tokyo. At the same time, the work documents daily scenes from Sato's personal life. One video consists only of portraits of friends, showing the circle of people Sato associated with during production of this work: portraits of artists Yasushi Ebihara, Hirosuke Yabe, Satoru Aoyama and others at a solo exhibition venue, as well as the director of gallery αM, where *Datemaki* was exhibited, and a dentist from the clinic Sato evidently visited. There are also diary-like glimpses of Sato's experiences, such as a nursing cart with a model skull in the examination room, and the Cafe d'Art at the Hara Museum of Contemporary Art, where *Tokyo Trace* was scheduled to be shown.

Sato took a different approach here than in previous works, in that he animated only sections of each video and left the rest as is, i.e. as live-action footage. In summer 2015, when this work was in progress, he underwent surgery for his recurrent cancer and had his entire upper jaw removed,[12] and he undeniably faced physical limitations, but it can also be said that this technique renders clearer Sato's treatment of subject and object, subject and background, and the dichotomies of truth and fiction, absence and presence that it creates. The flat membrane of animation and the live-action footage it covers always coexist, and travel on the same temporal axis.

Fukushima Trace was filmed in the towns of Tomioka, Futaba, and the city of Iwaki in Fukushima Prefecture. Eight years after he was first diagnosed with cancer, Sato's doctor told him at the end of 2017 that there was no chance of fully recovering. Taking his projected time left into account, he decided to visit Fukushima again.[13] He said he was given impetus by an article in the *Mainichi Shimbun* newspaper reporting that the Joban Line had resumed operation as far as Tomioka Station. In this single-channel work, consisting of 30 scenes, only sections of the images are animated, as with *Tokyo Trace*. While it shows Fukushima communities that were decimated by the earthquake and tsunami being reconstructed, there are other scenes of the exclusion zone (still mostly a no-go zone, officially designated a "difficult-to-return zone") most severely affected by the nuclear disaster, containing no people and no signs of human life. Of the 30 scenes, only three feature human figures: two workmen engaged in shore-protection work, a worker surveying at a construction site, and a security guard at the gate of the exclusion zone. These look nothing like scenes of ordinary life, but this has become the new normal in this region.

Late in 2020 I visited the towns of Tomioka and Futaba, which appear in *Fukushima Trace*. Starting out at the new Tomioka Station, which began operating in October 2017, I set out for sites I had looked up on Google Street Views and bookmarked under "My Places" in advance, comparing them to scenes presented in *Fukushima Trace*. At the former Tomioka Daini Elementary School and Tomioka Yonomori Kindergarten, there were only vacant lots where the school buildings had been, and nothing but a gymnasium remained. Next to the Yonomori traffic signal, a line of cherry trees had fertilizer capsules inserted into the soil at their roots and were evidently still being tended, but the surrounding area was still designated as a "difficult-to-return" zone and remained barricaded off. The exclusion order seemed to be lifting gradually and a few houses showed signs of habitation, but during the day I saw nobody besides security guards and workers. In the final scene of *Fukushima Trace*, a blocked-off road lined with cherry blossoms in full bloom has its barricade removed and is open to traffic, but the building visible on the right in the video—an automotive maintenance garage—was a vacant lot when I visited.

The beta version of Google Maps was launched in February 2005, and the Japanese-language app became available around six months later. The Street View service was added in 2007, and Google Maps changed our fundamental concept of what a map does. Most of us now use smartphones or tablets in place of paper maps, navigating any place in the world based on the images on our screens. During the pandemic, with travel severely restricted, we can still look at scenery all over the world using Street Views. However, what we often forget that there is a time lag between the actual site and the one in the online photograph. Street Views shows a patchwork landscape constructed from a vast number of images taken at some point in the past. If possible, Sato wanted to make *Fukushima Trace* an ongoing, lifelong endeavor,[14] but in September 2018 he was told he had only a few months to live and ceased work on the project. By that time, his vision in one eye had become hazy, making tracing a challenge, and he was not even capable of going places with a camera. In late February 2019, about half a year after its production was suspended, *Fukushima Trace* was shown in unfinished form at Tokyo Arts and Space Hongo. Sato passed away three weeks later. If Sato were still able to engage with this region, which now exists in the three space-time continuums of Street Views, *Fukushima Trace*, and the real world around us, how would he have added to it?

Another Kind of Tracing: *Hide-and-Seek*

Togashira, in the town of Toride, is a district of Joso New Town, which was planned based on the Metropolitan Area Readjustment Act enacted in June 1966 for the purpose of alleviating excess population density in Tokyo during the rapid economic growth that took off in the 1960s. The Japan Housing Corporation Togashira-Toride public housing complex was built in the initial stage of development of Joso New Town, beginning in 1971, and it opened to residents in April 1, 1975, with Togashira Station on the Kanto Railway Joso Line opening the same year. Meanwhile, 1969 saw the start of serialization of the comic *Doraemon*, the subject of Sato's *Hide-and-Seek* (2017) [pp. 148–151], set in the fictitious neighborhood of "Susukigahara, Tsukimidai, Nerima-ku, Tokyo" in the 1970s, a kind of composite of typical suburban communities throughout Japan.

Hide-and-Seek begins with Doraemon (a blue cat-like robot from the 22nd century with a "4D pocket" full of miraculous gadgets) going out the front door of the Nobi residence, home to the comic's main human character Nobita. Sato had selected a house near Togashira Park, about a 10-minute walk from his own home, as a stand-in for the Nobi residence. Sato perceived his own neighborhood of Togashira as similar to the fictional one where Nobita lives, and the work he created is a journey following (tracing) the footsteps of Doraemon starting from the house Sato designated as the Nobi residence. After the characters depart from the house and go past the edge of Togashira Park, with cherry blossoms in full bloom, there is a sudden rumble of thunder, storm clouds appear in the sky, rainfall is heard and raindrops make spreading ripples on the pavement. A colorfully painted playset made from old tires is visible behind the platform used for morning assemblies in the rainy schoolyard. After circling around the school building, Doraemon arrives at Togashira Station and takes a train to the TV Asahi building in Roppongi, Tokyo, where he encounters a huge advertising balloon version of himself. However, on watching *Hide-and-Seek* again I noticed incongruous scenes inserted into the view from the train on the way from Togashira to Tokyo. After passing through the lush mountains visible from the train window after departing from Togashira Station, we see a scene of spacious fields under blue skies where rice is being harvested, and after going past a residential area and again through tree-covered mountains, there is a scene with clusters of wave-blocking concrete tetrapods arrayed against the backdrop of the blue sea. The former incongruous landscape is actually visible from the Tokyo-bound Joban Line between Nakoso and Otsuko stations, north of Toride (i.e. the opposite direction from Tokyo), and the latter is even farther north, along the Nakoso Coast in Iwaki, Fukushima.[15] Whether departing from Tsukuba Express Moriya Station or Joban Line Toride Station, the sea is not visible on the way from Toride to Tokyo.

Sato produced this work with the theme of "Create Your Own Original Doraemon," and said it relates to his thoughts on "the energy source that powers Doraemon."[16] In his original iteration, Doraemon is said to be powered by "a nuclear reactor," easily fueled because "anything he eats is converted to nuclear energy."[17] The first nuclear power generation in Japan took place in 1963 in Ibaraki, at the Japan Power Demonstration Reactor constructed in the village of Tokai. The anime *Doraemon* first aired on TV Asahi in 1979, and in 1985, also in Ibaraki, the Tsukuba International Science and Technology Exposition was held with the theme of "Dwellings and Surroundings:

Science and Technology for Man at Home." In 1988, a large signboard bearing the slogan "Nuclear Power: Energy for a Bright Future" was erected in Futaba near the Fukushima Daiichi nuclear power plant. In 2017, what kind of future was Doraemon wandering around in search of? And what did Sato have in mind as he traced the robotic cat's footsteps?

Final Scenes: *SM*, *Dr. Reaper*

Among Sato's never-exhibited works is *SM* (2015) [p. 143], an animation just three seconds long. A man wearing only underwear, holding his own head in his hand, stands in a living room and hits his head against a sliding door: this scene loops endlessly. As described earlier, Sato had a cancer relapse in the summer of 2015 and his upper jaw was completely removed, and the sight of the man hitting his head seems to convey the frustration with his own body and impatience with the limitations it imposed on his art that Sato felt during the production of *Tokyo Trace*.

Sato's final *Dr. Reaper* series (2018) [pp. 164–175] consists of a total of 10 works, nine acrylic paintings and one clock-object. In September 2018, Sato was told he had only three months to live, and was physically incapable even of going outdoors. In his words, "I couldn't leave the house. Looking around the interior of that house with renewed awareness, there were things that grabbed my attention and awakened emotions even as I was facing death. Things I had never taken notice of before began to appear precious, and I wanted to render them permanent somehow."[18] Around the same time his house, a rental, was becoming dilapidated and he was asked to vacate it, further heightening his motivation to "paint the existences vanishing along with the house, without having to mind anyone's eyes."[19] He made these humble objects his subjects, using a process similar to his previous works in that he photographed them and used a computer to trace their shapes, but taking a new step in that he now painted over them in acrylic. Unlike the super-realist digital photo-painting Sato was known for thus far, featuring many layers of hatching and three-dimensional effects, here precisely traced outlines and motifs rendered with flat brushstrokes created the impression that subjects appearing in Sato's video works had emerged in the form of paintings on panels. Sharp, hard-edge contours created with masking tape, and flat, artificial imagery, achieved in the analog world what he had thought only digital drawing was capable of, and brilliantly "immortalized the subjects by applying further fiction on top of the already fictional world of animation."[20] Sato also wrote a short text with a personal anecdote for each work,[21] giving us a picture of the life he was living at the time.

Now (2018) [p. 173], a clock where only the red second hand ticks the time away on a pure white clock face with no numerals, informs us, as the title suggests, that the time is "now." The regularly moving clock hand completes a circle in 60 seconds, then returns to the start and ticks away another 60 seconds. There is no hour hand or minute hand, only a second hand that continues to describe an endless, regular circular motion. Sato said, "Among past, present, and future, I believe the present is the most important when a man faces death. You will only feel emptiness by just reflecting on the past, and you feel hopelessness if you imagine the future. Although it seems obvious, I just realized that enjoying the moment of 'now' is the best way of living."[22] He also declared of his final months that "These three months are mine, to spend however I want," and he made the paintings in the *Dr. Reaper* series to break free of concepts and simply enjoy painting. They are brimming not with the despair of death, but with the joy of being alive here and now, and of painting.

The Chinese-American geographer Yi-Fu Tuan coined the term "topophilia" to describe the emotional connection between people and places or environments. In his book *Topophilia: A Study of Environmental Perception, Attitudes, and Values*, Tuan wrote, "The appreciation of landscape is more personal and longer lasting when it is mixed with the memory of human incidents... homely and even drab scenes can reveal aspects of themselves that went unnoticed before, and this new insight into the real is sometimes experienced as beauty."[23] Sato has been described as presenting scenes that "are in no way bizarre, and look like they could be found anywhere in the world around us."[24] Scenes of neither "scenic" spots nor monumental structures, but things that would give anyone a sense of familiarity or déjà vu. In *The Japanese Landscape*[25], Norihiro Kato wrote that "a landscape's power to fascinate us comes from the fact that in it there is no 'I' seeing it, and no ego of the person who created it," in other words it lurks within an "emptiness of landscape" which could be called the opposite of self-expression, the "erasure of self." The sense of "emptiness" occurs because the artist's message does not come in the form of words. Kato argues that paradoxically the artist's self is clearly manifested when the image is presented, and received, as "something that cannot be expressed in words."[26] Sato described his art as "the work of removing my own images and concepts."[27] He endeavored, as much as possible, to avoid imposing narratives and thus to avoid presenting products of the imagination. For Sato, the highest form of expression was to trace scenery and people around him so that he could get as close as possible to the photographs and videos he filmed while "negating, to the greatest possible extent, anything like a theme or a message."[28] He saw "expression as a ritualistic means of interacting with, and communicating with, things in the world around you. Here I referred to 'ritual,' but what I want to say is that the act of tracing is close to that of expression."[29] Tracing was a means expression and at the same time a procedure, or a dialogue, for interacting with places and people so as to understand the world. When Sato presents us with a landscape, it appears as something that "something that cannot be expressed in words."

Sato was once asked during an interview what prompted him to turn his attention to "the everyday," and mentioned reading Werner Herzog's book *Of Walking in Ice*.[30] Upon hearing that his great teacher Lotte Eisner was seriously ill, Herzog walked the 700 kilometers from Munich to Paris in the middle of winter, and the book is a record of that process. Sato quoted the following passage as relating to his own battle with illness:

> Apples lie rotting in the wet clay soil around the trees, nobody's harvesting them. On one of the trees, which seemed from afar like the only tree left with any leaves, apples hang in mysterious clusters close to one another. There isn't a single leaf on the wet tree, just wet apples refusing to fall.[31]

Sato depicted these dewy apples, which continue quietly hanging on the tree, even after all the leaves have fallen, until someone discovers them.

Notes

1 Riku Iioka, *Slipping Out of the Circuit*, SOoC, 2015, p. 8.

2 Ibid., p. 11.

3 Twitter post by KEN NAKAHASHI: https://twitter.com/kennakahashi/status/1148913364057251840

4 In fact, *I touch Dream* was one of a two-part work, and Sato also produced a charcoal-drawn animation entitled *BARREN ILLUSION* (2003). Also, prior to *TRAUM* he used the rotoscoping technique in *U-KA* (2004). Evidently in 2002 to 2003 he was working on a pastel drawing animation entitled *BOSCH*, but it remained incomplete. Currently, with the exception of *U-KA*, the whereabouts of these works have not been verified.

5 Shuji Sugihara, *WHO Masaharu Sato*, artbook WHO, 2013: www.artbookwho.com

6 Mamoru Oshii, *Fight to Win! (Director Edition)*, Tokuma Shoten, 2010, p. 71.

7 "Marumata Story," Marumata Kamaboko Manufacturing Co., Ltd. website: https://marumatakamaboko.com/story/
Kyoko Takagi, "Marumata Kamaboko Manufacturing Co., Ltd.," *Social Net Project MOVE*
http://www.smartcitymove.com/ 丸又蒲鉾製造（有）/

8 *Everyday Life / Off the Record* exhibition, related project: "Yukako Ando × Masaharu Sato Joint Interview," *Magcul (Magnet + Culture)*, December 25, 2013:
https://magcul.net/topics/98012

9 Yukio Komatsu, "Increasing the Longevity of Buildings," *Nikkan Kogyo Shimbun*, November 2005. According to Komatsu, "In the past, we analyzed American homes using a similar approach and found that they had an average lifespan of about 100 years. In general, Western buildings have a longer lifespan than Japanese, and in Western cities is not at all uncommon to see a buildings 100 or 200 years old.":
http://www.f.waseda.jp/ykom/nks20061121.pdf

10 Shuji Sugihara, "WHO Document: Masaharu Sato Vol. 03," *WHO*, February 1, 2014:
http://artbookwho.com/modules/wordpress/index.php?p=68)

11 *Hara Documents 10: Masaharu Sato—Tokyo Trace*, press release, Hara Museum of Contemporary Art:
http://www.haramuseum.or.jp/jp/wp-content/uploads/2018/08/jp_hara_MasaharuSato_151224.pdf

12 Kenichi Nakahashi, "SATO Masaharu Tracing-Journal" see p. 188 of this book.

13 *ACT Vol. 1 [Artists Contemporary TOKAS] First Lingering Mist of Spring*, Tokyo Arts and Space Hongo, 2019, p. 8:
https://www.tokyoartsandspace.jp/static/file/publication/190404_kasumi.pdf

14 Facebook post by Masaharu Sato, February 21, 2019.

15 The Marumata Kamaboko factory, where *Datemaki* was filmed, is located in Hirausuiso, Iwaki, about 30km north of the Takoso coastline.

16 Facebook post by Masaharu Sato, October 30, 2017.

17 In recent years, this has been changed to simply "anything he eats is converted to energy."

18 Facebook post by Masaharu Sato, January 19, 2019.

19 "Artist statement by Masaharu Sato," KEN NAKAHASHI:
https://kennakahashi.net/en/exhibitions/dr-reaper

20 *WHO Masaharu Sato*, op. cit.

21 "Words about each works written by Masaharu Sato," KEN NAKAHASHI:
https://kennakahashi.net/en/exhibitions/dr-reaper

22 Ibid.

23 Yi-Fu Tuan, *Topophilia: A Study of Environmental Perception, Attitudes, and Values*, Columbia Univ. Press, Morningside edition, 1990, p. 95.

24 *WHO Masaharu Sato* op. cit.

25 Norihiro Kato, *The Japanese Landscape*, Kodansha Bungei Bunko, 2000.

26 Ibid., p. 299.

27 Yasuyuki Nakai, *The Earthly Paradise* (Yasuyuki Nakai and Kaori Hoya, ed.), gallery α M, 2013, p. 101.

28 Ibid.

29 Masaharu Sato interview: " 'What becomes of the body' is a very real question for me. Every day I am creating life and death, hope and despair," *Gifu Land of Clear Waters Art Festival, Art Award IN THE CUBE 2017*, December 10, 2016:
http://art-award-gifu.jp/2017/report/%E4%BD%90%E8%97%A4%E9%9B%85%E6%99%B4%E3%82%A4%E3%83%B3%E3%82%BF%E3%83%93%E3%83%A5%E3%83%BC/

30 Masami Tsubouchi, "E-mail Interview with Masaharu Sato 1: Hara Documents 10: Masaharu Sato—Tokyo Trace [Hara Museum of Contemporary Art]," *ART iT*, March 14, 2016:
https://www.art-it.asia/u/HaraMuseum/biEGz7OMf3JndlwD8pac

31 Werner Herzog, *Of Walking in Ice: Munich-Paris, 23 November–14 December 1974*, University of Minnesota Press, 2015, p. 86.

佐藤雅晴尾行日記

中橋健一
KEN NAKAHASHI代表

この尾行日記を、佐藤雅晴に出会う前、出会ってから、そして佐藤が亡くなって以降も続く、「尾行／トレース」の記録として、ここに残しておく。

実際の日付や出来事にもとづき、私とあなた—近しい存在としての佐藤に、そしてその先の存在に向けて記しておくことで、いつかは私とあなたから離れた場所で、われわれという開かれた存在として、お互いのトレースが続くことを想像している。

2010年6月、ドイツから日本に帰国した佐藤は、歯に異常を感じたのがきっかけで、上顎《うわあご》に穴が開いているのが発見され、年末に手術を行った。

2011年3月11日、東日本大震災が発生。夏、私は白血病を診断された。

2013年前半、佐藤のパートナーである大垣美穂子がくも膜下出血で倒れ、自宅にいた佐藤がすぐに病院へ運び、即手術を行う。大垣は、手術後約1週間意識を失っていた。その頃、私は白血病が寛解となって、ギャラリーを始める準備をしていた。

2015年夏、《東京尾行》(2015–2016)を制作中だった佐藤の癌《がん》が再発。すぐにでも手術をしなければならない状態だった。上顎のすべてが摘出された。《東京尾行》に登場する、緑色のカーテン越しに置かれたガーベラの花は、苦しむ佐藤に大垣が添えたものだ。

2015年11月5日——海老原靖の個展「if…」[1]が開幕した。昼過ぎに、海老原が佐藤と連れ立ってやってきた。

ギャラリー入り口手前の狭い階段で、初めて会った佐藤と少し会話をした。

佐藤は、ドイツから帰国して上顎に癌が見つかったこと、すでに2度手術したことを私に話した。

「僕も癌を患って、2年間治療をしていた時期があったのです」

「じゃ、僕たちは癌友《がんとも》だね」と佐藤は言った。

12月14日——昨夜は、東京に滞在中の友人が家に遊びに来た。食べ散らかしてしまったテーブルを片付けていると、玄関のチャイムが鳴る。午前10時。《東京尾行》の撮影のため、佐藤が家にやって来た。到着して早々、佐藤は、くるくると回る手鏡をテーブルの上に持ち出す。10時半、東向きの窓から差し込む朝日が鏡に反射し、部屋の中をくるくると動いている。ぼうぜんとその様子を眺めていたら、あっという間に撮影は終了。「今日はありがとうね」と言う佐藤を見送った。

2016年4月28日——佐藤が送ってくれた招待券で、原美術館での個展「ハラドキュメンツ10　佐藤雅晴—東京尾行」を見に行った。私は、1ヶ月前に、白血病寛解後3年目のPET-CT検査を受けていた。担当医から異常集積は認められなかったとの結果を聞かされた翌日に、原美術館へ向かったのだ。この日、佐藤の作品を初めて見た。たまたまだが、私にとっては寛解から3年がたった日だった。

《Calling》(2009–2010／2014)や《東京尾行》を前に、佐藤や自分の身体は、これからいったいどうなっていくのだろうという気持ちだった。同時に、癌治療をしていた頃、自分に言い聞かせていた「何とかなるさ」という言葉が去来した。

6月下旬——佐藤は、癌の転移が見つかり、急きょ、抗癌剤と放射線による治療を開始しなければならなくなった。入院生活は2ヶ月間続いた。

2017年2月10日——エリック・スワーズの個展「筋」[2]が開幕。寒いなか、佐藤も大垣も駆けつけてくれた。いつものように二人分の大きな笑い声が、ビルの外まで聞こえてきそうだ。

3月31日——大垣の個展「Threshold」[3]が開幕した。いつものように大声で笑っている佐藤と大垣。作品が売れて、大喜びしている。

7月——3年連続で、佐藤の癌が再発。再度の手術。

10月21日——夏のあいだ中やっとの思いで探りあて、引っ越したばかりのマンションに佐藤がやって来た。佐藤は、夏の入院中、新作について構想を練っていた。ほとんど何も置かれていない私の部屋で撮影を行った。オオカミがバルコニーで立ち上がる仕草を繰り返す《オオカミになりたい》(2017)

が完成し、12月に神宮前のBLOCK HOUSEギャラリーへ展覧会[4]を見に行った。

12月20日——佐藤は、身体の調子をうかがいながら、旅行もかねて福島へ出かけていった。同行した大垣が三脚とカメラを持ち歩き、福島の海沿いの風景を何も考えずにただひたすら撮影した。数年をかけて取材しトレースを行い、複数のモニターを用いた展示空間にする計画だった。しかし、癌の再発と抗癌剤治療の副作用による体調の悪化のため、その計画は数ヶ月で中断した。

「時間が足りない、福島の風景をまだ撮りたい」と佐藤は言っていた。

12月31日——取手にある海老原のアトリエで、佐藤、大垣、海老原らと過ごした大晦日。いつもながら控えめな態度で、周りの様子を観察している佐藤。その横の椅子に移動して、前から聞いてみたかった「一緒に展覧会をやりませんか」という言葉を投げかけた。

佐藤は、「Callingの新作をつくりたい。それを発表したい」と喜んだ。

2018年1月——佐藤に、4度目の癌の再発が確認された。手術では対応できず、毎週1回の抗癌剤を投与することになった。

この年は、佐藤と大垣が連れ添ってから、かれこれ16年目となる節目。佐藤と上顎あたりに出没する癌との付き合いは、その半分の8年目になる。

9月9日——ギャラリーが休みの日曜。夕方頃、佐藤と大垣の住む取手の家へ向かった。佐藤は、余命3ヶ月であること、緩和ケアに移行することを担当医から告げられていた。体調が悪く、新しい作品を制作することができない。映像でも、ペインティングでもない、新しい試みの作品を制作しようと考えて、1点だけ完成したけれど、個展をキャンセルしなくてはならない。1点だけ完成した作品をプレゼントしてくれた。赤い秒針だけが残され、文字盤が白く塗りつぶされた《now》(2018)という作品だ。

10月7日——ギャラリーが休みの日曜。佐藤が余命宣告を告げられた9月から、1ヶ月たった10月最初の週末。抗癌剤の投与をしなくなった佐藤は、少しだけ体力が戻っていた。家で静かに過ごしながら手を動かして、木のパネルにアクリル絵具で絵を描き始めていた。お昼過ぎに到着した佐藤と大垣の家。リビングへ入っていくと、壁に制作途中の絵が掛けられていた。

木のパネルに触れ、筆で絵具をのばしていると、身体的にも精神的にも心地が良いのだそうだ。近所の公園で捨てられているのを、佐藤が発見してから家族の一員になった猫の花ちゃんが、壁に掛けられた絵に向かってハイジャンプしている。花ちゃんが好きなダンボールの絵も、描くのだそうだ。

この家は老朽化を理由に、不動産屋から立ち退きを要求されていた。長年住んで愛着のある家の中を皮膚のように覆う、誰にでも見慣れたモチーフが9点の絵となった。佐藤が残した最後の作品である。

12月31日——取手の大垣と佐藤の家で、大晦日を過ごす。佐藤のお母さんも、大分からやって来ている。到着するとテーブルの上には、鍋が用意されている。佐藤と大垣の友人から送られてきたトビウオのつみれで、鍋にするのだそう。細長いビニールパックに入っているつみれを、鍋の中に絞り出すのが難しくて、出汁だけが煮え続けている。私は、こうやるのだよと言いながら、鍋の中につみれを丸く絞り出した。佐藤は、笑いながらその様子をじっと見ているが、固形物を咀《そ》嚼《しゃく》できないので流動食をすすっている。12月17日に、完成した9点の絵をギャラリーで受け取ったので、前回来たときに壁に掛かっていた絵はなくなっている。梅の木がつぼみをつけて、春に向かって準備している庭がとても静かだった。

9月に受けた余命宣告の3ヶ月を更新して、こうして新年を迎えようとしている。

軽トラックで海老原がやって来た。1年前は、海老原のアトリエで佐藤も大垣も一緒だったが、今年の大晦日は、海老原のアトリエに二人は行けない。私は、できるだけゆっくりと、佐藤と大垣の家で過ごしてから、海老原のアトリエに向かった。

2019年2月13日——ギャラリーに来ることができない佐藤と、メッセージや写真を交換しながら、展示作業をした個展「死神先生」[5]が開幕。オープニングに、佐藤の姿はないが、たくさんの方が、会場に足を運んでくれた。

3月9日午前10時56分——朝、ギャラリーを開ける準備をしていると、大垣からの電話が鳴った。佐藤が亡くなった。1週間後の3月16日、「死神先生」が閉幕した。ギャラリーがクローズする間際になってようやく、Twitterを通じて、佐藤が亡くなったということを告知した[6]。

3月20日——私は、パリに到着した。写真や詩を発表した任航というアーティストの展覧会[7]が、マレ地区のヨーロッパ写真美術館で3月6日から開幕したのだ。「また旅ができるようになったら乗ってみたい」と佐藤が言っていた飛行機。私が飛行機の窓から注いだ視線には、佐藤が《夜空》(2018)という作品で描いた、「いつかまた元気になったら今度は、ぼくが上空から夜の街を見てみたい」という眼差しに近づきはするが、決して同一化されないずれがある。こんな風に、自分が目にする風景に、佐藤が注いでいた視線が混じり込んでいると感じることがある。

佐藤にとってトレースとは、自身の暮らす土地、家族や友人、目の前に広がる風景への理解を深め、自分のなかに取り込む行為である。佐藤の作品を尾行することは、私たちが「われわれとしての自己」[8]を尾行し、理解を深めようとする行為なのではないか。

2020年1月11日——国立新美術館で「DOMANI・明日展2020」[9]が開幕した。佐藤がドイツに渡った1999年、木炭で描いた絵をつなげた初めてのアニメーション作品《I touch Dream #1》。福島に通いながら制作していた、未完成の《福島尾行》(2018)。この2作品だけで構成した展示空間。ドイツでの10年、日本に帰国してからの10年の時間。体力が衰えていっても、「まだ時間が足りない、まだ作品をつくりたい」と言っていた佐藤の存在が、そこにあるような空間だった。

7月17日——ヨコハマトリエンナーレ2020[10]が開幕した。佐藤雅晴の「死神先生」(2018)も登場している。横浜美術館での展示は、偶然にも佐藤雅晴の誕生日である10月11日までだ。

11月27日——佐藤が「死神先生」で描いた、家の中を肌のように覆うコンセントや、スイッチ、浴室。あの家の解体が始まった。外から、あの浴室の青いタイルが見える。

12月13日——私は、佐藤の《福島尾行》に導かれるようにして、福島へ行った。佐藤が見た福島の景色を、追いかけようとした。

13日夕方、ギャラリーを後にして、東京駅から東北新幹線に乗車し、仙台駅で常磐線各駅停車原ノ町行の電車に乗り換えた。相馬駅前の、ビジネスホテルの部屋に着いたときは、夜10時をまわっていた。

12月14日——浪江町、双葉町、東日本大震災・原子力災害伝承館、富岡町、東京電力廃炉資料館を訪れた。廃炉資料館に到着した時点で、夕方4時を過ぎていた。全然時間が足りない。また訪れたい土地がたくさんある。

2021年1月11日——品川駅高輪口から坂を登って原美術館へ。いろんな思い出がくっついて染み込んだ中庭や、館内。佐藤の《東京尾行》が、4年ぶりに展示されていた展覧会[11]の最終日。原美術館は、これから原美術館ARCへと改称し、群馬にて活動を続けていく。

2月5日——「佐藤は人間の肖像を描こうとした」という考えが浮かんだ。そうであるなら、佐藤の作品や生涯を、尾行し伝えていくことは、私たちを自身の日常に立ち返らせ、まだ存在していないものの存在や、変化しながら存在し続けるわれわれを、尾行していくことなのだろう。

註

1 海老原靖個展「if…」(matchbaco〈現在のKEN NAKAHASHI〉2015年11月6日~11月28日)
2 エリック・スワーズ個展「筋」(KEN NAKAHASHI、2017年2月10日~3月17日)
3 大垣美穂子個展「Threshold」(KEN NAKAHASHI、2017年3月31日~5月6日)
4 「オオカミの眼—The Iris of a Wolf」(BLOCK HOUSE、2017年12月13日~12月27日)
5 佐藤雅晴個展「死神先生」(KEN NAKAHASHI、2019年2月15日~3月16日)
6 KEN NAKAHASHIのTwitterより https://twitter.com/kennakahashi/status/1106812850364833792
7 任航(レン・ハン)個展「LOVE, REN HANG」(ヨーロッパ写真美術館・パリ、2019年3月6日~5月26日)
8 渡邊淳司、村田藍子、高山千尋、中谷桃子、出口康夫「『われわれとしての自己』を評価する—Self-as-We尺度の開発—」『京都大学文学部哲学研究室紀要』京都大学大学院文学研究科哲学研究室、2020年、p. 1 http://hdl.handle.net/2433/254083
9 「DOMANI・明日展2020　傷ついた風景の向こうに」(国立新美術館、2020年1月11日~2月16日)
10 ヨコハマトリエンナーレ2020「AFTERGLOW—光の破片をつかまえる」(横浜美術館・プロット48・日本郵船歴史博物館、2020年7月17日~10月11日)
11 「光—呼吸　時をすくう5人」(原美術館、2020年9月19日~2021年1月11日)

SATO Masaharu Tracing-Journal

NAKAHASHI Kenichi
KEN NAKAHASHI

This is a record of my tracing of the life and work of Masaharu Sato, which began before I met him and continues today after his death.

By writing this record, structured around actual dates and events, to myself and to you—Sato, my dear friend—and to what lies beyond, I am able to imagine that one day our tracing of one another will continue in a place where there is no me and no you, only an open-ended "us."

In June 2010, after coming back to Japan from Germany, Sato complained of an abnormal feeling in his teeth and was found to have a hole in his upper jaw, for which he underwent surgery at the end of the year.

On March 11, 2011, the Great East Japan Earthquake hit the Tohoku region. That summer I was diagnosed with leukemia.

In early 2013 Sato's partner Mihoko Ogaki collapsed from a subarachnoid hemorrhage, and Sato, who was home at the time, rushed her to the hospital for immediate surgery. Ogaki remained unconscious for about a week afterward. At the time my leukemia was in remission, and I was preparing to open my gallery.

In summer 2015, Sato had a cancer relapse while he was in the process of producing *Tokyo Trace* (2015–2016). His condition required surgery right away, and his entire upper jaw was removed. The daisies visible on the other side of green curtain in *Tokyo Trace* were placed there by Ogaki for the recovering Sato.

November 5, 2015: Yasushi Ebihara's solo exhibition *if*···[1] opened at my gallery. In the early afternoon, Ebihara arrived accompanied by Sato. It was the first time I met Sato, and we chatted for a bit in the narrow stairwell in front of the gallery entrance. He told me that soon after arriving back in Japan from Germany he had been diagnosed with cancer of the upper jaw, and had already had two operations. I told him, "I had cancer too, and I was in treatment for two years around the same time." Sato said, "I guess that makes us cancer buddies, then."

December 14: The night before, a friend who was staying in Tokyo had come to visit. This morning, the doorbell rang as I was cleaning up a post-meal mess at the table. It was 10:00 AM. Sato had come to do some filming for *Tokyo Trace*, and upon arrival, he produced a spinning hand mirror and placed it on the table. At 10:30, the morning sun shining through the east-facing window was reflected in the mirror and floated around the room. We watched this in a trance-like state, and the filming was finished in no time. I saw off Sato, who said "Thank you for your help today."

April 28, 2016: Sato had sent a complimentary ticket, and I went to see his solo exhibition *Hara Documents 10: Masaharu Sato—Tokyo Trace* at the Hara Museum of Contemporary Art. One month before, I had had a PET-CT scan three years after my leukemia went into remission. The day I headed to the Hara Museum of Contemporary Art was the day after the doctor told me no abnormalities had been found. That day I saw Sato's work for the first time. As it happened, it was exactly three years since I had gone into remission. As I viewed *Calling* (2009–2010/2014) and *Tokyo Trace*, I wondered what would become of Sato's and my own physical condition in the future. At the same time, I recalled how when I was in treatment for cancer, I kept telling myself "things will work out somehow."

Late June: Sato's cancer was found to have metastasized, and he had to start chemo and radiation therapy right away. He was in the hospital for two months.

February 10, 2017: Erik Swars's solo exhibition *Suji*[2] opened at my gallery. Sato and Ogaki attended despite the cold weather. As always, the two of them laughed so loudly I was sure it must be audible outside the building.

March 31: Ogaki's solo exhibition *Threshold*[3] opened at my gallery. Sato and Ogaki laughed uproariously as usual. She sold work, and was overjoyed.

July: Sato had a cancer relapse for the third year in a row, and again underwent an operation.

October 21: I had just moved into a nice new apartment, which I had finally found that summer following a lengthy search, and Sato came to visit. He had been planning a new work during his summer hospital stay. He filmed in my apartment, which was still almost completely empty. Sato completed *I want to be a wolf* (2017), which consisted of a wolf repeatedly standing up on its hindquarters on a balcony, and in December I went to see it in an exhibition at the gallery BLOCK HOUSE in Jingumae.[4]

December 20: While still wary of his physical condition, Sato went on a trip to Fukushima, partly for creative purposes and partly for leisure. Ogaki accompanied him, carrying a tripod and a camera, and simply shot the seaside scenery in Fukushima continually without thinking of anything. The plan was to spend several years filming there, tracing these scenes, and then create a multi-channel video installation. However, the plan was suspended after a few months due to Sato's cancer relapse and illness caused by the side effects of chemotherapy. Sato said, "I haven't had enough time, I want to capture more scenes of Fukushima."

December 31: I spent New Year's Eve with Sato, Ogaki, Ebihara and others at Ebihara's studio in Toride. As always, Sato quietly observed his surroundings with a modest demeanor. I took the seat next to him and asked what I had been wanting to ask for a while: "Why don't we do a show together?" Sato liked the idea: "I want to make a new work in the *Calling* series, and exhibit that."

January 2018: Sato's fourth cancer relapse was diagnosed. It couldn't be operated on, and weekly chemotherapy treatments were scheduled. That year Sato and Ogaki had been together for 16 years, while he had been living with the cancer doggedly afflicting his upper jaw for eight years—half of that time.

September 9: It was a Sunday, and the gallery was closed. In the evening I went to visit Sato and Ogaki at their home in Toride. Sato had been told by his doctor that he had three months to live, and would be shifted to palliative care. His condition was poor, and he was unable to make new work. He wanted to do something in a new mode, neither video nor painting, and while he was able to complete a single piece, his upcoming exhibition had to be canceled. He gave me this completed work as a gift. The title is *now* (2018), and it consists of a clock with only the red second hand remaining and no numerals, the clock face painted entirely white.

October 7: Sunday, and the gallery was closed. It was the first weekend in October, one month after Sato was told how long he could expect to live. Having stopped chemotherapy, he had slightly regained strength and had begun working quietly at home, painting in acrylic on wooden panels. I arrived at Sato and Ogaki's house in the afternoon. On entering the living room, I saw paintings in progress on the wall. Engaging with the wooden panel, applying paint with a brush to its surface, seemed to have a positive physical and mental effect on Sato. Their cat Hana-chan, who had joined the family after Sato discovered her abandoned in a nearby park, was doing high jumps toward the picture on the wall. Apparently he also made paintings on cardboard, of which Hana-chan was fond. But their house was deteriorating, and the real estate agent requested that they vacate it. Sato produced nine paintings depicting the familiar things that covered the interior of the house, where they had lived for many years, like a layer of skin. They were his final works.

December 31: I spent New Year's Eve at Ogaki and Sato's house in Toride. Sato's mother had come from Oita in Kyushu. When I arrived, ingredients for *nabe* hot pot were laid out on the table, and apparently its centerpiece was to be some fish balls made from flying fish which a friend had sent. It was difficult to squeeze the fish balls out of their long, thin plastic packaging into the pot, and the broth was bubbling away all the while. This is how you do it, I said, using a twisting motion to extract the fish balls into the pot. Sato watched this intently and laughed at the sight, but he was unable to chew solid food and sipped at his liquid meal.

I had received nine of his completed paintings at the gallery on December 17, so the paintings that had hung on the wall last time I was there were gone. The garden was silent, with its plum tree buds closed and awaiting spring. More than three months after Sato had been told in September that he had three months left, a new year had arrived. Ebihara drove up in a small truck. A year ago I had seen Sato and Ogaki at Ebihara's studio, but this New Year's Eve they were unable to make that trip. I spent as much time as possible at Sato and Ogaki's house, and then departed for Ebihara's studio.

February 13, 2019: I kept in touch with Sato, who was unable to come to the gallery, through text messages and photos. Now his show *Dr. Reaper*[5] was opening at my gallery. A large number of people showed up for the opening, although Sato was not among them.

March 9, 10:56 AM: As I was preparing to open the gallery in the morning, the phone rang, and it was Ogaki. Sato was gone. *Dr. Reaper* closed on March 16, one week later. Just as the gallery was about to close, via Twitter, I finally announced his passing to the public.[6]

March 20: I landed in Paris. At Maison Européenne de la Photographie in the Le Marais district, an exhibition of the late artist Ren Hang,[7] who worked with photography and poetry, had opened on March 6. I was on an airplane, of which Sato had said "I'm looking forward to taking one when I'm well enough to travel again." As I gazed out the window of the plane, I remembered and felt a closeness Sato's comment on his work *Night Sky* (2018), which shows the view looking up through a balcony railing: "Someday when I get better, I'd like to be the one to glance down upon the city at night." There were ways in which my experience could never be the same as his. But at times like these, I have the sense of Sato's eyes looking through my own at the scenery before me. For Sato, tracing was a process of deepening his understanding of the place where he lived, his family and friends, and the landscapes in front of him, and incorporating them into himself. I feel that for me, tracing Sato's work, in turn, is a process of tracing and deepening understanding of the "Self-as-We."[8]

January 11, 2020: "DOMANI: The Art of Tomorrow" Exhibition 2020[9] opened at the National Art Center, Tokyo. It included a gallery with just two works by Sato: his first animation *I touch Dream #1*, from 1999, the year he went to Germany, consisting of a sequence of charcoal drawings, and the unfinished *Fukushima Trace* (2018), for which he had repeatedly traveled to Fukushima. A decade in Germany, a decade after returning to Japan: Sato, despite his waning physical strength, continued saying "I don't have enough time, I still have things I want to make," and his presence could be felt in the gallery.

July 17: Yokohama Triennale 2020[10] opened. Among the featured works was Masaharu Sato's *Dr. Reaper* (2018), which by chance went on view at the Yokohama Museum of Art on October 11, Sato's birthday.

January 27: In *Dr. Reaper*, Sato depicted electrical outlets, switches, the bathroom—familiar everyday objects that covered the inside of his house like a skin. The demolition of that house began. The blue tiles in that bathroom were visible from outside.

December 13: I traveled to Fukushima, as if summoned by Sato's *Fukushima Trace*, and tried to trace his footsteps and see the Fukushima scenery that he had seen. On the evening of December 13, I left the gallery, boarded the Tohoku Shinkansen high-speed rail line from Tokyo Station, and transferred to a local Joban Line train bound for Haranomachi. It was after 10:00 PM when I checked into a business hotel next to Soma Station.

December 14: I visited the towns of Namie and Futaba, the Great East Japan Earthquake and Nuclear Disaster Memorial Museum, the town of Tomioka, and the TEPCO Decommissioning Archive Center. When I arrived at the Decommissioning Archive Center, it was after 4:00 PM. Time was running out, and there were still so many places I wanted to visit.

January 11, 2021: From the Takanawa exit of Shinagawa Station, I ascended the hill toward the Hara Museum of Contemporary Art. The courtyard and the museum interior brought back a flood of memories. This was the last day of the museum's last exhibition at this location,[11] in which Sato's *Tokyo Trace* was exhibited for the first time in four years. The Hara Museum of Contemporary Art will be renamed Hara Museum ARC and reopen in Gunma.

February 5: It occurred to me that Sato was endeavoring to create portraits of people. If this is true, then tracing Sato's work and life and sharing them with people is a way of reacquainting us with our daily lives, of tracing the presence of what does not yet exist, and of those of us who continue to exist, always changing over time.

Notes

1 Yasushi Ebihara solo exhibition *if*··· (matchbaco [present-day KEN NAKAHASHI], November 6–28, 2015).

2 Erik Swars solo exhibition *Suji* (KEN NAKAHASHI, February 10–March 17, 2017).

3 Mihoko Ogaki solo exhibition *Threshold* (KEN NAKAHASHI, March 31–May 6, 2017).

4 *The Iris of a Wolf* (BLOCK HOUSE, December 13–27, 2017).

5 Masaharu Sato solo exhibition *Dr. Reaper* (KEN NAKAHASHI, February 15–March 16, 2019).

6 KEN NAKAHASHI's Twitter post https://twitter.com/kennakahashi/status/1106812850364833792

7 Ren Hang solo exhibition *Love, Ren Hang* (Maison Européenne de la Photographie, Paris, March 6–May 26, 2019).

8 "Evaluating the 'Self-as-We': Development of a Collective-Subjectivity Scale" (Junji Watanabe, Aiko Murata, Chihiro Takayama, Momoko Nakatani, Yasuo Deguchi), *Bulletin of the Department of Philosophy, Kyoto University*, 2020, p. 1. http://hdl.handle.net/2433/254083

9 "DOMANI: The Art of Tomorrow" Exhibition 2020—*Landscapes in Our Age: Scarred and Reborn* (the National Art Center, Tokyo, January 11–February 16, 2020).

10 Yokohama Triennale 2020, *Afterglow* (the Yokohama Museum of Art, PLOT 48, NYK Maritime Museum, July 17–October 11, 2020).

11 *Time Flows: Reflections by 5 Artists* (the Hara Museum of Contemporary Art, September 19, 2020–January 11, 2021).

背中を押されて

杉原洲志
グラフィックデザイナー／artbook WHO

あるとき佐藤さんに展示のオープニングトークにかわりに出てくれないかと頼まれた。体調が優れないとのことだった。人前でしゃべることが苦手な僕は、ほかの誰かにお願いできないかと断ったが背中を押され引き受けることになった。人前でしゃべる際には、内容を丸覚えでのぞむことが多い。それでも最初から最後まで原稿通りにできたためしはない。熟考した言葉がそれっぽい稚拙な言葉に置き換えられてしまったり、一文が丸々抜け落ち脱線したまま最後まで原稿に戻ることができなかったり。万全の準備をしつつも不安を抱きながら当日を迎えたのを覚えている。

思えば佐藤さんは幾度となく背中を押してくれた。やってみたら、応募してみたら。そしてたくさんのことを勧めてくれた。面白いから読んでみたら、聞いてみたら。時にそれは本だったり、漫画だったり、ポッドキャストだったり。とくにたくさん見ている映画はいろいろ勧めてくれた。ある1日がひたすら繰り返されるというループ状態に迷い込んだ中年男性を描いた『恋はデジャ・ブ』や、ある出来事をきっかけに家族の関係性が一変してしまう『フレンチアルプスで起きたこと』、正体不明のイットにゆっくりと着実に追い詰められてゆく『イット・フォローズ』などなど。なかでもダルデンヌ兄弟の映画は、僕にとって大切な映画となった。印象深く忘れられないシーンがたくさんある。『息子のまなざし』の職業訓練校で木工のクラスを担当している中年男性とそこに入学してきた少年が夜、道端で話しているシーン。仕事柄、モノの長さが見ただけでだいたいわかる男性に、少年が自分の足の先から男性の足の先までの長さはどれくらいですかとたずねる。そして男性の答えが合っているかどうか、学校から支給されたばかりの折り畳み式の定規を広げ二人のあいだの距離を測り始める。1回では測りきれないので何度かにわたって二人のあいだを定規でつないでみせる。ガッチリと固定され動かしようがないと思われた二人の関係性が、ふわっと宙に浮く大好きなシーンだ。養護施設に預けられ、拒絶されていることを受け入れられずに、行方知れずになった父親を必死に探す少年が主人公の『少年と自転車』。偶然出会ったある女性に週末だけ里親になってほしいと持ちかける。ようやく父親の居場所がわかり、会いに行く車中でのこと。少年に水を勧める女性、ペットボトルを少年に渡すがなかなか離さず、二人で一緒になってペットボトルを握って押したり引いたり。少年が観客に初めて笑顔を見せるシーンだ。偶然出会った二人のあいだに生まれつつある押しても引いてもすぐには切れないつながりのようなものを感じた。固定されていた関係性が浮遊し、新しい関係性がつくられていく、ダルデンヌ兄弟は物語のなかで関係性が変化していくさまを描く。物事の理由や状況が説明されることはなく、一人称で語っているような、個人的で狭く小さな視点から普遍的な感情を浮かび上がらせていく。

初めて佐藤さんに出会ったのはデュッセルドルフの駅だった。ヨーロッパ旅行中、旅行相手が佐藤さんと友人ということで、ドイツに立ち寄ったのだ。制作中だった《TRAUM》(2004–2007)の一部を見せてくれた。デュッセルドルフの街並みを緻密に写し取る画力とひたすら一人で描き続けているという制作スタイルに驚かされた。《TRAUM》以降も自身で撮影したものをパソコン上でトレースしてゆくという手法を用いて多くの平面作品や映像作品を世に送り出した。「なるべく撮った写真に近づけるようにしている」と言っていたように、隅から隅まで緻密にトレースしてゆく。そうして写し取られたイメージは現実から乖離《かいり》し、佐藤さんに完全にコントロールされた世界のように見えた。あるとき、その完全にコントロールされていた世界に異物が混入された。異物というか、本物のほうというか。トレース範囲が部分的となり、覆い隠されていた実写映像が姿を現したのだ。何かを手放したようにも、何かを手に入れたようにも見えた。東京で目にした様々なシーンで構成された映像作品《東京尾行》(2015–2016)では、シーンが増え、バラエティに富んだ様々なモチーフが主役や脇役を演じるかのように登場した。アニメーション化されたハンバーガーを頬ばり、アニメーション化された青年たちがグラウンドを整備し、アニメーション化された飛行機が空を飛んだ。葉っぱに擬態する昆虫を見つけたときのように、見ているもののなかに別の何かが潜んでいることに気づく。もう一つの世界が現れ、ふわっと世界の重心が移行していくすがすがしさと奇妙な豊かさを感じた。

同様の手法でつくられ、おにぎりを握る、ピアノを弾く、といった様々な手の動きをとらえた《Hands》(2017)。実写と比べると情報量が少なく、どこか大人をまねしている子供のような愛らしさやいじらしさのあるアニメーション化された手と実写部分とが、反発し合っているようにも、同化しようと試みているようにも見える。『少年と自転車』で見たキッチンでパンを切る、女性との暮らしになじみ始めた少年の後ろ姿のよう。戸惑いながらも、境界を越えて同じ側へ行こうとしている。

花瓶に生けられた切り花や、鉢植えに植えられた花を東京の象徴としてとらえ、それが《東京尾行》の軸となったという。《福島尾行》(2018)では、その軸となるものがまだ見つけられない、もっと時間が必要だったと。《エレジーシリーズ》(2011)や《Calling(日本編)》(2014)などほかの作品にも見られる、電車内から窓越しに景色が見えるシーンも、この作品では対象物を境界線の反対側からとらえる観察者の視点や、分断されてしまったものを象徴しているよう。同時に、モチーフを愛撫《あいぶ》しようと手を伸ばし、どうにかして境界線を越えて対象物と関係性をつくろうと模索しているようにも見える。屋根の上でたなびくブルーシートや帰宅困難区域へと通じる桜並木に灯《とも》る黄色信号など、離れ小島のように浮かぶアニメーション化されたものは、確定されていない状態が残されている証のよう。残された不確定な部分は、個人的な感情や記憶、フィクションから様々な要素が介入することを許し、関係性を浮遊させていく。尾行者のように何かに歩調を合わせて自身を委ねつつ、自分の存在や思いを重ね合わせて作品をつくっているのだと感じた。

冒頭の佐藤さんのかわりに参加したオープニングトークの出来はというと、そこそこだったと思う。丸覚えした原稿の所々が上から塗り潰されたかのように、言葉が出てこない場面もあったが、脱線することもなくほぼ原稿通りだった。実写映像の一部を上から隠すようにして塗り重ねられたアニメーション。ただそれは、準備をすることでなんとか下のものが見えるぐらいに薄くなるものでも、深呼吸して落ち着きを取り戻すことで消えてなくなるものでもない。次元の異なるものがしっかりと塗り重ねられ、わずかだけれど立体的な凹凸をつくる。そして、滑らかな表面にできた凹凸が、ガッタンと静かに、だが確実に脱線させていくのだ。見知っているものの延長線上にある様々な事象とつながる可能性を秘め、この世に存在するすべての事象が自身の延長線上にあることを喚起させる。死が生の延長線上にあることと同様に、利害が異なる立場のものも、不条理のように思えるものも、コントロール不能なものも。それでもその先にあるものと関係を結ばせようと、作品を通じてそっと背中を押されているように感じる。

A Push from Behind

SUGIHARA Shuji
Graphic Designer/artbook WHO

Masaharu Sato once asked me if I could give an opening talk at an exhibition in his place, as he was in poor health. I am not fond of public speaking and tried to refuse—surely there must be someone else he could ask? But he was persistent, and I ended up agreeing to do it. When I have to speak in public, I often try to memorize an entire speech in advance, but I have never been able to deliver the entire thing as planned from beginning to the end. The words I put so much effort into composing and committing to memory evaporate and are replaced with clumsy approximations, or I forget entire sentences and digress from my planned remarks, never to regain my train of thought. I remember preparing thoroughly for this particular talk and still being anxious when the day came.

When I think about it, there were many times when Sato's persistence was a gift. He gave me a push to do something, or to apply for something, and he offered me a great many recommendations. This is really interesting, you've got to read it, or listen to it—that kind of thing. It might be a book, or a manga, or a podcast. He watched a lot of films, and particularly recommended a large number of these: *Groundhog Day*, in which a man is trapped in a time loop and relives the same day over and over; *Force Majeure*, in which a certain event radically transforms relationships among members of a family; *It Follows*, which portrays people slowly and steadily pursued and trapped by some unknowable "it." Above all, the films of the Dardenne brothers became very important to me, and contain many powerful and unforgettable scenes. There is the scene in *The Son* where a middle-aged man who teaches woodworking at a vocational school and a boy who has enrolled at the school are talking by the roadside at night. Due to his occupation, the man can roughly gauge lengths and distances by sight, and the boy asks him how far his own foot is from the man's. Then to see if his answer is correct, he unfolds a foldable ruler he has just received from the school and starts measuring the distance between them. Unable to measure it all at once, he repositions the ruler multiple times, each time bringing the two of them closer together. The relationship between these two people, which seemed to be firmly fixed and completely static, is suddenly free-floating and undefined. I love this scene. In *The Kid with a Bike*, the main character is a boy who has been placed in a children's welfare facility, but is unable to accept the severance of family ties and desperately searches for his missing father. By chance he gets to know a woman and asks her to be his foster parent only on weekends. Finally he finds out where his father is, and the woman drives him there to meet him. She offers the boy some water and holds out a plastic bottle, which he accepts, but she does not let go of the bottle, and the two of them hold it at the same time, engaging in a little tug-of-war. Here the audience sees the boy smile for the first time. Viewing it, I felt the connection between these two people bonded by chance, which now could not easily be broken by pushing or pulling. The Dardenne brothers show how interpersonal ties change over the course of a narrative, with fixed relationships floating free of their moorings and new relationships created. Reasons and circumstances go unexplained, and from a small, narrow personal perspective, as if the story was told in the first person, universal emotions emerge.

The first time I met Sato was at a train station in Düsseldorf. I was on a trip to Europe, and as my traveling companion was a friend of Sato's, we stopped by to see him in Germany. Sato showed us part of *TRAUM* (2004–2007), which was then in progress. I was astounded at the technical skill with which he rendered the Düsseldorf cityscape in minute detail, and at the way he continued working steadily, alone, with such determination. After *TRAUM* he went on exhibit many two-dimensional and video works, using a computer to trace over images he had shot himself, meticulously covering the entire image: in Sato's words, "I try to be as faithful as possible to the photographs I took." These traced-over images subtly deviated from reality, and the result was a world that seemed to be fully controlled by Sato. At times foreign objects infiltrated this thoroughly controlled world—or were these foreign objects actually the "real" things? Subsequently he began tracing over images only partially, and parts of the previously obscured live-action video became visible. He seemed to have relinquished something, and at the same time gained something. In the video piece *Tokyo Trace* (2015–

2016), comprising a wide variety of scenes he saw in Tokyo, the number of scenes increased and diverse motifs appeared, some seemingly playing leading roles, others supporting roles. Someone munches on an animated hamburger, animated youths clean up a sports field, animated planes fly overhead. The viewer notices some other presence lurking within the visible, like discovering an insect that is mimicking a leaf. Another world emerges, and one experiences the novel freshness and bizarre richness of the world's center of gravity shifting.

Hands (2017), produced with the same technique, captures various movements of the hands such as molding rice balls and playing the piano. The animated hands—simplified, conveying less information than a live-action film, with a charming and mischievous quality like a child playing at being an adult—and the live-action part of the film seem to conflict while at the same time trying to synchronize with one another. I was reminded of a scene in *The Kid with a Bike* in which the boy, who has begun getting used to living with the woman, is seen from behind, in the kitchen slicing bread. He remains confused, out of place, but is trying to cross a certain line and be on the same side as someone else.

Sato said that in *Tokyo Trace* he conceived of flowers placed in vases and planted in pots as symbols of Tokyo, and they became the core of the film. In *Fukushima Trace* (2018), apparently he had not yet found the core, and needed more time. Other works such as *Elegy series* (2011) and *Calling (Japanese version)* (2014), which feature scenery viewed from a train through a window, similarly convey the vantage point of the observer, seeing things from the far side of a boundary, and the condition of being cut off. At the same time, the work seems to explore ways of reaching out and caressing the subjects viewed, of somehow traversing the barrier and establishing relations with them. In *Fukushima Trace*, traced and animated objects floating like remote islands, such as a tarp fluttering on a rooftop or a yellow traffic signal illuminating a row of blossoming cherry trees leading to the "difficult-to-return zone" near the decimated nuclear power plant, are evidence of the work's unfinished state. The things left undefined allow various elements— of personal emotion, of memory, of fiction—to intervene, and relationships among things are suspended in space. My impression is of an artist superimposing his own presence, thoughts and feelings onto the work he creates, entrusting himself to his subjects, while maintaining a steady distance as if trailing them covertly.

To return to the opening talk I gave in place of Sato, which I described at the beginning of this essay, I think it went reasonably well. I more or less recited what I had written from memory, without digressions to speak of, although there were times when I blanked on the script I had memorized, as if part of a text had been whited out, and words failed me. It was like animation painted on top of a live-action film, hiding what lies beneath. This concealing layer was not so thin that I could have seen through it with sufficient preparation, or eliminated it by breathing deeply and recovering my calm. The missing sections were thoroughly blotted out by something with entirely dimensions, producing unevenness that was slightly but unmistakably three-dimensional. Bumps on what ought to be smooth rails lead to derailment with quick, silent certainty. There is a lurking possibility of branching off into all manner of things and phenomena connected to the known and familiar, and a realization that one is in fact connected to all things and phenomena in this world. This includes those whose interests conflict with one's own, those that seem absurd, those that are beyond our control—even death is an extension of life. Still, I feel a gentle push from behind, Sato encouraging me through his works to discover and embrace what lies beyond.

佐藤 雅晴　略歴

凡例
・展覧会歴は各カテゴリーのなかで年代が新しい順に記載した。(2021年5月現在)
・展覧会歴は、「展覧会名」、会場名、都市名、国名(必要と考えられる場合のみ)の順に記載した。

1973　大分県生まれ
1996　東京藝術大学美術学部絵画科油画専攻卒業
1999　東京藝術大学大学院美術研究科絵画専攻修了
2000–2002　国立デュッセルドルフ・クンストアカデミーにガスト・シューラー(研究生)として在籍
2010　日本に拠点を移す
2019　3月9日他界、享年45

主な個展

2021「佐藤雅晴　尾行―存在の不在／不在の存在」大分県立美術館／水戸芸術館現代美術ギャラリー(茨城) [巡回展]
2020「Rabbit」イムラアートギャラリー(京都)
2019「I touch Dream」KEN NAKAHASHI(東京)
「死神先生」KEN NAKAHASHI(東京)
2017「TOKYO TRACE 2」Firstdraft Gallery(シドニー)
2016「ハラドキュメンツ10　佐藤雅晴―東京尾行」原美術館(東京)
2015「1×1=1」イムラアートギャラリー(京都)
2014「ヒロコの肖像」イムラアートギャラリー(東京)
2013「αMプロジェクト2013　楽園創造(パラダイス)―芸術と日常の新地平― vol.5 佐藤雅晴」ギャラリーαM(東京)
「ナイン・ホール　佐藤雅晴展」川崎市市民ミュージアム(神奈川)
2012「ココちゃん Little Girl Coco」イムラアートギャラリー(東京)
2011「取手エレジー Toride Elegy」イムラアートギャラリー(東京)
2010「バイバイカモン」イムラアートギャラリー(京都)
「The Solo Project―Basel」Galerie Voss、St. Jakobshalle(バーゼル、スイス)
2009「ピンクのサイ」Gallery Jin Projects(東京)
「signs」Galerie Voss(デュッセルドルフ、ドイツ)

主なグループ展

2021「温情の地:震災から10年の東北」コンポジット(メルボルン)／メトロ・アーツ(ブリスベン、オーストラリア) [巡回展]
「距離をめぐる11の物語:日本の現代美術」[オンライン展覧会]
2020「光―呼吸　時をすくう5人」原美術館(東京)
「ヨコハマトリエンナーレ2020　『AFTERGLOW―光の破片をつかまえる』」
横浜美術館、プロット48、日本郵船歴史博物館(神奈川)
「尾行―不在の存在／存在の不在」KEN NAKAHASHI(東京)
「DOMANI・明日展2020　傷ついた風景の向こうに」国立新美術館(東京)
2019「森美術館15周年記念展 六本木クロッシング2019展:つないでみる」森美術館(東京)
「ACT Vol.1『霞はじめてたなびく』」トーキョーアーツアンドスペース本郷(東京)
2018「現代美術に魅せられて―原俊夫による原美術館コレクション展」原美術館(東京)
2017「empty park」Gallery PARC(京都)
「清流の国ぎふ芸術祭 Art Award IN THE CUBE 2017」岐阜県美術館
「ニッポンの写実　そっくりの魔力」北海道立函館美術館／豊橋市美術博物館(愛知)／奈良県立美術館 [巡回展]
「オオカミの眼―The Iris of a Wolf」BLOCK HOUSE(東京)
「THE ドラえもん展」森アーツセンターギャラリー(東京)／高岡市美術館(富山、2018年)／
松坂屋美術館(愛知、2018年)／大阪文化館・天保山(2019年)／新潟県立万代島美術館(2020年)／
札幌芸術の森美術館(2021年)／京都市京セラ美術館・東山キューブ(2021年)／福島県立美術館(2021年) [巡回展]

2015 「そのメロンソーダ 何の味?」旧キリガヤ(神奈川)
「豊穣なるもの—現代美術 in 豊川」豊川市桜ヶ丘ミュージアム(愛知)
2014 「Duality of Existence—Post Fukushima」Friedman Benda(ニューヨーク)
「日常/オフレコ」KAAT神奈川芸術劇場
「The Drifting Clouds」Galleria Paola Verrengla(サレルノ、イタリア)
「TRANS ARTS TOKYO 2014 CAVE—KANDA PROJECTION—」旧東京電機大学跡地
「文化庁メディア芸術祭松山展　MOVE—メディアで拡がる身体表現」愛媛県立美術館
「FILE 2014」Fiesp Cultural Center(サンパウロ)
「WHO読んでみる」PEOPLE BOOKSTORE(茨城)
「NIPPON NOW Junge Japanische Kunst und das Rheinland」E.ONギャラリー(デュッセルドルフ、ドイツ)
2013 「Yamato Dynamics」ミヅマアートギャラリー、ギルマン・バラックス(シンガポール)
2012 「紙非紙—中日紙芸術展」中央美術学院美術館(北京)
「京芸Transmit Program #3『Mètis—戦う美術—』」京都市立芸術大学ギャラリー@KCUA
「第15回文化庁メディア芸術祭受賞作品展」国立新美術館(東京)
「2:46 and thereafter」Pepco Edison Place Gallery(ワシントンD.C.)
「Photo Reference: Photographic Image in Contemporary Japanese Art Practices」
Cultural Centre of Belgrade(ベオグラード、セルビア)
「ジパング展—沸騰する日本の現代アート」新潟県立万代島美術館/高崎市美術館(群馬、2013年)/
秋田県立近代美術館(2013年)/八戸市美術館(青森、2013年)[巡回展]
「Private Woodland」Gallery Skape(ソウル)
2011 「JAPANCONGO: Carsten Hollers double-take on Jean Pigozzis collection」
CNAC - Le Magasin (Centre National d'Art Contemporain)(グルノーブル、フランス)/
Garage Center of Contemporary Culture(モスクワ)[巡回展]
「第8回 団DANS　Hierher Dorthin—ここから、あちらから—」ドイツ文化センター(東京)
「from a distance, keep a distance」Sungkok Art Museum(ソウル)
「超京都 artkyoto 2011」東本願寺・渉成園(京都)
2010 「Morality フィルムプログラム」Witte de With Center for Contemporary Art(ロッテルダム、オランダ)
「六本木アートナイト—六本木ヒルズプログラム ビデオアート上映」六本木ヒルズ(東京)
「D調/ Di-Stances」国立台北芸術大学 関渡美術館
2009 「第12回岡本太郎現代芸術賞(TARO賞)展」川崎市岡本太郎美術館(神奈川)
「NHK BS2デジタル・スタジアム」NHK(東京)
「City_net Asia 2009」ソウル市立美術館
「第6回 団DANS at No Man's Land」フランス大使館旧庁舎(東京)
2008 「第4回 団DANS　The House—現代アートの住み心地—」日本ホームズ住宅展示場(東京)
「NHK BS2 デジタル・スタジアム」NHK(東京)
「みんなで育てるアニメーション」名古屋大学・野依記念学術交流館
2006 「Merry go down」NRW州立舞踏劇場(デュッセルドルフ、ドイツ)
2004 「Japanimprov #5: The Ramyun Soup Connection」Belgie Kunstzentrum(ハッセルト、ベルギー)
「Haunted Folklore」芸術団体リサイクラート(ブリュッセル)
2002 「ボーフム・国際ビデオフェスティバル #12」(ボーフム、ドイツ)
2001 「ボーフム・国際ビデオフェスティバル #11」(ボ フム、ドイツ)

コレクション

原美術館、藤子プロ、ピゴッチコレクション
大阪中之島美術館、森美術館、西治コレクション

受賞

2011　第15回文化庁メディア芸術祭審査委員会推薦作品(アート部門)
2009　第12回岡本太郎現代芸術賞特別賞

SATO Masaharu Biography

Notes

- Information on the exhibitions is given in reverse chronological order in each category (information current as of May 2021).
- Each entry consists of the exhibition title, venue, city, and country (if applicable).

Born 1973 in Oita, Japan
1996 B.F.A., Oil Painting, Tokyo National University of the Arts, Japan
1999 M.F.A., Oil Painting, Tokyo National University of the Arts, Japan
2000–2002 Studied sculpture at Kunstakademie Düsseldorf, Germany
Lives and works in Japan from 2010 to 2019
Died at the age of 45, on 9th March, 2019

Major Solo Exhibitions

2021 *Sato Masaharu Trace—Absence of Presence/Presence of Absence*,
Oita Prefectural Art Museum, Japan; Contemporary Art Center, Art Tower Mito, Ibaraki, Japan [touring exhibition]
2020 *Rabbit*, imura art gallery, Kyoto
2019 *I touch Dream*, KEN NAKAHASHI, Tokyo
Dr. Reaper, KEN NAKAHASHI, Tokyo
2017 *TOKYO TRACE 2*, Firstdraft Gallery, Sydney
2016 *Hara Documents 10: Masaharu Sato—Tokyo Trace*, Hara Museum of Contemporary Art, Tokyo
2015 *1 × 1 = 1*, imura art gallery, Kyoto
2014 *Portrait of Hiroko*, imura art gallery, Tokyo
2013 *αM Project 2013: The Earthly Paradise Vol. 5 Sato Masaharu*, gallery αM, Tokyo
Nine Holes: Sato Masaharu Exhibition, Kawasaki City Museum, Kanagawa, Japan
2012 *Little Girl Coco*, imura art gallery, Tokyo
2011 *Toride Elegy*, imura art gallery, Tokyo
2010 *Bye bye come on*, imura art gallery, Kyoto
The Solo Project—Basel, Galerie Voss, St. Jakobshalle, Swiss
2009 *PINK Sigh*, Gallery Jin Projects, Tokyo
signs, Galerie Voss, Düsseldorf, Germany

Major group exhibitions

2021 *Compassionate Grounds: Ten Years on in Tōhoku*, Composite: Moving Image Agency & Media Bank,
Melbourne; Metro Arts, Brisbanem, Australia [touring exhibition]
11 Stories on Distanced Relationships: Contemporary Art from Japan [online exhibition]
2020 *Time Flows: Reflections by 5 Artists*, Hara Museum of Contemporary Art, Tokyo
Yokohama Triennale 2020 "Afterglow," Yokohama Museum of Art, PLOT 48, NYK Maritime Museum, Kanagawa, Japan
Trace—presence of absence/absence of presence, KEN NAKAHASHI, Tokyo
DOMANI: The Art of Tomorrow Exhibition 2020—Landscapes in Our Age: Scarred and Reborn,
The National Art Center, Tokyo
2019 *Mori Art Museum 15th Anniversary Exhibition Roppongi Crossing 2019: Connexions*, Mori Art Museum, Tokyo
ACT Vol. 1 "First Lingering Mist of Spring," Tokyo Arts and Space Hongo
2018 *My Favorites: Toshio Hara Selects from the Permanent Collection*, Hara Museum of Contemporary Art, Tokyo
2017 *empty park*, Gallery PARC, Kyoto
Gifu Land of Clear Waters Art Festival, Art Award IN THE CUBE 2017, The Museum of Fine Arts, Gifu, Japan
Realism Art in Japan, Hakodate Museum of Art, Hokkaido, Japan;
Toyohashi City Museum Art & History, Aichi, Japan; Nara Prefecture Museum of Art, Japan
The Iris of a Wolf, BLOCK HOUSE, Tokyo
The Doraemon Exhibition, Mori Arts Center Gallery, Tokyo; Takaoka Art Museum, Toyama, Japan, 2018;
Matsuzakaya Museum, Aichi, Japan, 2018; Osaka Culturarium at Tempozan, 2019;
The Niigata Bandaijima Art Museum, Japan, 2020; Sapporo Art Museum, Hokkaido, Japan, 2021;

Higashiyama Cube, Kyoto city KYOCERA Museum of Art, 2021; Fukushima Prefectual Museum of Art, 2021 [touring exhibition]

2015 *What Does That Melon Soda Taste Like?*, Old headquarter build. of Kirigaya corp., Zushi, Kanagawa, Japan
Fruitfulness—Contemporary Art in Toyokawa, Toyokawa City Sakuragaoka Museum, Aichi, Japan

2014 *Duality of Existence—Post Fukushima*, Friedman Benda, New York
Everyday Life / Off the Record, KAAT Kanagawa Arts Theater, Japan
The Drifting Clouds, Galleria Paola Varrengla, Salerno, Italy
TRANS ARTS TOKYO 2014 CAVE—KANDA PROJECTION—, ex-Tokyo Denki University, Tokyo
Japan Media Arts Festival in Matsuyama, The Museum of Art, Ehime, Japan
FILE 2014, Fiesp Cultural Center, São Paulo
WHO, PEOPLE BOOKSTORE, Ibaragi, Japan
NIPPON NOW: JUNGE JAPANISCHE KUNST UND DAS RHEINLAND, E.ON Galerie, Düsseldolf, Germany

2013 *Yamato Dynamics*, Mizuma Gallery, Gillman Barracks, Singapore

2012 *Paper Anti Paper*, CAFA Art Museum, Beijing
Transmit Program #3 Mètis: Fighting Art, Kyoto City University of Arts Art Gallery @KCUA
15th JAPAN MEDIA ARTS FESTIVAL Exhibition of Award-winning Works, The National Art Center, Tokyo
2:46 and thereafter, Pepco Edison Place Gallery, Washington, D.C.
Photo-Reference: Photographic Image in Contemporary Japanese Art Practices,
Cultural Centre of Belgrade, Serbia and Montenegro
Zipangu—The Surge of Japanese Contemporary Art, The Niigata Bandaijima Art Museum, Japan;
Takasaki City Museum of Art, Gunma, Japan, 2013; Akita Museum of Modern Art, Japan, 2013;
Hachinohe City Museum of Art, Aomori, Japan, 2013 [touring exhibition]
Private Woodland, Gallery Skape, Seoul

2011 *JAPANCONGO, Carsten Hollers double-take on Jean Pigozzis collection*,
CNAC - Le Magasin (Centre National d'Art Contemporain), Grenoble, France;
Garage Center of Contemporary Culture, Moscow [touring exhibition]
The 8th DANDANS—Hierher Dorthin, Goethe-Institut Japan, Tokyo
from a distance, keep a distance, Sungkok Art Museum, Seoul
Ultra Kyoto, Higashi Honganji temple, Kyoto

2010 *Morality: film program*, Witte de With Center for Contemporary, Rotterdam, Netherlands
Roppongi Hills Programs video art at Roppongi Art Night 2010, Roppongi Hills, Tokyo
Di-stances, Kuandu Museum of Fine Arts, Taipei

2009 *The 12th Exhibition of the Taro Okamoto Award for Contemporary Art*,
Taro Okamoto Museum of Art, Kanagawa, Japan
Digital Stadium, NHK BS2, NHK Broadcasting Corporation, Tokyo
City_net Asia 2009, Seoul Museum of Art
The 6th DANDANS at No Man's Land, former French Embassy, Tokyo

2008 *The 4th DANDANS—The House*, Nihon Homes Housing exhibit, Tokyo
Digital Stadium, NHK BS2, NHK Broadcasting Corporation, Tokyo
Art Animation Festival 2008, Research Center for Materials Science, Nagoya University, Japan

2006 *Merry go down*, tanzhaus NRW, Düsseldorf, Germany

2004 *Japanimprov #5: The Ramyun Soup Connection*, Belgie Kunstzentrum, Hasselt, Belgium
Haunted Folklore, Recyclart, Brussels

2002 *Internationales Videofestival Bochum #12*, Bochum, Germany

2001 *Internationales Videofestival Bochum #11*, Bochum, Germany

---

Collections

Hara Museum of Contemporary Art, FUJIKO PRO Co., Ltd., Pigozzi Collection
Nakanoshima Museum of Art, Osaka, Mori Art Museum, NISHIJI COLLECTION

Awards

2011 Jury selection work of art division 15th Japan Media Arts Festival

2009 Special Award at the 12th Taro Okamoto Award for Contemporary Art

主要参考文献｜Selected Bibliography

凡例

- 主要参考文献は、各カテゴリーのなかで年代が新しい順に記載した。（2021年5月現在）
- 文献の情報は、著者名「記事名」、『書籍名、紙誌名またはウェブサイト名』出版社、発行年、ページ数の順に記載したが、特定できない項目については省略した。
- 文献の情報で、展覧会図録の場合は、著者名・編集者名を省略した。グループ展の展覧会図録には、収録されているページ数を掲載している。
- 和文文献は文献情報を和文で、英文文献は文献情報を英文で、和英併記の文献は文献情報を和文と英文の両方で記載した。和文と英文以外の文献の場合は原語のまま記載した。
- ウェブサイトの最終アクセス日は2021年3月2日である。

Notes

- Information in the bibliography is given in reverse chronological order in each category (information current as of May 2021).
- Each entry consists of the writer's name, title of the book, periodical, or website, publisher, date of publication, and page number (when applicable).
- The names of the author and editor have been omitted for exhibition catalogues. Entries for group-exhibition catalogues consists of the page number.
- Information on each source is provided in the original language. Information on bilingual sources is provided in Japanese and English.
- All websites were last accessed on March 2, 2021.

展覧会図録｜Exhibition Catalogues

- 『佐藤雅晴　尾行―存在の不在／不在の存在』美術出版社、2021年（個展）
  Sato Masaharu Trace—Absence of Presence/Presence of Absence, Bijutsu Shuppan-sha, 2021.
- 『ヨコハマトリエンナーレ「AFTERGLOW―光の破片をつかまえる」』横浜トリエンナーレ組織委員会、2021年、pp. 114–115、120
  Yokohama Triennale 2020 "Aftergrow," Organizing Committee for Yokohama Triennale, 2021, pp. 114–115, 120.
- 『光―呼吸：時をすくう5人』原美術館、2020年、pp. 4–5、32–35、64–69
  Time Flows: Reflections by 5 artists, Hara Museum of Contemporary Art, 2020, pp. 4–5, 32–35, 64–69.
- 『DOMANI・明日2020　傷ついた風景の向こうに』文化庁、国立新美術館、2020年、pp. 76–83
  Domani: The Art of Tomorrow Exhibition 2020—Landscapes in Our Age: Scarred and Reborn, The Agency for Cultural Affairs, The National Art Center, Tokyo, 2020, pp. 76–83.
- 『ACT Vol. 1 [Artists Contemporary TOKAS] 霞はじめてたなびく』トーキョーアーツアンドスペース、2019年、pp. 2–17（非売品として刊行）
  ACT Vol. 1 [Artists Contemporary TOKAS] First Lingering Mist of Spring, Tokyo Arts and Space, 2019, pp. 2–17.
  https://www.tokyoartsandspace.jp/static/file/publication/190404_kasumi.pdf
- 『森美術館15周年記念展 六本木クロッシング2019展：つないでみる』美術出版社、2019年、pp. 136–141
  Mori Art Museum 15th Anniversary Exhibition Roppongi Crossing 2019: Connexions, Bijutsu Shuppan-sha, 2019, pp. 136–141.
- 『Art Award IN THE CUBE 2017　清流の国ぎふ芸術祭』清流の国ぎふ芸術祭 Art Award in the Cube 実行委員会、2017年、pp. 19–21
- 『そっくりの魔力：ニッポンの写実』北海道立函館美術館、豊橋市美術博物館、奈良県立美術館、北海道新聞社、2017年、pp. 38、98、108–109、115、128、131
- 『ハラドキュメンツ10　佐藤雅晴―東京尾行』原美術館、2016年（個展）
  Hara Documents 10: Masaharu Sato—Tokyo Trace, Hara Museum of Contemporary Art, 2016.
- 『豊穣なるもの―現代美術 in 豊川：あいちトリエンナーレ地域展開事業：あいちアートプログラム』あいちトリエンナーレ地域展開事業実行委員会、2015年、pp. 6–7、62–65
- *Duality of Existence—Post Fukushima*, Friedman Benda Gallery, 2014.
- 『日常／オフレコ』神奈川県民ホール、2014年、pp. 20–22、26、85–102
  Everyday Life / Off the Record, Kanvagawa Kenmin Hall, 2014, pp. 20–22, 26, 85–102.
- 『楽園創造（パラダイス）―芸術と日常の新地平―（αMプロジェクト2013）』武蔵野美術大学、2014年、pp. 89–104

・『Mètis:戦う美術 京芸(Transmit Program #3)』京都市立芸術大学ギャラリー@KCUA、2012年、pp. 20–25

・*The Private Land*, Gallery SKAPE, 2012.

・『団DANS at No Man's Land(DANDANS Exhibition No.6)』2010年、p. 22

・『D調/Di-Stances 文化・距離・藝術 介入當代影像裝置藝術展 暨 法國菲諾爾當代錄影展』一家親文化有限公司、2010年、pp. 78–83

・*City_net Asia 2009 Seoul-Tokyo-Beijing-Istanbul*, Seoul Museum of Art, 2009, pp. 114–117.

・『佐藤雅晴　ピンクのサイ』Gallery Jin Projects、2009年(個展)

定期刊行物|Periodicals

・中山寧「芸術尾行」『通販新聞』2020年5月7日

・藤田裕一「佐藤雅晴さん遺作『福島尾行』　震災後の"世界"映す」『茨城新聞』2020年1月20日

・野村しのぶ「日常の非凡さ　淡々と」『大分合同新聞』2019年3月12日

・吉岡恵美子「限られた空間で伸びゆく『身体』　清流の国ぎふ芸術祭 Art Award IN THE CUBE 2017」『毎日新聞』2017年5月10日

・塚田優「人間からの曖昧な逸脱　佐藤雅晴『東京尾行』展」『美術手帖』美術出版社、2016年4月号、pp. 182–183

・「今月のトップランナーVol. 45　佐藤雅晴」『アートコレクターズ』生活の友社、2016年4月号、pp. 6–9

・黒沢綾子「佐藤雅晴の『東京尾行』　虚と実、揺れる視覚体験」『産経ニュース』2016年2月18日 https://www.sankei.com/life/news/160218/lif1602180018-n1.html

・清水有香「デジタルペインティング:佐藤雅晴個展　なぞってゆらぐ『現実』」『毎日新聞』2015年5月13日

・小吹隆文「得体なさが示す時代の空気感　佐藤雅晴展」『京都新聞』2015年5月2日

・畠中実「僕と僕の猿以外はみんな何かを隠してる　日常—オフレコ展」『美術手帖』美術出版社、2014年4月号、pp. 208–209

・見市知(編集発行人)、佐藤雅晴(デザイン・挿絵)『デュッセルドルフ発　暮らしの情報誌　トラム』トラム編集部、2004年2–8月

そのほか刊行物|Other Publications

・「虚構と現実の狭間、モチーフとしての男の娘　佐藤雅晴×あしやまひろこ」『女装と思想　Vol. 1+2+3』テクノコスプレ研究会、2018年

・飯岡陸「経験の分岐点の集合／回路を抜け出して」「世界を別の仕方で経験する」『Slipping Out of the Circuit／回路を抜け出して』SOoC、2015年、pp. 2–6、7–11

・『佐藤雅晴展　ヒロコの肖像　展示図録』テクノコスプレ研究会、2014年

・杉原洲志『WHO　佐藤雅晴』artbook WHO、2013年

・椿玲子「エレジーとして蘇るもの—夢、狂気、気配」イムラアートギャラリー、2011年

ウェブサイト|Online Articles

・陶山伊知郎「光に包まれて　原美術館【イチローズ・アート・バー】　第32回」『美術展ナビ』2020年12月31日 https://artexhibition.jp/topics/features/20201222-AEJ342640/

・山内宏泰「がんを患った美術家が、福島で病をおして見据えた風景　アートな土曜日」『文春オンライン』2019年3月2日 https://bunshun.jp/articles/-/10919

・内田有佳「佐藤雅晴が創る、"誰もいない"映像世界—六本木クロッシング2019|Interview #1」『HILLS LIFE Daily』CINRA, Inc.、2019年3月1日 https://hillslife.jp/art/2019/03/01/roppongi-crossing-2019_1/

- 佐藤雅晴インタビュー「“身体のゆくえ”は僕にとって現実問題。生と死、希望と絶望を日々創造していく」
『清流の国ぎふ芸術祭 Art Award IN THE CUBE 2017』2016年12月10日
http://art-award-gifu.jp/2017/report/%E4%BD%90%E8%97%A4%E9%9B%85%E6%99%B4%E3%82%A4%E3%83%B3%E3%82%BF%E3%83%93%E3%83%A5%E3%83%BC/
- 坪内雅美「佐藤雅晴メールインタビュー『ハラドキュメンツ10　佐藤雅晴―東京尾行』[原美術館]」(全3回)
『ART iT』アートイット、2016年3月16日
https://www.art-it.asia/u/HaraMuseum/jui9zjqigl3ga0mxol2f
- Calum Sutherland, “Drawing on film to highlight hyperreality,” *The Japan Times*, February 9, 2016.
https://www.japantimes.co.jp/culture/2016/02/09/arts/drawing-film-highlight-hyperreality/
- 増田啓晃「第12回 アニメーション作家・佐藤雅晴」『OPENERS』スマートメディア、2015年5月20日
https://openers.jp/fashion/4505
- 小吹隆文「佐藤雅晴『1×1=1』」『artscape』大日本印刷株式会社、2015年4月21日
https://artscape.jp/report/review/10111287_1735.html
- 中井康之「佐藤の描くディストピアの世界『楽園創造(パラダイス)―芸術と日常の新地平―』vol.5 佐藤雅晴」『gallery αM』
https://gallery-alpham.com/exhibition/project_2013/vol5/
- 「【日常/オフレコ展連動企画】　安藤由佳子×佐藤雅晴　クロスインタビュー」『マグカル・ドット・ネット』2013年12月25日
https://magcul.net/topics/98012
- 「[Works]バインド・ドライブ　佐藤雅晴」『DEPARTURE』CG-ARTS、2011年8月17日
https://dep-art-ure.jp/?p=919
- 拝戸雅彦「佐藤雅晴―写真術に挟まれた絵画術の秘めたる不穏」
『Gallery Jin News Vol.15　August 2009　佐藤　雅晴　Masaharu Sato』Gallery Jin、2009年8月18日
Masahiko Haito, “Masaharu Sato: The Hidden Disquietude of Painting Caught within Photography,”
Gallery Jin News Vol. 15 August 2009 Masaharu Sato, Gallery Jin, August 18, 2009.
http://www.galleryjin.com/pub/vol.15sato.html

[YouTube]

- 「ヨコハマトリエンナーレ2020　オンラインガイド『ココがみどころ!』02(佐藤 雅晴)」
『横浜トリエンナーレサポーター事務局』2020年9月2日
https://www.youtube.com/watch?v=cWoKxWHteKE
- 「大垣美穂子、佐藤雅晴 二人展『尾行―不在の存在/存在の不在』」『KEN NAKAHASHI』2020年6月18日
https://www.youtube.com/watch?v=CQ_KemiZq4o
- 「ACT Vol. 1『霞はじめてたなびく』　佐藤雅晴インタビュー」『Tokyo Arts and Space』2019年3月25日
https://www.youtube.com/watch?v=RdfQtq82pb8
- 「佐藤雅晴インタビュー」『Art Award IN THE CUBE 2017 清流の国ぎふ芸術祭』2017年1月18日
https://www.youtube.com/watch?v=6033JCMHvqc
- 「日常/オフレコ　Everyday Life / Off the Record」『kanakengallery』2014年4月24日
https://www.youtube.com/watch?v=3nr6RfuFFOE
- 「gallery αM　楽園創造 vol.5 佐藤雅晴×中井康之トーク」『gallery αM』2013年11月2日
https://www.youtube.com/watch?v=w7y_rcqzGrY

[佐藤雅晴公式サイト]

- 佐藤雅晴 YouTubeチャンネル
https://www.youtube.com/channel/UCRe8YJYoPEo3NG2V40kjcPQ?view_as=subscriber
- 佐藤雅晴 Twitter
https://twitter.com/vLgN0jhFiLXU7mF
- 佐藤雅晴 Tumblr
https://masaharu-sato.tumblr.com/
- 佐藤雅晴 mixi
https://mixi.jp/list_diary.pl?id=2469642&year=2006&month=

YouTube　Twitter
Tumblr　mixi

作品リスト | List of Works

凡例

- 作品情報は図版の掲載順に記載した。ただし「図版未掲載作品」(p. 214)の情報は、制作年順に掲載した。
- 「図版未掲載作品」の情報は、本図録を制作するにあたり佐藤雅晴の関係者へ調査をした結果、提供のあった資料に基づき、佐藤雅晴作と判断できるものを記載した。所在が確認できていないものや未発表のものも含む。なお、本図録には作品図版は掲載していない。
- 所在が確認できていないものは、作品タイトルにアスタリスク*を付記した。
- 作品情報は、タイトル、制作年、素材・技法、サイズ(縦×横×奥行 cm/映像作品の場合は尺)、所蔵の順に記載した。
- また、作品により、音楽、クレジットの情報を記載した。

Notes

- Information on the works corresponds to the order of the plates. However, information for works that are not represented with a plate (p. 214) is given in chronological order.
- The works that are not represented with a plate have been ascertained to be the artist's works based on interviews and documents provided by Sato Masaharu's staff. These include works whose whereabouts are unknown and works that have never been shown publicly. The catalogue does not include a comprehensive chart of works.
- An asterisk is used to indicate the works whose whereabouts are unknown.
- Information accompanying each plate is provided in the following order: title of work, year of production, material and medium, dimensions (H × W × D in cm, or duration of video work), and collection.
- Depending on the work, information on the music and credits have also been provided.

東京尾行
Tokyo Trace
2015–2016

アニメーション、
12チャンネル・ビデオ(HD、カラー)、
自動演奏ピアノ
Animation,
12 channel video (HD, color), player piano

ループ | Loop
個人蔵 | Private collection

I touch Dream #1
1999

アニメーション、
シングルチャンネル・ビデオ(SD、白黒、サイレント)
Animation, single channel video (SD, B&W, silent)

3分34秒 | 3 min. 34 sec.
個人蔵 | Private collection

TRAUM
2004–2007

アニメーション、
スーパー8ミリフィルム(ビデオに変換)、
シングルチャンネル・ビデオ(SD、カラー、サウンド)
Animation, super 8mm film (transferred to video), single channel video (SD, color, sound)

10分7秒 | 10min. 7sec.
音楽:sub-tle. | Music: sub-tle.

技術支援[デジタルリマスター]:和田信太郎
Technical support [digital remastering]: WADA Shintaro

個人蔵 | Private collection

Coffee
2009

フォトデジタルペインティング、アクリルマウント
Photo digital painting, plexiglas

45 × 30 cm
個人蔵 | Private collection

Reading
2010

フォトデジタルペインティング、アルミマウント
Photo digital painting, aluminum

100 × 150 cm
個人蔵 | Private collection

Clearman
2009

フォトデジタルペインティング、アクリルマウント
Photo digital painting, plexiglas

67 × 100 cm
個人蔵 | Private collection

Call
2009

フォトデジタルペインティング、アクリルマウント
Photo digital painting, plexiglas

60 × 45 cm
個人蔵 | Private collection

Watch
2009

フォトデジタルペインティング、アクリルマウント
Photo digital painting, plexiglas

30 × 45 cm
個人蔵 | Private collection

Daylight
2009

フォトデジタルペインティング、アルミマウント
Photo digital painting, aluminum

80 × 120 cm
個人蔵 | Private collection

LOOK
2008

フォトデジタルペインティング、アクリルマウント
Photo digital painting, plexiglas

160 × 90 cm
個人蔵 | Private collection

KITCHEN
2008

フォトデジタルペインティング、レンチキュラーシート
Photo digital painting, lenticular sheet

120 × 120 cm
個人蔵 | Private collection

OCTOPUS
2008

フォトデジタルペインティング、アクリルマウント
Photo digital painting, plexiglas

67.5 × 120 cm
個人蔵 | Private collection

SUPPLEMENT
2008

フォトデジタルペインティング、アクリルマウント
Photo digital painting, plexiglas

67.5 × 120 cm
個人蔵 | Private collection

BUTTERFLY ROAD
2008

フォトデジタルペインティング、アクリルマウント
Photo digital painting, plexiglas

67.5 × 120 cm
個人蔵 | Private collection

LAST PIT
2008

フォトデジタルペインティング、アクリルマウント
Photo digital painting, plexiglas

67.5 × 120 cm
個人蔵 | Private collection

Hair
2009

フォトデジタルペインティング、アクリルマウント
Photo digital painting, plexiglas

42 × 60 cm
個人蔵 | Private collection

Flower
2010

フォトデジタルペインティング、アルミマウント
Photo digital painting, aluminum

100 × 70 cm
個人蔵 | Private collection

Silent
2010

フォトデジタルペインティング、アルミマウント
Photo digital painting, aluminum

120 × 80 cm
個人蔵 | Private collection

Hands
2009

フォトデジタルペインティング、アクリルマウント
Photo digital painting, plexiglas

70 × 46.2 cm
個人蔵 | Private collection

Lui & Jojo
2009

フォトデジタルペインティング、アルミマウント
Photo digital painting, aluminum

180 × 120 cm
個人蔵 | Private collection

Washer

2009

フォトデジタルペインティング、アクリルマウント
Photo digital painting, plexiglas

63 × 90 cm
個人蔵 | Private collection

Lounge

2009

フォトデジタルペインティング、アクリルマウント
Photo digital painting, plexiglas

120 × 180 cm
個人蔵 | Private collection

Rabbit

2009

フォトデジタルペインティング、アクリルマウント
Photo digital painting, plexiglas

70 × 45.5 cm
個人蔵 | Private collection

Little big

2009

フォトデジタルペインティング、アクリルマウント
Photo digital painting, plexiglas

120 × 180 cm
個人蔵 | Private collection

アバター11
Avatar 11

2009

アニメーション、
11チャンネル・ビデオ（スクエア、カラー、サイレント）
Animation, 11 channel video (square, color, silent)

ループ | Loop
個人蔵 | Private collection

エスカレーターガール
Escalator Girl

2010

アニメーション、
シングルチャンネル・ビデオ（HD、カラー、サイレント）
Animation, single channel video (HD, color, silent)

ループ | Loop
個人蔵 | Private collection

バイバイカモン
Bye bye come on

2010

アニメーション、
シングルチャンネル・ビデオ（HD、カラー、サイレント）
Animation, single channel video (HD, color, silent)

ループ | Loop
個人蔵 | Private collection

---

see no evil

2011

フォトデジタルペインティング、アルミマウント
Photo digital painting, aluminum

150 × 100 cm
個人蔵 | Private collection

---

hear no evil

2011

フォトデジタルペインティング、アルミマウント
Photo digital painting, aluminum

150 × 100 cm
個人蔵 | Private collection

---

speak no evil

2011

フォトデジタルペインティング、アルミマウント
Photo digital painting, aluminum

150 × 100 cm
個人蔵 | Private collection

Rose

2012

フォトデジタルペインティング、アクリルマウント
Photo digital painting, plexiglas

45 × 30 cm
個人蔵 | Private collection

Clover

2011

フォトデジタルペインティング、アルミマウント
Photo digital painting, aluminum

100 × 66 cm
個人蔵 | Private collection

Cooking

2011

フォトデジタルペインティング、アルミマウント
Photo digital painting, aluminum

80 × 120 cm
個人蔵 | Private collection

Walk

2011

フォトデジタルペインティング、アクリルマウント
Photo digital painting, plexiglas

53 × 80 cm
個人蔵 | Private collection

エレジーシリーズ“桜”
Elegy series “Cherry Blossoms”

2011

アニメーション、
シングルチャンネル・ビデオ(HD、カラー、サイレント)
Animation, single channel video (HD, color, silent)

ループ | Loop
個人蔵 | Private collection

エレジーシリーズ“車窓”
Elegy series “Train Window”

2011

アニメーション、
シングルチャンネル・ビデオ(HD、カラー、サイレント)
Animation, single channel video (HD, color, silent)

ループ | Loop
個人蔵 | Private collection

エレジーシリーズ“分身”
Elegy series “Avatar”

2011

アニメーション、
シングルチャンネル・ビデオ(HD、カラー、サイレント)
Animation, single channel video (HD, color, silent)

ループ | Loop
個人蔵 | Private collection

エレジーシリーズ“ヒーロー”
Elegy series “Hero”

2011

アニメーション、
シングルチャンネル・ビデオ(HD、カラー、サイレント)
Animation, single channel video (HD, color, silent)

ループ | Loop
個人蔵 | Private collection

バインド・ドライブ
BIND DRIVE

2010–2011

アニメーション、
シングルチャンネル・ビデオ(HD、カラー)
Animation, single channel video (HD, color)

4分50秒(ループ) | 4 min. 50 sec. (loop)
音楽:「絆」長山洋子・影山時則
Music: “Kizuna” sung by NAGAYAMA Yoko and KAGEYAMA Tokinori

個人蔵 | Private collection

雪やコーヒー
Snow and Coffee

2012

アニメーション、
2チャンネル・ビデオ(HD、白黒、サイレント)
Animation, 2 channel video (HD, B&W, silent)

ループ | Loop
個人蔵 | Private collection

---

9 holes

2012–2013

アニメーション、
9チャンネル・ビデオ(HD、カラー、サウンド)
Animation, 9 channel video (HD, color, sound)

ループ | Loop
個人蔵 | Private collection

ダテマキ
Datemaki

2013

アニメーション、7チャンネル・ビデオ(HD、カラー)
Animation, 7 channel video (HD, color)

ループ | Loop
音楽:スコット・アンライン
Music: Scott UNREIN
個人蔵 | Private collection

Calling(ドイツ編)
Calling (German version)

2009–2010

アニメーション、
シングルチャンネル・ビデオ(HD、カラー、サウンド)
Animation, single channel video (HD, color, sound)

7分(ループ) | 7 min. (loop)
個人蔵 | Private collection

Calling（日本編）
Calling (Japanese version)
2014

アニメーション、
シングルチャンネル・ビデオ（HD、カラー、サウンド）
Animation, single channel video (HD, color, sound)

7分（ループ）| 7 min. (loop)
個人蔵 | Private collection

Portrait No.9
2014

フォトデジタルペインティング、アクリルマウント
Photo digital painting, plexiglas

60 × 40 cm
個人蔵 | Private collection

Portrait No.10
2014

フォトデジタルペインティング、アクリルマウント
Photo digital painting, plexiglas

40 × 60 cm
個人蔵 | Private collection

Portrait No.11
2014

フォトデジタルペインティング、アクリルマウント
Photo digital painting, plexiglas

40 × 60 cm
個人蔵 | Private collection

RYG
2014

フォトデジタルペインティング、アクリルマウント
Photo digital painting, plexiglas

56 × 70 cm
個人蔵 | Private collection

ジャミラ
Jamila
2014

フォトデジタルペインティング、アクリルマウント
Photo digital painting, plexiglas

150 × 100 cm
個人蔵 | Private collection

ウルトラマン
Ultraman
2014

フォトデジタルペインティング、アクリルマウント
Photo digital painting, plexiglas

150 × 100 cm
個人蔵 | Private collection

Portrait No.1
2014

フォトデジタルペインティング、アクリルマウント
Photo digital painting, plexiglas

150 × 100 cm
個人蔵 | Private collection

Portrait No.2
2014

フォトデジタルペインティング、アクリルマウント
Photo digital painting, plexiglas

150 × 100 cm
個人蔵 | Private collection

Portrait No.3
2014

フォトデジタルペインティング、アクリルマウント
Photo digital painting, plexiglas

60 × 40 cm
個人蔵 | Private collection

Portrait No.4
2014

フォトデジタルペインティング、アクリルマウント
Photo digital painting, plexiglas

90 × 60 cm
個人蔵 | Private collection

Hose
2014

フォトデジタルペインティング、アクリルマウント
Photo digital painting, plexiglas

40 × 50 cm
個人蔵 | Private collection

Milk Rose
2015

フォトデジタルペインティング、アルミマウント
Photo digital painting, aluminum

90 × 60 cm
個人蔵 | Private collection

Portrait No.6
2014

フォトデジタルペインティング、アクリルマウント
Photo digital painting, plexiglas

90 × 60 cm
個人蔵 | Private collection

Portrait No.7
2014

フォトデジタルペインティング、アクリルマウント
Photo digital painting, plexiglas

100 × 67 cm
個人蔵 | Private collection

Portrait No.8
2014

フォトデジタルペインティング、アクリルマウント
Photo digital painting, plexiglas

100 × 150 cm
個人蔵 | Private collection

Portrait No.5
2014

フォトデジタルペインティング、アクリルマウント
Photo digital painting, plexiglas

120 × 180 cm
個人蔵 | Private collection

Summer
2016

フォトデジタルペインティング、アルミマウント
Photo digital painting, aluminum

90 × 60 cm
個人蔵 | Private collection

Supporter
2015

フォトデジタルペインティング、アクリルマウント
Photo digital painting, plexiglas

73 × 50 cm
個人蔵 | Private collection

Call
2016

フォトデジタルペインティング、アルミマウント
Photo digital painting, aluminum

90 × 60 cm
個人蔵 | Private collection

Smile
2015

フォトデジタルペインティング、アクリルマウント
Photo digital painting, plexiglas

60 × 90 cm
個人蔵 | Private collection

1×1=1
2015

フォトデジタルペインティング、アクリルマウント
Photo digital painting, plexiglas

60 × 90 cm
個人蔵 | Private collection

Twin Tail
2015

フォトデジタルペインティング、アクリルマウント
Photo digital painting, plexiglas

120 × 110 cm
個人蔵 | Private collection

Shortcake
2014

フォトデジタルペインティング、アクリルマウント
Photo digital painting, plexiglas

110 × 150 cm
個人蔵 | Private collection

Garden #1

2013

フォトデジタルペインティング、アクリルマウント
Photo digital painting, plexiglas

49 × 49 cm
個人蔵 | Private collection

Garden #2

2013

フォトデジタルペインティング、アクリルマウント
Photo digital painting, plexiglas

49 × 49 cm
個人蔵 | Private collection

Garden #3

2013

フォトデジタルペインティング、アクリルマウント
Photo digital painting, plexiglas

49 × 49 cm
個人蔵 | Private collection

Garden #4

2013

フォトデジタルペインティング、アクリルマウント
Photo digital painting, plexiglas

49 × 49 cm
個人蔵 | Private collection

Garden #5

2013

フォトデジタルペインティング、アクリルマウント
Photo digital painting, plexiglas

49 × 49 cm
個人蔵 | Private collection

Garden #6

2013

フォトデジタルペインティング、アクリルマウント
Photo digital painting, plexiglas

49 × 49 cm
個人蔵 | Private collection

Garden #7

2013

フォトデジタルペインティング、アクリルマウント
Photo digital painting, plexiglas

49 × 49 cm
個人蔵 | Private collection

Garden #8

2013

フォトデジタルペインティング、アクリルマウント
Photo digital painting, plexiglas

49 × 49 cm
個人蔵 | Private collection

3月
March

2015

アニメーション、
シングルチャンネル・ビデオ(HD、カラー、サイレント)
Animation, single channel video (HD, color, silent)

ループ | Loop
個人蔵 | Private collection

海老原大翔
Hiroto Ebihara

2013

インクジェットプリント
Ink jet print

132 × 60 cm
個人蔵 | Private collection

大垣美穂子
Mihoko Ogaki

2013

インクジェットプリント
Ink jet print

180 × 85 cm
個人蔵 | Private collection

杉野信之
Nobuyuki Sugino

2013

インクジェットプリント
Ink jet print

200 × 95 cm
個人蔵 | Private collection

野村しのぶ
Shinobu Nomura
2013

インクジェットプリント
Ink jet print

180 × 85 cm
個人蔵 | Private collection

ヤッホー!
Yoo-hoo!
2014

アニメーション、
2チャンネル・ビデオ(HD、白黒、サウンド)
Animation, 2 channel video (HD, B&W, sound)

ループ | Loop
個人蔵 | Private collection

カップル
Couple
2014

アニメーション、
シングルチャンネル・ビデオ(HD、白黒、サイレント)
Animation, single channel video (HD, B&W, silent)

ループ | Loop
個人蔵 | Private collection

ゲーム
Game
2014

アニメーション、
シングルチャンネル・ビデオ(HD、白黒、サイレント)
Animation, single channel video (HD, B&W, silent)

ループ | Loop
個人蔵 | Private collection

鏡
Mirror
2014

アニメーション、
2チャンネル・ビデオ(HD、白黒、サイレント)
Animation, 2 channel video (HD, B&W, silent)

ループ | Loop
個人蔵 | Private collection

オオカミになりたい
I want to be a wolf
2017

アニメーション、
シングルチャンネル・ビデオ(HD、カラー、サイレント)
Animation, single channel video (HD, color, silent)

ループ | Loop
個人蔵 | Private collection

SM
2015

アニメーション、
シングルチャンネル・ビデオ(HD、カラー、サウンド)
Animation, single channel video (HD, color, sound)

ループ | Loop
個人蔵 | Private collection

Hands
2017

アニメーション、
33チャンネル・ビデオ(HD、カラー、サイレント)
Animation, 33 channel video (HD, color, silent)

ループ | Loop
個人蔵 | Private collection

かくれんぼ
Hide-and-Seek
2017

アニメーション、
シングルチャンネル・ビデオ(HD、カラー、サウンド)
Animation, single channel video (HD, color, sound)

9分35秒(ループ) | 9 min. 35 sec. (loop)
歌声:二階堂和美
Singing voice: NIKAIDO Kazumi

藤子・F・不二雄プロ蔵
FUJIKO PRO Co., Ltd.

福島尾行
Fukushima Trace
2018

アニメーション、
シングルチャンネル・ビデオ(HD、カラー)、
自動演奏ピアノ
Animation,
single channel video (HD, color), player piano

ループ | Loop
個人蔵 | Private collection

ガイコツ
Skull

2018

アクリル、木製パネル
Acrylic on wooden panel

72.7 × 60.6 cm
井原信次氏蔵
Collection of IHARA Shinji

チャイム
Doorbell

2018

アクリル、木製パネル
Acrylic on wooden panel

45.4 × 38 cm
川上智子氏蔵
Collection of KAWAKAMI Tomoko

コンセント
Outlet

2018

アクリル、木製パネル
Acrylic on wooden panel

18 × 14 cm
個人蔵｜Private collection

スイッチ
Switch

2018

アクリル、木製パネル
Acrylic on wooden panel

33.3 × 33.3 cm
Artlabo 北舟蔵
Collection of Northern Ark

ダンボール箱
Carton

2018

アクリル、木製パネル
Acrylic on wooden panel

32.1 × 40 cm
個人蔵｜Private collection

浴室
Bathroom

2018

アクリル、木製パネル
Acrylic on wooden panel

80.2 × 80.2 cm
小島祐毅氏蔵
Collection of KOJIMA Yuki

夜空
Night Sky

2018

アクリル、木製パネル
Acrylic on wooden panel

84.1 × 59.4 cm
野田靖氏蔵
Collection of NODA Yasushi

ヤモリ
Gecko

2018

アクリル、木製パネル
Acrylic on wooden panel

40 × 32 cm
吉岡恵美子氏蔵
Collection of YOSHIOKA Emiko

階段
Stairs

2018

アクリル、木製パネル
Acrylic on wooden panel

91 × 65.2 cm
西治コレクション蔵
NISHIJI COLLECTION

---

now

2018

時計
Clock

Ø23 × 3 cm
KEN NAKAHASHI蔵
Collection of KEN NAKAHASHI

図版未掲載作品 | Works without Plates

I touch Dream #2 *
2001
アニメーション、インスタレーション
Animation, installation

HIGAN *
2001
ブループリント、イラストレーション
Blueprint, illustration

UNTITLED *
2002
ブループリント、イラストレーション
Blueprint, illustration

MIRROR of MIRROR *
2002
ブループリント、イラストレーション
Blueprint, illustration

ボッシュ *
BOSCH *
2002–2003
アニメーション（未完）
Animation (unfinished)

大いなる幻影 *
BARREN ILLUSION *
2003
アニメーション
Animation
8分 | 8 min.

OTOGURUMA *
2003
ブループリント、イラストレーション
Blueprint, illustration

U-KA
2004
アニメーション
Animation
1分11秒 | 1 min. 11 sec.

CAUSE SHOES, DM *
2004–2005
イラストレーション
Illustration

TRAUM, fly-object *
2004–2007

---

friends *
2005–2006
イラストレーション
Illustration

KLARINETTENABEND *
2006–2007
イラストレーション
Illustration

---

sub-tle., CD jacket *
2007
イラストレーション
Illustration

謝辞 | Acknowledgements

本展開催にあたり、下記の機関や個人の方々にご支援、ご協力を賜りました。記して感謝の意を表明します。（順不同、敬称略）

We would like to express our profound gratitude to the following individuals and organizations for their generous support and cooperation in realizing this exhibition (honorifics omitted).

佐藤秀子
大垣美穂子

朝日新聞社
株式会社アートプランニングレイ
Artlabo 北舟
imura art gallery
大分県立芸術緑丘高等学校
株式会社 川又楽器店
川崎市市民ミュージアム
岐阜県美術館
gallery αM
KEN NAKAHASHI
国立新美術館
sub-tle.
菅波楽器株式会社
清流の国ぎふ芸術祭
Art Award IN THE CUBE 実行委員会、岐阜県
ソニーマーケティング株式会社
トーキョーアーツアンドスペース
特定非営利活動法人野馬土
豊川市桜ヶ丘ミュージアム
西治コレクション
原美術館ARC
株式会社 藤子･F･不二雄プロ
文化庁
株式会社ヤマハミュージックジャパン

The Asahi Shimbun Company
Art Planning Rey Co., Ltd.
Northern Ark
imura art gallery
Oita Prefectural Midorigaoka High School of Arts
KAWAMATA-MUSIC Co., Ltd.
Kawasaki City Museum
The Museum of Fine Arts, Gifu
gallery αM
KEN NAKAHASHI
The National Art Center, Tokyo
sub-tle.
SUGANAMI Musical Instruments Co.,Ltd.
Executive Committee of Gifu
Land of Clear Waters Art Festival
Art Award IN THE CUBE, Gifu Prefecture
Sony Marketing Inc.
Tokyo Arts and Space
Non-profit Organization Nomado
Toyokawa City Sakuragaoka Museum
NISHIJI COLLECTION
Hara Museum ARC
FUJIKO PRO Co., Ltd.
The Agency for Cultural Affairs
Yamaha Corporation

Scott Unrein
飯岡陸
井原信次
井村優三
占部まり
大島成己
加藤健
金澤韻
亀田恵子
亀田龍太郎
川上智子
木奥恵三
小島祐毅
佐藤霧子
佐藤マイベルゲン玲
下城賢一
砂押雅弘
高野諭
土屋紳一
坪内雅美
藤堂
中橋健一
野田靖
Mile Paxton
一杉徹
深井厚志
矢島明子
山本篤
吉岡恵美子
渡辺純子

[展覧会]

佐藤雅晴　尾行—存在の不在／不在の存在

展覧会担当: 宇都宮壽、吉田浩太郎(大分県立美術館)
井関悠(水戸芸術館現代美術センター)

大分県立美術館
会期: 2021年5月15日(土)–2021年6月27日(日)
会場: 大分県立美術館　1階　展示室A
主催: 佐藤雅晴展実行委員会
公益財団法人大分県芸術文化スポーツ振興財団・大分県立美術館
共催: 大分合同新聞社
朝日新聞社
OBS大分放送
後援: 大分県
大分県教育委員会
臼杵市
NPO法人大分県芸振
西日本新聞社
毎日新聞社
読売新聞西部本社
NHK大分放送局
エフエム大分
J:COM大分ケーブルテレコム
臼杵ケーブルネット
大分経済新聞
協賛: ソニーマーケティング株式会社
協力: 水戸芸術館現代美術センター
imura art gallery
KEN NAKAHASHI
Estate of Masaharu Sato
助成: 令和3年度 文化庁 文化芸術創造拠点形成事業

水戸芸術館現代美術ギャラリー
会期: 2021年11月13日(土)–2022年1月30日(日)
会場: 水戸芸術館現代美術ギャラリー
主催: 公益財団法人水戸市芸術振興財団
助成: 芸術文化振興基金
協賛: ソニーマーケティング株式会社
株式会社ヤマハミュージックジャパン
協力: 株式会社　川又楽器店
imura art gallery
KEN NAKAHASHI
Estate of Masaharu Sato

[カタログ]

佐藤雅晴　尾行—存在の不在／不在の存在

2021年5月15日　初版第1刷発行
執筆: 宇都宮壽、井関悠、中橋健一、杉原洲志
デザイン: 杉原洲志
編集: 保田美樹子、山下桜(美術出版社)
和文校閲: 株式会社聚珍社
翻訳: クリストファー・スティヴンズ
印刷・製本: 図書印刷株式会社
発行人: 久保田佳也
発行: カルチュア・コンビニエンス・クラブ株式会社
美術出版社書籍編集部
発売: 株式会社美術出版社
〒141-8203
東京都品川区上大崎3-1-1 目黒セントラルスクエア5F
電話 03-6809-0318(代表)　03-6809-0542(編集)
https://www.bijutsu.press

冒頭部引用元: ジャン・ボードリヤール「プリーズ・フォロー・ミー
—『ヴェネツィア組曲』のために」、ソフィ・カル『本当の話』
(野崎歓訳)平凡社、1999 年、p. 189

[Exhibition]

Sato Masaharu Trace—Absence of Presence/Presence of Absence

Curators: Hisashi Utsunomiya, Kotaro Yoshida (Oita Prefectural Art Museum)
Yu Iseki (Contemporary Art Center, Art Tower Mito)

Oita Prefectural Art Museum
May 15–June 27, 2021
Venue: Oita Prefectural Art Museum, Gallery A (1st floor)
Organized by: Sato Masaharu Exhibition Executive Committee
Oita Prefecture Arts,
Culture and Sports Promotion Foundation,
Oita Prefectural Art Museum
Co-Organized by: OITA GODO SHIMBUN INC.
The Asahi Shimbun Company
Oita Broadcasting System, Inc.
Supported by: Oita Prefectural Government
Oita Prefectural Board of Education
Usuki City
The Arts & Cultural Association of Oita Prefecture
THE NISHINIPPON SHIMBUN CO. LTD.
The Mainichi Newspapers Co., Ltd.
The Yomiuri Shimbun Seibu
JAPAN BROADCASTING CORPORATION OITA STATION
FM Oita
J:COM Oita Cable Telecom
USUKI CABLE NET.
The Oita Kiezai Shimbun
Sponsored by: Sony Marketing Inc.
With the Cooperation of: Contemporary Art Center, Art Tower Mito
imura art gallery
KEN NAKAHASHI
Estate of Masaharu Sato

Contemporary Art Gallery, Art Tower Mito
November 13, 2021–January 20, 2022
Venue: Contemporary Art Gallery, Art Tower Mito
Organized by: Mito Arts Foundation
Granted by: The Japan Arts Council
Sponsored by: Sony Marketing Inc.
Yamaha Corporation
With the Cooperation of: KAWAMATA-MUSIC Co., Ltd.
imura art gallery
KEN NAKAHASHI
Estate of Masaharu Sato

[Catalogue]

Sato Masaharu Trace—Absence of Presence/Presence of Absence

First published May 15th, 2021
Text: Hisashi Utsunomiya, Yu Iseki, Kenichi Nakahashi, Shuji Sugihara
Designer: Shuji Sugihara
Editor: Mikiko Yasuda, Sakura Yamshita (Bijutsu Shuppan-sha Co., Ltd.)
Japanese Proofreader: Shuchinsha Inc.
Translator: Christopher Stephens
Printing and Binding: Tosho Printing Co., Ltd.
Publisher: Yoshiya Kubota
Published by: Book Editorial Department, Bijutsu Shuppan-sha,
Culture Convenience Club Co., Ltd.
Sale by: Bijutsu Shuppan-sha Co., Ltd.
5F, Meguro Central Square, 3-1-1 Kamiosaki, Shinagawa-ku,
Tokyo 141-8203 JAPAN
Tel +81-3-6809-0318

Source of beginning quotation: Jean Baudrillard, “Please Follow Me”
in Sophie Calle’s *Suite vénitienne*
(translated by Dany Barash and Danny Hartfield),
Bay Press, 1988, p. 82.

Cover: *Skull* (detail), 2018　Book jacket: *Bathroom* (detail), 2018/*Gecko* (detail), 2018

Printed in Japan
ISBN 978-4-568-10537-7 C3070

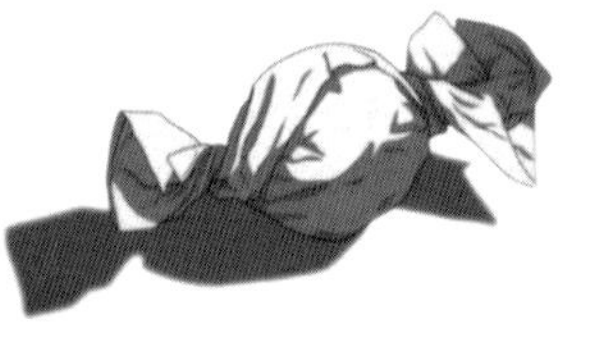